安徽省水利厅 主办

《安徽水利年鉴》编辑委员会 编

安徽水利年鉴

ANHUI WATER RESOURCES YEARBOOK

2010

长江出版社

图书在版编目(CIP)数据
安徽水利年鉴.2010/《安徽水利年鉴》编辑委员会编.
—武汉：长江出版社，2010.11
ISBN 978-7-5492-0271-3

Ⅰ.①安…　Ⅱ.①安…　Ⅲ.①水利建设—安徽省
—2010—年鉴　Ⅳ.①F426.9-54

中国版本图书馆CIP数据核字(2010)第222678号

安徽水利年鉴.2010　《安徽水利年鉴》编辑委员会 编

责任编辑：梁琰
装帧设计：蔡丹
出版发行：长江出版社
地　　址：武汉市解放大道1863号　　邮　　编：430010
E-mail:cjpub@vip.sina.com
电　　话：(027)82927763(总编室)
(027)82926806(市场营销部)
经　　销：各地新华书店
印　　刷：安徽省新世纪印务有限责任公司
规　　格：787mm×1092mm　1/16　17印张16页彩页　500千字
版　　次：2010年12月第1版　2010年12月第1次印刷
ISBN 978-7-5492-0271-3/TV・152
定　　价：60.00元

编辑说明

一、《安徽水利年鉴》是安徽省水利厅主办的资料性工具书，真实、系统地汇集上一年度安徽省水利事业全方位的资料和信息，具有权威性、指导性、实用性。从1999年开始，逐年连续编辑出版，每年一册。2010年卷年鉴为总第12册。

二、《安徽水利年鉴》采用“栏目”、“分目”和“条目”三级结构的年鉴体例。本卷年鉴主要记述2009年的有关内容，设置有特载、综述、基础工作、基本建设、防汛·抗旱、水政管理、水资源管理、农村水利、水土保持、水利管理、科技·教育·文化、水利信息化、财务·经济、党政·人事、安徽省水利厅省直属单位、市级水利、大事记、统计资料、附录等19个栏目，并编制有英文目录和综合内容索引。

三、本年鉴采用记述、说明文体，按照事物发展顺序，以简洁、朴实的文字客观地记载一年内发生的事实，一般不加评论，寓观点于记述之中。

四、本年鉴为16开本，除特载分2栏编排外，其余内容分3栏编排，设置书眉；栏目、分目标题加底纹；条目标题加【】。撰搞人(单位)所写条目连续排列时，只在最后一个条目后署名。

五、本年鉴收录的文稿主要是由省水利厅机关处室、厅直单位和各市水利(水务)局等编写，实行文责自负，编辑部一般只作技术性加工，稿件内容、文字、数据、保密等问题均由供稿单位审定。编辑部根据有关单位资料改编的条目，署单位名称。

六、全书的数字、单位、标点符号按照国家有关规定进行规范。水利统计资料由省水利厅统计部门提供。省水利厅领导、厅机关处室及厅直属单位负责人名单由厅人事部门提供。

七、《安徽水利年鉴》(2010)的编辑出版得到了各有关单位领导的重视和特约编辑、撰稿人的大力支持，在此谨表谢忱。限于编辑水平和经验，疏漏、错误之处，恳请读者批评指正。

《安徽水利年鉴》编辑部

二○一○年九月二十日

《安徽水利年鉴》编辑委员会

《安徽水利年鉴》编辑人员

《安徽水利年鉴》特约编辑

郝胜男　　省水利科学研究院
韩春利　　省怀洪新河河道管理局
欧阳林哲　省茨淮新河工程管理处
张　进　　省临淮岗洪水控制工程管理局
王恒超　　省佛子岭水库管理处
邵书成　　省梅山水库管理处
胡晓玲　　省响洪甸水库管理处
陈妍彦　　合肥市水务局
王　成　　淮北市水务局
张慰问　　亳州市水务局
徐立洲　　宿州市水利局
丁敬专　　蚌埠市水利局
徐高升　　阜阳市水务局
杨秀风　　淮南市水利局
厉作仁　　滁州市水利局
祝远松　　六安市水利局
周拥军　　马鞍山市水利局
张永胜　　巢湖市水务局
余述晏　　芜湖市水务局
宋琴英　　宣城市水务局
汪春燕　　铜陵市水利局
刘传根　　池州市水务局
王宏志　　安庆市水利局
程小草　　黄山市水利局
杨继光　　安庆市花凉亭灌区管理局

2009年8月30日，省委书记王金山视察华家湖除险加固工程 （王 成 摄）

2009 年 5 月 4 日，王三运省长到阜阳闸检查指导防汛准备工作 （杨庆伟 摄）

2009 年 5 月 26 日，省政协主席杨多良视察淮北市临涣闸工程　（王 成 摄）

2009 年 8 月 11 日，赵树丛副省长在宣城市指导抗击“莫拉克”台风工作　（宋琴英 供稿）

2009 年 11 月 22 日，水利部副部长矫勇在巢湖视察 （张永胜 供稿）

2009 年 6 月 2 日，水利部水文局局长邓坚检查蚌埠水情分析中心 （李 宇 供稿）

2009年8月14日，省水利厅厅长纪冰调研宣城市水阳江防汛及治理工作　　(张茹摄)

2009年11月5日，省水利厅厅长纪冰在亳州视察涡河近期治理工程扫尾及竣工验收工作进展情况
(张慰问 供稿)

2009 年 12 月 25 日，淮北市采煤沉陷区水资源利用与湿地修复工程启动 （王 成 供稿）

2009 年 12 月 27 日，涡河近期治理工程安徽实施部分通过竣工验收 （张慰问 供稿）

2009 年 5 月龙河口水库防汛抢险队进行水上演练 （吕务农 摄）

阜阳市防汛抢险队在濛洼举行防汛抢险演练 （杨庆伟 摄）

改造后的龙河口水库竿笠冲溢洪道闸 （吕务农 摄）

淮北市农田水利基本建设新成效 （王 成 供稿）

治理后的华家湖水库大坝 （王 成 供稿）

目　录

特　载

综　述

基础工作

水土保持

水利管理

科技 文化

水利信息化

财务 经济

党政 人事

安徽省水利厅直属单位

市级水利

大事记

统计资料

附　录

索　引

MAIN CONTENTS

特　载

TE　ZAI

政策法规

安徽省河道采砂管理办法

第一条 为了加强河道采砂管理,维护河势稳定,保障防洪、通航及涉河工程安全,根据《中华人民共和国水法》和《中华人民共和国河道管理条例》等法律、法规,结合本省实际,制定本办法。

第二条 在本省行政区域内从事河道采砂及其管理活动,应当遵守本办法。

在长江干流河道安徽段从事采砂及其管理活动的,按照国务院《长江河道采砂管理条例》和《安徽省〈长江河道采砂管理条例〉实施办法》的规定执行。

本办法所称河道采砂,是指在河道(包括湖泊、水库、人工水道、行蓄洪区等)管理范围内开采砂石、取土和淘金等活动。

第三条 县级以上地方人民政府应当加强对本行政区域内河道采砂管理工作的领导,落实专项管理经费,协调、解决河道采砂管理中的重大问题。

第四条 县级以上地方人民政府水行政主管部门负责本行政区域内河道采砂管理和监督检查工作。

省人民政府水行政主管部门设置的水工程管理单位(以下称省水工程管理单位)在所管辖的范围内,依法行使河道采砂管理和监督检查职责。

县级以上地方人民政府公安、交通运输、国土资源、旅游等行政主管部门应当按照各自职责,协助做好河道采砂监督管理工作。

乡(镇)人民政府应当协助和配合县级以上地方人民政府水行政主管部门做好河道采砂管理工作。

第五条 县级以上地方人民政府应当组织水、公安、交通运输等行政主管部门进行联合执法,加强对本行政区域内河道采砂的监督检查,依法查处违法采砂活动。

第六条 河道采砂实行统一规划制度。

编制河道采砂规划,应当充分考虑河道防洪安全、通航安全、涉河工程安全和河势稳定的要求,符合流域综合规划和河道防洪、河道整治以及航道整治等专业规划。

河道采砂规划涉及铁路、公路、航道、电力、通信等设施保护范围的,应当征求有关部门的意见。

第七条 淮河干流安徽段(包括颍河茨河铺以下、涡河西阳集以下河段,下同)的河道采砂规划,由省淮河河道管理局会同有关设区的市人民政府水行政主管部门编制,报省人民政府水行政主管部门批准。其他省管水工程管理范围内的河道采砂规划,由省水工程管理单位编制,报省人民政府水行政主管部门批准。

省确定的跨设区的市重要河道采砂规划,由省人民政府水行政主管部门指定一个设区的市人民政府水行政主管部门会同有关设区的市人民政府水行政主管部门编制,报省人民政府水行政主管部门批准。

其他河道采砂规划,按照河道管理权限,由市、县人民政府水行政主管部门编制,报上一级人民政府水行政主管部门批准。

经批准的河道采砂规划,不得擅自修改;确需修改的,应当报原批准机关批准。

第八条 河道采砂规划应当包括下列内容:

(一)禁采区和可采区;

(二)禁采期和可采期;

(三)可采区内年度采砂控制总量;

(四)可采区内采砂船只或者机具的数量及其采砂能力(功率,下同)控制;

(五)河道滩地堆砂场的布局及控制数量;

(六)弃料处理和现场清理、平整要求;

(七)管理措施。第九条下列区域为禁采区。

第九条 下列区域为禁采区:

(一)河道防洪工程、河道整治工程、水库枢纽、水文观测设施、涵闸以及取水、排水、水电站等工程及其附属设施安全保护范围;

(二)河道顶冲段、险工、险段、规划保留区;

(三)桥梁、码头、航道、电力电缆、通信电缆、过河管道、隧道等工程及其附属设施安全保护范围;

(四)饮用水源保护区;

(五)依法被禁止采砂的其他区域。

第十条 下列时段为禁采期:

(一)江河、湖泊等达到或者超过警戒水位时,水库达到或者超过汛限水位时;

(二)淮河干流安徽段每年主汛期;

(三)依法被禁止采砂的其他时段。

第十一条 因防洪、河势改变、水工程出现重大险情、水工程建设等情形不宜采砂的,市、县人民政府水行政主管部门和省水工程管理单位可以按照河道管理权限,划定临时禁采区或者规定临时禁采期。

市、县人民政府水行政主管部门和省水工程管理单位应当将禁采区和禁采期予以公告,并设立明显的禁采区标志。

任何单位和个人不得在河道的禁采区、禁采期进行河道采砂活动。

第十二条 市、县人民政府水行政主管部门和省水工程管理单位应当按照河道管理权限,于每年12

月31日前确定下年度河道采砂可采区的具体范围、年度采砂控制总量、作业方式、作业工具及其数量等,并予以公告。

第十三条 河道采砂实行许可制度。

省管水工程管理范围内的河道采砂许可证,由省水工程管理单位审批发放;其他河道采砂许可证,由市、县人民政府水行政主管部门按照河道管理权限审批发放;涉及航道的,审批发放前应当征求有管辖权的航道管理机构和海事管理机构的意见。

河道采砂涉及国土资源等有关行政主管部门的,应当依法办理有关手续。

第十四条 申请从事河道采砂,应当符合下列要求和条件:

(一)符合河道采砂规划确定的可采区和可采期的要求;

(二)符合年度采砂控制总量的要求;

(三)符合规定的作业方式;

(四)符合采砂船只、机具的数量及其采砂能力的控制要求;

(五)有符合要求的采砂设备和采砂技术人员;

(六)1年内无违法采砂记录;

(七)采砂船舶的船舶检验证书、船员证书齐全;

(八)法律、法规和规章规定的其他条件。

第十五条 申请从事河道采砂的单位和个人,应当向采砂所在地市、县人民政府水行政主管部门提出申请,并提交下列材料:

(一)申请人的名称(姓名)、地址及有关证明材料;

(二)开采的地点、深度、范围(附范围图);

(三)开采的时间、种类和作业方式;

(四)开采量(包括日采量、总采量);

(五)采砂船舶、机具的基本情况;

(六)采砂技术人员的基本情况;

(七)砂石堆放地点、弃料处理及采砂活动结束后现场清理、平整方案。

申请人提交有关材料复印件时,应当同时交验原件,并对所提交材料的真实性负责。

第十六条 市、县人民政府水行政主管部门应当自受理申请之日起20日内进行审查,对有许可权的,作出是否准予许可的决定;对属于上级人民政府水行政主管部门或者省水工程管理单位许可的,提出审查意见,报有许可权的上级人民政府水行政主管部门或者省水工程管理单位。上级人民政府水行政主管部门或者省水工程管理单位应当自收到审查意见之日起20日内,作出是否准予许可的决定。

水行政主管部门或者水工程管理单位对符合条件的,应当作出准予许可的决定,向申请人颁发河道采砂许可证;对不符合条件的,作出不予许可决定的,应当书面通知申请人,并说明理由。

第十七条 河道采砂许可证的有效期不超过1年。河道采砂许可证有效期届满或者开采总量已达到河道采砂许可证规定的开采量的,河道采砂许可证自行失效。

河道采砂许可证由省人民政府水行政主管部门统一监制。

第十八条 从事河道采砂活动的单位和个人应当按照河道采砂许可证确定的地点、范围、开采总量、采砂能力、作业方式和期限等进行开采;需要改变河道采砂许可证规定的事项的,应当重新办理河道采砂许可证。

禁止伪造、涂改、买卖、出租、出借或者以其他方式转让河道采砂许可证。

第十九条 市、县人民政府水行政主管部门和省水工程管理单位实施河道采砂许可,可以通过公开招标、拍卖等公平竞争的方式作出决定。

第二十条 因整修河道堤防进行吹填固基、整治疏浚河道或者航道需要采砂的,应当按照河道管理权限,报有管辖权的水行政主管部门批准;涉及航道的,应当事先征求航道管理机构和海事管理机构的意见。有销售所采砂石行为的,应当依法办理河道采砂许可证。

因吹填造地从事采砂活动的单位和个人,应当依法申请办理河道采砂许可证。

第二十一条 从事河道采砂活动的单位和个人,应当遵守下列规定:

(一)随采随运,及时清除砂石和弃料堆体;

(二)运输砂石的车辆按照指定进出场路线行驶,并符合水工程堤顶路面的承载要求,不得影响水工程运行安全;

(三)在通航河道内采砂的,应当服从通航安全要求,并在作业区设立明显标志;

(四)不得破坏环境、污染水体;

(五)采砂活动结束后,及时对采砂现场进行清理、平整;

(六)有关法律、法规和规章的规定。

第二十二条 采砂船舶、机具不得在禁采区内滞留。确需滞留的,应当自行拆除采砂设备,并将采砂设备集中放置在所在地市、县人民政府指定的地点。

采砂船舶、机具在禁采期内,未取得河道采砂许可证的采砂船舶、机具在可采期内,应当自行拆除采砂设备,并将采砂设备集中放置在所在地市、县人民政府指定的地点。未拆除采砂设备的,应当将采砂船舶、机具集中停放在所在地市、县人民政府指定的地点;无正当理由,不得擅自离开指定地点。

第二十三条 在河道采砂地点装运砂石的单位和个人,应当装运持有河道采砂许可证的单位或者个人开采的砂石。

第二十四 条从事河道采砂活动的单位和个人,应当按照规定缴纳河道采砂管理费。

河道采砂管理费的具体征收、使用和管理办法,由省人民政府财政、价格行政主管部门会同水行政主管部门制定。

第二十五 条县级以上地方人民政府水行政主管部门和省水工程管理单位履行河道采砂监督检查职责时,有权采取下列措施:

(一)要求采砂单位或者个人提供有关文件、证照、资料;

(二)要求采砂单位或者个人就执行本办法的有关情况作出说明;

(三)进入采砂单位或者个人的生产场所进行调查;

(四)责令采砂单位或者个人停止违反本办法规定的行为。

第二十六条 县级以上地方人民政府水行政主管部门和省水工程管理单位应当定期组织对河道采砂可采区河床变化进行监测。经监测发现河床发生重大变化,对河道防洪、通航及涉河工程构成安全隐患的,县级以上地方人民政府水行政主管部门和省水工程管理单位及航道、海事管理机构应当依据各自职责,采取相应措施,及时排除隐患。

可采期内,因出现影响河势稳定和防洪安全的自然灾害或者其他重大事件,需要暂停采砂活动的,县级以上地方人民政府水行政主管部门和省水工程管理单位可以决定暂停采砂活动,并予以公告;上述情形消除后,应当及时公告,并顺延采砂许可证的有效期。

第二十七条 在河道滩地设置堆砂场,应当报经有管辖权的市、县人民政府水行政主管部门或者省水工程管理单位批准,并依法缴纳河道滩地占用补偿费用。

第二十八条 县级以上地方人民政府水行政主管部门和省水工程管理单位应当建立河道采砂违法行为的举报制度,公布举报电话。

任何单位和个人对违法的河道采砂行为,有权向县级以上地方人民政府水行政主管部门和省水工程管理单位以及其他有关部门举报。接到举报的部门应当依法处理。

第二十九条 违反本办法规定,未办理河道采砂许可证,擅自在河道管理范围内采砂的,由市、县人民政府水行政主管部门或者省水工程管理单位责令停止违法行为,没收违法所得,并处以5000元以上2万元以下的罚款;情节严重的,处以2万元以上5万元以下的罚款。

第三十条 违反本办法规定,有下列行为之一的,由市、县人民政府水行政主管部门或者省水工程管理单位责令停止违法行为,并按照下列规定处罚:

(一)伪造、涂改、买卖、出租、出借或者以其他方式转让河道采砂许可证的,处以1万元以上3万元以下的罚款,收缴造、涂改、买卖、出租、出借或者以其他方式转让的河道采砂许可证;

(二)未按照河道采砂许可证规定的要求采砂的,处以2000元以上1万元以下的罚款,情节严重的,处以1万元以上3万元以下的罚款;

(三)未随采随运,未及时清除砂石和弃料堆体,或者采砂活动结束后,未及时对采砂现场进行清理、平整的,责令限期清除、清理、平整或者采取其他补救措施;逾期未清除、清理、平整的,强行清除、清理、平整,所需费用由责任者承担,并处以5000元以上2万元以下的罚款;

(四)装运违法开采的砂石的,处以5000元以上2万元以下的罚款。

第三十一条 违反本办法规定,采砂船舶、机具违法滞留在禁采区的,由市、县人民政府水行政主管部门或者省水工程管理单位责令改正,处以5000元以上2万元以下的罚款。

违反本办法规定,采砂船舶、机具在禁采期内或者未取得河道采砂许可证的采砂船舶、机具在可采期内未拆除采砂设备,或者未在指定地点停放的,由市、县人民政府水行政主管部门或者省水工程管理单位责令改正,处以5000元以上2万元以下的罚款。

第三十二条 违反本办法规定,未经批准擅自在河道滩地设置堆砂场的,由市、县人民政府水行政主管部门或者省水工程管理单位责令停止违法行为,限期清除;逾期未清除的,强行清除,所需费用由责任者承担,并处以1万元以上5万元以下的罚款;有违法所得的,没收违法所得。

第三十三条 违反本办法规定,未依法缴纳河道采砂管理费的,由颁发河道采砂许可证的水行政主管部门或者省水工程管理单位责令限期缴纳;拒不缴纳的,处以应缴纳河道采砂管理费2倍以上5倍以下的罚款,罚款不超过3万元。

第三十四条 从事违法采砂或者运砂活动的单位和个人拒不接受处理或者逃离现场的,市、县人民政府水行政主管部门或者省水工程管理单位有权将违法采砂船舶、机具或者违法运砂工具拖至指定地点停放,并依法处理,因此发生的费用由责任者承担。

第三十五条 组织、策划违法采砂活动以及扰乱、阻碍有关行政主管部门依法执行职务,违反治安管理的,由公安机关依法处罚;构成犯罪的,依法追究刑事责任。

第三十六条 县级以上地方人民政府水行政主管部门、省水工程管理单位以及其他有关部门有下列行为之一的,对负有责任的主管人员和其他直接责任人员依法给予行政处分;构成犯罪的,依法追究刑事责任:

(一)未执行已经批准的河道采砂规划、擅自修改河道采砂规划或者违反河道采砂规划组织采砂的;

(二)未按照规定审批发放河道采砂许可证的;

(三)未依法履行监督检查职责,造成河道采砂秩序混乱或者造成重大责任事故的;

(四)在河道采砂管理中未按照规定的项目、范围和标准收费的;

(五)贪污、截留、挪用河道采砂管理费的;

(六)在河道采砂管理中有其他徇私舞弊、玩忽职守行为的。

第三十七条 本办法所称"以上"包含本数,"以下"不包含本数。

第三十八条 本办法自2009年8月1日起施行。

(2009年6月24日安徽省人民政府第223号令公布)

重要文件

安徽省人民政府关于认真实施淮河流域防洪规划的通知

各有关市、县人民政府,省政府有关部门:

根据《国务院关于淮河流域防洪规划的批复》(国函〔2009〕37号)精神,国务院原则同意水利部编制的《淮河流域防洪规划》(以下简称《规划》)。为认真做好《规划》的组织实施工作,结合我省实际,现就有关事项通知如下:

一、要按照《规划》要求,力争到2015年,我省淮河干流淮北大堤防洪保护区和沿淮重要工矿城市的防洪标准达到100年一遇;跨省骨干支流防洪标准达到10~20年一遇;重要城市基本达到规定的防洪标准;重要易涝洼地排涝标准达到3~5年一遇。到2025年,建成较为完善的防洪排涝减灾体系,与流域经济社会发展状况相适应。

二、要遵循"蓄泄兼筹"的治淮方针,坚持全面规划、统筹兼顾、标本兼治、综合治理的原则,正确处理好防洪排涝与水资源综合开发利用和生态环境保护的关系,进一步巩固和扩大洪水出路,加强洪水管理和科学调度,逐步完善由水库、河道堤防、行蓄洪区、调蓄湖泊等工程措施和防洪管理措施相结合的综合防洪排涝减灾体系,全面提高淮河流域防御洪涝灾害的能力。

三、加强防洪骨干工程建设,继续推进淮河综合治理。在全面完成涉及我省的治淮14项骨干工程基础上,重点安排行蓄洪区调整、安全建设和渐进式移民试点,改善行蓄洪区内群众生产生活条件;加强堤防达标与河道治理工程建设,提高行洪排涝能力;实施重点平原洼地排涝治理,改变涝灾损失严重的局面;加快实施病险水库除险加固,确保水库安全运行;加强城市防洪工程建设,不断完善重点城市防洪体系,完善城市防御超标准洪水预案;继续实施山丘区水土保持工程;推进防洪管理体系建设。

四、我省淮河流域各市和省直有关部门要根据《规划》内容,加强与国家有关部委的沟通与衔接,加快淮河流域有关水利项目的前期工作进度,积极主动按照基本建设程序报批,争取早日实施。要严格实行项目法人责任制、招标投标制、工程监理制和合同管理制,加强监督检查,确保工程质量。各有关市和省直有关部门编制和实施各项发展规划时,要与《规划》相衔接,努力建立人水和谐相处的可持续发展环境。

五、加强防洪管理,提高洪水风险管理水平。严格按标准建设堤防,不得超过《规划》确定的标准;淮河干、支流河道上的建设项目,必须实行洪水影响评价和水工程规划同意书制度,任何工程建设均不得超越河道治导线;加强行蓄洪区管理,妥善处理区内群众正常生产生活与防洪运用的关系,保证行蓄洪区及时、安全、有效运用。各级人民政府和相关单位要加强对防洪排涝设施的管理与维护,确保工程正常运行。各类工程在汛期必须服从流域防洪调度。

《规划》的实施,对加快我省淮河流域各市的防洪保安建设,保障人民群众生命财产安全,促进经济社会又好又快发展,构建社会主义和谐社会,具有十分重要的意义。各有关市和有关部门要加强领导,密切配合,精心组织实施,确保淮河流域防洪安全。

(安徽省人民政府皖政秘〔2009〕95号文,2009年3月4日印发)

安徽省小型水库安全管理办法

第一条 为了加强小型水库安全管理,保证小型水库安全运行,保障人民群众生命财产安全,根据有关法律、法规,结合本省实际,制定本办法。

第二条 本办法适用于本省行政区域内小型水库的安全运行、维护与管理。

本办法所称小型水库,包括小(一)型水库和小(二)型水库。小(一)型水库是指库容在100万立方米以上、1000万立方米以下(不含本数)的水库,小(二)型水库是指库容在10万立方米以上、100万立方米以下(不含本数)的水库。

第三条 地方各级人民政府应当加强对小型水库安全管理的领导,及时协调、解决小型水库安全管理中存在的重大问题。

小型水库安全管理实行行政领导负责制。按照属地管理的原则,每座小(一)型水库应当确定一名县级人民政府行政领导为安全责任人,每座小(二)型水库应当确定一名乡(镇)人民政府行政领导为安全责任人,对小型水库安全管理负总责,协调有关部门、单位做好小型水库安全管理工作。

第四条 县级以上地方人民政府水行政主管部门会同有关部门对本行政区域内小型水库的安全管理实施监督。

第五条 县级以上地方人民政府水利、能源、住房城乡建设、交通运输、农业等有关部门,是其所管辖的小型水库的主管部门。

对防洪、灌溉有重大影响的农村集体经济组织所有的小型水库,由所在地县级人民政府水行政主管部门承担主管部门职责;其他农村集体经济组织和个人所有的小型水库,由所在地乡(镇)人民政府承担主管部门职责。

第六条 对在小型水库安全管理工作中做出显著成绩的单位和个人,地方人民政府应当给予表彰和奖励。

第七条 小型水库所在地县级人民政府应当按照下列标准,划定小型水库的管理和保护范围:

(一)小型水库库区的管理范围为其周围移民线、征地线或者调整土地线以下的区域,山区、丘陵地区小型水库从校核水位线起向外200米至500米为植被保护区;

(二)小型水库坝区的管理范围为建筑物边缘线起向外10米至30米,主、副坝背水坡坝脚线外50米至100米。

小型水库管理单位应当在小型水库管理和保护范围的边界设立固定标志。

第八条 在小型水库管理范围内兴建其他建设项目,其建设方案和施工方案应当经有管辖权的水行政主管部门批准,并在建设过程中接受水行政主管部门的监督。

因建设需要扩建、改建、拆除或者损坏原有小型水库工程设施的,建设单位应当承担扩建、改建费用或者损失补偿费用。

第九条 在小型水库管理范围内,禁止从事下列活动:

(一)修建影响小型水库安全运行的建筑物或者其他设施;

(二)倾倒、堆放、排放影响小型水库安全运行或者污染水体的废弃物;

(三)向小型水库倾倒垃圾或者渣土,在小型水库内筑坝拦汊或者填占水库;

(四)损毁、破坏小型水库工程设施及其附属设施和设备;

(五)在小型水库下游行洪、泄洪河道内设障阻水或者垦植;

(六)其他有碍小型水库工程安全运行的行为。

在小型水库保护范围内,不得从事影响小型水库安全运行和危害小型水库安全的爆破、打井、采石、取土等活动。

第十条 小型水库主管部门应当对其管辖的小型水库进行大坝注册登记、安全鉴定、管理人员培训、年度安全检查、除险加固等,并对每座小型水库确定一名技术责任人。

第十一条 小型水库安全责任人和技术责任人确定后,其名单应当报上一级水行政主管部门和防汛指挥机构备案,并在市级或者县级公共媒体上公布。

小型水库安全责任人和技术责任人工作如有变动,应当及时调整相应人员,并将调整后的人员名单报上一级备案。

第十二条 小型水库管理单位负责小型水库安全管理的日常工作,对小型水库进行巡视检查、工程养护、实施水库调度、抢险救灾及水毁工程修复等。

暂时还未成立小型水库管理单位的,主管部门应当聘请2至3名和1至2名临时管理人员,分别负责小(一)型水库和小(二)型水库安全管理的日常工作。

第十三条 小型水库管理单位应当按照有关技术标准,定期对小型水库进行安全监测和检查;对监测资料应当及时整理分析,随时掌握小型水库运行状况。发现异常现象和不安全因素时,应当及时报告主管部门,并采取相应措施。

小型水库管理人员应当做好小型水库日常运行、调度、水文观测和库区检查记录。

第十四条 小型水库主管部门对其管辖的小型水库应当制定汛期控制运用计划和防汛抢险应急预案,依法报有管辖权的防汛指挥机构批准。

小型水库防汛抢险应急预案的主要内容包括:工

程基本情况、水文、汛期安全调度计划、突发事件危害性分析、险情监测与报告、险情抢护、应急保障以及预案的启动与结束等,并附相关图表。

第十五条 小型水库主管部门、小型水库管理单位应当在每年汛前按照有关规定做好防汛物资储备工作,保证水情传递、报警以及水库管理单位与水库主管部门、上级防汛指挥机构之间通讯通畅。

第十六条 小型水库的运用,应当在保证安全的前提下,发挥综合效益。小型水库管理单位应当根据汛期控制运用计划和当地有管辖权的防汛指挥机构的指令,进行水库的调度运用。

任何单位和个人不得非法干预小型水库的调度运用。

第十七条 小型水库汛期水位达到汛限水位时,水库主管部门、水库管理单位应当及时通知有关地方人民政府做好预警工作,把灾害影响和损失减少到最小程度。

小型水库出现险情时,小型水库管理单位应当立即报告小型水库主管部门和上级防汛指挥机构,并采取抢险措施;有垮坝危险时,有关地方人民政府应当立即采取措施向预计的垮坝淹没地区发出警报,及时做好转移工作。

第十八条 国有和农村集体经济组织所有的小型水库所需运行维护费、除险加固经费,由县、乡(镇)人民政府统筹解决,落实到位。其他小型水库所需经费,由其所有者自行解决。

第十九条 小型水库管理单位可以利用小型水库管理范围内的水土资源、设施和设备,因地制宜地开展有关经营活动。但是,不得影响小型水库安全和正常运行,不得违反水功能区划,不得破坏生态环境和污染水体。

小型水库通过租赁、承包、合资、股份合作等形式进行经营权转让的,应当经小型水库主管部门批准,并报县级人民政府水行政主管部门备案。不得将小型水库运行、调度、观测、巡查等职责采取以包代管等形式交由承包经营者履行。

第二十条 对符合降等运行或者报废条件的小型水库,应当按照国家有关规定,组织安全鉴定和技术论证,报有管辖权的水行政主管部门批准,并做好善后处理工作。

其他部门管辖的小型水库降等与报废,审批权限按照该部门的有关规定执行。审批结果应当及时报同级防汛指挥机构及水行政主管部门备案。

第二十一条 违反本办法规定,有关地方人民政府、水行政主管部门以及小型水库主管部门及其有关单位,有下列行为之一的,对直接负责的主管人员和其他直接负责人员依法给与行政处分;造成严重后果,构成犯罪的,依法追究刑事责任。

(一)未明确小型水库行政安全责任人、技术责任人及水库管理人员的;

(二)不服从水资源调度的;

(三)未按要求划定小型水库管理范围和保护范围的;

(四)发现水工程安全隐患不及时采取措施或者报告的;

(五)拒不执行小型水库防洪预案、防汛抢险指令等防汛调度方案的;

(六)不履行小型水库安全管理职责的其他行为。

因玩忽职守、滥用职权导致小型水库出现重大险情或垮坝,造成重大损失的,上级人民政府应当同时追究小型水库所在地人民政府行政主要领导责任。违反本办法规定,从事影响小型水库安全运行活动的,依照有关法律、法规和规章的规定予以处罚。

第二十二条 违反本办法规定,从事影响小型水库安全运行活动的,依照有关法律、法规和规章的规定予以处罚。

第二十三条 本办法自公布之日起施行。

(安徽省人民政府皖政〔2010〕28号,
2010年4月20日印发)

领导讲话

淮河防汛总指挥部总指挥、安徽省省长王三运在淮河防总2009年工作会议上的讲话

(2009年4月10日)

同志们:

今天,淮河流域四省和淮委的同志相聚合肥,召开淮河防总2009年工作会议,十分及时和必要。国家防总、水利部对会议的召开非常重视,国家防办李坤刚副主任亲临会议指导。在此,我代表安徽省委、省政府,向各位领导、各位嘉宾和同志们表示热烈的欢迎!

2008年是我国发展进程中极不寻常的一年,大事、喜事和要事多,难事、自然灾害和突发事件也多。同样,淮河流域也很不寻常,去年汛情来得早,淮河水系出现自1964年以来同期最大的春汛,淮河干流出现了四次洪峰;10月以后,流域大部分地区长达120

多天无有效降水,导致春节前后发生严重旱情。在国家防总、水利部的正确领导下,淮河防总坚持以人为本,科学防控,积极实践防汛抗旱“两个转变”(由控制洪水向洪水管理转变,由单一抗旱向全面抗旱转变),防总各成员单位团结奋战,扎扎实实地落实各项措施,全面完成了防汛抗旱各项工作,为流域经济社会发展做出了积极的贡献。借此机会,对大家为淮河流域防汛抗旱工作所作出的辛勤努力,表示崇高的敬意!向一直关心支持淮河防总及淮河治理工作的各位领导和同志们,表示衷心的感谢!

刚才,钱敏同志代表淮河防总,作了一个全面系统、要求明确、措施具体的工作报告;武全同志比较深入透彻地分析了今年的流域气候趋势;几位副总指挥总结了本省的防汛抢险工作经验,就抓好今年淮河防汛工作谈了很好的意见和建议;坤刚同志宣读了国家防总秘书长、水利部副部长刘宁同志的书面讲话,刘宁副部长在讲话中,充分肯定了近年来淮河防汛工作所取得的成绩,对在新形势下,如何抓好今年淮河防汛和治淮建设提出了明确要求,我们一定要学习好、贯彻好、落实好。会议时间虽短,但内容丰富、交流充分,达到了总结经验、认清形势、统一思想、明确任务的目的,对于我们进一步做好今年淮河防汛各项工作,夺取流域防汛抗旱的全面胜利,必将产生有力的推动。下面,结合大家的发言,我再强调三点意见。

一、认清形势,切实增强防汛抗旱的紧迫意识

今年是新中国成立60周年,是全面贯彻落实党的十七届三中全会精神的第一年,也是实施“十一五”规划的关键一年。做好今年的淮河防汛工作,背景特殊,意义重大。一方面,淮河流域是我国重要的粮、棉、油生产基地和能源基地,在当前应对金融危机、保持经济平稳较快发展的形势下,抓好淮河流域的防洪保安,对于保障淮河粮仓、维护粮食安全,对于实现“保增长、保民生、保稳定”的目标,有着十分重要的意义。另一方面,淮河汛期正是举国上下喜迎国庆60周年之际,不允许我们有任何大的闪失,而要尽最大努力确保淮河安澜、维护社会稳定,这也是对祖国华诞的一份特殊的支持。对于沿淮大部分地区来讲,这种特殊性还在于,今年春节前后发生的严重干旱,已经给沿淮人民生产生活带来一定的影响,如果夏季再出现重大灾害,那将对流域的经济发展和社会稳定,带来非常不利的影响。所以,我们一定要站在维护大局、关注民生的高度,充分认请今年淮河防汛的形势,切实增强防汛抗旱的紧迫意识,把这项关系全局的大事,摆上十分紧要的日程。

大家在分析当前的防汛形势时,都认为当前和今后一个时期,防汛抗旱工作有许多有利因素,其中主要是党中央、国务院高度重视防汛抗旱工作。党的十七届三中全会对加快水利基础设施建设提出了明确要求,全国人大十一届二次会议和中央经济工作会议、中央农村工作会议都把水利作为实施扩大内需政策措施的重点,强调要加强大江大河大湖治理,加快病险水库除险加固,加强防洪排涝抗旱设施和监测预警能力建设。这些为我们进一步加快洪涝干旱灾害综合防御体系建设,着力提高应对气候变化能力,提供了难得的机遇,也为做好防汛抗旱工作提供了根本保障。同时,大家也清醒地认识到当前淮河防汛的形势依然严峻。淮河流域的防汛抗旱水平与面临的形势和任务相比,仍存在较大差距,防灾减灾基础体系与保障流域经济社会发展和人民生命财产安全的要求还有不相适应的地方,预测预报预警能力与有效应对极端灾害性天气事件的要求还有不相适应的地方,防汛抗旱保障能力与社会化防灾减灾的要求还有不相适应的地方,淮河防汛抗旱的能力和水平有待进一步提高。就当前来说,总体防洪能力仍然不足。治淮19项骨干工程建成后,流域总体防洪标准得到提高,通过科学、合理地调度运用防洪工程体系,可防御新中国成立以来发生的流域性最大洪水。但防御中小洪水的总体格局没有太大的变化,遭遇中小型洪水时行蓄洪区仍然需要频繁使用,不少水利工程特别是一些中小型水库还在带病运行。中小河流、沿淮淮北洼地的治理标准不足,因洪致涝问题依然突出。同时,极端天气的概率也比较大。近年来极端天气事件发生的频率和强度明显加大,不仅增加了防汛工作的难度,也对防汛工作提出了更高的要求。根据流域天气形势分析,及未来天气的许多不确定因素,流域发生强降雨的可能性很大,今年的防汛形势不容乐观。刚才钱敏主任的报告中也提到了流域发生“旱涝急转”的可能。对于这些预测分析,我们应该是“宁可信其有、不可信其无,宁可信其大、不可信其小”,具体工作中,要坚持以人为本、生命至上,以防为主、安全第一,“宁可十防九空、不可险时无防,宁可备而不用、不可用时无备”。

总之,我们一定要从全局和战略的高度,清醒认识防汛抗旱工作的长期性、复杂性和艰巨性,切实增强紧迫意识和责任意识,坚决克服盲目乐观和松懈麻痹心理,立足于防大汛、抗大灾,把困难和问题估计得更充分些,把措施和预案制订得更周全些,把各项工作做得更扎实些,牢牢把握防汛抗旱的主动权,切实做好今年防汛抗旱的各项工作,确保淮河防汛万无一失,确保人民群众生命安全。

二、未雨绸缪,全面落实防汛抗旱的各项措施

关于今年的防汛工作,淮河防总已作了全面安排,各省也都作了具体部署。下一步要结合各自实际,细化目标任务,突出工作重点,逐项抓好落实。特别是随着汛期的临近,要立足于早、立足于防、立足于细,认真查找薄弱环节,有针对性地制定和落实防范措施,最大程度减轻灾害造成的损失。

一要全面落实防汛工作责任制。多年的防汛实践证明,严格落实以行政首长负责制为核心的防汛责任制,是做好防汛抗洪工作的关键,凡是责任制落实得好的地方,防汛抗灾就比较主动,成效就比较明显。我们要按照《防洪法》、《抗旱条例》和国家防总关于《各级地方政府行政首长防汛抗旱职责》的要求,坚持依法防洪、科学防控,进一步落实和完善以行政首长负责制为核心的各项防汛责任制。行政首长既要抓工作部署安排,又要抓检查落实,既要统筹协调,又要身体力行,将防汛抗旱责任落实到指挥协调和汛前准备的各项具体工作中。按照"纵向到底、横向到边"的要求,把落实行政责任制和技术责任制结合起来,规范程序,明确职责,提高整体效能。进一步强化防汛检查和监督,不断健全完善监督机制,加强对责任制落实情况的检查,提高各级各部门贯彻防汛抗旱责任制的自觉性和责任感。

二要加强预案预报预警工作。预案、预报、预警,对于做好防汛抗旱工作至关重要。应该说,经过近年来应对灾害的实践检验,我们的各类预案还是比较完备的,现在要做的就是要认真总结经验教训,根据经济社会变化和防汛抗洪新情况,做好充实、修订和完善的工作。特别是防汛抢险、物资储备和调度、行蓄洪区撤退转移、防御台风等应急预案,要力求周全、细致,增强可操作性。要高度重视和切实做好水情、雨情的预测预报和通信保障工作,增强预报时效性,提高预报精度。特别要加强对极端灾害性天气事件的监测力度,提高灾害预报的超前性、准确性。要把完善预案与加强预警结合起来,大力加强预警系统和设施建设,特别是城市、中小河流、中小水库、山洪灾害易发区和人口密集区的预警体系建设,完善相关机制,为及时转移安置群众,提供有力支撑和保障。同时要加强预案的演练和人员的培训,按照防大汛、抗大洪、抢大险的需要,开展对防汛预案的实战演练和抢险队伍的技术培训,确保应急预案的科学性、实用性、有效性,确保应急队伍关键时刻能够拉得出、顶得住、战得胜,圆满完成防汛抢险任务。

三要认真抓好隐患排查处置。流域内的病险水库、病险水闸、中小河流等,既是防汛重点,也是薄弱环节。目前淮河流域列入《全国病险水库除险加固专项规划三年实施方案》的大中型病险水库有170余座,占大中型水库总数的50%以上,另外还有众多的小型病险水库,一部分病险水库正在实施除险加固。无论是已经除险加固的水库、还是正在除险加固的水库,尤其是病险水库,都是今年防汛工作的重点,必须高度关注,千万不能掉以轻心。要督促有关水行政主管部门及项目参建单位,尽快开展工程的进度检查和安全检查,制订切实可行的度汛方案。同时抓紧对未实施除险加固的病险水库、险工险段和山洪、泥石流等地质灾害的隐患排查和处理,对来不及处理的,要制定相应的应急措施,确保一旦出现险情,能够得到及时有效的处置。对重大险工隐患,必须把责任明确到单位、落实到个人,确保险情能够及时发现、及时上报、及时处理。

四要统筹做好防洪除涝抗旱治污。"水多"、"水少"、"水脏"、"水污",仍然是淮河流域面临的最突出问题。一方面是"旱涝急转"时有发生。淮河流域降雨时空分布极不均匀,洪涝和干旱灾害经常交替发生,去冬今春发生在淮河流域的严重干旱,就给我们再一次敲响了警钟。各级防汛抗旱部门在做好防汛抗洪准备的同时,要高度重视抗旱工作,认真做好水资源管理与调度,确保城乡居民生活的供水安全,满足生产、生活用水的需要。另一方面是"脏污交替"依然存在。水多时洪污俱下,易发"水污",水少时难以自净,导致"水脏",水污染形势不容乐观。各地都要密切关注流域内主要河道水质状况,继续发扬去年成功检出和处置大沙河、涡河砷污染事件的做法和经验,积极配合相关部门,团结协作,统筹做好防汛、防旱、防污联合调度工作,在保证防洪安全的前提下,避免出现大的水污染事故,确保人民群众饮水安全。

五要认真组织实施《淮河流域防洪规划》。最近,国务院已经批复《淮河流域防洪规划》,并就规划实施提出了十分具体的要求。我们一定要遵循"蓄泄兼筹"的治淮方针,坚持全面规划、统筹兼顾、标本兼治、综合治理的原则,正确处理好防洪排涝与水资源综合开发利用和生态环境保护的关系,进一步巩固和扩大洪水出路,加强洪水管理和科学调度,逐步完善由水库、河道堤防、行蓄洪区、调蓄湖泊等工程措施和防洪管理措施相结合的综合防洪排涝减灾体系,全面提高淮河流域防御洪涝灾害的能力。

需要指出的是,完善的工程体系是防汛抗旱工作的重要基础保障。国务院批复已经明确,要加强防洪骨干工程建设,继续推进淮河综合治理,并就做好规划建设项目前期工作提出了要求。现在,19项治淮骨干工程建设已接近尾声,各有关方面要抓紧做好扫尾工作,尽快全面发挥工程效益。同时也要看到,淮河治理是一项长期艰巨的任务,需要我们紧紧抓住当前中央实施积极的财政政策,进一步扩大内需、加大水利等基础设施建设投入的历史机遇,加强协调配合,共同积极谋划,争取再上一批事关流域长治久安的大项目、好项目,争取早日实施新一轮治淮项目,进一步提升淮河流域防汛抗旱能力。这方面,国家已有考虑,借此机会,恳请国家防总、水利部继续给予高度重视和关心,帮助我们争取国家更大的支持。

三、团结协作,夺取淮河防汛抗旱的全面胜利

淮河防汛历来是一个有机整体,团结协作一向是我们的优良传统。特别是淮河特殊的自然地理特征、地形地貌和气候条件,决定我们只有团结协作,统筹兼顾,才能取得防汛抗洪等各个方面的最大效益。在2003和2007年的淮河抗洪抢险斗争中,流域各省密切协作,上下游同心,左右岸协力,用实际行动谱写了新时期团结抗洪的感人篇章。新的发展时期,做好淮河防汛抗旱工作,团结治水、协同治淮的宝贵经验和光荣传统更不能丢。淮委作为流域防汛的综合协调部门、淮河防总办公室作为流域防汛的日常办事机构,要进一步发挥好凝聚作用、承担好调度职能,既要深入实际,了解各方的困难和需求,争取最大限度的支持,也要坚持原则,广泛听取意见,认真权衡利弊,在防汛过程中科学调度、果断决策。防总各成员单位一定要站在全局和政治的高度,继续发扬联合作战的好传统,进一步增强责任感和使命感,自觉维护淮河防总的权威,服从命令,听从指挥,确保政令畅通、令行禁止。流域各省防指既要各司其职、各负其责地抓好份内工作,又要加强协作、密切配合,服从防总的统一调度,特别要进一步加强水情、灾情等各类防汛信息的沟通和传递,为流域上下游、左右岸提供及时有效的服务,着力构建流域联动的良好工作格局。

同志们,淮河安危,事关大局,防汛责任,重于泰山。我们坚信,有党中央、国务院的亲切关怀,有国家防总和水利部的正确领导,有流域四省的团结协作,有沿淮人民的大力支持,我们一定能夺取今年防汛抗旱工作的全面胜利,为促进淮河流域经济社会又好又快发展、服务全国经济平稳较快发展大局,作出新的更大的贡献!

最后,希望各位领导、各位嘉宾在安徽多走一走、看一看,多提宝贵意见。祝大家身体健康、工作顺利、万事如意!

安徽省委常委、副省长、省防指总指挥赵树丛在全省防汛抗旱工作会议上的讲话

(2010年4月20日)

同志们:

今天的会议是省政府决定召开的,对于今年的防汛抗旱工作,纪冰同志将代表省防指作具体工作安排,希望大家认真抓好落实。下面,我讲几点意见。

一、落实温家宝总理重要指示,进一步增强防汛抗旱工作的政治责任

最近,温家宝总理在我省视察时发表了重要讲话,站在全局和战略的高度,深刻分析了当前农业生产面临的新情况和新问题,特别重申了农业的基础地位和重要作用。明确指出,稳定经济、稳定物价,关键是要稳定农业。随着城镇化、工业化进程加快,农业这个基础应该加强而不能削弱。我们的农业基础设施建设,特别是水利建设最重要。全国有50%的耕地还是靠天吃饭,像西北这样的地方是自然性缺水,西南是工程性缺水,这次大旱表现的更为突出。有些地方存在"水多、水少、水脏"的问题。洼地治理和相应的排涝能力建设,是安徽最为薄弱的环节,自然灾害发生比较频繁。当前,巩固应对国际金融危机成果,加强通胀预期管理,保持价格总水平基本稳定,必须保障农产品有效供给和农业稳定发展;加快经济发展方式转变,实现可持续发展,必须加快农业结构调整,推进农业现代化;统筹城乡发展,加速城乡一体化进程,必须挖掘农业潜力,发展农村二、三产业,转移农村剩余劳动力;提高科学发展水平,加速安徽崛起,构建和谐社会,必须切实抓好农业农村工作。从安徽省情出发,做好"三农"工作,必须立足抗灾夺丰收,切实抓好防汛抗旱减灾工作,确保今年农业有一个好收成。

从经济社会发展看,做好防汛抗旱工作更为重要。2009年,我省地区生产总值突破万亿元大关,粮食总产量再创历史新高。当前,皖江城市带承接产业转移示范区建设全面启动,安徽迈入了厚积薄发、加速崛起的新阶段。在这个关键时期,对于洪涝、干旱、台风影响频繁的我省来说,防汛抗旱工作抓好了,抓出了成效,就是对经济平稳较快发展、社会和谐稳定的有力支撑。反之,如果洪水泛滥、干旱成灾,人民群众生命安全受到威胁,工农业生产遭受损失,经济社会发展就会陷于被动受阻的局面。

从气象条件看,做好防汛抗旱工作尤为艰巨。目前,全球气候异常,极端天气事件明显增多。就我省而言,2008年滁河大洪水、2009年水阳江洪水,都是由台风暴雨所致。今年以来,我省近期天气异常,从1月份打雷到2月份天气剧烈变化,再到3月份异常降水,以及4月份出现连续几日接近冰点的温度,部分地方降下冰粒,为近几十年来所罕见。全省先后出现了5次雨雪过程,降雨量较常年同期明显偏多,局部偏多8成,皖南地区3月初出现春汛,水阳江发生超警戒水位洪水,这是历史上少有的。随着气候条件的变化,暴雨洪水、气候干旱的突发性、反常性和不可预见性更加突出,对防汛抗旱形势判断、决策调度等提出了新的课题,做好新形势下的防汛抗旱工作,任

务十分艰巨。

从工作实际看,做好防汛抗旱工作十分迫切。通过大规模的投入和建设,重点、大型水利工程的防洪、排灌能力有所增强,但中小河流、中小水库、中小城镇的防洪标准不高,保障防洪安全仍然存在诸多问题。广大农村地区沟渠塘坝淤积、灌排不畅,抗旱死角、灌区末梢农业灌溉供水困难,低洼区域遇水即涝的现状没有根本改变。特别是一些地方仍然存在侥幸麻痹思想,责任制不落实,隐患处置不到位等问题。

落实温家宝总理重要指示精神,要求我们牢固树立抗灾夺丰收思想,进一步增强忧患意识、安全意识和政治责任意识,切实加强领导,明确责任,狠抓落实,随时迎战可能出现的水旱灾害,确保打赢、打好今年防汛抗旱攻坚战。

二、强化措施,进一步突出防汛抗旱工作重点

2010年防汛抗旱工作的主要任务是,保防洪安全、保供水安全、保生命安全,确保重要堤防不溃破、重点水库不垮坝,抗旱工作千方百计满足生活、生产和生态用水需求,最大程度减轻水旱灾害损失,为经济社会平稳较快发展提供强有力的支撑和保障。

一要切实做好长江淮河防汛工作。长江干堤虽已加固,但近年来受河势变化影响,江心洲及外滩圩崩岸险情时有发生。治淮14项骨干工程建设已基本完成,淮干防洪能力得到提高,由于淮河流域地形特殊、水系复杂,防洪排涝的问题还需进一步解决。滁河、水阳江、青弋江、淠河、史河等主要支流都未经系统治理,堤防状况差,防洪标准低,易洪易涝。目前,长江、淮河干支流堤防仍有不少险工险段,一批在建工程还未完工。各地、各有关部门要统筹干流与支流防汛,统筹防洪与排涝,加强险情隐患排除,加强巡堤防守,加强工程运用调度,确保防洪安全,确保江河安澜。

二要切实做好水库安全度汛工作。水库防汛直接关系到人民群众的生命安全,一旦垮坝,后果不堪设想。我省有4800多座水库,特别是有一批水库尚未除险或正在除险,确保水库度汛安全,任务艰巨,责任重大。各地要认真汲取历史上水库垮坝的深刻教训,严格执行调度运用方案,不得随意超汛限水位蓄水。要处理好水库施工与安全度汛的关系,正在实施除险加固的水库,要在保证质量的前提下加快进度,确保汛前完成主体工程;不能完成的,要落实周密的应急措施,防止意外发生。对于病险水库,主汛期要降低水位或空库运行,确保大坝安全。汛期,各地要加大对各类水库大坝的监测和巡查力度,落实防汛物资和抢险队伍,增强险情控制处置能力,确保水库度汛万无一失。

三要切实做好山洪灾害防御工作。我省皖南、大别山区是山洪、地质灾害频发地区。山洪灾害成灾快、危害大、防范难。各地要在"防"上下功夫,认真排查山洪地质灾害隐患点,加快地质灾害隐患治理,加强防御知识宣传,细化防御预案,开展预案演练,确定群众转移路线和临时安置地点。要在"避"上用实招,进一步完善预警平台,扩大预警覆盖面,加强台风、局地强降雨突发性天气的监测,科学预报,适时预警,一旦有危险征兆,第一时间转移危险区群众。要进一步健全基层防范责任体系,落实群测群防措施,努力提高基层应急处置水平,提高基层干部群众防灾、避灾、自救、互救能力,坚决杜绝群死群伤事件发生。

四要切实做好城镇防洪排涝工作。近几年来,由集中强降雨导致的城镇洪涝灾害日趋增多,严重影响城镇正常运行,甚至威胁居民生命安全。城镇是人口、经济集中区域,一旦遭受洪涝灾害,损失重、影响大。各地要高度重视城镇防洪排涝工作,统筹考虑城镇外洪内涝问题,科学确定防洪排涝标准,加强防洪排涝基础设施建设,提高城镇防洪排涝能力。进一步明确相关部门城镇防洪排涝职责,建立统一指挥、统一调度、部门分工负责的城镇洪涝应急管理体制,落实防洪排涝和人员救援措施,确保外洪能防、内涝能排、人员能撤,努力减少城镇洪涝灾害损失,确保居民生命安全。

五要切实做好供水和抗旱工作。水多则涝,水少则旱,旱涝交替,这是我省农业生产的一个现实问题。必须处理好水多与水少的关系、防汛与抗旱的关系,加强水资源的统一调度和管理,在确保防洪安全的提前下,尽可能早蓄水,多蓄水。要积极兴建小型蓄水、引水、提水等应急抗旱设施,检修维护抗旱机械和设备,抓好蓄水塘坝、输水渠道的清淤扩容,提高农业供水保证率。用水难以保障的地区,要因地制宜,积极调整种植结构和产业结构,大力推广节水新技术、新设备,提高水的利用率。要按照先生活、后生产,先地表、后地下,先节水、后调水的原则,统筹安排各方用水,把保证城乡居民用水安全放在抗旱工作的首位。目前,各地正在开展春耕生产,夏种也将陆续展开,水利、农业等部门要加强协调合作,合理调度,科学灌溉,确保农业灌溉用水需要,为今年农业丰产增收打下坚实基础。

三、防字当头,进一步做好各项防汛抗旱准备

水旱灾害的突发性、不确定性,决定了防汛抗旱工作必须以防为主、防重于抢。要切实做好各项防汛抗旱准备工作,抓好各项防范措施的落实。

一要狠抓工程应急处置。在加快推进江河治理、重点工程建设的同时,要针对影响今年度汛安全的突出问题,抓紧梳理并进行应急处置。要进一步加快病险水库除险加固,已破坝施工的水库,汛前要完成复坝任务,不能完成的要做到空库迎汛。长江、淮河干堤及主要支流堤防已开口的工程,汛前必须完成复堤任务,满足防汛要求。对汛前检查发现的险工隐患,要筹措资金抓紧处置,确保工程安全。要加强水资源调控和配置工程建设,加快实施骨干灌排工程、农村饮水安全工程,大力推进抗旱应急水源工程建设,提高城乡供水和农田灌溉保障能力。

二要狠抓预案修订完善。近年来,省防指大力推进预案建设,多类别、多层次的防汛抗旱应急预案体系已初步形成。但从总体上看,当前防汛抗旱预案体系仍不完善,特别是基层预案的实用性、可操作性还存在较大差距。要继续完善预案体系,根据需要修订总体预案,细化专项预案,形成“纵向到底、横向到边”的预案体系。要着力抓好基层预案的编制和修订,重点解决人员转移安置等具体措施,进一步增强预案的实用性和可操作性。要加强预案的动态管理,开展基层预案演练活动,让群众进一步了解预案、熟悉预案,切实发挥预案的作用。

三要狠抓预测预报预警。预测、预报、预警是防汛抗灾的重要组成部分和关键环节,直接关系防汛抗灾的成效。要加强对中短期天气,特别是短历时强降雨和台风暴雨的预测预报工作,在预报的定时、定点、定量上下功夫。要加强雨情、水情监测,确保测得出、报得准,为指挥调度提供科学依据。要加强地质和山洪灾害易发区、库区、易洪易涝区和人口密集区的预警体系建设,为及时转移安置群众提供支撑保障。要认真落实省委办公厅、省政府办公厅《关于切实做好灾害性天气预警信息发布工作的意见》,气象、水利、国土资源等部门要强化预警工作,宣传、通信等部门要积极配合预警发布,做到科学监测、及时预报、主动预警、有效防范。

四要狠抓队伍物资保障。防汛抗旱队伍、物资、资金等是做好防汛抗旱工作的基本保障。要大力推进基层防汛抗旱应急队伍建设,将队伍延伸至重点乡、村。要抓好群众性巡堤查险队伍的登记和培训,组织专业抢险队伍开展演练,适应防大汛、抗大旱、抢大险的实战要求,确保关键时刻拉得出、顶得上、抢得住、打得赢。今年各地要继续开展社会性备料工作,抓紧补充储备防汛物资,重点部位、险工险段要就地、就近备料。要完善以公共财政为主渠道的防汛抗旱投资体制,保障防汛抗旱投入需要。

四、落实责任,进一步强化防汛抗旱工作组织领导

防汛抗旱是应急工作,是政府行为,是执政能力的体现,必须加强组织领导,建立严格的责任与责任追究制度,充分发挥各相关部门的职能作用,保障防汛抗灾工作高效、有序开展。

一要落实防汛抗旱责任制。防汛抗旱责任制是战胜水旱灾害的重要组织保证。各地要进一步完善以防汛抗旱行政首长负责制为核心的各项责任制,加强防汛抗旱工作的组织领导,提高防汛抗旱整体效能。要加强责任制落实情况检查,建立考核评估制度,确保责任制落实到位。要加强对行政责任人的培训,提高行政首长防汛抗旱决策指挥水平和突发事件应对处置能力。省防指今年将继续开展新任防汛指挥长培训工作,各级也要积极开展防汛责任人培训工作。各级防汛抗旱行政责任人要以身作则,深入防汛抗旱一线检查指导,及时协调解决存在的问题。灾害发生后,要在第一时间亲赴现场指挥抗灾,安排好群众的生产生活。

二要形成防汛抗灾合力。防汛抗旱指挥部各成员单位要认真履行职责,坚决服从防汛抗旱指挥部的统一指挥,真正形成部门配合、协同作战的高效联动机制,形成防汛抗灾合力。特殊情况下,要特事特办,急事急办,决不允许各行其是,贻误战机。水利、气象、国土资源、农业、交通运输、民政等部门要进一步完善联合会商机制,为防指的决策部署当好参谋。

三要充分发挥人民解放军、武警官兵抗洪抢险突击队、主力军作用。要加强与部队的联系,及时向部队通报重大汛情、工情和灾情,加强军民联防,发挥人民子弟兵抗洪抢险突击队、主力军作用。

四要严明防汛抗旱纪律。防汛抗旱工作涉及面广、关系重大,需要有铁的纪律作保证。各级政府及防指要严格执行上级政府和防指的调度命令,做到政令畅通,令行禁止。对拖延执行、执行不力或拒不执行的,要依法追究责任。要严格值班纪律,各级防汛抗旱指挥机构和有关部门要实行汛期24小时值班制度,领导带班,专人值班,确保信息畅通。要严格执行巡堤查险、险情灾情报告等制度,对防汛抗旱工作中玩忽职守、欺上瞒下、隐瞒不报的,要依法严肃追究责任。

同志们,做好今年的防汛抗旱减灾工作,任务艰巨,责任重大。我们一定要认真贯彻落实科学发展观,真抓实干,全力以赴,确保防洪安全,确保供水安全,确保人民群众生命安全,为保持经济平稳较快发展、加速安徽崛起作出新的更大贡献!

安徽省水利厅厅长纪冰在全省水利工作会议上的讲话(摘录)

(2010年1月21日)

一、2009年水利工作回顾

2009年,是我省在奋力崛起进程中迈出坚实步伐的一年,也是实施全省水利发展“十一五”规划的关键一年。全省水利工作紧紧围绕省委、省政府“保增长、保民生、保稳定”的决策部署,立足科学发展观新实践,遵循新时期治水新思路,抢抓扩大内需政策新机遇,完成水利基本建设投资65亿元,比2008年增加26.7%,连续三年突破50亿元,创历史最好水平,为促进全省经济社会平稳较快发展提供了有力支撑。

(一)“两大关键目标”如期实现

1. 如期实现国务院确定的近期治淮工作目标。全年完成治淮投资17亿元,累计完成治淮投资224.8亿元,14项治淮骨干工程全部完成。白莲崖水库各专项验收正在积极推进,其他13项工程全部竣工验收。近期治淮骨干工程的建成,标志着淮河中游骨干防洪体系基本构成,淮河干流防洪抗灾能力明显提高。

2. 如期实现中央新增水利投资项目建设既定目标。2008年第四季度以来,在省发改委、省财政厅等部门的共同努力下,国家分四批下达我省新增水利项目投资49.6亿元,其中中央投资31.42亿元,在全国位居前列,占全省争取中央新增投资的21.8%。截至2009年底,已累计完成投资41.2亿元,占总投资的83.1%。新增水利项目投资拉动地方和相关行业投资160多亿元,创造就业岗位4万多个。

(二)“两大民生水利工程”深入推进

一是新解决316.41万农村人口饮水安全问题。全年完成投资15.7亿元,解决了316.41万农村人口饮水安全问题,超额完成年度目标任务。截至2009年底,全省累计投入39.5亿元,解决950万农村人口饮水安全问题,占总计划的58%,比国家下达计划804万人超出146万人。

二是新实施430座病险水库除险加固工程。全面开工实施430座水库除险加固,占年度计划目标的105%。截至2009年底,全省累计安排实施1417座水库除险加固,其中国家规划内295座水库加固已全部安排实施、省计划小型水库开工1122座,累计完成投资42.4亿元,已验收或完成主体工程1014座。

(三)“四项重点改革”取得丰硕成果

1. 水管体制改革完成省级验收。全省567个水管单位中,281个定性为纯公益性质,286个定性为准公益性质。落实人员经费5.89亿元和维修养护经费3.1亿元,落实率分别为92%和78%。16个市水管体制改革工作通过省级验收,1个市正在进行扫尾。进一步理顺了国有水利工程管理体制,活化了运行机制。

2. 水价改革稳步推进。协调出台水利工程农业水费免征营业税政策,为全省农业水费征收工作创造了良好条件。扎实开展水价成本测算工作,推进农业水价综合改革试点,完成省直属和跨市水利工程供工业和城镇生活用水价格调整准备工作。明确水管单位船闸过闸费为经营性收费,理顺了船闸收费关系。

3. 水规费征收改革深入开展。强化厅水规费稽征办公室职责,大力推行直收试点。依法开征河道滩地临时占用补偿费,规范了河道滩地临时占用管理。实行河费按超额累退费率减半征收,让利企业,助推企业发展。全年全省征收水费和水规费5.8亿元,为水利发展提供了部分资金保障。

4. 厅机关机构改革圆满完成。按照省政府的统一部署,扎实开展省水利厅机关机构改革,新成立政策法规处和水资源处,单独设立了水土保持处,并将省防汛抗旱指挥部办公室由参公管理的事业单位成建制转为厅机关序列,处室主要负责人进行了轮岗。机构改革成效显著,优化了机构设置,理顺了职责关系,进一步明确了各处室的职能,加强了公务员队伍建设。

(四)“五项重点工作”持续推进

第一,以出台贯彻省委、省政府《意见》实施方案为核心,服务安徽崛起的水利措施不断加强。找准定位,主动作为,远谋近施,省水利厅出台了贯彻省委、省政府《关于进一步加快全省水利建设和改革的意见》实施方案、《关于加快皖北和沿淮部分市县发展的若干政策意见》具体办法、全面推开扩大县级经济社会管理权限和实施扩权强镇工作实施细则,保障水利措施体现省委、省政府的战略意图和目标要求。同时,各地也纷纷出台了贯彻省委、省政府《意见》的实施意见,全省加快水利发展的氛围更加浓厚。

第二,以实施《安徽省河道采砂管理办法》为标志,水法规体系逐步完善。《安徽省河道采砂管理办法》颁布实施,《安徽省水文条例》和《安徽省节约用水条例》报省政府审议,《安徽省水能资源开发利用管理办法》等立法前期工作取得积极进展。完成地方性水法规和配套政府规章的清理工作。

第三,以编制县级农田水利建设规划为抓手,农田水利建设呈现恢复性增长。推进县级农田水利建设规划编制工作,99个县区完成编制任务。开展小型农田水利补助项目建设,全面启动19个重点县和18个专项工程项目建设。农田水利建设持续开展,全省完成土石方2.5亿立方米,修复水毁工程10600处,改善灌溉面积400万亩、除涝面积110万亩。实施83条小流域综合治理,治理水土流失面积396.3平方公里。水利血防工作成效明显,实现灭螺、控制钉螺面积2100万平方米。

第四,以组建省水利工程招标投标服务中心为重点,水利工程建设管理更加严格。组建省水利工程招标投标服务中心,招投标监管工作得到加强。深入开展监理和施工企业信用评价工作,水利建设市场信用体系建设逐步推进,市场主体行为更加规范。开展水利工程建设领域突出问题专项治理,建设监管措施更加有力。扎实开展安全生产"三项行动",积极推行建设安全监督,全省水利安全生产态势平稳。

第五,以实施县级水利部门能力建设三年计划为载体,行业自身建设持续增强。出台加强县级水利部门能力建设指导意见和考核办法,启动达标考核工作,县级水利部门能力建设计划正式实施。圆满完成学习实践科学发展观活动,水利科学发展的体制机制进一步健全。学习贯彻党的十七届三中、四中全会精神,开展"加强党性修养、弘扬优良作风、促进科学发展"主题教育和"作风建设教育月"活动,出台《关于加强机关作风建设的若干意见》,党的建设、廉政建设和作风建设不断加强。为表彰先进,树立典型,开展了第三届全省优秀水利局长评选表彰活动,评选出10位优秀水利局长。支援四川松潘县震后水利恢复重建工作进展顺利,圆满完成年度建设任务。全系统以庆祝新中国成立60周年为主要内容的群众性精神文明创建活动蓬勃开展,省水利厅首次荣获"全国群众体育先进单位"称号,再次确认为"全国水利文明单位"。水利宣传、政务信息、档案管理、史志年鉴编纂工作取得新成绩。高度重视离退休干部工作。工会、共青团、学会、协会等团体作用充分发挥。

(五)"五项管理"全面提升水平

一是规划工作实现新突破。启动全省水利发展"十二五"规划编制工作,长江、淮河流域综合规划修编已完成主要任务,国务院批复淮河流域防洪规划,中小河流近期治理规划付诸实施。编制完成大中型灌区节水改造、大型灌溉排水泵站更新改造、大中型病险水闸除险加固等专项规划。

二是前期工作取得新进展。治淮新三项工程前期工作取得重要成果,淮河平原洼地治理外资项目初步设计通过淮委评审,西淝河等洼地治理应急工程已报国家发改委待批,洪泽湖抬高蓄水位影响处理工程初步设计通过国家南水北调办公室初审。青弋江分洪道项目可研已报水利部,水阳江、滁河防洪治理近期工程可研通过中咨公司评估,长江崩岸治理应急工程可研通过水利部审查,下浒山和月潭水库项目建议书报国家发改委待批。引江济巢项目建议书水规总院已组织专家论证。

三是水资源管理创造新成绩。完善建设项目水资源论证制度,推行总量控制与定额管理,基本编制完成我省中西部重点地区水量分配方案。强化水功能区管理,开展水功能区水域纳污能力核算和地下水水功能区划工作。强化水资源保护,建立健全城市水源地水质监测和水污染突发事件联防、应急处置机制。完成淮北市节水型社会建设试点中期评估及相关专题验收,合肥市节水型社会建设试点全面启动。

四是水利工程运行管理实现新提升。加强工程规范化管理,新增8个,累计已有65个水管单位达到省级管理考核标准。启动水利工程精细化管理试点,加快推进由粗放型管理向规范化、精细化管理的转变。狠抓涉河项目管理"四项制度"的落实,监管措施不断加强。完成180座病险水闸安全鉴定。

五是水能资源管理迈上新台阶。完成全省水能资源调查评价工作。水电农村电气化县建设进展顺利,小水电代燃料扩大试点项目全部完成,新增水电装机10万千瓦。全面完成水电供区二期农网改造任务。强化农村水电安全监管,扎实做好安全管理分类工作。

(六)防汛抗旱减灾成效显著

坚持防汛与抗旱并举,工程措施与非工程措施并重,精心组织,科学调度,防汛抗旱减灾效益达86亿元。一是成功战胜我省中北部发生的严重春旱,抗旱浇灌近3000万亩,保障了夏季粮油作物返青生长用水。二是成功防御主汛期发生的三次强降雨和台风"莫拉克"引发的局部洪涝灾害,保障了人民群众生命安全。三是成功应对夏种、秋种时的阶段性旱情。夏种时,全省水利工程累计提供灌溉用水32亿立方米;秋种时,全省动用9万眼机电井,开启318处泵站和30万台套机动设备,造墒、浇灌农田1000万亩。防汛抗旱工作取得全面胜利,为全年粮食丰产丰收作出了新贡献。

(七)水利可持续发展能力逐步增强

1. 依法治水和依法行政工作持续加强。严厉打击非法采砂,长江、淮河采砂始终处于可控状态。依法调处水事纠纷,维护了良好水事秩序。规范水行政许可审批。深入开展政务公开,加大政府信息公开力度。政务中心水利窗口、人大建议和政协提案办理、信访等工作取得新成绩。

2. 水利科技和信息化建设持续加强。推进水利科技创新,落实省部级重大水利科技项目6项,完成9项成果鉴定或验收,3项成果获省科技进步奖,1项成果荣获大禹水利科技二等奖。加强科技推广工作,14项成果列入全国水利科技推广项目,成功参展中国水博会。国家防汛抗旱指挥系统一期工程通过竣工验收,全省防汛抗旱视频监视系统、通信骨干网工程加快推进。全省水利门户网站建设不断加强。电子政务工作不断拓展。

3. 水利多种经营工作持续加强。立足水土资源优势,大力拓展水利多种经营,全系统创收24.5亿元,其中厅直单位创收5.5亿元。积极发展水利旅游,新增4个国家级水利风景区,全省国家级水利风景区已达17个,其中佛子岭等风景区跻身国家4A级旅游景区。行业经济实力不断壮大,促进了自身良性发展。

总结过去一年的工作,我们也清醒地看到,当前我省水利工作还存在一些薄弱环节,突出表现在四个方面:一是水利前期工作亟需加强。一些项目设计质量不高、深度不够,方案论证、比较不充分;前期工作经费投入不足,省级每年1000万元的专项经费难以满足需要,市县级投入则更少;重大项目储备不足,能投入实施的成熟项目不多。二是配套资金亟需落实。各地普遍存在着重视争项目、轻视配套资金落实的现象,尤其是市以下配套资金到位率低,以致工程不能如期完成。三是农田水利投入主渠道亟需建立。农村税费改革后,新的投入机制尚未形成,群众筹资投劳大幅下降,加之各级财政难以有效弥补投入缺口,导致农田水利欠账多,小型水利设施陈旧,抗旱排涝能力差。农水设施管理主体不明,管理缺失。四是基层水利服务组织亟需完善。据不完全统计,目前全省仅有三分之一的乡镇设有水利(水保)站,且普遍存在人员数量不足、技术水平不高、经费没保障等问题,基层水利建设与管理工作受到严重影响。对此,我们一定要高度重视,深入研究,采取有力措施,切实加以解决。

二、当前水利工作面临的形势

当前和今后一个时期,我省处于厚积薄发、加速发展的重要时期,水利也处于由传统水利向现代水利、可持续发展水利加快转变的关键阶段。我们要牢牢把握水利发展的新机遇,积极应对水利工作的新挑战,全力推进水利科学发展。

(一)牢牢把握水利发展新机遇

一是60年的深厚积淀,为加快水利发展奠定了坚实基础。新中国成立60年,全省水利站在了一个新的历史起点上。经过60年的持续发展,我省综合实力跨上新台阶,2009年全省经济总量突破1万亿元大关,经济实力明显提升,为水利发展积淀了较为雄厚的物质条件;经过60年的实践探索,可持续发展治水思路不断丰富完善,为水利发展提供了科学指导;经过60年的艰苦努力,我省水利建设、管理、改革成效显著,为水利发展积累了宝贵经验;经过60年的不懈奋斗,我省基本建成防洪、除涝、灌溉工程体系,水利可持续发展后劲显著增强。

二是宏观经济政策的连续性,为加快水利发展创造了有利条件。水利建设面广、量大、吸纳投资多、相关产业链条长、提供就业能力强,在2008年第四季度以来促进经济平稳较快增长中发挥了重要作用。当前,国际金融危机余波未尽,国内经济回升基础还不稳固。中央经济工作会议强调,保持宏观经济政策的连续性和稳定性,继续实施积极的财政政策和适度宽松的货币政策。保持经济平稳较快增长,仍然需要发挥水利扩大内需、拉动上下游产业、促进就业的作用,国家对水利基础设施建设的投入将会继续保持在一个较高的水平。

三是国家粮食安全战略的实施,为加快水利发展提供了潜在动力。根据国家粮食安全中长期规划,我省制定了新增220亿斤粮食生产能力规划,确定到2020年全省粮食产量要达到800亿斤的目标。省经济工作会议和省农村工作会议强调,今年是实施国家和我省增粮规划的第一年,要围绕粮食生产,抓住国家开展小型农田水利重点县建设的机遇,加快推进全省农田水利基本建设,全面提高粮食综合生产能力。

四是统筹区域经济社会发展,为加快水利发展注入了内在动力。近年来,省委、省政府作出了一系列推动区域竞相发展、协调发展的重要举措。加快合肥经济圈建设,推进合芜蚌自主创新综合试验区建设,加大皖北和沿淮部分市县发展支持力度,尤其是皖江城市带承接产业转移示范区是我省第一个进入国家层面的发展规划,近日获批。水利是区域经济社会发展的重要支撑,必须适度超前发展。同时,区域活则水利活,区域强则水利强,随着区域经济社会发展步伐的加快,必将有力地推动区域水利发展。

五是"三农"工作的持续加强,为加快水利发展提供了政策保障。中央农村工作会议和省农村工作会议明确提出,国家固定资产投资要把水利建设放在重要位置,把农田水利作为农业基础设施建设的重点,大幅度增加小型农田水利建设中央和省级财政补助专项资金规模,扩大一事一议财政奖补试点范围。特别是从2004年以来,中央1号文件连续7年关注"三农",连续7年把水利基础设施建设放在突出位置,政策含金量越来越高。今年中央1号文件再次强调,突出抓好水利基础设施建设,为水利发展提供了有力的政策保证。

(二)积极应对水利工作新挑战

一是宏观经济政策的走向对水利投入提出了新要求,必须善于抢抓政策机遇。宏观经济政策因时而调,因势而变。积极的财政政策不会长期实施,一旦经济回升向好的基础稳固,国家就会改变经济政策。中央经济工作会议在确定保持宏观经济政策的连续性和稳定性的同时,也明确指出要根据新形势新情况着力提高政策的针对性和灵活性,强调"五个更加注重",就是释放的明确信号。我们必须密切关注国家宏观政策调整的动向,适时而动、顺势而为,摒弃对抗性思维,多谋适应性举措,找准政策与水利投入的结合点,做好对接工作,抢占发展先机。

二是水利投资结构的变化对水利建设提出了新要求,必须健全完善水利工程体系。按照科学发展观的要求,近年来,国家水利投资更加注重民生水利工程投入。在2009年中央水利投资中,民生水利投入比重达50%以上。投资结构的变化,致使水利工程建设呈现出点多、面广、量大、种类多样的新特点。我们在重视大中型水利工程建设的同时,必须着力抓好农田水利建设。这种新特点对前期工作、建设管理能力等提出了新挑战,尤其对市县两级水利部门的行政组织和技术人才队伍等提出了新要求。

三是全社会高度关注对水利管理提出了新要求,必须坚持工程进度与质量效益相协调。水利工程直接涉及公共社会安全,涉及广大群众切身利益,同时使用越来越多的财政性投资,中央重视、各部门关心、社会舆论关注。一方面,目标要求高,时间要求紧。另一方面,国家直接监管的力度越来越大。2008年以来,中央督导组对扩大内需项目的检查,审计署对水库除险加固等项目的专项审计,不仅针对项目建设和资金使用的合规性,而且注重项目实施效果。因此,我们必须处理好质量与进度的关系,既要突出“快”,更要注重“好”。

四是地区水利发展不平衡对水利公共服务提出了新要求,必须大力推进水利基本公共服务均等化。随着地区之间经济社会发展的差异性逐渐加大,当前我省水利建设不协调不平衡的问题日益突出,特别是区域之间、城市与农村之间水利发展差距较大。这种不均衡,导致上下游、左右岸、不同区域之间出现一些矛盾和问题。为此,必须坚持统筹兼顾,围绕省委、省政府统筹城乡和区域发展战略,结合各地实际,科学安排水利项目,优化水利建设布局,推进水利基本公共服务均等化,努力构建城乡统筹、区域协调的水利发展格局。

三、扎实做好2010年全省水利工作

2010年是完成全省水利发展“十一五”规划的收官之年。全力做好各项水利工作,对进一步巩固扩大内需成果、促进经济平稳较快发展、为水利发展“十二五”规划启动实施奠定良好基础具有十分重要的意义。

2010年全省水利工作的总体要求是:坚持以党的十七大和十七届三中、四中全会精神为指导,深入贯彻落实科学发展观,按照省委、省政府“瞄准中部前列、力求争先进位”的总体部署,立足调结构、保增长、惠民生,积极践行可持续发展治水思路,全面完成省水利发展“十一五”规划目标任务,坚定不移地打造工程水利、资源水利、民生水利、生态水利,加快建设完善流域和区域综合防洪减灾体系、城乡水资源合理配置和高效利用体系、水利管理和运行保障体系、水环境保护和河湖生态健康保障体系,推进水利又好又快发展。

(一)坚持把加快建设工程水利作为水利工作的首要任务

立足当前,着眼长远,把水利工程建设与扩大内需阶段性要求结合起来,与促进水利长远发展结合起来,加强“四大工程”建设,夯实水利工程基础,着力增强水利保障能力。

1. 上项目,打基础,抓紧新增水利投资项目建设。扩大内需水利投资项目建设,是对各级水利部门工作作风、工作能力和工作水平的重大考验。各级水利部门要有力、有序地把项目建设组织好、实施好,确保今年3月底前完成第四批新增水利投资项目建设任务。同时,抓住国家继续实施积极财政政策和适度宽松货币政策的机遇,积极争取国家新增投资项目更多的份额,全力做好扩大内需水利建设工作。

2. 实施“淮河畅通”工程和“平安粮仓”工程,拉开新一轮治淮工作序幕。2009年12月30日,国务院常务会议对进一步治理淮河作出部署。陈雷部长在全国水利厅局长会议上明确宣布,全面启动新一轮治淮工程建设。结合我省实际,推进以治淮新三项工程为主要内容、以解决沿淮淮北群众安居与发展为目标的新一轮治淮工作。实施“淮河畅通”工程,结合董峰湖、方邱湖等行蓄洪区调整改造,扩大淮干中等洪水的行洪通道,减少行蓄洪区启用几率,使正阳关以下淮干洪水下泄更加顺畅。同时,进一步开展行蓄洪区安全建设。实施“平安粮仓”工程,开工建设淮河洼地治理世行项目、西淝河等洼地治理工程,实施洪泽湖抬高蓄水位影响处理工程,把沿淮淮北洼地除涝标准提高到5年一遇以上,把洼地“水口袋”变成“米粮仓”。

3. 实施“健康长江”工程,加快长江干流及主要支流治理。加大长江崩岸治理和局部河段河势整治力度,力争开工滁河近期防洪治理工程和水阳江近期防洪治理工程,力争实施青弋江分洪道治理工程。持续推进沿江排涝泵站工程建设。

4. 统筹兼顾,标本兼治,启动中小河流治理工程。根据《全国重点地区中小河流近期治理建设规划》,我省共有84个项目列入2009—2015年建设名录表,其中2009—2011年实施44个试点项目,涉及40个县(市、区),总投资约11亿元。有关各地要完善前期工作,规范项目实施,确保今年第一批7个试点项目尽快建成,为中小河流治理工作开好头、起好步。

(二)坚持把积极推进资源水利作为水利工作的第一目标

实行最严格的水资源管理制度,围绕水资源配置、节约和保护,明确水资源开发利用、水功能区限制纳污和用水效率控制“三条红线”,把握好“三个重点”。

一是以推行总量控制为重点,抓好水资源配置。推进水权分配与行业用水定额管理,编制完成我省中西部重点地区水量分配方案。推进水资源配置工程建设,加快推进引江济淮、引江济巢、淮水北调等工程前期工作,力争早日立项实施。

二是以推进节水型社会建设为重点,抓好水资源节约。加快推进淮北市、合肥市节水型社会建设试点工作,积极探索不同水资源条件、不同地区建设节水型社会的模式与途径,不断巩固试点成果,及时总结试点经验,加强交流和推广,深入推进全省节水型社会建设,提高用水效率和效益。

三是以加强水功能区管理为重点,抓好水资源保护。加强水功能区管理,出台主要水域纳污能力和限制排污总量的意见,强化入河排污总量监控。加强水源地保护,编制水源地保护规划,强化应急水污染监测能力建设,完善水污染事件快速反应机制。

(三)坚持把倾心构筑民生水利作为水利工作的主攻方向

水利工作与民生息息相关,民生水利是水利工作的重中之重,是践行可持续发展治水思路的着力点。强调发展民生水利,不能局限于某些具体工程项目上,旨在树立保障民生的发展理念,倡导服务民生的价值取向,实现改善民生的目标追求,更好地诠释水利工作“为谁干”、“谁来干”、“干什么”、“怎么干”的问题。当前和今后一个时期,我们要着力解决问题最突出、矛盾最集中、群众要求最迫切的水利问题,办好顺民意、解民忧、惠民生的实事,让广大人民群众共享水利发展成果。

1. 深入推进防汛抗旱“两个转变”,重在提升应急保障能力。毫不松懈地做好防汛抗旱减灾工作,深入推进由控制洪水向洪水管理转变、由单一抗旱向全面抗旱转变,加强抗灾减灾能力和防汛抗旱服务体系建设,保障防洪和供水安全,最大限度减少灾害损失。一是以汛前准备为抓手,突出抓好“六个到位”,即责任制落实到位、预案方案修订完善到位、汛前检查整改到位、险工隐患处理到位、防汛物资队伍准备到位、通讯和信息化保障到位。二是以防洪保安和供水安全为核心,突出抓好值守、会商、调度、响应、评估的“五个环节”。三是以提高应急能力为目标,突出抓好“三项建设”。加强各级防办能力建设,出台《市县级防汛抗旱办公室能力建设指导意见》;加强应急队伍建设,出台《加强基层防汛抗旱应急队伍组建指导方案》,组建县、乡、村防汛应急抢险队和抗旱服务队;加强制度建设,出台《安徽省水库汛期巡查规定》等规章制度。

2. 深入推进农村饮水安全工程建设,重在抓好运行管理。根据省政府确定的2007—2011年农村饮水安全工程建设计划,今年计划解决343.85万农村人口饮水安全问题。各地要及早制定年度实施方案,落实建管措施,着力实施“管网入户”,努力推进农村自来水工程。出台《农村饮水安全工程运行管理办法》,落实专人管理,确保工程建得成、管得好、长受益。

3. 深入推进病险水库除险加固工程建设,重在强化建后管理。加快病险水库除险加固步伐,年底前全面完成国家计划295座大中型和重点小型病险水库除险加固任务,新开工建设省计划300座小型病险水库除险加固工程。切实抓好工程验收,出台《安徽省小型水库工程管理办法》,落实管理机构、人员和经费,小(一)型水库落实专职管理人员2~3人,小(二)型水库落实专职管理人员1人,确保加固一座,脱险一座,达标一座,发挥效益一座。

4. 深入推进骨干灌排工程建设,重在提升灌排保障能力。继续推进淠史杭等7个大型灌区续建配套与节水改造,认真抓好中型灌区节水改造项目建设,以县为单位抓紧编制完成中型灌区续建配套与节水改造可研报告。积极推行用水户协会等农民群众自主参与的灌区管理模式,不断提高用水效率,改善和增加灌溉面积。完成33处大型排涝泵站更新改造任务。加快实施22处大型灌溉排水泵站更新改造。着手编制中小型泵站更新改造规划。

5. 深入推进农田水利建设,重在改变农田抗灾能力较弱的局面。按照国家发改委、水利部等五部委联合印发的《县级农田水利建设规划编制大纲》要求,全面完成县级农田水利建设规划编制和修订完善工作,报县人大或政府审批。以规划为依据,有序组织实施。抓住国家实施小型农田水利建设重点县的机遇,充分利用一事一议财政奖补政策,大力加强农田水利建设。实施“金水致富”工程,用3年左右时间,完成恢复性除涝工程和灌溉工程,在此基础上,广泛调研,编制标准农田水利建设方案,逐步实施标准化农田水利建设。抓紧完成19个重点县和18个专项工程建设任务,积极争取扩大重点县和专项工程实施范围,为粮食增产、农民增收奠定更加扎实的基础。

(四)坚持把同步打造生态水利作为水利工作的重要战略

按照发展低碳经济的部署,统筹考虑人与自然对水利的共同需求,加强水生态环境保护和修复,着力实施“四大水利清洁工程”,确保水生态安全,构建高质量的水生态环境体系。

一是着力实施沟河湖塘疏浚工程。结合全省农村清洁工程试点建设,重点实施农村中小河流、湖塘、圩区沟港的清淤治理,搞好河坡整治,开展植树造林,增加森林炭汇,清除河道有害水生植物,采取生物、生态等环保措施,加强农村水环境整治,构建“水清、岸绿、景美”的新农村。

二是着力推进水土保持工程。以水土资源可持续利用和生态环境的有效保护为目标,以水土保持预防监督、综合治理工作为重点,推进集中连片、规模治理,开展水土保持科技示范基地、生态清洁型小流域治理、生态修复、省级监督管理能力、综合治理示范项目等建设试点,新增治理水土流失面积 300 平方公里,实施生态修复面积 400 平方公里。

三是着力强化水能资源管理。全面完成“十一五”水电农村电气化县建设任务。启动“十二五”水电新农村电气化县建设。强化农村水电建设监管,科学有序开发农村水电。加强农村水能资源管理,推进水能资源开发使用权有偿出让。

四是着力加强水利血防工作。完成 2009 年度水利血防专项项目的扫尾和验收工作,抓好工程运行维护管理,促进工程更好地发挥控螺、灭螺效益。超前开展水利血防工程前期工作,力争更多的项目列入《全国血吸虫病综合治理水利专项规划》。按照省政府血防工作领导小组的部署,落实建设标准和内容,确保完成年度目标任务,不断改善疫区群众生产生活条件。

(五)坚持把加强管理作为提高水利服务水平的关键举措

推进水利可持续发展,规划是龙头,建设是基础,管理是关键。只有切实加强管理,才能更好地为经济社会发展服务。

第一,扎实做好水利发展“十二五”规划编制工作。“十二五”时期是我省形成较为完善的水利基础设施体系的关键时期。各级水利部门要高度重视水利规划工作。根据省政府领导指示精神,今年为“水利规划年”,省、市、县三级水行政主管部门都要以水利发展“十二五”规划编制为龙头,切实做好相关水利规划。要建立领导机构,健全工作机制,明确专人负责,组织精干力量,明确阶段性任务,把握好时间节点,确保按期、高效率、高质量地完成规划编制任务,合理设置水利发展“十二五”规划的指标体系,明确“十二五”水利发展的战略重点。同步做好专项规划编制工作,完成长江、淮河流域综合规划修编工作,开展巢湖等重要流域防洪规划的修编工作,全面抓好中小河流、中型灌区和重点地区水利规划编制工作,启动全省地级市的城市防洪规划修订和县城及扩权试点镇防洪规划工作。加强规划管理,严格遵循下级规划服从上级规划、专项规划和区域规划服从总体规划、同级规划相互协调的原则,做到省、市、县三级规划相衔接,与已批准的相关水利规划相协调,与区域发展规划、城市规划、土地利用规划等相配套,保证规划实施的连续性和严肃性。

第二,扎实抓好水利前期工作。按照“开工一批、储备一批、谋划一批”的总体要求,各级都要加大前期工作的投入,保证前期工作进度,提高设计深度和质量,增加项目储备。加快治淮新三项工程前期工作,全面抓好行蓄洪区调整、湖洼地治理、一般堤防加固、渐进式移民等前期工作。抓好长江干流应急整治工程前期工作,开展长江临江圩垸治理前期工作。加快滁河、水阳江近期防洪治理和青弋江分洪道项目的可研与初设报批工作。争取国家发改委早日批复下浒山、月潭水库项目建议书。要下功夫做好中小河流治理、病险水闸鉴定与加固、灌区续建配套、泵站改造等有关项目的前期工作。

第三,扎实推进水利建设市场信用体系建设。把好市场准入关,严格施工、监理、质量检测等单位资质行政许可,严格执业、从业人员资格管理,完善信用等级评价,加大不良行为处罚力度,逐步建立市场退出机制,营造诚实守信的市场秩序。以省水利招标投标服务中心为平台,制定统一的招投标示范文件,统一资格审查、评标办法,限额以上的工程一律进中心招标投标,规范运作,集中监管。坚持集中治理与日常监管相结合,深入开展水利工程建设领域突出问题专项治理。强化质量意识,建设精品工程。坚持警钟长鸣,切实做好安全生产工作。

第四,扎实开展湖泊管理。湖泊是自然生态系统的重要组成部分,在径流调蓄、农业灌溉、航运交通、城乡供水、水产养殖以及维系生态平衡等方面发挥着不可替代的重要作用。随着我省工业化、城镇化进程的快速推进,非法围垦、侵占湖面的现象时有发生。同时,湖泊水面萎缩、水质恶化等问题十分突出,湖泊管理与保护面临严峻挑战。要抓紧制定《安徽省湖泊管理办法》,对湖泊实施有效管理。

第五,扎实加强面上水利工程管理。出台《安徽省中小型水工程管理办法》,建立健全面上水利工程管理机构,落实管理人员,重点加强市县中小河流、中小型水库、塘坝等水利工程管理,完善工程管理体制和运行机制。对水库周边的开发利用,既要积极引导,又要严格管理,开发利用规划要报水行政主管部门审查同意。各市县水行政主管部门要根据水法规和相关规范性文件,制定所辖区水利工程管理工作考核办法,自 2010 年起组织开展中小型水利工程管理考核。加强堤防管理,组织开展以清除违章设障、违章耕植、乱搭乱建为主要内容的专项治理活动。建立健全涉河建设项目管理办法,强化涉河建设项目管理。在继续推进水利工程规范化管理达标建设的基础上,力争实现我省国家级管理单位零的突破。研究建立水利工程精细化管理标准,积极探索精细化管理的途径,推进渠道堤防标准化、水库闸站景点化、管理单位花园化和水利管理信息化。

(六)坚持把深化改革作为推进水利发展的持久动力

当前,我省水利事业发展正处于关键时期,必须坚持以改革为动力,深化各项水利改革,保持水利事业良好的发展势头。

一是深化水管体制改革。组织开展水管体制改革"巩固年"活动,重点抓好"两费"足额落实、人员分流安置和社会保障的落实,将水管体制改革向小型水利工程、基层水利单位延伸,巩固扩大改革成果。深化单位内部改革,建立考核考评机制,健全管理制度,提高工程管理水平。继续在有条件的水管单位推进管养分离工作,降低工程管理成本,提高工程运行效率。

二是深化水价改革。按照国家深化资源性产品价格改革的要求,扎实开展水价成本测算工作,推进农业水价综合改革试点,调整省直属和跨市水利工程供工业和城镇生活用水价格,争取出台《安徽省水利工程供水价格管理实施办法》,建立科学合理的水价形成机制。

三是深化水利投融资机制改革。经营性水利工程要面向市场,充分运用BOT、政府贷款等多种形式,吸引各种社会资本投入水利工程建设。要研究配套资金投入问题,使财政资金不仅能足额配套,而且能主动立项投资建设。要充分利用好一事一议财政奖补政策,积极探索以政府投入为主、市场化筹资、引导和组织农民投资投劳相结合的农村水利建设投入机制。进一步提高外资利用水平,谋划外资利用项目,拓宽水利投资渠道。

四是深化基层水利服务体系改革。各地要按照公益性与经营性分开的要求,抓住新一轮地方政府机构改革的机遇,结合乡镇机构改革、农村综合改革,用3~5年时间,建立健全以乡镇或小流域为单位的水利技术服务机构,合理核定人员编制,明确工作任务,落实经费渠道。对新成立的乡镇水利服务机构,省里给予一定补助。建立完善村组水管员队伍。今后,申报农水重点县和中型灌区改造等重点项目,首先应有健全的乡镇水利技术服务机构。

(七)坚持把依法行政作为规范水利工作行为的重要途径

各级水行政主管部门要切实履行水法律法规赋予的职能,坚决防止越位、错位和不到位现象的发生,确保依法行政。

1. 依法行使"六项职权",收好"五项规费"。各级水行政主管部门要依法行使水资源配置管理和取水许可、防汛抗旱调度、河道及水工程管理范围内建设项目审批、水土保持方案审查审批、水能资源开发利用和小水电审查审批、水行政执法违章违法处罚"六项职权",切实履行好水行业主管职能,在服务社会发展"有为"中实现"有位"。要用好、用足、用活现行政策,水费为经营性费用,要扩大水管单位直收比例,努力做到应收尽收,同时下大力气收好收足水资源费、河费、水土保持补偿费、河道采砂管理费、河道滩地临时占用补偿费"五项规费",力争征收额有较大幅度的提高。

2. 加强水利政策研究。加强水利发展与改革重大专题研究,建立水利政策研究课题项目管理制度和水利政策研究优秀成果评选、奖励制度,促进水利决策的科学化、民主化和法制化。制定近期立法规划,进一步加强水法规建设,力争出台《安徽省水文条例》,推进《安徽省节约用水条例》、《安徽省水能资源开发利用管理办法》立法工作。

3. 推进依法行政。建立健全水政监察队伍,全面提升水行政执法水平,做到有法可依、有法必依。建立水事矛盾预防调处机制,维护和谐的水事秩序。贯彻执行《安徽省河道采砂管理办法》,进一步落实长江、淮河采砂管理工作政府行政首长负责制,建立长江、淮河采砂管理工作考核奖惩机制和长效的部门协调合作机制,加强中小河道采砂管理,实现科学规划、禁采有序、状态可控,确保河势稳定和防洪、通航安全。

(八)坚持把自身建设作为提升行业发展能力的重大任务

一要进一步加强水利科技工作。以基础性、前瞻性的水利科技项目为重点,加大科技攻关力度,着力提高水利科技创新的自主率和科技成果的转化率,加快水利科技项目推广,提高专利申请数量,实施品牌注册,为水利发展提供坚实的科学基础和有效的关键技术。

二要进一步加强能力建设。开展县级水利部门能力建设"突进年"活动,各县(市、区)水利(水务)局主要领导要高度重视,按标准组织开展能力建设工作,全面提升领导班子能力建设、人才队伍建设、内部管理和保障能力建设及基层水利管理服务体系建设水平,这项工作今年务必取得重大进展,力争到2012年全省县级水利部门能力建设达到合格以上等级。继续实施"水利人才培训计划",重点办好市县水利(水务)局长、农村饮水安全工程管理、农田水利建设"一事一议"政策、扩权试点镇水利负责人等培训班。继续做好支援四川松潘县震后水利恢复重建工作,确保圆满完成3年援建任务。全面做好离退休、工会、共青团、职代会工作,抓好社团建设和管理。

三要进一步加强水利信息化建设。加强资源整合和信息资源开发,深入推进防汛抗旱指挥调度系统建设,加快江淮片旱情自动测报系统、水情预测预报系统等建设和应用。在完善大中型水库雨水情自动测报系统的基础上,积极推进小(一)型水库雨水情自动测报系统建设。加快推进办公网络一体化建设。

四要进一步加强水利多种经营。立足资源、超越资源,调优做强水利多种经营,力争年增长率不低于10%。提升水土资源利用、技术设备服务等传统优势项目,大力培育水利信息化建设、托管服务等新兴产业。抢抓省政府加快发展服务业的政策机遇,依托河道岸线资源,大力发展水利物流、仓储、码头转运业;依托水利风景区资源,大力发展水利旅游业。

五要进一步加强水利宣传工作。制定宣传工作计划,加大经费投入,市级水利部门要有专职人员,县级水利部门要明确兼职人员,充分运用各类新闻媒体进行宣传,形成宣传合力。重视水利志编纂工作。强化政务信息工作。加强水利行业门户网站建设。突出水主题,做好水文章,唱响主旋律,打好主动仗,营造全社会关心水利、重视水利、支持水利的良好氛围。

专文

保障饮水安全　维护生命健康

纪冰

水是生命之源,对人的健康至关重要。省委、省政府对农村饮水安全工作十分重视,将其列为省民生工程。全省水利部门把解决饮水安全问题作为水利工作的首要任务,着力解决人民群众反映强烈,要求迫切的饮水安全问题,取得了明显成效。

一、解决农村饮水安全是最现实的民生工程

我省地处南北气候过渡带,地理位置特殊,局部性和季节性干旱较为频繁,原生污染较为严重。随着经济社会的发展,工业废水、城乡生活污水的排放量和农药、化肥用量不断增加,饮水的次生污染日益加剧,农村地区饮水安全问题尤为突出。

2001—2004年 我省大力实施农村饮水解困工程,累计完成投资4.6亿元,建成各类饮水工程2万多处 解决了212万农村人口饮水困难问题,农村饮水工作由饮水解困进入了保障饮水安全新的历史阶段。2004年,在全省农村饮水安全现状调查评估的基础上,经水利部核定,我省农村饮水不安全人口为1626.6万人,占全省农村总人口的31%。2006年12月30日省委常委会议决定,从2007年起,用5年时间,即到2011年,按照国家标准,解决农村人口的饮水安全问题。2007—2008年,全省投人资金22.7亿元,兴建农村饮水安全工程3150余处,解决了583.5万群众的饮水安全问题。

二、围绕目标,细化任务,全面加快农村饮水安全工程建设

保障农村饮水安全,事关农民群众身体健康,事关建设更高水平小康社会大局。全省水利部门围绕目标要求,明确工作责任,细化分解任务,抓住关键环节,全面加快农村饮水安全工程建设,切实将这一民心工程,德政工程办实办好。

以行政首长负责制为核心,层层落实责任。省政府将农村饮水安全覆盖率列人市、县政府目标考核,实行行政首长负责制,与各市政府签订了农村饮水安全工程建设目标责任书。各级政府建立政府主管领导负责、水利部门具体办理、各相关部门密切配合的工作机制,层层分解任务,逐级落实责任,明确部门职责,加快实施进度。省水利厅将农村饮水安全工程列为全省"五大重点水利工程"之一,落实专门力量,加大对农村饮水安全工作的指导督查力度,保证了工程建设的顺利推进。

以科学规划为基础,因地制宜实施。农村饮水安全工程建设,既是一项紧迫的政治任务,也是一项复杂的系统工程,需要科学规划、统筹安排。根据全省农村饮水安全现状,省水利厅组织编制了《2007—2011年农村饮水安全工程建设可行性研究报告》,与区域供水、水源保护、镇村布局规划、新农村建设等专业规划相衔接,因地制宜选择饮水工程的类型、规模及标准,将待解决的农村饮水不安全人口落实到村组和农户,建档立卡,为整体推进奠定了基础。同时,制定全省农村饮水安全工程五年建设实施方案,明确年度投资计划和目标任务,优先解决氟超标、砷超标、血吸虫疫区的饮水安全问题,在计划安排上兼顾各市县任务和投资平衡,有力、有序组织实施。

以严格建设管理为重点,确保工程质量。按照基本建设程序,规范工程建设管理。工程建设以县(市、区)为单位组建项目法人,统一项目招投标、统一项目实施、统一工程监理,保证工程建设质量。规模较大的集中供水工程,推行项目法人责任制、招标投标制、建设监理制、集中采购制、资金报账制、竣工验收制等"六制"和用水户全过程参与模式,并将工程经费来源、投资情况、责任单位和人员、建设单位、受益范围等情况向社会公示,公布举报电话,充分发挥舆论监督和社会监督作用。所需管材、供水、机电和消毒设备等进行集中招标采购。各级财政部门设立农村饮水安全工程资金专户,实行报账制,专款专用,确保资全封闭运行和安全使用。工程建设前和建成后对水质进行化验,保证水质达到农村饮水安全标准。

以创新投入机制为抓手,保证建设需要。一是积极争取国家支持,国家对我省的投资标准,由人均投资390元提高到496元。二是落实省级配套资金,我省在中央补助资金大幅提高的情况下,并没有减少省级配套资金,仍然按照64.2元每人的资金配套,足额落实省级配套资金。三是各地将农村饮水安全工程建设列入公共财政支出范畴,制定补助政策,落实筹措方案,加大投入力度。四是按照“谁投资、谁建设、谁管理、谁经营”的原则,放开建设权,搞活经营权,广泛吸纳社会资金兴建饮水工程。五是在充分尊重民意、严格执行“一事一议”政策的基础上,组织和动员受益群众投资投劳。通过创新投入机制,建立了以财政投入为主体、社会投资为补充、农民群众积极参与的农村饮水安全投入新机制。

以构建良性运行机制为目标,确保工程效益。农村饮水安全工程点多、面广,管理要求高、任务重。要保证工程长期发挥效益,关键是要明晰产权,明确管理主体,建立合理水价机制。各地在工程建设前,就明确管理体制和管理人员,在充分尊重受益群众意愿的基础上,制定工程管理办法,确保工程良性运行。特别是集中供水的集镇成立了供水管理组织或用水户协会,制订了工程管理、维修、养护及用水、节水、水费计收等规章制度,落实管理责任制,安排专人管理,实行计量收费,建立了以水养水的良性供水运行机制,保证饮水安全工程建得成、用得起、管得好、长受益。

三、农村饮水安全工程建设效益显著

农村饮水安全工程的实施,取得了显著的社会效益、经济效益和生态效益,农民真正得到了实惠,深受农民的欢迎,被农民群众誉为“德政工程”、“民心工程”。

取得显著的社会效益。农村饮水安全工程项目区大多在山区和贫困区,经济欠发达,农民不富裕。实施农村饮水安全工程符合民意、顺乎人心,密切了党群、干群关系,促进了社会和谐和稳定。有的地方在建好饮水工程后,及时成立农民用水协会进行民主管理,推进了乡村民主政治建设。

促进农村经济发展。解决饮水安全问题,减轻了农民群众劳动强度,解放了农村劳动力,大量劳动力从找水、拉水、背水中解放出来,促进了农民增收。饮水条件的改善,提高了畜产品的产量和品质,同时也为发展庭院种植业和加工业提供了水源保障,成为农村贫困人口脱贫致富的有效措施。据测算,实施饮水安全工程后,户均年节省取水工日约65个,户均年增收约1200元,经济效益显著。

提高农民群众的健康水平。农村饮水安全工程建设,使农村与水有关的疾病发病率大幅度降低。同时,改变了农民与水有关的生活习惯,提高了农民的生活质量和健康水平。健康水平提高了,相应减少了医药费支出,减轻了农民的经济负担。据初步分析,实施饮水工程后,户均节省医药费开支约500元。

改善农村生活环境。有的地方在建设饮水工程的同时,增加了环境卫生和健康教育的内容,推进这种“三位一体”的建设,全方位地改善了农村的饮水安全和环境卫生状况,从而促进了社会主义新农村建设,为农村全面小康打下了良好基础。

(作者为省水利厅党组书记、厅长,原文载于2009年第5期《江淮》杂志)

综 述

ZONG SHU

2009年全省水利工作概况

2009年,全省水利工作紧紧围绕省委、省政府"保增长、保民生、保稳定"的决策部署,立足科学发展观新实践,遵循新时期治水新思路,抢抓扩大内需政策新机遇,全年完成基本建设投资65亿元,与2008年相比增加26.7%,水利工作承接和延续了又好又快的发展态势。

一、主动作为,水利工作为经济社会发展提供有力支撑

贯彻落实省委、省政府重大决策部署,先后制定贯彻省委、省政府《关于进一步加快全省水利建设和改革的意见》实施方案、《关于加快皖北和沿淮部分市县发展的若干政策意见》具体办法、全面推开扩大县级经济社会管理权限和实施扩权强镇工作实施细则,把水利工作置于全省经济社会发展大局中谋划推进,在加快发展、奋力崛起中主动作为,为促进全省经济社会平稳较快发展提供了有力支撑。

(一)"两大关键目标"如期实现

14项治淮骨干工程全面完成。全年完成治淮投资17亿元,是省"861"年度目标任务的1.5倍,累计完成治淮投资224.8亿元,14项治淮骨干工程全部完成。淮北大堤加固、涡河近期治理、沙颍河近期治理三项工程通过竣工验收,至此,除白莲崖水库完成技术预验收准备工作外,其他13项骨干工程全部竣工验收。治淮骨干工程的建成,进一步提升了淮河干流防洪能力。

中央新增投资项目建设实现既定目标。2008年第四季度以来,国家分四批下达安徽省新增水利项目投资共49.6亿元,涵盖农村饮水安全、病险水库加固、骨干灌排工程等项目,其中中央投资31.42亿元,在全国位居前列,占全省争取中央投资的21.8%。截至2009年底,已累计完成投资41.2亿元,占总投资的83.1%。新增水利项目拉动地方和相关行业投资160多亿元,创造就业岗位4万多个。

(二)"两大民生水利工程"深入推进

新解决316.41万农村人口饮水安全问题。全年完成投资15.7亿元,解决了316.41万农村人口饮水安全问题,超额完成年度目标任务。及时开展工程验收,抓好工程建后管理,确保工程建得成、管得住、长受益。截至2009年底,全省累计投入39.5亿元,解决950万农村人口饮水安全问题,占总计划的58%,比国家下达计划804万人超出146万人。

新实施430座病险水库除险加固工程。全面开工实施430座水库除险加固,占年度计划目标的105%。截至2009年底,全省累计安排实施1417座水库除险加固,其中国家规划内295座水库加固已全部安排实施,省计划小型水库开工1122座,累计完成投资42.4亿元,已验收或完成主体工程1014座。同时,加快已完工程验收进度,全年验收国家计划内的大中型和重点小型水库100座,省计划内的小型水库665座。加固后的水库,保护了下游人民生命财产安全,充分发挥了防洪、灌溉等综合效益。

(三)两大骨干灌排工程建设稳步实施

灌区续建配套与节水改造取得重要进展。持续推进淠史杭、驷马山等大型灌区续建配套与节水改造,加强项目建设监管,狠抓工程进度和质量,全年共安排建设项目66个,完成投资3.6亿元,大大提高了灌区用水效率,经济、社会和生态效益显著。争取到新汴河灌区列入国家大型灌区续建配套与节水改造计划,新增淮南市朱集和含山县清溪两个中型灌区列入国家农业综合开发项目投资计划。

大型泵站更新改造项目扎实推进。安徽省列入中部四省大型排涝泵站更新改造计划的33处泵站,全年完成投资5.6亿元,累计完成投资9.8亿元。实施大型灌溉排水泵站更新改造项目。深入抓好省级泵站技改项目。全年新建改造泵站11.76万kW,巩固和改善了粮食主产区的水利基础设施。

(四)"四项重点改革"取得丰硕成果

水管体制改革完成省级验收。全省567个水管单位中,281个定性为纯公益性质,286个定性为准公益性质。落实人员经费5.89亿元和维修养护经费3.1亿元,落实率分别为92%和78%。16个市水管体制改革工作通过省级验收,1个市正在进行扫尾。进一步理顺了国有水利工程管理体制,活化了运行机制。

水价改革稳步推进。协调出台水利工程农业水费免征营业税政策,为全省农业水费征收工作创造了良好条件。扎实开展水价成本测算工作,推进农业水价综合改革试点,完成省直属和跨市水利工程供工业和城镇生活用水价格调整准备工作。明确水管单位船闸过闸费为经营性收费,理顺了船闸收费关系。

水规费征收改革深入开展。强化厅水规费稽征办公室职责,大力推行直收试点。依法开征河道滩地临时占用补偿费,规范了河道滩地临时占用管理。实行河费按超额累退费率减半征收,让利企业,助推企业发展。全年全省征收水费和水规费5.8亿元,为水利发展提供了部分资金保障。

厅机关机构改革工作圆满完成。按照省政府统一部署,扎实开展厅机关机构改革,新成立政策法规处和水资源处,单独设立水土保持处,并将省防汛抗旱指挥部办公室由参公管理的事业单位成建制转为厅公务员序列。同时,加大干部轮岗交流和选拔力度,厅直系统平级交流轮岗干部16名,提拔干部28名。

二、精心实施,各项水利重点工作持续推进

农田水利基本建设呈现恢复性增长。99个县(市、区)完成县级农田水利建设规划编制,其中通过县级人大或政府批准的64个。开展小型农田水利补助项目建设,全面启动19个重点县和18个专项工程项目建设。农田水利建设持续开展,2009年入秋至年底,全省完成土石方2.5亿m^3,修复水毁工程9800余处,改善灌溉面积26.67万hm^2、改善除涝面积7.33万hm^2。水利血防工作实现灭螺面积400万m^2,控制钉螺面积达1700万m^2。农田水利建设呈现恢复性增长势头。

超额完成年度治理水土流失计划。投入各类资金1.36亿元,实施83条小流域综合治理,治理水土流失面积396.3km^2,占省政府年度目标任务的132%。争取8县区列入全国水土保持监督能力建设县。水土保持预防监督执法工作成绩突出,省水利厅被评为"全国水土保持监督执法专项行动先进单位"。

基本建设管理制度更加规范。组建省水利工程招标投标服务中心,招投标监理工作得到加强。深入开展监理和施工企业信用评价工作,评定26家监理企业信用等级。加强工程建设督查,实行在建项目管理人员公示制度。认真开展水利工程建设领域突出问题专项治理工作,明确29项具体工作措施。扎实开展安全生产"三项行动",全省水利安全生产态势平稳。

监管有力保证水利资金安全。认真开展工程竣工决算审计。针对治淮及水库除险加固中存在的问题,督促各级各单位认真整改落实,实现了"稽察——整改——提高"的目标,进一步提高建设管理水平。组织全厅"小金库"专项治理工作,及时上报自查工作总结。

三、措施得力,水利基础管理水平进一步提升

一批专项规划通过审查审批。启动全省水利发展"十二五"规划编制工作。长江、淮河流域综合规划已完成主要任务。水利部已批复中小河流近期治理建设规划、淮河行蓄洪区调整与改造建设规划,审查淮河重点平原洼地排涝规划、安徽省大中型灌区节水改造规划、大型灌溉和排水泵站更新改造规划。编制完成大中型病险水闸除险加固、抗旱等专项规划。

水利前期工作取得重要进展。治淮新三项工程前期工作取得重要成果,淮河平原洼地治理外资项目初步设计通过淮委评审,西淝河等洼地治理应急工程已报国家发改委待批,洪泽湖抬高蓄水位影响处理工程初步设计通过国家南水北调办公室初审。青弋江分洪道项目可研已报水利部,水阳江、滁河防洪治理近期工程可研通过中咨公司评估,长江崩岸治理应急工程可研通过水利部审查,下浒山和月潭水库项目建议书报国家发改委待批。引江济巢项目建议书水规总院已组织专家论证。

水资源管理保护工作日益加强。完善建设项目水资源论证制度,推行总量控制与定额管理,基本编制完成全省中西部重点地区水量分配方案。强化水功能区管理,开展水功能区水域纳污能力核算和地下水水功能区划工作。强化水资源保护,建立健全城市水源地水质监测和水污染突发事件联防、应急处置机制。完成淮北市节水型社会建设试点的中期评估及相关专题验收,全面启动合肥市节水型社会建设试点。

水利工程精细化管理全面启动。加强工程规范化管理,新增8个省级管理单位,累计已有65个水管单位达到省级管理考核标准。启动水利工程精细化管理试点,加快推进由粗放型管理向规范化、精细化管理的转变。加强长江崩岸监测,积极争取资金治理。编报完成长江、淮河流域水闸安全状况报告,完成9座水库、180座病险水闸安全鉴定。

水能资源管理迈上新的台阶。完成全省水能资源调查评价工作。水电农村电气化县建设进展顺利,小水电代燃料扩大试点项目全部完成,新增水电装机10万kW。全面完成水电供区二期农网改造任务。强化农村水电安全监管,扎实做好安全管理分类工作。

四、科学调度,防汛抗旱统筹兼顾成效显著

成功战胜2009年初安徽省北部发生的严重春旱,抗旱浇灌近200万hm^2,奠定了大旱之年小麦丰收的基础。通过抗旱浇灌,挽回小麦损失47亿kg共计82亿元,抗旱净效益53亿元。

成功防御主汛期强降雨和台风袭击,特别是针对第8号台风"莫拉克"影响,强化预报预警,及时启动应急响应,科学调度工程,提前转移安置人员9.66万人。通过水利工程发挥的作用,减淹耕地7.7万hm^2,防洪减灾效益达33亿元。

成功应对夏种、秋种时阶段性旱情。夏种时,全省水利工程累计供水32亿m^3;秋种时,全省动用9万眼机电井,开启318处泵站和30万台套机动设备,造墒浇灌农田66.67万hm^2。

五、强化基础,水利可持续发展能力显著增强

水利立法工作取得重要进展。《安徽省河道采砂管理办法》颁布实施。《安徽省水文条例》和《安徽省节约用水条例》报省政府审议,《安徽省水能资源开发利用管理办法》等立法前期工作取得积极进展。完成地方性水法规和配套政府规章的清理工作。深入开展第19届水法宣传月活动,扩大了水法规的影响力。

水行政执法能力不断提升。加强执法队伍建设,着力提升执法能力和水平,严格查处各类违法水事案件。报请省政府批准延长淮河安徽段禁止采砂期,加大非法采砂巡查打击力度,组织"坐滩采砂"专项整治。落实水利部长江采砂"加强管理年"的部署,开展执法行动300余次,出动执法人员近2600人次,查获各类采砂船590余条次,拆除小型采砂机具近1200台套,确保了河势稳定、通航及河道水工程的安全。

科技和信息化工作不断创新。推进水利科技创新,落实省部级重大水利科技项目6项,完成9项成果鉴定或验收,3项成果获省科技进步奖,1项荣获大禹水利科技二等奖。加强科技推广工作,14项成果列入全国水利科技推广项目。加强科技交流活动,积极组织参加科普周、中国水博览会等。加快水利信息化建设进程。国家防汛抗旱指挥系统一期工程通过竣工验收,全国防汛抗旱视频监视系统,通信骨干网工程加快推进,显著提升了防汛抗旱应急管理能力。省水利厅网站获得"全国水利行业优秀政府网站"称号,电子政务工作不断拓展。完善水资源管理信息系统规划与建设方案,为实施水资源总量控制与定额管理奠定了基础。

水利多种经营工作持续加强。立足水土资源优势,大力拓展水利多种经营,全系统创收24.5亿元,其中厅直单位创收5.5亿元。积极发展水利旅游,新增4个国家级水利风景区,全省国家级水利风景区已达17个,其中佛子岭等风景区跻身国家4A级旅游景区。行业经济实力不断壮大,促进了自身良性发展。

六、以人为本,行业自身建设再上新台阶

人才队伍建设成效显著。出台加强县级水利部门能力建设指导意见和考核办法,启动"县级水利部门能力建设"三年实施计划,力争到2012年,全省县级水利部门能力建设达到合格以上。举办全省水利(水务)局长培训班、防汛指挥长调度培训班,提高干部水利业务水平。新增190人获得各类高、中级专业技术资格。加强毕业生就业指导,省水电学院2009届毕业生就业率超过90%,并获全省毕业生就业工作标兵单位称号。

机关政风建设深入推进。加强政风行风建设,厅领导带队两次参加省电台"政风行风热线"节目。全年省政务中心水利窗口受理办件498件,全部在期限内按时办结。加大信息公开力度,全年发布各类信息1600余条,受到省政务公开办的充分肯定。加强与人大代表和政协委员的联系,按时办结59件建议和20件提案。坚持领导干部开门接访、厅长接待日等制度,妥善处理来信来访,帮助群众排忧解难。做好定点帮扶工作,坚持开展送温暖活动。支援四川松潘县震后水利恢复重建工作进展顺利,圆满完成年度建设任务。积极配合做好新农村建设、扶贫开发、少数民族、江淮分水岭综合治理等工作。省政府政风评议组对我厅政风建设给予充分肯定。

党风廉政建设常抓不懈。圆满完成学习实践科学发展观活动,认真落实学习实践活动"回头看"工作,编印调研报告、整改落实方案和《解放思想谋发展改革创新求突破》三本文集。学习贯彻党的十七届三中、四中全会精神,开展"加强党性修养、弘扬优良作风、促进科学发展"主题教育和"作风建设教育月"活动,出台《关于加强机关作风建设的若干意见》,党的建设、廉政建设和作风建设不断加强。推进惩治和预防腐败体系建设,全面落实党风廉政建设责任制。认真执行党内监督各项制度,督促检查民主生活会、述职述廉、诫勉谈话等制度。修订完善厅机关规章制度,营造用制度管人、管事的良好氛围。

精神文明建设成果丰硕。组织开展向沈浩同志学习活动,引导广大党员、干部深刻领会沈浩精神实质,把学习成果转化为精神动力和实际行动。印发关于"打造书香机关,提升素质能力"的活动实施方案,组织开展学习型机关建设。全系统以庆祝新中国成立60周年为主要内容的群众性精神文明创建活动蓬勃开展,省水利厅首次荣获"全国群众体育先进单位"称号,再次被确认为"全国水利文明单位"。

(李玮)

2009年安徽省水资源概况

一、综述

安徽省地处中纬度,是亚热带向暖温带的过渡区域,气候具有明显的过渡性,受季风气候影响,天气多变,降水年内年际变化大,常有旱涝等自然灾害发生。

全省按水系分属淮河、长江及新安江三流域，辖17个地级市，国土面积139476km²。

1. 降水量

2009年全省面平均降水量1194.0mm，2008年10月下旬至2009年2月上旬，安徽省合肥以北降水持续偏少，淮北地区降水量比常年同期偏少70%，其中淮北西北部偏少80%～90%，亳州、阜阳部分县区最长连续无雨日达100～112天，淮北地区发生不同程度干旱。

2. 水资源量

2009年全省水资源总量733.10亿m^3，其中浅层地下水资源量185.43亿m^3，全省人均水资源量1195.7m^3，亩均水资源量1168.1m^3。全省入境水量7766.02亿m^3，出境水量8333.34亿m^3。

全省大中型水库年末蓄水量59.67亿m^3，较年初减少2.18亿m^3。其中大型水库年平均蓄水量51.47亿m^3，年内调蓄水量54.08亿m^3。

3. 供用水量

全省供、用水总量均为291.86亿m^3，用水消耗总量153.98亿m^3。

万元GDP用水量290.3m^3(含火电工业直流式冷却用水量)，全省人均综合用水量476.0m^3，农田灌溉亩均用水量366.1m^3，万元工业增加值用水量227.6m^3，城镇居民人均生活用水量128.3L/日，农村居民人均生活用水量83.9L/日。

4. 水质

2009年全省116个重点水功能区没有出现水污染事故。对照水功能区水质管理目标，75.4%的水功能区达标，其中江河水功能区与湖库水功能区达标率分别为73.9%、81.8%。淮河流域水功能区达标率为66.4%，长江流域水功能区达标率为83.9%，新安江流域水功能区达标率为80.0%。

巢湖西半湖全年大部分时间为中度富营养化，东半湖呈轻度富营养化状态。全省重要的饮用水水源地和大型水库水质良好。

全省共监测522个入河排污口，实测入河污水量为22.86亿t/年，其中，化学需氧量25.56万t/年，氨氮2.71万t/年。

二、水资源量

1. 降水量

全省平均年降水量1194.0mm，折合水量1665.35亿m^3，降水量年内时空分配不均。流域分区年降水量详见表1，行政分区年降水量详见表2。年降水

表1　**2009年流域分区年降水量**

流域分区	对应原流域分区	计算面积(km^2)	降水量	
			(mm)	(亿m^3)
淮北地区	王家坝以上北岸、王蚌区间北岸、蚌洪区间北岸、湖西区	37421	823.8	308.26
淮南地区	王蚌区间南岸、蚌洪区间南岸、高天区	29205	1084.2	316.64
淮河流域		66626	937.9	624.90
江北地区	巢滁皖及沿江诸河	36139	1272.1	459.74
江南地区	青弋江水阳江及沿江诸河、饶河、鄱阳湖环湖区、湖西及湖区	30271	1552.2	469.87
长江流域		66410	1399.8	929.61
新安江流域	富春江水库以上	6440	1721.1	110.84
全　省		139476	1194.0	1665.35

表2　**2009年行政分区降水量**

行政份区	计算面积(km^2)	当年降水量	
		(mm)	(亿m^3)
合肥市	6798	926.6	62.99
淮北市	2725	801.5	21.84
亳州市	8374	792.5	66.36
宿州市	9853	724.1	71.35
蚌埠市	6012	863.4	51.91

阜阳市	9852	913.4	89.99
淮南市	2609	942.9	24.60
滁州市	13328	984.7	131.24
六安市	18444	1213.6	223.83
马鞍山市	1684	1278.5	21.53
巢湖市	9304	1250.5	116.35
芜湖市	3317	1532.1	50.82
宣城市	12340	1561.8	192.72
铜陵市	1113	1618.1	18.01
池州市	8428	1547.3	130.41
安庆市	15466	1449.5	224.18
黄山市	9829	1701.3	167.22
全　省	139476	1194.0	1665.35

量的空间分布,与常年分布基本一致,呈自北向南递增趋势,山区大于平原及丘陵区。见图1。

全省年降水量最高区位于黄山区云谷寺站一带,年降水量达2470mm,次高值区位于九华山区阳台站一带,年降水量达2140mm;最低区位于灵璧县高集一带,年降水量仅570mm左右,次低值区在砀山县北部地区,年降水量580mm左右。

降水量与常年值相比,淮南地区、江北地区、江南地区略偏多,但年内分配不均;淮北地区、新安江地区略偏少。全省流域分区平均年降水量距平值变化范围在-4%~5%之间。见图2。

降水量的年内分配状况:1—4月份,降水量占年降水量的5%~40%,其中淮北地区5%~20%,江淮之间10%~40%,长江以南地区20%~40%。5—9月份,降水量占年降水量的45%~85%,其中淮北地区65%~85%,江淮之间50%~75%,长江以南地区45%~65%。10—12月份,降水量占年降水量的5%~20%,其中淮北地区5%~15%,江淮之间与江南地区为10%~20%。

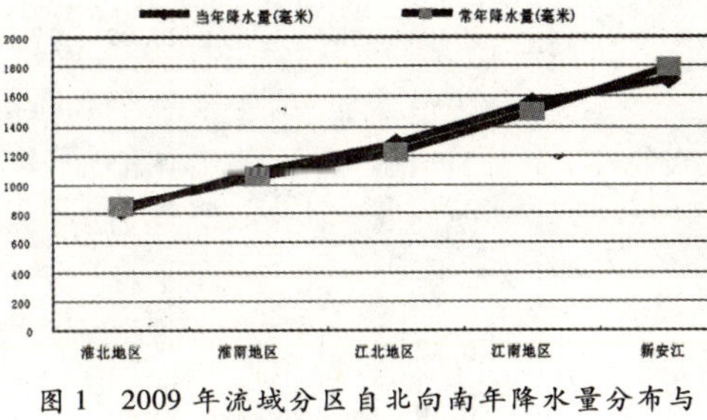

图1　2009年流域分区自北向南年降水量分布与常年值分布比较

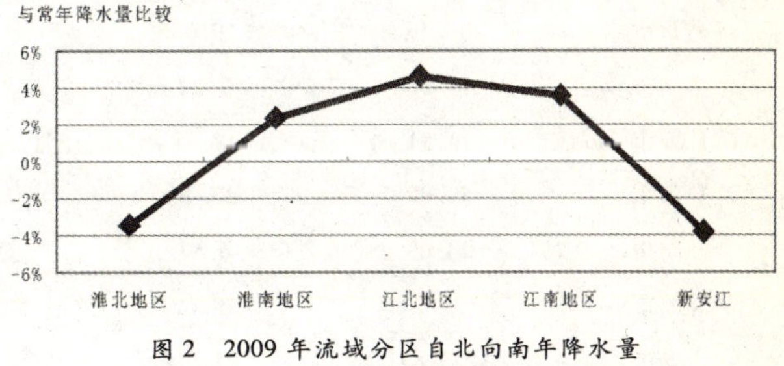

图2　2009年流域分区自北向南年降水量距平值变化趋势

2. 地表水资源量

全省年地表水资源量685.92亿 m^3,折合面平均径流深491.8mm。省内各流域分区年地表水资源量(以径流深表示)见图3,各行政分区年地表水资源量见图4。

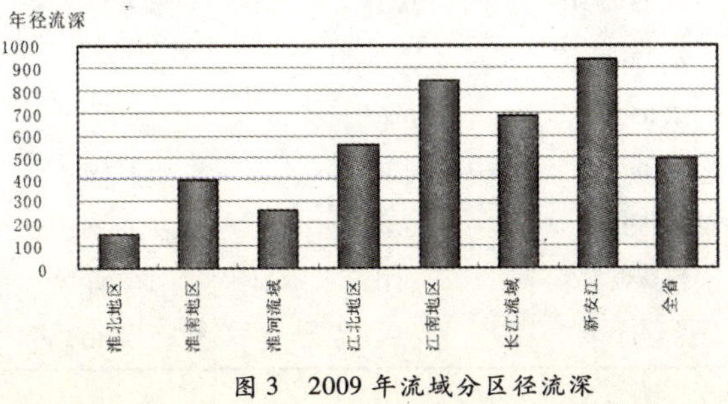

图3　2009年流域分区径流深

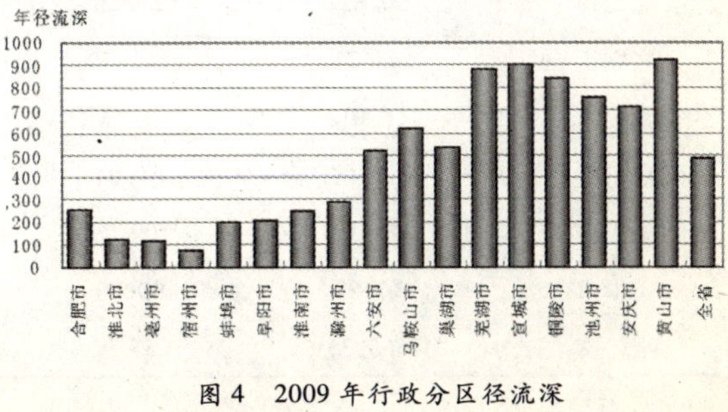

图4　2009年行政分区径流深

全省入境水量7766.02亿m^3,出境水量8333.34亿m^3。其中淮河流域入境水量80.40亿m^3,出境水量186.25亿m^3;长江流域入境水量7685.62亿m^3,出境水量8091.79亿m^3;省内新安江流域位于该流域上游,出境水量55.30亿m^3。

3.地下水资源量

全省年浅层地下水资源量185.43亿m^3,其中淮河流域84.11亿m^3,长江流域92.28亿m^3,新安江流域9.04亿m^3。

4.水资源总量

全省水资源总量为733.10亿m^3,全省人均水资源量1195.7m^3。全省各流域分区水资源总量见表3,各行政分区水资源总量见表4。

表3　**2009年流域分区水资源总量**　水量单位:亿m^3

流域分区	年降水量	地表水资源量	地下水资源量	地下水资源与地表水资源不重复量	水资源总量
淮北地区	308.26	55.89	59.45	45.03	100.92
淮南地区	316.64	115.41	24.66	0.56	115.97
淮河流域	624.90	171.30	84.11	45.59	216.89
江北地区	459.74	199.48	40.82	1.05	200.53
江南地区	469.87	254.88	51.46	0.54	255.42
长江流域	929.61	454.36	92.28	1.59	455.95
新安江流域	110.84	60.26	9.04	0	60.26
全　省	1665.35	685.92	185.43	47.18	733.1

表4　**2009年行政分区水资源总量**　水量单位:亿m^3

行政分区	年降水量	地表水资源量	地下水资源量	地下水资源与地表水资源不重复量	水资源总量
合肥市	62.99	17.31	3.59	0.06	17.37
淮北市	21.84	3.42	4.11	3.10	6.52
亳州市	66.36	10.05	13.23	10.04	20.09
宿州市	71.35	7.32	13.66	11.31	18.63
蚌埠市	51.91	12.18	8.72	5.97	18.15
阜阳市	89.99	20.46	17.42	12.75	33.21
淮南市	24.60	6.57	3.24	1.87	8.44
滁州市	131.24	38.62	8.56	0.37	38.99
六安市	223.83	95.59	20.57	0.30	95.89
马鞍山市	21.53	10.47	2.52	0.11	10.58
巢湖市	116.35	49.47	11.33	0.38	49.85
芜湖市	50.82	29.26	6.33	0.15	29.41
宣城市	192.72	111.38	22.06	0.09	111.47
铜陵市	18.01	9.29	2.05	0.05	9.34
池州市	130.41	64.04	13.09	0.14	64.18
安庆市	224.18	109.79	20.50	0.49	110.28
黄山市	167.22	90.70	14.45	0.00	90.70
全　省	1665.35	685.92	185.43	47.18	733.10

三、蓄水动态

1. 大中型水库蓄水动态

2009年年末全省大中型水库蓄水总量为59.67亿m^3,比年初减少了2.18亿m^3,其中大型水库年平均蓄水量51.47亿m^3,年内调蓄水量54.08亿m^3。流域分区大中型水库蓄水动态见表5。

表5 **2009年流域分区大中型水库蓄水动态** 水量单位:亿m^3

水库类别	流域分区	水库座数(座)	年初蓄水总量	年末蓄水总量	年蓄水变量
大型	淮南地区	5	22.69	23.20	0.51
	江北地区	6	11.95	10.10	-1.85
	江南地区	2	14.45	16.01	1.56
	合　计	13	49.09	49.31	0.22
中型	淮北地区	2	0.20	0.08	-0.12
	淮南地区	53	6.97	5.69	-1.28
	江北地区	35	4.31	3.41	-0.90
	江南地区	8	1.10	1.00	-0.10
	新安江流域	2	0.18	0.18	0.00
	合　计	100	12.76	10.36	-2.40
全省合计		113	61.85	59.67	-2.18

2. 淮北平原区浅层地下水动态

2009年淮北平原区浅层地下水开采量17.83亿m^3。与2008年末相比,年末浅层地下水水位平均上升0.34m,储量增加4.60亿m^3,主要原因是淮北平原区2009年10—12月降水量较常年偏多。

3. 淮北平原区城市深层地下水位降落漏斗

淮北平原区的阜阳市、淮北市、宿州市等城市城区工业和生活主要以中深层、深层地下水为供水水源,2009年淮北平原区中深层承压水开采量4.64亿m^3,由于城区集中超量开采形成大面积地下水位降落漏斗,漏斗面积达1563km^2。

四、水资源开发利用

1. 供水量

全省供水总量291.86亿m^3。其中地表水为265.27亿m^3,占供水总量的90.9%;地下水为26.10亿m^3,占供水总量的8.9%;污水回用0.49亿m^3。各流域分区供水量见表6。淮北市、亳州市、宿州市、蚌埠市、阜阳市供水水源中,地下水分别占65.1%、51.0%、62.4%、16.7%、23.7%,其余各市主要是地表水供水水源。各行政分区供水量见表7。

表6 **2009年流域分区供水量** 单位:亿m^3

流域分区	地表水源供水量	地下水源供水量	其他水源供水量	总供水量
淮北地区	47.51	22.44	0.03	69.97
淮南地区	52.99	1.77	0.17	54.93
淮河流域	100.50	24.21	0.20	124.90
江北地区	83.98	1.08	0.29	85.35
江南地区	75.88	0.58	0.00	76.46
长江流域	159.86	1.66	0.29	161.81
新安江流域	4.92	0.23	0.00	5.15
全　省	265.27	26.10	0.49	291.86

表 7　**2009 年行政分区供水量**　单位:亿 m^3

行政分区	地表水源供水量	地下水源供水量	其他水源供水量	总供水量	行政分区	地表水源供水量	地下水源供水量	其他水源供水量	总供水量
合肥市	21.37	0.21	0.17	21.75	马鞍山市	24.90	0.06	0.00	24.96
淮北市	1.66	3.11	0.01	4.78	巢湖市	25.58	0.28	0.10	25.96
亳州市	5.40	5.63	0.00	11.03	芜湖市	16.60	0.10	0.00	16.70
宿州市	3.80	6.29	0.00	10.08	宣城市	13.62	0.30	0.00	13.92
蚌埠市	12.94	2.62	0.12	15.68	铜陵市	9.67	0.04	0.00	9.71
阜阳市	14.39	4.47	0.00	18.86	池州市	10.81	0.12	0.00	10.93
淮南市	20.11	0.84	0.07	21.02	安庆市	29.59	0.42	0.02	30.03
滁州市	19.80	0.97	0.00	20.77	黄山市	5.20	0.19	0.00	5.39
六安市	29.84	0.45	0.00	30.29	全　省	265.27	26.10	0.49	291.86

2. 用水量

全省总用水量为 291.86 亿 m^3,全省农灌用水量(含塘坝)161.40 亿 m^3,林牧渔畜用水量 8.02 亿 m^3,工业用水量 93.66 亿 m^3,城镇公共用水量 4.17 亿 m^3,居民生活用水量 22.65 亿 m^3,生态环境用水量 1.95 亿 m^3。流域分区、行政分区用水量分别见表 8、表 9。

表 8　**2009 年流域分区用水量**　单位:亿 m^3

流域分区	农田灌溉(含塘坝)	林牧渔畜	工业	城镇公共	居民生活	生态环境	总用水量	人均用水量(m^3)
淮北地区	39.29	2.45	19.32	0.93	7.61	0.37	69.97	292.1
淮南地区	37.15	1.66	10.76	0.88	4.11	0.37	54.93	496.2
淮河流域	76.44	4.10	30.08	1.81	11.72	0.74	124.90	356.6
江北地区	54.94	2.15	19.47	1.32	6.67	0.80	85.35	515.4
江南地区	26.71	1.64	43.15	0.83	3.76	0.37	76.46	890.4
长江流域	81.65	3.79	62.62	2.15	10.43	1.17	161.81	643.5
新安江流域	3.31	0.13	0.96	0.21	0.50	0.04	5.15	450.5
全　省	161.40	8.02	93.66	4.17	22.65	1.95	291.86	476.0

表 9　**2009 年行政分区用水量**　单位:亿 m^3

行政分区	农田灌溉(含塘坝)	林牧渔畜	工业	城镇公共	居民生活	生态环境	总用水量	人均用水量(m^3)
合肥市	9.93	0.38	7.77	0.84	2.29	0.54	21.75	426.4
淮北市	2.19	0.26	1.28	0.16	0.80	0.09	4.78	232.0
亳州市	6.67	0.32	2.31	0.15	1.54	0.04	11.03	217.1
宿州市	4.67	0.66	2.65	0.25	1.84	0.02	10.08	178.1
蚌埠市	10.40	0.29	3.28	0.29	1.18	0.24	15.68	488.4
阜阳市	12.68	0.56	2.87	0.18	2.48	0.10	18.86	226.7
淮南市	5.85	0.59	13.13	0.32	0.97	0.16	21.02	913.9
滁州市	15.38	0.63	2.80	0.23	1.64	0.09	20.77	505.5
六安市	23.84	0.98	3.10	0.32	2.03	0.02	30.29	499.8
马鞍山市	4.36	0.49	18.94	0.31	0.70	0.16	24.96	1935.0
巢湖市	21.41	0.72	2.06	0.18	1.56	0.03	25.96	633.2

芜湖市	6.05	0.25	8.99	0.24	1.06	0.11	16.70	726.1
宣城市	9.21	0.42	3.18	0.10	1.01	0.01	13.92	539.5
铜陵市	1.30	0.04	7.83	0.10	0.36	0.08	9.71	1312.3
池州市	5.76	0.42	4.15	0.05	0.54	0.01	10.93	769.5
安庆市	18.35	0.86	8.32	0.21	2.07	0.21	30.03	538.0
黄山市	3.35	0.15	1.02	0.24	0.59	0.04	5.39	385.1
全　省	161.40	8.02	93.66	4.17	22.65	1.95	291.86	476.0

3. 耗水量

全省耗水总量153.98亿m^3，平均耗水率53%。全省农灌耗水量(含塘坝)115.03亿m^3，林牧渔畜耗水量6.09亿m^3，工业耗水量16.81亿m^3，城镇公共耗水量1.80亿m^3，居民生活耗水量12.45亿m^3，生态环境耗水量1.80亿m^3。

4. 水资源利用概况及用水指标

水资源总量中含有难以利用的汛期洪水。2009年全省用水量与水资源总量之比为39.8%，其中淮河、长江、新安江三流域分别为57.6%、35.5%、8.5%。

全省人均用水量476.0m^3，居民(城镇与农村)生活人均用水量36.9m^3，万元GDP用水量290.3m^3，农田灌溉亩均用水量366.1m^3，万元工业增加值用水量227.6m^3。万元工业增加值用水量较高的主要原因是本省火电工业所占比重较大，其中部分火电工业采用直流式冷却用水。非火(核)电工业万元工业增加值用水量减少较多，主要是因为工业结构调整，规模以上工业比例增加，规模以下工业比例下降。

全省主要单项用水指标见表10。

表10　**2009全省主要单项用水指标**

<table>
<tr><th rowspan="3">指标分项</th><th colspan="6">农业用水指标（m³/亩）</th><th colspan="2">工业用水指标（m³/万元）</th><th>城镇公共用水指标(m³)</th><th colspan="2">居民生活人均用水指标(L/日)</th></tr>
<tr><th colspan="4">农田灌溉用水指标</th><th rowspan="2">林果</th><th rowspan="2">鱼塘补水</th><th rowspan="2">火(核)电工业</th><th rowspan="2">非火(核)电工业</th><th rowspan="2">人均公共用水量</th><th rowspan="2">城镇居民</th><th rowspan="2">农村居民</th></tr>
<tr><th>水田</th><th>水浇地</th><th>菜田</th><th>综合</th></tr>
<tr><td>2009年</td><td>476.7</td><td>127.4</td><td>325.1</td><td>366.1</td><td>49.7</td><td>320.4</td><td>2612.1</td><td>125.0</td><td>17.4</td><td>128.3</td><td>83.9</td></tr>
</table>

五、水质状况

2009年共对全省154个水质断面(点)进行了2541次采样监测，代表江河长4396.8km，代表湖库面积1869.7km^2。按监测断面(点位)各水质参数平均浓度进行类别评价，全年符合《地表水环境质量标准》(GB3838－2002)Ⅲ类或优于Ⅲ类的断面(点位)占72.1%，Ⅳ类占9.1%，Ⅴ～劣Ⅴ类占18.8%。

1. 江河水质

全省117个江河断面共进行了1946次采样监测，全年水质符合Ⅲ类或优于Ⅲ类、Ⅳ类、Ⅴ～劣Ⅴ类断面(点位)所占比例分别为:69.2%、6.0%、24.8%。

2. 湖泊和大型水库水质

全省37个湖(库)监测点位进行了595次采样监测。水质为Ⅲ类或优于Ⅲ类的监测点位占81.1%，Ⅳ类占18.9%。呈中营养监测点位占年测点总数的67.6%，轻度富营养占21.6%，中度富营养点10.8%。

全省湖库全年浓度均值评价没有出现贫营养与重度富营养化现象，淮河流域富营养化程度略重于长江流域。各大型水库水质良好。巢湖西半湖年度富营养化评价为中度富营养化状态，东半湖为轻度富营养化状态。

3. 水功能区水质

全省共监测重点水功能区116个，其中江河水功能区94个，代表江河长4396.8km，湖库水功能区22个，代表湖库面积1869.7km^2。水质符合Ⅰ～Ⅱ类水功能区占49.1%，Ⅲ类占22.4%，Ⅳ类占7.8%，Ⅴ类占3.0%，劣Ⅴ类占17.7%。

水功能区水质符合管理目标的达标率为75.4%，其中江河水功能区为73.9%，湖(库)水功能区为81.8%。淮河流域水功能区为66.4%，长江流域水功能区为83.9%，新安江流域水功能区为80.0%。

按不同类型水功能区统计，监测保护区23个，达标率占87.0%；保留区9个，达标率94.4%；省界缓冲区11个，达标率63.6%；饮用水源区18个，达标率94.4%；工业用水区7个，达标率100.0%；农业用水区36个，达标率55.6%；景观娱乐用水区6个，达标率50.0%；过渡区3个，达标率66.7%；排污控制区3个，因暂不执行水质管理目标，不参与评价。

4. 入河污水和主要污染物排放量

2009年全省实测入河排污口

522个,其中519个直接或间接汇入105个水功能区中,天长有3个排污口不排入水功能区。污水量、化学需氧量、氨氮年入河排放量(按折扣天计,下同)分别为:22.86亿t、25.56万t、2.71万t。

按国家污水综合排放标准和相关行业的国家排放标准统计,其中269个排污口达标排放,污水量、化学需氧量和氨氮年达标入河量分别为15.17亿t、8.65万t、0.93万t。

(李小林摘自2009年《安徽省水资源公报》)

基础工作

JICHU GONGZUO

水文

【水文情报预报】 2008年秋冬至2009年春连旱。2009年汛期,多次受短时段强降雨袭击。长江支流黄湓河、潜水、秋蒲河、青通河、西河、漳河、中东津河、水阳江等8条河流发生超警戒水位的洪水,其中西河、中东津河、水阳江中上游发生超保证水位的洪水,水阳江新河庄站受工程调度影响,创建站以来最大流量1720m^3/s。

水文情报 2009年,《重要雨水情专报》和《安徽雨水情》替代水情报表,根据雨水情发展趋势,调整信息发布种类。省委书记王金山在第一期《重要雨水情专报》上作出批示:"请省防汛指挥部关注强降雨流域的抗洪工作,避免人员伤亡,减少经济损失。"

2009年初淮北地区严重干旱,省水文局启动旱情水文测报II级响应;旱情持续加重和扩大,启动应急预案最高等级I级响应。省水文局发出《关于做好旱区水文测报工作的紧急通知》,墒情测报站点由原淮北地区38个固定人工墒情站,增加到最多141个站,监测区域由淮北扩大到江淮之间北部,监测频次调整为1次/d,增加上传农作物干旱、农作物浇灌前后、抗旱灌溉等实时照片。加强河湖库水资源量的应急测报,为抗旱水源调度提供支撑。入汛期后,发出《关于加强有关特殊水情测报的通知》和《关于做好梅雨期间水文测报工作的紧急通知》,要求上报暴雨山洪、泥石流和决堤等特殊雨水情。11月中旬,全省遭受暴雪袭击,发出《关于做好降雪天气降水量测报工作的通知》,第一次明确测报降雪深度。

省水情中心全年共接收各类雨水情报文32.6万份,遥测信息共434.4万条,其中降水量202.8万条,水位231.6万条;编制雨水情综合分析等14种分析材料,共计872期;印发各类雨水情简报、重要雨水情专报、安徽雨水情和雨量等值线图等8200多份;发送各类短信3287人次;参加省防指和防办防汛抗旱水情会商40多次。

水文预报 (1)洪水预报。2009年汛期共对10条河流和4座大型水库发布预报,分别为长江干流、淮河干流、水阳江、西河、巢湖、皖河、潜水、菜子湖、丰乐河、淠河及佛子岭、磨子潭、白莲崖、龙河口4座大型水库。发布水情预报专报29期,发布预报站点有王家坝等19个站,共58站次,预报总合格率为86.5%。根据不同后期降雨情况,对水阳江及佛子岭等4座大型水库先后做出了36站次的模拟预报。

6月30日8时提前14小时发布西河将发生超保证水位的洪水,缺口站最高水位将达11.9m,实测最高水位11.9m的准确预报。8月11日7时发布水阳江中上游将超保证水位,宣城站水位将达16.8m,新河庄站水位将达13.2m,实测宣城站水位17.0m,新河庄站水位12.96m,为水利工程调度运用提供决策依据。

(2)引江济巢水情预报。在引江济巢调水试验中,共发布长江、巢湖水情预报专报10期,预报70站次。

(3)淮河干流的日常化预报。根据水利部水文局安排,2009年选取了王家坝、润河集和正阳关3个站,开展淮河干流日常化洪水预报工作。预报标准为:超设防水位一天预报一次,正常情况下每周星期一和星期四预报两次,汛期共预报134站次。

(薛仓生)

【水文资料汇编】 2009年,全省整编与汇编的水文资料有:中国水文年鉴第5卷第1、2、3、4册,6卷第6、7、18册,7卷第1册,以及地下水土壤墒情、小河径流站共10卷册,计1437站年,约230万字组数。其中2个卷册差错率为零,安徽省水文局在全国水文资料汇编评比中获得先进单位称号。

【水文基建】 2009年,全省水文系统已完工和在建水文基础设施共31站点,总投资2159.45万元。通过竣工验收并投入使用的有王家坝、鲁台子的水文缆道和自记井工程,以及汊河集、青阳、三口等21站点水文基建项目。合肥水情旱情分中心、梅山、响洪甸、阜阳等10处工程在建。

8项水文工程处于前期工作阶段,分别是:淮河洼地治理世行项目中的阜阳洪涝灾害巡测基地及淮南水文站建设,沿淮西淝河等洼地治理应急工程中的洪涝灾情水文信息采集、传输、预报系统建设,滁河防洪治理近期工程中的安徽境内水文工程建设,安徽省淮河干流一般堤防加固工程王截流水位站建设,新汴河河道综合治理工程水文工程建设,涡河近期治理工程安徽境内大寺、涡阳站水文设施变更新增项目,巢湖流域水文测报系统建设,月潭水库水文测报系统建设。

【水质监测与评价】 2009年,安徽省水文局如期完成常规水质监测任务,全年监测水质数据约8万组。拓展水功能区监测,平均每月230站次,较2008年新增监测断面13个,涵盖了116个一、二级水功能区监测。开展17个地级市和10个县级城市的重要供水水源地水质监测。推进农村饮水水质监测工作,全省共监测农村饮水工程水质1000多处,产生明显的社会效益。介入水环境治理工作,定期开展巢湖藻类监测,并向水利部水文局和长江委水保局报告监测成果。做好省界断面水质监测、淮河污染联防监测。完成与淮委水科所合作的白莲崖水库环境影响评价项目中的水质、水量监测工作,成果已报淮委水科所。完成安徽省水功能区首次全部普查监测工作和第一次淮北地下水水质监测工作。完成全省入河排污口的调查登记和入河排污口调查监测工作,监测入河排污口约560个,取得入河排污口水质监测数据2.8余万组,为掌握安徽省城镇入河排污状况获得宝贵的第一手资料。完成常规地下水动态监测与分析,对观测井网进行了维护、改造和优化调整,并加强地下水超采区和城市水源地的监测。积极开展地下水自动监测、传输处理系统研究,着力推进地下水自动监测试点建设。参与"安徽省建设项目水资源论证指导细则"、"全国重点行业水资源论证要点"编制。开展世行贷款灌溉农业项目"安徽省大型灌区水资源优化配置方案研究",按计划完成补充监测、资料收集工作。参与国家重大公益性项目"淮北平原安全开采及可持续利用研究"和安徽省水资源重点攻关项目"安徽省中西部水量分配方案研究"。

【水土保持监测】 2009年,安徽省水文局启动国家级水土流失重点预防保护区新安江预防保护区(安徽省)水土流失抽样调查工作。完成全国水土保持监测网络和信息系统建设二期工程建设的配套资金的准备、设备配置调查等工作。完成大别山水源区水沙规律研究课题工作,并通过由淮委组织的验收。完成水土保持方案编制甲级证书的申领工作,全省持有水土保持方案编制甲级资格证书单位只有2家。

(李宇)

规划

【合肥市城市防洪规划报告(摘要)】

一、规划目标

(一)防洪标准

中心城区:100年一遇;店埠、撮镇、上派:50年一遇。

(二)治涝标准

设计重现期:$P=1.5$年,老城区维持$P=1$年不变。径流系数:新增区域径流系数取0.6,绿地取0.2。

二、防洪规划

(一)南淝河干流防洪规划

当涂路桥以上维持现状。当涂路桥以下,左岸结合规划的滨河道路修建防洪堤,至汪夏圩东端,长约4.5km,由汪夏圩东端沿合钢二厂引水渠右岸封闭于渠道防洪闸,长约0.5km;右岸除绿色港湾河段沿河筑堤外,其他主要结合规划的巢湖路修建防洪堤,直至巢湖北岸与规划的沿巢湖大堤形成封闭堤圈。

(二)板桥河防洪规划

对淮南铁路桥至阎坡的板桥河干流及阎坡以上至蔡塘水库坝下的板桥河西支,下至张桥水库坝下的板桥河东支进行河道整治。不裁弯取直,仅对微小弯段进行顺直处理,以上干流河道长度为10.1km,重新定线后河道长度约9.3km;西支河道长度12.7km,整治后河道长度9.5km;东支河道长度12.1km,整治后河道长度10.0km。根据需要修建防洪堤(墙),堤顶修筑沥青混凝土路面,采用生态护坡。

(三)二十埠河防洪规划

干流老铁路桥以上至汴河路段,河道长度8.8km,整治后河道长度8.52km;汴河路—铁路段,河道长度5.3km,整治后河道长度5.0km。二十埠河东支钟油坊—河东大坝段,河道长度6.9km,整治后河道长度6.6km。两岸采用防洪堤形式,堤顶宽8m,堤顶修筑沥青混凝土路面,采用生态护坡。干流老铁路桥—入南淝河河口,流经瑶海区大兴镇和肥东龙塘镇,河道长约8.8km,按照郊县20年一遇防洪标准治理。

(四)店埠河防洪规划

对众兴水库坝下河道进行全面治理。众兴水库坝下至大李湾橡胶坝河道长度约24km,整治后河道长度18km,河堤顶宽8m,堤顶修筑沥青混凝土路面,采用生态护坡。该段河道坡降较大,配套建设小型拦河低堰10座。大李湾至撮镇合裕路桥段,长8.6km,河底高程全部挖到4.8m,河堤在10米高程留一个平台,台宽5m。合裕路桥至三汊河口段,长8.3km,河底高程全部挖到4.5m,河堤在9米高程留一个平台,台宽5m。左堤与撮镇电灌站引水渠北堤形成封闭堤圈,以保护撮镇的防洪安全,堤顶宽8m,相应堤防长度为6.8km。右堤及撮镇电灌站引水口以下左堤堤顶宽6m,相应堤防长度为13km。支流马桥河城区段5km河道进行相应治理。

(五)派河防洪规划

河道左岸自合安路至河口修建高标准堤防,上接合安路上游的高地,下与沿巢湖大堤连接,形成封闭堤圈,长约19km。王建沟赵田埠—小堰王段长2.5km规划进行治理。右岸上派镇城区段上自桥泗州,下至潭冲小河口,全长3.672km(裁弯取直后),沿河进行堤防加固。下小河、童洼小河与潭冲小河整治长度分别为2.61km、2.79km和4.37km,均局部裁弯取直,河道全线拓疏,河口段加堤,两岸堤防从其河口筑至上游高地封闭。

(六)沿巢湖堤防规划

派河口至南淝河口段总长16.08km,其中,堤防(浆砌石挡土墙)段长10.11km,湖崩段5.97km。可利用的最小吹填宽度为30m,最大为120m,平均为70m,总吹填面积1.5km²。南淝河口—巢湖路段,长5.26km,堤顶宽8m,堤顶及护堤地房屋拆迁,堤防及穿堤建筑物加固,按满足防御巢湖20年一遇设计洪水位要求设防。巢湖路—派河口段,长10.82km,堤顶宽8m。堤顶及护堤地房屋拆迁,堤防及穿堤建筑物加固,满足防御巢湖100年一遇设计洪水位要求。本段湖崩段治理长度5.97km,考虑采用钢筋混凝土挡墙结合生态护坡措施。改、扩建穿堤建筑物8座。

(七)十五里河治理规划

在十五里河下游新建湿地,湖面面积0.66km²,正常蓄水位11.5m,汛限水位11.0m,最高控制洪水位不超过12.0m。湿地周边城市建设用地高程不低于12.5m。出口挡洪节制闸过流能力按河口50年一遇洪水标准洪峰流量设计,为350m³/s。建泵站一座,泵站设计流量为60m³/s(按20年一遇标准考虑)。河道沪蓉高速—徽州大道段长1.37km,河底宽40m;徽州大道—大板桥段长5.27km,河底宽45m,;大板桥—十五里河湿地进口段长6.62km,河底宽50m;十五里河湿地段长1.86km;湿地出口挡洪节制闸—河口段长1.10km,河底宽60m。

(八)塘西河治理规划

在塘西河下游新建湿地,湖面面积1.0km²,正常蓄水位12.0m,汛限水位11.5m,最高控制洪水位不超过12.5m,湿地周边城市建设用地高程不低于13.0m。在河口建挡洪节制闸,过流能力按河口50年一遇洪水标准洪峰流量设计,为240m³/s。建泵站抽排,泵站设计流量为30m³/s(按20年一遇标准考虑)。河道沪蓉高速—徽州大道段长2.54km,河底宽30m;徽州大道—塘西河湿地进口段长5.07km,河底宽35m;塘西河湿地段长1.48km,湿地出口挡洪闸—河口段长1.62km,河底宽40m。

三、治涝规划

规划根据地面高程与100年一遇防洪水位相对关系确定高低区分界线,即建设用地地面高程低于其相应排河点100年一遇水位与该处至排河点水力坡降之和时,为低排区;反之为高排区。规划范围内共有51片低排区,需51座排涝泵站,已有25座排涝泵站,尚需新建26座排涝泵站。南淝河干流系统,共需31座排涝泵站,已有19座排涝泵站,待建设12座排涝泵站。四里河系统新建1座排涝泵站。板桥河系统对已建成的4座排涝泵站进行适当改造和完善;五河路附近低洼地结合城市改造,局部填高。二十埠河新建龙岗、钟油坊、龙塘3座排涝泵站。店埠河系统新建师范学校、河西村、新庄、撮镇等4座排涝泵站。塘西河与北涝圩之间有部分区域需建孔桥排涝泵站。派河系统共有7片较大低排区,需新建6座排涝泵站。建议北涝圩城建用地区域填高。新建泵站排涝能力327m³/s,排涝范围54.8km²,需新建、完善配套管网262km。

四、工程投资

经初步估算,合肥市城市防洪治涝工程总投资为44.8亿元,其中防洪工程投资为34.8亿元,治涝工程投资为10亿元。

【芜湖市城市防洪规划报告(摘要)】

一、规划目标

(一)设计水平年

本次规划的基准年为2006年;规划水平年为2020年。

(二)防洪减灾目标

1. 防洪标准

城北片、城南片防御1954年型洪水。荆山圩片防洪标准为20年一遇。三山片外江外河防洪主要依靠芜繁联圩(即繁昌江堤及内河堤防圈堤)和门楼、大有圈堤,芜繁联圩防洪圈防洪标准为防御1954年型洪水;门楼及大有圈堤防洪标准取20年一遇。龙窝湖周边堤防的防洪标准为50年一遇。峨溪河堤防防洪标准为20年一遇。

2. 排涝标准

确定老城区采用2年,城市湿地采用0.5年,其余地区均采用1年;规划城区的排涝设施排涝标准按城市排水重现期计算排水流量后,再按20年一遇最大24h暴雨计算排水流量进行校核。农田排涝标准采用10年一遇3d降3d排出。

二、防洪工程规划

(一)城北片(芜当联圩片)

经与原规划方案比较后,本次规划按芜当联圩堤圈作为芜湖市城市防洪堤圈,结合“98大水”后江堤除险加固已实施情况,确定堤圈维持现状。

(二)城南片

1. 麻风圩片

经与原规划方案比较后,本次规划按麻风圩堤圈调整为芜湖市城市防洪堤圈,结合“98大水”后江堤除险加固已实施情况,确定堤圈维持现状。

2. 荆山圩片

将荆山圩堤按原堤线进行除险加固。

3. 三山片

三山区防洪体系分外江外河和内河两部分。外江外河防洪主要依靠长江、漳河堤防;内河防洪分龙窝湖、峨溪河两个小流域。外河防洪圈堤现状分两个单元,第一单元为芜繁联圩方案,该单元堤防已按3级堤防达标建设(满足规划防洪标准),不另行规划;第二单元为漳河堤防灰龙埂上游段,即门楼及大有圈堤,防洪标准20年一遇,按现有堤线采取土堤加固方案。龙窝湖流域防洪标准为50年一遇,现状堤顶高程满足规划要求,毋需加高堤防,但需增加排水能力,堤防内堤脚30m范围内要填塘固基。峨溪河流域防洪标准为20年一遇,本次规划按原堤线采用土堤加固方案。

三、治涝工程规划

城北圩区推荐"4片16区"的排水规划方案,总汇水面积243km²。其中,自排面积3.53km²,抽排泵站汇水面积239.47km²。已建排涝泵站33座,总排涝能力为227.00m³/s。规划泵站31座,其中新建泵站13座,扩建5座,现状保留13座;规划总排水能力553.02m³/s。

城南圩区推荐"4片21区"的排水规划方案,总汇水面积163.65km²。已建排涝泵站30座,总排涝能力为107.48m³/s。规划泵站30座,其中,新建泵站3座,扩建14座,现状保留13座;规划总排水能力266.16m³/s。

三山圩区推荐"9片20区"的排水规划方案,总汇水面积182.86km²。其中,自排面积1.01km²,抽排泵站汇水面积181.85km²。已建排涝泵站44座,总排涝能力为111.19m³/s。规划泵站29座,其中,保留15座,新建泵站13座,扩建1座;规划总排水能力227.92m³/s。

四、工程概算

芜湖市城市防洪工程静态总投资40074万元,其中,工程部分22088.61万元,管理工程部分426.85万元,土地征用及拆迁补偿费17058.64万元,环境保护及水土保持投资暂列500万元。内部治涝工程静态投资总计64238万元。工程投资总计104312万元。

【泥河流域防洪规划(摘要)】

泥河流域总面积为556km²,其中,泥河干流388km²,黑河168km²。泥河青年闸上游有南北两个湖洼,泥河干流在距青年闸上游13km处的漫水桥注入南湖洼,黑河于青年闸上游6km处的柏庄子汇入北湖洼。

一、规划目标

根据《防洪标准》(GB50201-94),规划水平年2020年潘集城区防洪标准为20年一遇,朱疃圩、陈集圩、薛集圩等圩区的防洪标准为10年一遇;除涝标准按5年一遇。远期可根据社会经济发展需要,进一步提高标准。

二、工程规划

泥河治理以防洪排涝为主,综合治理。防洪除涝以利用泥河洼地调蓄洪涝水、疏浚河道与大沟向淮河相机抢排洪涝水、芦沟站抽排及堤防建设相结合作为治理思路,采取工程措施全面提高泥河流域的防洪排涝标准。需疏浚开挖河道长度55.3km;重建干流水闸2座,设计流量共计100m³/s;重建干流桥梁16座;加固城区防洪堤3.6km,加固圩堤长度22.1km;疏浚开挖大沟长度37.1km,配套大沟桥梁35座;重建、合并扩建、改建泵站26座,总计装机4764.5kW;移民迁建人口总计1566人。

三、城市防洪规划

规划对潘集城区袁庄路以西段堤防进行加固、以东段筑堤,分别接于高地封闭,形成一个防御泥河干流洪水的堤防体系,使潘集城区达到规划的防洪标准。同时,制订超标准洪水防御措施,加强防洪非工程措施建设等。

四、工程投资

初步估算,泥河防洪除涝规划工程总投资为47866万元。其中,干流工程30054万元,支流大沟工程3601万元,影响处理工程5162万元,移民迁建2349万元,管理工程600万元,环境保护与水土保持1000万元,非工程措施1000万元,建设管理、科研设计及其他费用等4100万元。

【肥东县店埠河治理建设规划(摘要)】 店埠河河道从众兴水库坝下至三岔河口汇入南淝河,全长42.1km,流域面积为557.8km²。

一、防洪工程现状及存在问题

店埠河上游水土流失造成河道淤积,河道行洪断面缩小,过水能力偏低。堤顶高程不足,堤身断面单薄,穿堤建筑物多且存在较多隐患,防洪标准低。下游圩区排水设施缺乏,排涝标准较低。非工程措施不完善,管理体制不健全。

二、规划目标、原则和标准

规划范围为店埠河干流众兴水库坝下—三岔河口的河道及左岸支流马桥河不满足防洪标准的河段进行整治。根据《防洪标准》(GB50201-94)、《合肥市城市总体规划(2006-2020年)》、《肥东县县域城镇体系规划(2006—2020年)》和《肥东县县城总体规划(2006—2020年)》,人口规模10~40万的店埠镇、撮镇等城镇防洪标准为50年一遇,店埠河干流沿岸的其余乡镇及圩区防洪标准为20年一遇。

三、河道整治工程规划

为了缓解上游河道及支流马桥河的冲刷及岸坡坍塌,规划在店埠河上游河道新建滚水坝3座,支流马桥河上新建橡胶坝1座。对西气东输煤气管道(DM56(20+282))以下河段根据防洪标准进行断面设计,其中橡胶坝下(DM71(25+832))—马桥河口(33+209.0),长7.4km,现状断面及堤防满足50年一遇防洪标准,无需整治。对支流马桥河14.2km河道进行相应治理。在河道两侧堤顶修筑防汛道路,合计53.1km,其中,店埠河24.7km,马桥河28.4km,路面宽6m。

四、工程投资

经初步估算,防洪工程总投资为8.84亿元。其中,建筑工程3.4亿元,机电设备及安装工程423万元,金属设备及安装工程1564万元,临时工程2814万元,征地拆迁32432万元、独立费用8388万元,基本预备费7996万元,环保水保300万元,水文自动测报系统设备及安装100万元。

【淮北市采煤沉陷区水资源利用与湿地修复规划报告(摘要)】

一、规划目标与任务

根据淮北市水资源开发利用状况及采煤沉陷区的实际状况,并考虑与《淮北市城市总体规划(2005—2020年)》、《安徽省淮水北调工程规划》等规划相协调,规划水平年采用2020年。近期目标是实现萧濉新河、王引河与南湖的连通,初步缓解淮北市水资源紧张局面;远期实施沉陷区之间的沟通,以及南沱河、闸河、龙岱河与沉陷区的连通,进一步提高淮北市水资源保障程度和提升沉陷区湿地生态环境的修复能力。

本次规划主要任务是根据经济社会发展对水资源需求以及水资源利用条件,进行规划水平年的水资源供需平衡分析;依据对各采煤沉陷区沉陷深度预测及综合利用情况,分析不同水平年的沉陷区水量调节能力,比较确定沉陷区之间、沉陷区与河道的连通方案,以及湿地修复规划要求;在水资源节约和保护基础上,分析规划工程实施后水资源的供给能力,提出水资源利用及调度运用方案;按照"全面规划、综合治理、统筹兼顾、分期实施"的原则,依据淮北市社会经济发展状况及沉陷区的沉陷情况,提出工程分期实施意见。

二、水资源供需分析

经测算,至2015年、2020年淮北市工业需水量将分别达到2.49亿m^3、3.38亿m^3。以淮北市现状水资源承载能力,若不考虑境内新水源开发、节水和治污等措施,2015年、2020年全市总缺水量一般干旱年份分别为1.0亿m^3、1.8亿m^3,特殊干旱年份将分别达到2.0亿m^3、3.5亿m^3,水资源短缺矛盾突出。淮北市深层地下水超采严重,根据《安徽省淮水北调工程规划》,需分期将地下水工业用水置换为地表水,规划近期置换比例为50%,远期置换比例为80%,对地表水的需求将有大幅度地增加。

三、采煤沉陷区利用分析

2006年沉陷区调查测量成果显示,沉陷区分布较为分散,大都未能实现连通,尚未形成较大规模水面。据预测,至2015年,中湖地区沉陷区范围增加较多,可形成较大水面。远期2020年,由于城区各矿处于煤矿开采晚期,各塌陷区基本稳定,沉陷区之间也逐渐相互融合,将形成6~7处大水面。根据城市总体规划,结合沉陷区发展变化情况,经比较分析,具备外河补给条件和有一定拦蓄调节能力的沉陷区有:中湖片、南湖片、东湖片、西湖片等,以上沉陷区沉降深度一般可达3~4m,容积较大,且距城市和工业园区用水户较近,可根据条件将沉陷区与附近河流连通,以拦蓄当地过境地表水资源和洪水资源,同时,为今后淮水北调预留充足的调蓄库容。

四、重点采煤沉陷区连通规划

(一)沉陷区连通规划

沉陷区连通包括各沉陷区内部连通和沉陷区之间连通两部分。内部连通主要是将沉陷区分散的水面通过工程措施将其串连起来,增加其调节能力,东湖、南湖根据各自地形条件,分别采取明渠或管道的连通方式。沉陷区之间的连通主要考虑利用现有河道或新开明渠,使相邻沉陷区实现连通,进一步扩大其调蓄能力。

(二)沉陷区与外河连通规划

1. 龙岱河与南湖之间的连通

南湖已有涵闸与龙岱河连通。规划对已有的涵闸拆除重建,并疏浚南湖与龙岱河之间的连通渠道。涵闸的规模初步确定为30m^3/s,涵闸与南湖之间的连通渠道也按30m^3/s的规模疏浚。

2. 王引河与南湖之间的连通

通过方案比较,加固(重建)花园闸和口子涵,疏浚老溪河,将王引河仲大庄闸水自流引入萧濉新河黄桥闸上,然后埋设2.8km无压管道连通萧濉新河与南湖;远期结合淮水北调工程设侯王翻水站,顺侯王沟将四铺闸上王引河、南沱河水送至萧濉新河黄桥闸上进入南湖。

3. 闸河与中湖之间的连通

根据沉陷区发展预测,至2020年龙岱河与中湖已连成一体,可实现自然连通。规划近期不考虑引闸河水入中湖,远期连通闸河与龙岱河,实现闸河与中湖之间的连通。根据地形条件,选择两河距离较近的土型村附近开挖连通渠道,连通渠道与控制闸按30m^3/s设计。

五、采煤沉陷区湿地修复规划

根据《淮北市城市总体规划修编(2005—2020年)》和《淮北市城市生态水景规划(2006—2020)》,淮北市将建设成一座新型的"山水生态园林"城市。淮北市城区已具备"六湖九河"的水系基础,其中六湖基本上都是以前采煤沉陷区形成的平原湖泊。为着力彰显"山水生态园林"城市的"水景观、水生态、水文化",做好生态资源枯竭型城市的转型工作,展现淮北市作为皖北地区生态城市的魅力,需充分挖掘采煤沉陷区水资源的潜能。构建生态湿地,可为区域生态系统修复提供有机载体和沉陷区水资源有效利用提供安全保障,同时为“山水生态园林”城市的建设提供生态元素。

六、水质保护规划

在区域水质保护的基础上,可研究实施水质水量优化调度。已有水质资料显示,城区内河道水质较差的主要有萧濉新河、龙河、岱河和龙岱河,水质均在Ⅳ~Ⅴ类左右,其污染源主要来自矿区的生产生活污水排放。为合理利用汛期或丰水年份河道的雨洪水资源,切实有效解决淮北市水资源短缺问题,在雨洪初期,打开控制闸让洪水将河道前期污水冲走,然后再视河流水质状况,通过控制闸相机引用过境洪水以供利用。

七、工程投资

淮北市采煤沉陷区水资源利用及湿地修复工程投资为4.81亿元,其中沉陷区连通工程投资2.20亿元,沉陷区环境改善工程投资2.61亿元。

【安徽省淮河行蓄洪区及淮干滩区(2010—2015年)渐进式移民迁建实施方案(摘要)】

一、主要工程内容

本次渐进式移民迁建的范围为濛洼、城西湖、瓦埠湖、寿西湖、下六坊堤、汤渔湖、荆山湖、花园湖和潘村洼共9处行蓄洪区,以及淮干滩区和支流低洼地试点不安全人口。9处行蓄洪区总人口占行蓄洪区全部人口的69.0%,需安置人口占行蓄洪区全部需安置人口的84.2%。2010—2015年规划共迁移安置移民6.68万户23.90万人,其中,行蓄洪区4.66万户16.45万人,淮干滩区1.33万户4.85万人,支流低洼地试点区0.69万户2.60万人。为满足群众安居要求,规划在城西湖、瓦埠湖、寿西湖和霍邱县淮干滩地建设5座保庄圩(加固1座),工程总投资7.20亿元,新建保庄圩就地保护0.42万户1.43万人。

二、工程概算

安徽省淮河行蓄洪区、淮干滩区及支流低洼地试点(2010—2015年)渐进式移民迁建工程总计解决7.10户25.32万人的防洪安全问题,按照最新测算的迁建补助标准,本次移民迁建工程总投资为54.89亿元,共需中央补助投资43.91亿元。

【安徽省淮河干流香浮段行洪区调整和建设工程移民安置规划报告(摘要)】

一、工程目标

香浮段行洪区调整和建设的目标是:在满足淮河干流泄量能力的前提下(即浮山18.35m,五河19.45m情况下,河段设计流量13000m^3/s),将香浮段建成为香浮段防洪保护区,在淮干遭遇设计条件下洪水时,香浮段不再承担分洪削峰的任务。本工程完成后,香浮段成为防洪保护区,可充分利用其邻近五河城县的地理位置优势,大力发展经济。

二、工程总体布局

实施香浮段沿淮堤局部堤防退建,加固新建香浮段防洪圈堤。香浮段防洪圈堤包括沿淮堤和朱顶靠山坝两段堤防,全长34.09km。其中,沿淮堤全长22.99km,朱顶靠山坝11.1km。疏浚香庙至浮山段河道,全长25.65km。井头闸、团结闸重建,张庄排涝站重建(结合自排),柳沟排涝站维修加固,柳沟闸拆除重建。影响处理工程包括五河桥接长、朱顶撇洪沟交通桥处理工程及水系和路系恢复等。

三、建设征地范围

工程建设征地范围总面积1530.6hm^2。其中,工程永久占地(包括工程建设永久占地以及退田还河面积)共833.03hm^2,涉及五河县朱顶镇、明光市柳巷镇共15个行政村。工程临时征地697.6hm^2。

工程影响拆迁居民及房屋涉及蚌埠市五河县朱顶镇的河口、张许、陈台、刘台、柳湖等5个行政村。2008年调查人口2953户10681人,其中,农村人口2880户10454人,集镇人口73户227人。拆迁居民房屋面积341471m^2,其中,农村335424m^2,集镇6047m^2。

工程影响的农副业设施主要有浴池(澡堂)、冷库、养殖场(牛、猪、鸡、鹅等)、蔬菜大棚、薄荷锅等;农村工商企业包括纸箱加工厂、柳湖村砂石加工厂、面粉加工厂及临街的门面房等;集镇工商企业包括开元池、振兴玻璃厂、预制厂及G104国道两侧的门面房等;文教医卫及事业单位包括幼儿园、小学、村部、敬老院、卫生院、教会(堂)等单位;专业项目设施包括乡镇公路长6.0km,各类电力线路长14.1km,变压器9台,电信信号发射塔1处等。

四、移民安置

工程移民安置规划设计基准年定为2008年,设计水平年定为2012年。人口自然增长率为12‰。

生产安置:工程规划水平年生产安置人口6917人,初步拟定以本村调剂耕地的方式安置。

搬迁安置:工程规划水平年搬迁人口11203人,以建设安置小区集中安置的方式安置。

五、补偿投资

建设征地移民补偿费静态总投资为99346.63万元。

(高祥吉)

勘测

【安徽省大型泵站更新改造工程勘测】 安徽省已建大型排涝泵站45处356座,总装机2036台套33.1万kW。大多建于20世纪60~70年代,经多年运行,泵站及配套建筑物年久失修,普遍存在机电设备老化,排涝能力下降,排涝标准低,管理手段落后等问题,需进行更新改造。为此,2009年2—8月,安徽省水利水电勘测设计院完成13座泵站勘测、检测工作。

1. 测量工作

2009年3—6月,完成了九成泵站、肥东县众兴泵站、凤台县禹王泵站、肥西县滨湖泵站、肥东县撮镇泵站、当涂县军民圩泵站、淮南市朱集泵站、定远县炉桥泵站、舒庐干渠泵站等9座大型泵站更新改造工程初设阶段地形图测量,地形图测量比例尺1:500,测量范围涵盖工程建设布置区和管理区。共完成了五等GPS点155个,1:500地形图5.4km^2。

2. 地质勘察

2009年2—8月,完成九成泵站、众兴泵站、军民圩泵站、朱集泵站、禹王泵站、炉桥泵站、瓦埠湖泵站、驷马山泵站、滨湖泵站、撮镇泵站、舒庐泵站等11座泵站的工程地质勘察工作,共完成钻孔590孔,总进尺7198.40m,共标准贯入试验802次,重型动力触探7次,室内土工试验1356组,击实试验52组,单轴抗压试验12组,水质分析45组。

3. 检测

2009年2—6月,完成滨湖泵站、九成泵站、汲东泵站、军民圩泵站、联丰圩泵站、朱集泵站、撮镇泵站、瓦埠湖泵站、舒庐干渠等9座泵站土建及金属结构现场安全检测工作。

(赵超 张启兵 郑东升 严太勇)

【安徽省中小河流治理工程勘测】 安徽省境内部分中小河流治理主要包括堤防加固、河道疏浚、护坡护岸、交叉建筑物加固等治理措施。2009年1—12月,安徽省水利水电勘测设计院对省内29条河流进行了勘测工作。

1. 测量工作

2009年1—10月,完成祁门县阊江、歙县练江、绩溪县扬子河、石台县秋浦河、铜陵市钟仓河、新桥河、红星河及七星河、铜陵市黑砂河、芜湖县汪溪坝河及汤泊河、南陵县漳河及老孤峰河、宣州区双桥河、巢湖市柘皋河、舒城县丰乐河和杭埠河、六安市西汲河、淮南市东淝河、潘集区泥河、亳州市赵王河及漳河、五河县张家沟、淮北市包浍河等23条中小河流治理重点河段工程初设阶段地形测量,测量内容为河道1:2000地形图和堤防、河道纵横断面图。共完成了四等GPS点146个、1:2000地形图78km^2、河道横断面722km,河道纵断面395km。

2. 地质勘察

2009年1—12月,完成祁门县阊江、歙县练江、绩溪县扬子河、合肥市派河、肥东县马桥河和定光河、铜陵市钟仓河、新桥河、红星河及七星河、南陵县漳河、老孤峰河、宣州区双桥河、枞阳县汤沟河、舒城县丰乐河和杭埠河、六安市西汲河、淮南市东淝河、潘集区泥河、亳州市漳河、五河县张家沟、淮北市包浍河、王引河、澥河等22条,总长度376.77km的中小河流治理初设阶段工程地质勘察工作。共完成钻孔2405孔,总进尺22600.70m,注水试验65段,标准贯入试验2872次,重型动力触探156次,室内土工试验2665组,击实试验48组,水质分析27组。

(赵超 金习武 郑东升)

【安徽省青弋江分洪道工程可研阶段工程地质勘测】 水阳江、青弋江、漳河流域位于长江下游右岸,地跨苏、皖两省,流域面积18850km^2。青弋江分洪道工程是水阳江、青弋江、漳河流域防洪治理工程中的重要项目,由分洪道及两岸堤防,青弋江干流节制闸枢纽、交通设施(即跨越分洪道的交叉建筑物,包括205国道公路桥、沿江高等级公路桥、宁铜铁路桥和3座生产交通桥),涵闸及泵站(即八尺口排水闸及泵站、6座支叉河涵闸)等组成。该工程位于安徽省芜湖市境内,能有效降低芜湖市水网区洪水位,改善流域下游地区的防洪形势,同时可结合水阳镇河段开卡综合整理,解决水阳江中游地区的防洪状况,防洪减灾效益十分显著。2009年1月,受芜湖市水务局委托,安徽省水利水电勘测设计院承担青弋江分洪道工程可行性研究阶段测量及地质勘察工作,2009年12月,完成《青弋江分洪道工程可行性研究阶段工程地质勘察报告》。

1. 测量工作

为满足工程建设需要,2008年12月先期完成测区航摄影像拍摄,共13条航线,547片。2009年1月完成测区基本控制、像控测量;4—11月完成航测内业成图、外业调绘、桥梁、涵闸及泵站地形图和横断面图测量。共完成了四等GPS点14个,五等GPS点30个,五等导线93.5km,像控点195个;1:2000地形图133km^2,1:1000地形图8.5km^2,1:500地形图1.73 km^2;河道横断面304km,河道纵断面85.0 km。

2. 地质勘察

2009年1月根据长江勘测规划设计研究院下达的勘测任务

书,设计院开始进行本工程可行性研究阶段的工程地质勘察,至4月底结束外业,其间进行了地质测绘、钻探、注水试验、标准贯入试验、静力触探、原位十字板及建筑材料调查等工作。完成主要地质勘察工作量:钻探总进尺13034.14m,共计734钻孔;地质测绘50km²,现场标准贯入试验1091次,注水试验39次;各类室内土工试验968组。

(潘光宜　李传中　张贻火)

【安徽省中小型病险水库除险加固工程勘测】 2009年,安徽省水利水电勘测设计院共计完成5座中型、22座小(一)型、31座小(二)型病险水库的安全鉴定(安全评估)及除险加固初步设计阶段的勘测工作,工作范围涉及7市18个县(区)。

1. 测量工作

共完成四等、五等GPS控制点107点,四等水准426.1km;1:500地形图0.99km²,1:1000地形图10.55km²;1:500横断面92.37km,1:1000横断面28.15km,1:2000纵断面14.3km。

2. 地质勘察

完成钻探孔总进尺3195.15m,静探孔总进尺1140.30m;现场标准贯入试验537组,注水试验122组;室内常规土工试验939组,渗透试验300组,颗分377组,击实58组;固结63组。及时提交了工程地质勘察报告。

(戴杰)

【洪泽湖抬高蓄水位影响处理工程(安徽省境内)初设地质勘察】 南水北调东线第一期工程规划中,洪泽湖非汛期蓄水位由12.81m抬高至13.31m,影响到江苏和安徽两省的洪泽湖周边10个县区,影响区总面积2306.34km²。其中,安徽省境内影响区涉及滁州、蚌埠、宿州三市的五河、泗县、明光、凤阳等4个县市,影响面积约1182.1km²。本次对影响区范围内的4个市县共安排新建和拆除重建排涝泵站17座,技术改造泵站35座;另为了更好发挥影响处理区域内排涝站的排涝能力,降低洼地涝渍水位,减轻由于洪泽湖水位抬高而造成的涝渍灾害,拟疏浚开挖张家沟、石梁河下游河道、护岗河、郜湖大沟等骨干排涝沟及12条新建扩建泵站的配套排涝干沟。

在原有可研地质勘察基础上,结合2009年9月2—5日水利部水规总院对本项目的审查意见,安徽省水利水电勘测设计院于2009年9—11月完成了本工程初设阶段的补充工程地质勘察工作。本次地质勘察共完成钻探总进尺4404.21m,计342孔;现场标准贯入试验1412次,注水试验5次;室内土工试验1225组,击实试验18组,水质分析5组。

(周军　金习武)

【大中型灌区续建配套与节水改造工程初设勘测】 工程内容包括:茨淮新河灌区12座泵站加固或重建;淠史杭灌区滁河干渠10座渠下涵加固或重建及0.6km滑坡治理,瓦东干渠3座渠下涵及3座泄洪闸加固或重建,瓦西干渠6.1km堤防段防渗及4座机耕桥重建等。2009年1—8月,安徽省水利水电勘测设计院完成了上述工程项目初设阶段的勘测工作。

1. 测量工作

完成了茨淮新河灌区、滁河干渠、瓦东干渠、瓦西干渠续建配套工程地形测量,工程测量主要内容为干渠1:2000地形图、横断面图测量和建筑物1:500地形图测量。共完成了四等GPS点76个,1:2000地形图1.6km²,1:500地形图2.6km²,河道横断面39.8km,河道纵断面19 km。

2. 地质勘察

泵站、渠下涵及泄洪闸一般沿建筑物中心线两侧布置2个横断面,每断面3~5个勘探孔;堤防段防渗一般沿堤线按300~500m布置1个单孔,1km左右布置1个横断面,每断面3~4孔。渠道滑坡一般沿滑体50~100m左右布置1个横断面,每断面3~5孔。本阶段地质勘察共完成总进尺3948.55m,计319孔;现场标准贯入试验964次,注水试验12次;室内土工试验897组,击实试验15组,水质分析24组。

(郑东升　金习武)

【淮河干流寿西湖行洪区调整与建设工程可研阶段勘测】 寿西湖行洪区位于正阳关和寿县之间的淮河右岸,行洪区面积161.5km²。寿西湖行洪区进行调整建设,拟在行洪区内新建进洪闸、退洪闸,新建菱角、涧沟、城西保庄圩,退建东淝闸右圩和靠山圩堤,疏浚涧沟口至峡山口段河道,以及节制闸、排涝泵站等。寿西湖行洪区进洪闸设计流量2000m³/s,闸孔总净宽约200m;退洪闸设计流量2000m³/s,闸孔总净宽约220m。保庄圩堤堤身高度:菱角、涧沟保庄圩为7~8m;城西保庄圩为8~10m。保庄圩堤堤顶宽度约6m。排涝站包括菱角排涝站和涧沟排涝站,设计排涝流量分别为3.3m³/s和18.9m³/s。节制闸包括跃进河节制闸、刘圩闸以及大郢闸。其中,跃进河节制闸、刘圩闸建在城西保庄圩上,大郢闸建在涧沟保庄圩上,设计流量分别为93m³/s、78m³/s和50m³/s。

1. 测量工作

寿西湖行洪区可研阶段测量工作内容有:新建寿西湖进、退水闸,新建菱角、涧沟和城西3个保庄圩,加固东淝闸右圩和退建靠山圩,节制闸工程等地形测量。工程地形测量内容有:进(退)水闸闸址1:1000地形图,东淝闸右圩和靠山圩和3处保庄圩堤防1:2000地形图和断面图,涧沟排涝站、菱角排涝站、郝圩闸、跃进节制闸、刘圩节制闸、大郢闸等闸址1:500地形图。共完成了四等GPS点28个,五等导线96.4km,四等水准98.8km,1:2000地形图24.1km,1:1000地形图4.8km²,河道横断面64.4km,河道纵断面24.8km,堤防横断面49km,堤防纵断面40.3km。

2. 地质勘察

安徽省水利水电勘测设计院于2009年9月中旬至10月下旬,对本工程进行了工程地质勘察的外业工作,共完成钻探总进尺4245.2m,计247孔;标准贯入试验528次,现场注水试验30段;室内常规土工试验916组,渗透231组,颗分512组,击实19组,水质简分析9组。

(张启兵　郑东升)

【安徽省淮水北调工程可研勘测】 安徽省淮水北调工程的供水范围为淮北市、宿州市和蚌埠市,直接供水目标是宿州市、淮北市工业用水,通过调水置换部分工业耗用的地下水来改善城市生活、农村生产生活供水条件,兼顾生态用水和输水沿线干旱年份农业灌溉补水。从淮河北岸到黄桥闸线路全长184km,提水净扬程22m。主要建设内容包括:输水河渠工程,节制闸(涵)工程,泵站工程,水文及管理工程,水保及环保等专项工程等。近期(2010年)主要工程措施有:按远期引水规模疏浚拓宽刘园干沟、侯王沟等,新建、加固或重建沱河闸、灵西闸、黄桥闸等节制闸,新建五河站、刘园站、娄宋站、二铺站、四铺站、侯王站等6座泵站,装机14215kW。2009年10—11月,安徽省水利水电勘测设计院完成了上述工程项目可研阶段的勘测工作。

1. 测量工作

完成了五河站、刘园站、娄宋站、四铺站、黄桥闸等5座翻水站拟建站址1:500地形图和刘园干沟、侯王沟等引水沟渠纵横断面图测量。平面系统采用1954年北京坐标系,高程系统采用1985国家高程基准。本次测量共完成D级GPS点测量20点,图根点测量160点,四等水准测量35km;1:500地形图测量1.5km²,河道纵断面测量45km,河道横断面测量24km。

2. 地质勘察

本次地质勘察在充分利用已有资料的基础上共完成钻探总进尺1310.40m,计72孔;现场标准贯入试验229次,注水试验4次;室内土工试验257组,水质分析12组。

(文华军　金习武)

【合肥市塘西河河口闸站枢纽工程勘察】 塘西河河口闸站枢纽工程为1级建筑物,按照50年一遇内水洪峰流量240m³/s全部自排的要求,结合闸址处河道设计规模,确定控制闸闸孔净宽30m,底槛高程4.4m,门槛高程5.0m。泵站20年一遇设计机排流量30m³/s,共选6台固定式机组,单台流量5m³/s,单台功率225kW;另选8台临时机组,单台流量1.875m³/s,单台功率132kW,使泵站达到50年一遇机排流量45m³/s规模。

安徽省水利水电设计院自2009年8月21日到达工区开始勘察,于11月11日结束外业工作。本项目勘察工作共完成钻探总进尺373.10m,13孔;取原状土样99组,标准贯入试验76次,现场注水试验3段;室内常规土工试验99组,水质简分析2组。

【合肥市十五里河截污工程勘察】 十五里河截污工程分为两段,一段为金寨路至沪蓉高速之间,污水管道沿十五里河南岸进行建设,建设段长度约为3.1km,管道直径 $d=300\sim1400$mm,设计管底高程21.702~16.780m;另一段为繁华大道至天津路之间,截污管道沿十五里河左、右岸进行建设。其中,左岸截污管道长约10.2km;右岸截污管道分为三段,总长约4.9km。污水管道直径 $d=600\sim2000$mm,设计管底高程16.0~4.9m。

安徽省水利水电勘测设计院于2009年9月13日到达工区并开始勘察,9月30日结束外业工作,2009年10月8日提交正式地质勘察报告。本项目共完成钻探总进尺2085.85m,计232孔;取原状土样169组,标准贯入试验117次;室内常规土工试验169组,水质简分析5组。

(赵超)

设计

【濛洼蓄洪区2009年度安全建设保庄圩工程初步设计(摘要)】 《淮河干流濛洼蓄洪区2009年度安全建设保庄圩工程初步设计》报告由安徽省水利水电勘测设计院编制完成。

(一)保庄圩堤

老观保庄圩堤脚地面高程约23.50m,设计堤顶高程为30.95m,堤防平均高度约7.45m。部台保庄圩堤脚地面高程约22.50m,设计堤顶高程为30.66m,堤防平均高度约8.2m。堤防内外侧堤脚外护堤地宽度为5.0m。堤身采用黏性土填筑,黏粒含量宜为15%~30%,压实度0.92。保庄圩为新筑堤防,堤基表层耕植土应全部清除;堤防高度预留沉降超高,堤顶施工高度高于设计高程不小于0.8m。保庄圩堤顶宽度6.0m,迎水侧、背水侧边坡均为1:3,背水侧堤顶下4m

处设2m宽平台。

(二)排灌涵洞

新建2座涵洞用于沟通沟渠,涵底高程取与沟渠底高程相同,按无压流涵洞设计。根据水力计算结果,灌溉涵为单孔,宽1.50,高1.8m。排涝涵为2孔,单孔宽度2.0m,高度2.8m。涵洞轴线与堤防轴线成正交布置。排涝涵洞身长度47m,灌溉涵洞身长度34.5m,洞身均为钢筋混凝土箱型结构。涵洞淤泥质土地基,采用水泥粉喷桩处理。

(三)泵站

泵房为正面进水,机组垂直于水流方向呈一字形排列,泵室为墩墙式结构,厂房为框架结构。控制室布置在厂房右侧,布置中控室,电气开关柜等,宽度4.0m,长度与厂房相同为8.2m。老观保庄圩泵站选用2台500ZLB-85型立式轴流泵,设计扬程5.40m,流量0.60m³/s,效率83%;配套YL280M-6型立式异步电动机,单机功率55kW,总装机功率110kW。部台保庄圩泵站选用2台700ZLB-70型立式轴流泵,设计扬程6.55m,流量1.25m³/s,效率82%;配套YL355M-8型立式异步电动机,单机功率132kW,总装机功率264kW。

(四)渡槽

灌溉渠道设计流量1.2m³/s,底高程24.0m,底宽1.0m,深1.6m,边坡1:1,渠道设计灌溉流量时水深1.2m。排涝沟底宽8.0m,底高程20.5m,边坡1:2,沟附近地面高程24.0m。渡槽采用C25钢筋混凝土U形槽结构,宽1.5m,高1.5m,底板、侧墙厚度均为0.25m。槽身单跨,长度7.6m,置于排水涵翼墙上。渡槽两端各接7.6m长U形渠道,然后以八字墙与两侧渠道连接,八字翼墙长度3m,翼墙外渠道护砌长度6m。

(五)护坡

保庄圩外河侧混凝土护坡顶高程至设计洪水位加0.5m超高,即为29.66m,底高程为堤脚。并在护坡顶、堤后平台、护坡底设0.5m×0.7m浆砌块石封顶和勒脚,顺坡每20m设一道宽0.5m、深0.5m M10浆砌块石隔埂。外河侧堤坡29.66m高程至堤顶为草皮护坡。

(六)道路

老观、部台保庄圩堤顶均设防汛道路,路面宽度4.5m,采用泥结碎石路面。老观保庄圩跨堤防交通道路3条,部台保庄圩跨堤防交通道路4条,路面纵坡5%,路基宽度8m,路面宽度5m,混凝土路面。部台保庄圩设上堤生产路3条,路面纵坡10%,路基宽度6.5m,路面宽度4.5m,采用泥结碎石路面。

(七)排水沟

为排除圩内涝水,沿堤防护堤地内侧开挖排涝沟。老观和部台保庄圩开挖排水沟分别长约2135m和1447m。排涝沟断面按圩内排涝流速0.8m/s确定。排水沟采用矩形断面。老观保庄圩外恢复灌溉渠道长约1900m,接连段长130m。

(八)穿路、渠涵管

老观保庄圩需涵管9座,部台需涵管2座。涵管典型设计为:C20混凝土基础,厚度0.2m,宽度同涵管直径,涵管两端为M10浆砌块石挡墙,涵管上下游各设1m长M10浆砌块石护砌。

(九)工程概算

工程静态总投资11250.88万元(基本预备费535.76万元),移民环境投资3300.04万元(征地移民投资3225.14万元,环境保护工程总投资35.19万元,水土保持工程总投资39.71万元),工程投资总计14550.92万元。

【南水北调东线一期工程洪泽湖抬高蓄水位安徽省影响处理工程初步设计(摘要)】 2009年9月,安徽省水利水电勘测设计院编制完成了《南水北调东线第一期工程洪泽湖抬高蓄水位安徽省影响处理工程初步设计》报告。本次影响处理工程主要内容为:新建泵站4座,重建及扩建泵站13座,泵站技改35座;疏浚泵站上游排涝干沟、洼地大沟及河道16条。

一、水文

影响处理区域多年平均降雨量约为900mm,汛期6—9月雨量占全年60%~70%;非汛期占30%~40%。年降水量最大为1522mm,最小为530mm。年最大降水量是年最小降水量的3倍。多年平均蒸发量为965mm。据非汛期雨量资料分析,洪泽湖抬高蓄水位影响处理区自排模数10年一遇接近于全年3年一遇,为0.6~0.9m³/s/km²,骨干排水沟设计排涝流量按非汛期10年一遇自排模数确定;抽排模数为0.28m³/s/km²,以此排涝模数及排涝面积,确定泵站的排涝流量。

二、工程设计

(一)泵站设计

泵站枢纽一般包括排涝引渠、排涝进水闸、前池、泵房、汇水箱、出水涵、变电站等建筑物。新建、重建泵站均采用堤后式,正向进、出水的布置方式,建筑物布置顺水流向分别为引渠、排涝进水闸、前池、泵房、出水池及穿堤涵等。穿堤建筑物采用钢筋混凝土箱型结构。工程涉及泵站52座,设备总台数212台,需要新增及更换的总装机为29963kW。其中,新建泵站4座,台数14台,功率3005kW;拆除重建泵站13座,台数47台,功率7200kW;技术改造泵站35座,台数151台,功率19758kW。电机配套功率按水泵最大轴功率的105%~110%考虑。

(二)排水沟设计

洪泽湖抬高蓄水位影响安徽省处理工程中,主要考虑对部湖大沟、张家沟、护岗河和石梁河下游等4处骨干排水河沟,以及6处新(重、扩)建泵站主排水沟及6片洼地沥水深沟,按照非汛期10年一遇标准进行疏浚。16条沟总长为80.98km,大多为现有河沟扩挖整修,新建泵站为新沟开挖,排水沟断面按明渠均匀流设计。

三、设计概算

主体工程静态总投资32539.40万元,其中,基本预备费1841.88万元。征地移民补偿投资为3140.40万元,水土保持工程投资339.00万元,环境保护工程投资97.00万元。工程总投资36115.80万元。

【蚌埠闸分洪道综合整治及老船闸加固工程初步设计(摘要)】 2009年5月,淮河流域水工程质量检测中心对蚌埠闸枢纽分洪道、船闸交通桥进行了系统的安全检测和评估。受安徽省淮河河道管理局的委托,安徽省水利水电勘测设计院编制完成了《蚌埠闸分洪道综合整治及老船闸加固工程初步设计》报告。分洪道整治工程主要内容为:跨分洪道公路桥拆除重建、下游新建溢流堰、分洪道两侧护坡及护岸工程。老船闸加固主要内容为:闸室底板拆除重建、交通桥拆除重建、增设上下游导航设施、上闸首人字门以及上下闸首输水闸门更换等。

一、分洪道整治工程设计

(一)分洪道公路桥

跨径20m桥板结构采用预应力简支空心板,空心板高0.9m;跨径62m桥板结构采用下承式钢管混凝土系杆拱结构,其矢跨比为1/5。与拱桥相邻的20m跨径桥板边板下吊装饰用倒拱形钢管,使主桥拱肋线条平滑相连。桥墩采用桩柱式结构,20m跨径桥墩为三桩三柱,桩柱同轴,灌注桩桩径1.4m,平均桩长10.5m,柱径均为1.3m。拱桥桥墩采用双排承台桩基,每排4根桩,桩径1.4m,平均桩长15.4m,柱径2m。桥台采用双排承台桩基,每排3根桩,桩径1.4m,桩长30m,柱径1.3m。

(二)分洪道清障整修

闸上近期蓄水位17.5m,远期蓄水位18.5m。确定分洪道挖至17m高程,建设人工生态湿地,局部岛屿高程以不超过19m控制,在断面型式上营造成为一个水面迂回婉转,极具亲水性的生态湿地。

(三)下游溢流堰

溢流堰堰顶采用折线型实用堰,堰顶高程19.0m,宽1.0m,溢流堰长314m。溢流堰上游面直立,下游面坡度1:1。下游消力池底板高程17.0m,池长12.0m,池深1.0m。堰顶及上下游两侧挡土墙采用M10浆砌石结构。上游渠底高程17.0m,设有15m长浆砌块石及10m长干砌块石护砌。下游渠底高程18.0m,设有15m长的浆砌块石及10m长的干砌块石护砌。

(四)左、右侧护岸

分洪道左岸堤防为蚌埠闸新建船闸的导航堤,迎水侧采用生态护岸形式,在高程19.0m处设置3m宽的亲水平台,平台以下为植生型自嵌式生态挡墙,平台以上边坡为1:2.5,高程19.0m至23.72m(设计洪水位以上0.5m)之间采用生态混凝土护坡;高程23.72m以上为草皮护坡。分洪道右岸选择生态混凝土挡墙形式,在高程19.0m处设置3m宽的亲水平台,平台以下为植生型自嵌式生态挡墙,平台以上至高程21.8m之间边坡坡比为1:2.5,采用生态混凝土护坡;高程21.8m以上为生态混凝土挡墙,挡墙顶高程为25.5m。

四、船闸加固设计

(一)船闸建筑物加固

拆除原砌石底板,新建0.8m厚钢筋混凝土底板,并在每侧闸墙后布置10口降水井,孔径0.5m,井底高程-3.0m,井盖高程17.5m。拆除闸室侧墙上部浆砌石导航架,重建钢筋混凝土导航架。拆除下游翼墙上部钢筋混凝土导航架,下游翼墙顶原高程为18.0m,加高至20.3m,加高部分为钢筋混凝土直墙结构。拆除重建下闸首公路桥。在上游增建11个靠船墩,下游增建9个靠船墩,墩中心距20m,墩体均为实体墩结构,上游墩顶高程24.0m,下游墩顶高程21.5m。

(二)金属结构加固

1. 船闸人字门

上闸首人字门门叶尺寸(宽×高)8.876m×10.95m,门轴线压力角取$\alpha=22.5°$,闸门为横梁式结构,实腹式变节面主梁焊接构件,主材Q235,多主横梁布置,跨中梁高按1/10孔宽取950m,门叶中缝与侧止水采用不锈钢承压条钢性止水,底止水采用橡皮止水,顶枢采用铰接框架式结构,底枢采用承轴式结构,底枢蘑菇头直径为300mm。人字门配置QRWY-1X200摇摆式液压启闭机操作,启闭机行程3.385m。

2. 输水洞门

输水洞4孔,门型为平面定轮钢闸门,门叶尺寸($b\times h$)4.16m×2.68m,采用4根主梁结构布置,梁高0.35m,另布置2道纵梁。配置QPPYⅡ-1×160液压启闭机。

3. 输水廊道拦污栅

拦污栅采用固定式拦污栅,镶嵌在廊道进口处,孔口尺寸(宽×高)3.6m×2.6m。上、下闸首各2孔,共设4扇拦污栅。

三、投资概算

工程总投资9833.83万元,其中,工程部分投资9315.41万元(分洪道6852.98万元,老船闸加固2462.43万元),移民环境投资518.42万元(征地移民补偿投资

441.07万元,环保工程投资32.51万元,水保工程投资44.84万元)。

【沙颍河阜阳船闸重建工程初步设计(摘要)】 2009年6月,安徽省水利水电勘测设计院编制完成《沙颍河阜阳船闸重建工程初步设计》报告。船闸为Ⅳ级船闸,由闸首、闸室、引航道、靠船建筑物、公路桥等组成,闸首、闸室等主要建筑物为3级建筑物,引航道、导航墙等为4级建筑物。

(一)引航道

根据船队实际过闸运行经验,将主导航墙稍向后平移2.5m,长度由112m缩短为62m;辅导航墙长度由40m缩短为30m。取消调顺段和靠船段近似直立的仰斜式浆砌块石挡土墙,改为1:1浆砌块石边坡挡土墙。增加基础埋深0.5m,适当加大底板尺寸,增加空箱内填土高程。对靠船墩迎水面阳角采用包钢板保护。开展水工模型试验工作,根据试验成果调整引航道与泉河交汇处开挖断面尺寸。

(二)输水短廊道

加大输水廊道断面尺寸,输水廊道断面尺寸由2.2m×2.5m加大为2.4m×2.7m。将输水廊道出口压扁放宽,廊道出口高程降低0.5m,增加廊道出口淹没水深,使出口最小淹没水深达到1.5m。

(三)闸室

缩短闸室分缝间距,由18m间距改为15m。在闸室两侧每隔20m各设置一个浮式系船柱。

(四)闸门

廊道采用潜孔式平面定轮钢闸门。人字工作闸门支承方式采用活动支枕,闸门止水采用预压式前止水,预压量为3mm,顶、侧、底止水均布置在面板(上游侧)。

(五)工程概算

工程总投资17157.66万元(2009年上半年价格水平),其中,工程费用13817.76万元,其他费用2144.97万元,基本预备费798.14万元,建设期融资利息396.79万元。工程静态总投资16760.87万元。

【合肥巢湖沿岸渡江战役纪念馆水上广场基础工程初步设计(摘要)】 2009年3月,安徽省水利水电勘测设计院编报了《合肥市巢湖沿岸渡江战役纪念馆水上广场基础工程初步设计》报告。渡江战役纪念馆位于合肥市滨湖新区巢湖岸边,纪念馆水上广场基础工程,是渡江战役纪念馆工程的重要组成部分。

渡江战役纪念馆湖内侧广场顶宽180m,轴线长250m,东、西侧台顶边线直线段长分别为300m、200m,广场最高点基本位于场地中间,高程为15.6m,并向湖内倾斜,前缘台顶高程为13.90m。广场迎湖面为半圆形圆台体,台顶圆半径为90.0m,迎湖面边坡由亲水平台和踏步组成,亲水平台分别布置于高程12.1m、10.3m、8.5m处,平台宽3.0m,坡面坡度约1:2.5。坡脚高程一般为7.0~7.2m。广场东、西两侧坡面以斜坡与巢湖冲填防浪林平台衔接,坡面坡度约1:3。

按2009年6月价格水平计算,工程总投资为2973.31万元,其中,水土保持工程287.64万元,环境保护措施费24.84万元。

【淮南市禹王泵站更新改造工程初步设计(摘要)】 禹王泵站是大型排灌工程,位于凤台县西部沿淮地区的焦岗湖和西淝河下游。2009年4月,安徽省水利水电勘测设计院编制完成了《安徽省淮南市禹王泵站更新改造工程初步设计》报告。

禹王泵站由4座泵站组成,分别是禹王站、毛集站、张集站和新集站。本次更新改造内容为:禹王站机电设备更新改造和泵房维修加固、新建灌溉出水涵;毛集站1机房机电设备更新改造,建筑物加固维修;毛集站3机房、张集站2~4机房、新集站原址拆除重建;毛集站2、4机房、张集站1机房根据《全国大型灌溉排水泵站更新改造规划》,不列入本次更新改造范围。禹王泵站本次更新改造总装机32台,总装机容量8229kW。

禹王站更新改造重新选定4台水泵,泵型为64ZLQ-50,配套电机为L800-24/2500,单机800kW,总装机容量3200kW。新建灌溉出水涵1孔,孔口净尺寸为2m×2m,壁厚0.3m,长138.098m,出口设八字形翼墙,顺水流方向设长10.0m浆砌石护砌。新集站重新选定5台水泵,泵型为900HD-9,配套电机为YL4504-10,单机315kW,总装机容量1575 kW。

工程投资9114.83万元,静态总投资9114.83万元,(其中基本预备费434.04万元),水土保持工程66.94万元,环境保护工程32.18万元,工程投资总计9213.95万元。

【铜陵市红星河整治工程初步设计(摘要)】 红星河属顺安河支流,其起源于铜官山东麓。本次治理河道长4.3km,岸线长约8.6km;东湖撇洪沟6.4km河段同时进行治理。

一、工程设计

(一)河道整治工程

红星河(-0+800—3+350)河段长约4.3km,河道平均坡降为1/1250,相对较缓,结合河道的地形特点,对局部河段进行拓宽和疏挖。东湖撇洪沟(3+430.0—10+181.0)河段长约6.4km,上下游基本上没有落差,河底比较平坦,需进行适当河道清淤疏挖工程,提高行洪能力。

(二)护岸工程

红星河护岸采用二级复式断面型式,二平台高程平5年一遇水位。二平台以上护岸以自然原型护岸为主,即采用草皮、树木、水生植物等植物护岸。二级平台以下部位的护岸,铁路桥—学士路(-0+800—1+900)主要采用叠石护岸,学士路—浦尚桥(桩号1+990—3+350)采用三维生态袋坡式(1:3)护岸。

(三)堤防加固工程

堤防桩号为HX42(3+534)—HX119(10+089)。设计标准:堤顶宽5m,迎水面与背水侧坡度均为1:3,堤顶高程为设计洪水位加1m超高。堤顶道路采用4m宽沥青碎石路面,总长为6.7km。堤防背水侧护坡型式采用草皮护坡,临水侧护坡型式采用草皮护坡与多孔隙生态混凝土护坡结合。

(四)建筑物工程

童心湖防洪闸共1孔,单孔净宽10m;穿堤涵采用钢筋混凝土箱涵,孔径1m×1.5m(宽×高),总长34.2m。

二、滨水景观设计

自然风光景带,人工建造一片防护林,以净化空气,营造天然氧吧,涵养地表水源。城市滨河乐园,以童心湖为中心,构建儿童游乐场所,塑造“铜文化”元素,构筑水上乐园设施。滨水休闲廊道,沿河打造亲水空间,营造亲水氛围,布点设置全民健身运动的休闲场所。生态湿地公园,结合河口地形条件,构建湿地浮岛,为生物提供栖息地,同时沿河岸线可搭建一些自然和谐的小木屋,以供游人休憩。

三、设计概算

依据2009年第三季度价格水平计算,本工程设计概算静态总投资8762.30万元,其中:工程部分投资7340.70万元,水保及环保工程投资100万元,景观工程投资1321.6万元。

【滁州市清流河(穿城段)防洪治理一期工程初步设计(摘要)】 清流河是滁河支流,自西北向东南贯穿滁州市市区,将城区分为东西两块。受滁州市水利局委托,安徽省水利水电勘测设计院编制完成了《滁州市清流河(穿城段)防洪治理一期工程初步设计》报告。工程建设内容主要为河道疏浚,两侧防洪堤新建、加高和退建,新建防洪墙和护岸等。

一、水文

滁州市位于南北气候过渡带,降水量年际变化大。滁县站50年一遇最大1d、3d暴雨量分别为254mm、379mm,50年一遇设计洪峰流量为2030m^3/s,50年一遇设计水位为15.8m。本次防洪治理工程设计洪水位,按穿城段下游起点陆庄处50年一遇洪水位14.6m(破圩后水位)与治理后的河道断面推求。

二、工程设计

(一)河道工程设计

适当调整河道中心线和河道岸线,对河底稍加清淤、拓宽整修,对部分河滩进行适当削坡整理。河道设计底高程3.0m,设计宽度不小于30m,河道疏浚边坡按1:3~1:5控制。

(二)堤防工程设计

防洪标准采用50年一遇,防洪堤(或防洪墙)堤顶超高均为1.5m。

清流河两岸防洪堤(墙)顶宽度为8.0m,堤顶道路为宽6.0m的沥青混凝土道路。防洪堤背水侧基本边坡为1:5,最缓的边坡放缓至1:8,供市民作休闲场所;迎水侧基本边坡为1:3,对外滩地宽阔的堤段,其迎水坡放缓至1:5,使得边坡绿化与外滩景观融为一体。右岸R3+433—R5+977新建生态混凝土防洪墙,即混凝土砌块挡土墙,挡土墙墙面与水平面成70°角,墙后布置土工格栅,在每层土工格栅与砌块墙背处设置土工布。墙顶布置仿汉白玉栏杆,墙后平台顶高程与设计堤顶高程一致,背水侧边坡一律为1:5。

(三)护岸工程设计

对四段岸坡进行有效防护。四段桩号分别为左堤L0+351—L0+874、L3+068—L3+853和右堤R0+809—2+282、R4+925—5+977,总长4056m。护岸采用M10浆砌块石挡土墙型式,挡墙前抛投块石防护和固脚,对应滩地和堤防采用植草型生态混凝土护坡。

三、设计概算

按2009年第四季度价格水平计算,清流河穿滁城段防洪治理一期工程,静态总投资49589.80万元,其中工程部分投资10245.30万元(含基本预备费487.87万元),征地及移民投资38893.06万元,水土保持工程投资407.59万元,环境保护工程投资43.85万元。

【马鞍山市城市防洪工程可行性研究报告(摘要)】 马鞍山市外江、外河主要有长江和姑溪河。长江在马鞍山市城区段长约31.5km,姑溪河从白竹山至当涂铁路桥全长3.22km。城区内主要河道有慈湖河、采石河、襄城河、雨山河、六汾河及犁尖湾河,均自东向西流入长江,河口均建有控制闸。

一、设计洪水

马鞍山市地处皖南丘陵区,慈湖河、采石河和襄城河的10年、20年一遇设计洪峰流量分别为229.5m^3/s、189.1m^3/s、57.6m^3/s和366.0m^3/s、289.6m^3/s、99.2m^3/s。由于4条内河河口已建闸,内河洪水主要对20年一遇洪水情况进行分析,主城区的两条主要河流慈湖河和采石河用50年一遇洪水进行复合,河口处的设计洪峰流量分别

为 $544m^3/s$ 和 $404.2m^3/s$。参照有关的分析成果，圩区排模采用 $0.75m^3 \cdot s^{-1}/km^2$。

二、设计标准

主城区(采石河以北区域)防洪标准与所在江堤标准相一致，既防洪重现期为50~100年。副城区(陈焦圩，采石河以南区域)防洪标准与所在江堤标准相一致，既防洪重现期为30~50年。城市规划区的排涝标准按20年一遇设计，河口处泵站按关闸期实测最大降雨可排除的规模设计。慈湖河、采石河、襄城河和犁尖湾河等4条河流治理标准为20年一遇，慈湖河、采石河堤防按50年一遇标准校核。

三、堤防加固设计

为满足河道疏浚要求，慈湖河右堤在桩号3+860—4+190之间进行退建，堤线向堤内移动32.8m。以下堤段实施加固：慈湖河右堤慈湖工业区堤线自慈湖闸经慈湖镇桥、铁路桥沿天然河右堤至苏皖分界处，全长5.799km；桥山工业区堤线自小鹦鹉山及苏皖分界线、天然河左堤至东河湾，全长10.532km。犁尖湾左堤自孙家闸至慈湖苗圃办公楼处，全长1.772km。采石河左堤自采石闸至保庆大庙村，全长2.06km；右堤自采石闸至姜家沟处沿姜家沟右堤上溯至与新修公路交叉连接处(该处以上为以路代堤段)，长度4.734km。襄城河左右堤堤线为自襄城河中型闸经314省道桥沿左汉上溯至高田即规划的江东大道处，左堤全长6.707km，右堤全长6.305km。

慈湖河、采石河、襄城河及天然河堤身加固标准断面为：堤顶超高1.0m，堤顶宽8.0m，外坡1:3，内坡1:4。犁尖湾左堤堤身加固标准断面为：堤顶超高1.0m，堤顶宽6.0m，外坡1:2；内坡1:2.5。内外坡均采用草皮护坡。加固堤段的堤顶道路除犁尖湾左堤采用泥结碎石掺帕尔玛路面(宽4.0m)外，其余均采用混凝土路面(宽6.0m)；堤基防渗处理的主要措施为填塘固基，堤内渊塘填塘范围一般填至距堤脚30m。

四、建筑物加固设计

马鞍山城市防洪圈堤加固堤段各类穿堤涵闸共51座(包括站闸)，拟拆除重建17座(市区8座，当涂县9座)，接长13座(均在市区)，加固改建3座(均在当涂)，拆除封堵12座(市区1座，当涂县11座)，6座维持现状。加固范围内共有19座跨河桥梁，拟对其中4座桥梁拆除重建，其余桥梁维持现状。防洪工程保护范围内有排涝泵站共计59座，拟保留(包括扩建)和新增的泵站共计40座，其中，新建9座，扩建及拆除重建26座，维持现状5座。

五、工程概算

按照2009年二季度价格水平计算，本工程静态投资总计98349.40万元。其中，防洪工程静态投资29482.04万元，治涝泵站工程静态投资25328.53万元，建设征地移民投资40732.27万元，环保投资为682.5万元，水土保持工程投资2124.06万元。

【安徽省淮河流域西淝河等沿淮洼地治理应急工程可行性研究报告(摘要)】《安徽省淮河流域西淝河等沿淮洼地治理应急工程可行性研究报告》由安徽省水利水电勘测设计院编制。西淝河下游洼地、高塘湖洼地、洪河洼地、北淝河上段等4片洼地应急工程主要包括：河道及干沟疏浚开挖，堤防加固(新建)，涵闸、泵站、桥梁等建筑物加固、重(新)建、技术改造等。其中河道疏浚开挖48.98km，干沟疏浚开挖113.32km，撇洪沟疏浚开挖59.24km，各级堤防加固(新建)77.66km，重建桥梁84座，重(新)建、技术改造泵站51座及涵闸20座。

(一)堤防工程。堤防加固及除险堤线总长度为77.66km，其中，北淝河洼地堤防加固6.14km，西淝河洼地堤防加固65.64km，西淝河洼地堤防除险长度5.88km。主要工程量为：堤身加培359.6万 m^3，清基52.2万 m^3，填塘及防渗平台72.2万 m^3，干砌石护坡4.3万 m^3，草皮护坡185.3 m^2，锥探灌浆7.67万m。

(二)涵闸工程。沿淮洼地应急治理工程涉及已有涵闸17座，另需新建涵闸2座，新建橡胶坝1座，共计20座。主要分布在洪河、西淝河下游、北淝河上游等3片洼地内。由于已有涵闸大部分年久失修，已不能继续发挥效益，故对其中7座进行加固，10座拆除重建。

(三)泵站工程。4片洼地涉及已有泵站45座，根据规划需新建泵站6座，共计51座。已有泵站大部分设备老化、排涝规模不足、工程部分毁坏等问题，对其中19座拆除重建，26座扩建及更新改造。

(四)桥梁工程。原有跨沟渠桥梁由于建设年代久远或建设标准不足，需对其进行重建。本次设计重建的桥梁总数84座。

(五)河道及排涝干沟工程。本次洼地治理共计疏浚河道48.98km。疏浚排涝干沟和撇洪沟涉及洪洼、北淝河上游等2片洼地的9条撇洪沟和8条排涝干沟，疏浚撇洪沟总长度59.24km，疏浚排涝干沟总长度113.32km，设计流量按5年一遇标准。

(六)水力机械。安徽省洼地治理应急工程涉及泵站51座，总装机台数163台，总功率39040kW。其中，新建泵站6座，台数21台，功率26546kW；重建泵站19座，台数44台，功率3662kW；技改泵站24座，台数87台，功率8227kW；扩建泵站2座，台数11台，功率605kW。

(七)投资估算。本工程可研投资估算总投资:117054.83万元。其中,工程投资87791.84万元,移民补偿投资27013.12万元,水土保持工程791.87万元,环境保护工程858万元,水文信息采集、传输、预报系统投资600万元。

【新汴河治理工程可行性研究报告(摘要)】

一、河道疏浚工程

河道疏浚首先满足除涝要求,尽可能沿老河槽进行,以减少工程量、占地、拆迁。疏浚河线一般以老河槽中心线作为设计河道中心线。河道横断面为复式断面,堤防位置不变,根据河道糙率分析,河道主槽糙率由原设计的0.0225修改为0.027,滩地糙率由原设计的0.03~0.06修改为0.046,河槽断面主槽底宽由95~115m修改为80~140m,河底高程结合航道改造适当降低。徐岗切岭以下考虑减少切岭段高边坡稳定性,不进行疏浚,河槽边坡1:3,底高程20.87~13.31m,均保持原设计不变。

二、堤防加固工程

本次设计堤防堤顶超高为宿县闸上2.0m,宿县闸下1.5m;堤防标准断面为:宿县闸上堤顶宽不小于10.0m,宿县闸下堤顶宽不小于6.0m,迎水坡1:4,背水坡为1:3。根据堤防实际情况,对堤身单薄的堤段进行加培,需加培左堤13.6km、右堤24.8km。对隐患较多的堤段进行堤身锥探灌浆处理,总长6.0km。局部堤段浅层地基存在渗流问题,采用多头小直径垂直截渗墙解决,截渗墙总长15.7km。修建堤顶防汛道路,采用混凝土路面。宿县闸以上左右堤均设防汛道路,路面宽6.0m,各长13.26km;宿县闸以下仅在建筑物附近设置防汛道路,路面宽均为4.5m,总长15.8km。徐岗切岭1100m范围内左右两岸采用混凝土护坡,增设减压排渗井。

三、灵西橡胶坝工程

更换2、4两孔橡胶坝袋,对1、3两孔坝袋进行老化防护处理。更新充水泵房机电设备、水泵及供排水管路系统。拆除重建下游消力池、海漫、防冲槽,增做上游防冲槽。拆除重建上游铺盖,拆除重建上下游干、浆砌石护底、护坡。拆除重建右岸上下游导流墙。拆除重建交通桥上部结构,接高交通桥墩台结构。对上、下游翼墙损坏部分进行修补。对交通桥原墩台部分、水泵房、供水井等混凝土表面做防碳化处理。拆除重建水泵房上部结构。接高检修闸门门槽,增高检修闸门高度。增建综合控制室。

四、翻水站工程

宿县翻水站布置4台ZQ5685-8型潜水轴流泵,总装机容量为1800kW。灵西翻水站布置4台ZQ2810-4型轴流泵,总装机容量为440kW。团结翻水站布置4台ZQ4050-6型轴流泵,总装机容量为1800kW。

五、地下涵工程

新北沱河地下涵进口设控制闸,共8孔,每孔净宽4.8m,闸室总宽48.24m。洞身为钢筋混凝土结构,8孔,两侧3孔1联,中间2孔1联,孔口净尺寸为4.8m×4.8m。涵洞水平总长度330m。

唐河地下涵进口段设控制闸,共15孔,每孔净宽4.5m,三孔一联。闸室下游11.0m长的一段涵洞,由$h \times b = 4.5m \times 5.0m$渐变至5.0m×4.5m。洞身为钢筋混凝土结构,设15孔,孔口尺寸为5.0m×4.5m。涵洞水平段14节,每节长度为16m,倾斜段共4节,每节水平长度为16m。

石梁河地下涵进口段设控制闸,共7孔,每孔净宽5m,闸室底板两侧2孔1联,中间3孔1联,闸室总宽43.84m。洞身为钢筋混凝土结构,共7孔,孔口净尺寸为5.0m×5.0m。涵洞水平总长度323.9m。

六、投资估算

投资估算价格水平年为2010年第一季度。工程部分投资79746.17万元(其中基本预备费7249.65万元),移民及征地补偿17731.02万元,水土保持工程1197.50万元,环境保护工程517.91万元,水文设施建设758.88万元,工程投资总计99951.48万元。

【淮河干流寿西湖行洪区调整和建设工程可行性研究报告(摘要)】《淮河干流寿西湖行洪区调整和建设工程可行性研究报告》由安徽省水利水电勘测设计院编制。

(一)新建保庄圩和退建生产圩

在湖区内新筑三座保庄圩,分别为涧沟保庄圩、菱角保庄圩和城西保庄圩。涧沟保庄圩全长9.232km,菱角保庄圩全长8.601km,城西保庄圩全长9.68km,总长27.513km。

寿西湖下游东淝河右岸有东淝河右圩和靠山圩两座生产圩堤,根据规划要求,将两座圩堤向后退建,退距约400m。东淝河右圩退建段长0.666km,桩号为1+987—2+653;靠山圩退建段长3.257km,桩号0+793—4+051。未退建段,堤防均需加固处理。

(二)进洪闸和退洪闸

在寿西湖行洪区进口和出口位置分别布置进洪闸和退洪闸。进洪闸共21孔,单孔净宽10m,设计进洪流量2000m^3/s。退洪闸共18孔,单孔净宽10m,退洪流量2000m^3/s。退洪闸具有反向进洪功能,进洪流量1000m^3/s。

(三)穿堤建筑物加固设计

寿西湖行洪区改造后,根据规划要求,沿堤共需新建或拆除重建穿堤建筑物15座,其中新建涵闸14座,拆除重建1座。

(四)河道疏浚工程

疏浚涧沟口至峡山口段河道长24843m,底宽为330m,底高程为12.0~10.0m,边坡1:4,疏浚量2087.53万m^3。

(五)泵站工程设计

由于新建保庄圩堤,原来的村庄内部排水水系被打乱,为排出圩内积水,需在涧沟保庄圩、菱角保庄圩内各建一座排涝站。由于靠山圩退建,原有程郢站需拆除重建。

(六)影响处理工程

处理轮渡等渡口10处,湖区水系恢复长14.722km,修建上堤跨渠过路涵27座。

(七)工程投资

寿西湖行洪区调整工程静态总投资为256132.90万元,其中,进洪闸20254.94万元,退洪闸16226.77万元;堤防及河道130133.50万元;征地移民84798.78万元;新增水土保持工程2117.67万元;环境保护工程353.24万元;安徽省淮河干流河道地形测量费2066.00万元。

【安徽省驷马山泵站更新改造工程可行性研究报告(摘要)】

驷马山引江灌区是安徽省最大的提水灌区,是以提引长江水源灌溉为主,兼有分洪、航运、供水等综合利用的大型水利工程。受安徽省驷马山引江工程管理处委托,安徽省水利水电勘测设计院编制完成了《安徽省驷马山泵站更新改造工程可行性研究报告》。

(一)工程加固设计

1. 乌江抽水站

新增2台套机组,配合机组安装对混凝土结构加固改造,对出水弯管内壁以及新老混凝土结合面进行赛柏斯防水剂防渗漏处理。流道出水口处的混凝土进行加固改造,以满足8台机组16组拍门更新改造需要。结合闸门更新,对8个进水流道16副门槽进行改造。泵房混凝土结构实施防碳化处理。

2. 滁河一级站

新增1台套机组,配合进行机组安装对混凝土结构加固改造。结合闸门更新改造,改造3个进水流道和3个出水流道,以及12副门槽。泵房混凝土结构进行防碳化处理,厂房维修加固。泵站上、下游河道进行清淤,上、下游护坡维修加固和接长。修建站区进厂道路,拆除重建站区内部2台37kW排涝泵站。

3. 滁河二级站

流道出水口处的混凝土进行加固改造,以满足3台机组6组拍门更新改造需要。结合闸门更新改造,对2个进水流道和2个出水流道的8副门槽进行改造。泵房混凝土结构实施防碳化处理。泵站上、下游河道进行清淤,上、下游护坡维修加固和接长,上游启闭机房拆除重建。

4. 滁河三级站

结合闸门更新改造,对2个进水流道和2个出水流道的8副门槽进行改造。泵房混凝土结构实施防碳化处理。厂房维修加固。泵站上、下游河道进行清淤,上、下游护坡维修加固和接长,上游启闭机房拆除重建。

(二)水力机械设计

1. 乌江抽水站

乌江站已有的6台主机评定为三类,需进行技术改造。水泵流道出口拍门经安全鉴定后被评定为四类设备,将其全部更新。泵站的部分油、气、水辅助系统设备评定为四类,本次技术改造拟进行更换。

新增机组台数为2台,水泵型号为2.8CJ-70(改)立式全调节轴流泵,叶轮直径2800mm,水泵转速150r/min,设计工况点扬程4.93m,单泵设计工况点流量24.5m^3/s。配套电机型号为TL1600-40/3250立式同步电机,单机功率1600kW,额定电压6000V,额定转速150r/min。

2. 滁河一级站

泵站的部分油、气、水辅助系统设备评定为四类,本次技术改造拟进行更换。新增装机组的口径、电机机座号及设备外形尺寸等均与原机组一致。新增机组台数为1台,水泵型号为3HL-000混凝土蜗壳立式半调节混流泵,叶轮直径3000mm,水泵转速150r/min,设计工况点扬程9.3m,单泵设计工况点流量24.7m^3/s。配套电机型号为TL3000-40/3250立式同步电机,单机功率3000kW,额定电压6000V,额定转速150r/min。

3. 滁河二级站

已安装的2台机组中,一台机组于2008年刚进行过大修,基本完好;另一台机组经安全鉴定后被评定为三类设备,本次技术改造拟进行解体大修,并进行空气围带更换。水泵流道出口拍门经安全鉴定后被评定为四类设备,本次技术改造将其全部更新。

4. 滁河三级站

泵站内的30/5t、Lk=10.5桥式起重机为非标产品,被定为四类设备,本次技术改造将其报废更新。泵站的部分油、气、水辅助系统设备评定为四类,本次技术改造拟进行更换。

(三)投资估算

估算总投资为16457.55万元,其中,工程投资16180.74万元(含基本预备费1470.98万元),水土保持工程216.81万元,环境保护工程60万元。

(高祥吉)

基本建设

JIBEN JIANSHE

规划管理

【水利规划工作】 2009年,安徽省水利厅全面部署并安排“十二五”水利发展规划的相关工作。编制《安徽省“十二五”水利发展规划编制工作方案》和《安徽省水利发展“十二五”规划思路报告》。配合流域机构完成了长江、淮河流域综合规划有关修订工作,完成了粮食安全保障规划、皖江产业带转移规划工作,编制完成《国家粮食战略工程安徽省核心区水利建设规划》、《皖江城市带承接产业转移示范区规划水利专题研究报告》。安徽省中小河流近期治理建设规划、淮河行蓄洪区调整与改造建设规划已获水利部批复。淮河重点平原洼地排涝规划、大中型灌区节水改造规划、大型灌溉和排水泵站更新改造规划已经水利部审查。安徽省大中型病险水闸除险加固专项规划、抗旱规划工作已完成并报水利部汇总编制全国规划。水文事业发展规划正在编制。

芜湖市城市防洪规划修订已通过长江委组织的审查。对六安城防洪规划、阜阳市供水水源工程规划、铜陵市新城区水环境综合治理控制性规划进行审查。参与芜湖、宣城、黄山、六安等城市总体规划的有关审查工作。对长江流域、淮河流域综合规划征求意见稿、两淮采煤沉陷区综合治理规划、西淝河流域综合治理规划纲要、全省节能环保产业发展规划、促进中部崛起规划、合肥经济圈建设、土地利用总体规划等进行初步审查并提出意见。组织启动淮河中游洪涝问题专项研究。完成规划同意书实施细则等一批规章制度的草拟工作。

【前期工作】 治淮新三项工程完成淮河重点平原洼地治理外资项目可研报告,国家发改委已委托投资评审中心进行评审,初步设计已完成;西淝河等沿淮洼地治理应急工程可研报告,已经水利部报送国家发改委;淮河干流蚌埠至浮山段行洪区调整和建设工程可行性研究总报告(包括香浮段、方邱湖、临北段和花园湖四个行洪区)已报水利部,水规总院于11月17—20日在北京进行审查;淮河干流正阳关至峡山口段行洪区调整和建设工程可行性研究报告(包括寿西湖、董峰湖2个行洪区)已完成报淮委;淮河一般堤防加固工程可研报告已上报水利部;淮河入江水道高邮湖大堤加固工程可研,中咨公司已评估,初步设计已完成;重要支流新汴河治理工程可研报告已报水利部,淠河治理可研报告已报淮委;淮河行蓄洪区渐进式移民迁建实施方案已报淮委汇总;淮河流域其他重点洼地治理工程可研正在编制。

国家发改委已批复青弋江分洪道项目建议书,可研报告已完成报水利部;下浒山水库和月潭水库项目建议书通过中咨公司评估,国家发改委待批。水阳江近期防洪治理工程可研通过中咨公司的评估,正在组织编制初步设计报告;滁河防洪治理近期工程可研通过中咨公司的评估;长江崩岸治理应急工程可研报告水利部已审查。

蚌埠市城市饮用水源地安全保障工程可研报告已报水利部。引江济巢项目建议书上报水利部后,水利部水规总院组织专家进行技术讨论。

(厅规计处)

【安徽省大中型病险水闸除险加固专项规划】 2009年,省水利规划办公室组织编制了《安徽省大中型病险水闸除险加固专项规划报告》。截至2009年3月底,全省共有大中型水闸422座,其中安全普查为病险水闸的246座(大型14座、中型232座),占大中型水闸总数的58.3%。计划纳入安徽省淮河流域洼地治理项目3座,计划纳入灌区续建配套等项目5座,未及时开展安全鉴定工作的58座,以上三种情况的66座病险水闸不列入专项规划。列入此次大中型水闸除险加固专项规划的属安全鉴定为三、四类闸和部分病险明显、存在问题较大的大中型病险水闸,共180座,其中,大(1)型3座,大(2)型9座,中型168座;框算总投资为32.5亿元,其中,大型6.4亿元,中型26.1亿元。2009年5月,水利部长江水利委员会、淮河水利委员会分别对安徽省大中型病险水闸除险加固项目审核后报水利部汇总。

(邱玉怀)

2009年安徽省水利规划办公室审查项目一览表

序号	项目名称	工作阶段	文号	发文日期
1	安徽省水科院五道沟实验站地中蒸渗仪设备引进及配套工程	初步设计	皖水规划〔2009〕2号	2009.01.07
2	城西湖蓄洪区安全建设河口保庄圩工程	初步设计	皖水规划〔2009〕3号	2009.01.12
3	颍上县城市防洪工程	初步设计	皖水规划〔2009〕4号	2009.01.16
4	秋浦河石台县城区段防洪治理工程	可研	皖水规划〔2009〕5号	2009.02.20

5	秋浦河石台县城区段治理工程	初步设计	皖水规划〔2009〕6 号	2009.03.20
6	黄山市新安江湖边至花山段河道治理工程	可研	皖水规划〔2009〕7 号	2009.03.20
7	池州市秋浦河出口赵圩段治理等工程	初步设计	皖水规划〔2009〕8 号	2009.03.20
8	淠河六安市城北洼地治理工程	修订初设	皖水规划〔2009〕9 号	2009.03.20
9	巢湖兆河治理工程	可研	皖水规划〔2009〕10 号	2009.04.21
10	黄山市新安江湖边至花山段河道治理工程	修订可研	皖水规划〔2009〕11 号	2009.04.21
11	东至县白茆水库坝基处理方案	变更设计	皖水规划〔2009〕12 号	2009.04.28
12	马鞍山市汪村水库工程	可研	皖水规划〔2009〕13 号	2009.04.23
13	枞阳县白荡湖南站排涝站工程	调整概算	皖水规划〔2009〕14 号	2009.04.24
14	宿松县二郎河新耕河口至高速公路桥下段河道治理工程	初步设计	皖水规划〔2009〕15 号	2009.05.12
15	芜湖市扁担河清淤疏浚工程	初步设计	皖水规划函〔2009〕1 号	2009.01.08
			皖水规划〔2009〕16 号	2009.04.27
16	广德县南阳水库大坝左坝段防渗及护坡工程	变更设计	皖水规划〔2009〕17 号	2009.05.13
17	广德县杨梅冲水库大坝防渗及输水建筑物工程	变更设计	皖水规划〔2009〕18 号	2009.05.13
18	茨淮新河灌区利辛县张白行站重建工程	初步设计	皖水规划〔2009〕19 号	2009.05.13
19	和县郑蒲圩隐驾尖排涝站工程	初步设计	皖水规划〔2009〕20 号	2009.05.13
20	女山湖灌区山许翻水站加固工程	初步设计	皖水规划〔2009〕21 号	2009.05.13
21	蚌埠市淮上区北淝河下游洼地三汊河治理工程	变更设计	皖水规划〔2009〕22 号	2009.05.13
22	荆山湖行洪区安全建设姚禹路改建及后尹等 10 座庄台护坡工程	变更设计	皖水规划〔2009〕23 号	2009.05.13
23	汤渔湖行洪区安全建设怀远县南淮路工程	变更设计	皖水规划〔2009〕24 号	2009.05.13
24	淮河流域临北段行洪区安全建设十尤路撤退道路	变更设计	皖水规划〔2009〕25 号	2009.05.14
25	黄山区浦溪河干流城区段防洪治理工程	可研	皖水规划函〔2009〕6 号	2009.05.13
			皖水规划〔2009〕26 号	2009.07.03
26	东至县城市防洪工程	可研	皖水规划〔2009〕27 号	2009.07.03
27	淮北市采煤沉陷区水资源利用与湿地修复	规划	皖水规划〔2009〕28 号	2009.07.09
28	霍邱县老圈行水库除险加固工程	变更设计	皖水规划〔2009〕29 号	2009.07.10
29	绩溪县登源河龙川溪河道治理工程	初步设计	皖水规划〔2009〕30 号	2009.07.29
30	池州市平天湖白沙圩堤防加固工程	初步设计	皖水规划〔2009〕31 号	2009.07.29
31	淠史杭灌区淠河总干渠肥西段填方渠道除险加固工程	变更设计	皖水规划〔2009〕32 号	2009.07.29
32	歙县山洪灾害防治试点工程	实施方案	皖水规划〔2009〕33 号	2009.07.29
33	岳西县山洪灾害防治试点工程	实施方案	皖水规划〔2009〕34 号	2009.07.29
34	霍山县山洪灾害防治试点工程	实施方案	皖水规划〔2009〕35 号	2009.07.29
35	茨淮新河灌区怀远县茆北站拆除重建及灌区续建配套工程	初步设计	皖水规划〔2009〕36 号	2009.08.14
36	茨淮新河灌区凤台县幸福沟站技改及丁集片灌区配套工程	初步设计	皖水规划〔2009〕37 号	2009.08.14
37	青弋江灌区总干渠左家、先锋、官塘三座桥梁拆除重建工程	初步设计	皖水规划〔2009〕38 号	2009.08.14
38	淠史杭灌区沣西干渠柳元等滑坡治理工程	初步设计	皖水规划〔2009〕39 号	2009.08.14

39	淠史杭灌区杭北干渠梅岭进水闸除险加固工程	初步设计	皖水规划〔2009〕40号	2009.08.14
40	淠史杭灌区滁河干渠姚庙滑坡治理工程	初步设计	皖水规划〔2009〕41号	2009.08.14
41	淠河防洪治理一期工程平桥至窑岗嘴大桥段堤防工程	变更设计	皖水规划〔2009〕42号	2009.08.14
42	淠史杭灌区淠东干渠石集分干渠除险加固工程	初步设计	皖水规划〔2009〕43号	2009.09.09
43	繁昌县钳口水库大坝防渗加固工程	变更设计	皖水规划〔2009〕44号	2009.09.09
44	新汴河灌区团结闸翻水站拆除重建工程	初步设计	皖水规划〔2009〕45号	2009.09.10
45	淠史杭灌区舒庐干渠余家河渡槽7#墩基础应急除险加固工程	初步设计	皖水规划〔2009〕46号	2009.09.15
46	双摆渡站增加灌溉能力改建工程	初步设计	皖水规划〔2009〕47号	2009.10.13
47	宿松县南圩排涝站工程	初步设计	皖水规划〔2009〕48号	2009.10.23
48	黄山市新安江左岸花山坝上2.65km一级护岸工程	初步设计	皖水规划〔2009〕49号	2009.11.13
49	广德县石门卡水库除险加固工程输水建筑物	变更设计	皖水规划〔2009〕50号	2009.11.13
50	广德县沟连凼水库除险加固工程输水建筑物	变更设计	皖水规划〔2009〕50号	2009.11.13
51	长江马鞍山河段江心洲段河道整治工程	初步设计	皖水规划〔2009〕51号	2009.11.24
52	蒙洼蓄洪区安全建设中曹撤退道路中岗大桥至S328省道段道路改建工程	初步设计	皖水规划〔2009〕52号	2009.11.24
53	上海华宜集团安徽无为煤化工项目防洪工程	可研	皖水规划〔2009〕53号	2009.12.14
54	滁州市城西水库大坝防渗加固工程	补充初设	皖水规划〔2009〕54号	2009.12.17
55	黄山市新安江湖边至花山段河道治理工程	初步设计	皖水规划〔2009〕55号	2009.12.17
56	枞阳县长河上段防洪工程	初步设计	皖水规划〔2009〕56号	2009.12.30
57	繁昌县峨溪河繁阳段防洪工程	初步设计	皖水规划〔2009〕57号	2009.12.30
58	祁门县大洪水治理一期工程	初步设计	皖水规划〔2009〕58号	2009.12.30
59	舒城县丰乐河河道治理一期工程	初步设计	皖水规划〔2009〕59号	2009.12.30
60	潜山县潜水左岸六公堤上段堤防加固工程	初步设计	皖水规划函〔2009〕12号	2009.07.03
			皖水规划〔2009〕60号	2009.12.31
61	淮南市潘集区泥河刘龙集上段河道疏浚工程	初步设计	皖水规划〔2009〕61号	2009.12.31
62	桐城市大沙河人形河段郑圩防洪工程(桩号2+300~5+250)	初步设计	皖水规划〔2009〕62号	2009.12.31
63	桐城市唐合圩泵站工程	初步设计	皖水规划函〔2009〕2号	2009.03.10
64	宿松县二郎河大河段河道治理工程	初步设计	皖水规划函〔2009〕3号	2009.03.13
65	芜湖县城市防洪工程	可研	皖水规划函〔2009〕4号	2009.03.16
66	黄山市徽州区丰乐河西溪南老桥至文峰桥段河道治理工程	初步设计	皖水规划函〔2009〕7号	2009.06.11
67	舒城县丰乐河杭埠大圩段河道治理工程	初步设计	皖水规划函〔2009〕8号	2009.06.11
68	阊江祁门县城区段治理工程	初步设计	皖水规划函〔2009〕9号	2009.06.12
69	祁门县泗洲湾水库工程	项目建议书	皖水规划函〔2009〕10号	2009.06.15
70	怀宁县珠流河黄龙段河道治理工程	初步设计	皖水规划函〔2009〕11号	2009.06.30
71	怀宁县皖水黄龙上段河道治理工程	初步设计	皖水规划函〔2009〕11号	2009.06.30
72	潜山县潜水左堤县城利民堤段堤防加固工程	初步设计	皖水规划函〔2009〕12号	2009.07.03
73	宁国市东津河一期整治工程	初步设计	皖水规划函〔2009〕13号	2009.07.13

74	枞阳县长河治理工程	初步设计	皖水规划函〔2009〕14 号	2009.07.17
75	池州市秋浦河双丰水电站工程	初步设计	皖水规划函〔2009〕17 号	2009.11.10

(杨泽跃)

计划管理

【投资计划下达及执行情况】 2008 年第四季度以来,国家分 4 批下达安徽省新增水利项目投资共 49.6 亿元,其中后 3 批为 2009 年下达。截至 2009 年 12 月底,已完成投资 39.9 亿元,占计划总投资的 80.6%。实际落实地方配套资金 13.64 亿元(其中省级投资 6.98 亿元、市县投资 6.66 亿元),占配套资金计划的 75.3%。其中 2008 年第 4 季度新增项目全部完成,其他项目正在实施。

第一批,2008 年第四季度国家下达安徽省新增水利投资计划 15.85 亿元,其中中央投资 10 亿元,地方配套 5.85 亿元。已落实地方配套资金 4.94 亿元(省级 2.0 亿元,市县 2.94 亿元),落实率为 84%,完成建设任务。

第二批,安徽省新增水利投资计划 9.04 亿元,其中中央投资 5.41 亿元,地方配套 3.63 亿元。已落实地方配套资金 2.99 亿元(省级 1.3 亿元,市县 1.69 亿元),落实率为 82.4%。完成投资 8.19 亿元,占计划总投资的 90.6%。农村饮水工程已基本完成,重大水利项目已完成过半。

第三批,安徽省新增水利投资计划 17.36 亿元,其中中央投资 12.34 亿元,地方配套 5.02 亿元。已落实地方配套资金 4.31 亿元(省级 2.99 亿元,市县 1.32 亿元),落实率为 85.8%。工程已全部开工,完成投资 12.44 亿元,占计划总投资的 71.7%。农村饮水工程已完成 80% 以上。

第四批,安徽省新增水利投资计划 7.28 亿元,其中中央投资 3.67 亿元,地方配套 3.61 亿元。已落实地方配套资金 1.4 亿元(省级 0.69 亿元,市县 0.71 亿元),落实率为 38.8%。大部分工程已开工建设。

【水库及泵站建设进度】 安徽省大中型病险水库共 89 座。其中,列入国家规划内 65 座,共批复投资 32.39 亿元,截至 2009 年底,累计下达计划 29.99 亿元,全部开工实施,已完成 46 座(其中验收 33 座)、在建 43 座,累计完成投资 25.8 亿元,本年完成投资 12.3 亿元。

第一、二批规划的 24 座大中型水库。共批复投资 9.18 亿元,目前已全部完成。其中,已验收 19 座、初验 1 座、已完工待验 4 座。

国家专项规划内 65 座大中型水库。共批复投资 23.21 亿元,截至 2009 年底,累计下达投资计划 20.56 亿元,累计完成投资 16.89 亿,占下达计划的 82.1%,其中:2007 年、2008 年安排的 28 座已验收 13 座,已完工 8 座,在建 7 座;2009 年安排的 37 座已完工 1 座,在建 36 座。

大型泵站更新改造项目进展顺利,按照国家"十一五"规划,全省 33 处大型排涝站更新改造项目投资计划全部下达,总投资 12.57 亿元,全年完成投资 5.6 亿元,全年新建改造泵站 11.76 万 kW。

(宋崴)

建设管理

【概况】 2009 年,48 项新增基建项目按期开工建设,93 座重点小型病险水库于汛后开工,全年共开工建设各类基建项目 141 项。

项目进展情况。年底,14 项治淮骨干工程和 2007 年灾后重建项目全面完成,淮干整治补充工程 3 月份批复建设、年底主体工程基本完成,全年完成治淮投资 15 亿元,是省"861"年度目标任务的 1.5 倍,于 10 月底超过水利部淮委确定的目标任务。89 座大中型和 206 座重点小型病险水库加固工程中,以前年度安排的 52 座大中型和 113 座重点小型水库加快实施,已完成或基本完成 116 座,2009 年下达的 37 座大中型和 93 座重点小型水库汛后开工、到年底可基本完成中央资金,全年可完成大中型和重点小型病险水库加固投资 17 亿元,是省"861"行动计划确定的年度目标的 4 倍多。第一批新增投资项目于 3 月底按期完成,第二、三、四批扩大内需安排投资项目同时实施。

工程验收情况。完成淮北大堤加固、涡河和沙颍河竣工验收,白莲崖水库工程建成并全面发挥防洪、发电、灌溉等综合效益,竣工验收技术准备工作正在推进,对洼地治理和行蓄洪区安全建设进行总结并形成总结报告。全年完成大中型和重点小型病险水库验收约 100 座。1991 年国务院治淮会议确定的 14 项治淮骨干工程建设任务全面完成。

【项目审批工作】 2009 年,完成淮干整治补充工程、病险水库加固、灌区续建配套工程、江河治理工程初设审批工作,完成白莲崖水库、涡河治理、沙颍河治理、病险水库加固等 30 多项设计变更报批,督促各市完成重点小型水库审批和施工图会审,共审查报批的初设和技术设计文件160份,批复和审查转报涉及投资50多亿元;完成治淮新三项、江河治理等工程初步设计招标,确定编报单位,按期完成重点平原洼地治理外资项目、洪泽湖抬高蓄水位影响处理工程初设上报工作,报入江水道高邮湖大堤加固初设至汇总单位,完成西淝河等4片洼地应急治理初设初稿;转报行蓄洪区安全建设实施方案内剩余项目初步设计至淮委待批;编报中小河流治理工程35个单项工程初步设计,其中规划内18项;完成灌区续建项目19个单项初设批复。

(宴芳)

【行业管理】

1. 设计市场管理。起草了《关于加强我省水利工程建设项目施工图审查工作的意见》,进行规范性文件前置性审查。通报18家有不良行为的勘察设计单位。以病险水库加固项目为重点,对全省基本建设项目初步设计进行全面核查,配合流域机构现场核查,重点查处工程投资和工程量报大建小和擅自进行重大设计变更的行为。

2. 招投标监管工作。2009年年初,组建安徽省水利工程招标投标服务中心,中心于4月27日揭牌,8月3日试运行,10月15日正式运行。修订《安徽省水利工程评标专家管理意见》,组织评标专家培训,规范评标行为,实现招投标集中监管,出台招投标服务细则,规范工程交易行为,招投标监管工作得到加强。截至2009年底,已进场交易75个项目,总投资5.25亿元。

3. 施工企业信用管理工作。召开全省监理工作会议,开展监理企业信用评价工作,对26家监理企业评定信用等级,作为监理评标、定标和资质管理的重要依据;在2008年首次施工企业信用评价的基础上,组织对29多家施工企业的信用等级进行评定,完善施工企业信用管理工作;对全省在建水利项目施工管理人员动态公示,接受社会监督,促进中标单位认真履约,有效地遏制分包、挂靠行为,规范市场主体的从业行为。

4. 水利资质管理工作。起草《安徽省施工企业水利资质初步审查细则》和《安徽省监理企业水利资质审查细则》,完成42家施工和监理企业申报资质初审工作;初步建立安徽省水利专业执业建造师和监理、造价、安全监督人员数据库,实行人员注册动态管理;完成1200多名监理、造价和评标专家的培训和执行资格管理工作。

5. 水利建设行业监管。2009年,组织三个稽察组,分5批次对新增中央投资完成情况、病险水库整改和安全度汛等进行专项稽察,涉及六安、巢湖和淮南等11个市60多座病险水库和在建工程,形成了30多份稽察报告;配合水利部3个稽察组对省内7座病险水库除险加固工程进行稽察,稽察发现的问题由上年度的平均每座7个下降到平均每座4个;加强建设阶段的征地拆迁、劳动用工、支付农民工工资等涉及民生的事项正常管理工作,全年没有出现一起恶性上访事件;加强对突发应急事件的管理,4月份肥东地震后,赴现场开展水利工程巡查,布置地震预防工作,落实水利工程抗震措施,着手对水利工程抗震预案进行修订。

(乐茹风 宴芳)

【安全生产】 制定《安徽省水利安全生产隐患排查治理和督促检查方案》和《安徽省水利厅工程建设安全事故应急处置工作制度》;与省直有关部门联合开展建筑安全生产隐患排查治理和督促检查工作;汛期深入重点市和水库开展安全生产专项督查;组织四个检查组,以在建水利工程项目、水库(包括水电站)大坝、农村水电、水文测验为主要内容,开展汛前安全生产督查;与18家厅直单位签订《安全生产任务书》,加大对厅直系统安全生产目标管理考核力度;对梅山、响洪甸水库除险加固工程和南润段、邱家湖进(退)洪闸等工程进行安全监督,提出书面监督意见;组织全省水利施工企业"三类管理人员"安全生产培训考核。

(乐茹风)

质量管理

【质量监督检测体系】 2009年,除铜陵市外,全省16个市水利(水务)局和省长江河道管理局、省淮河河道管理局已设立质量监督机构,截至2009年底,省、市二级共有19家质监机构。2009年新开工重点水利工程均设立了项目质量监督站或项目组。至2009年底,经安徽省质量技术监督局计量认证、省水利厅认可,先后设立了省水利工程质量检测中心站、省水利工程机电检测站、省水利水电勘测设计院工程质量检测所、安徽水工程质量监督检测所和省泵站检测所,以及阜阳市、六安市、芜湖市、巢湖市、滁州市、池州市、宿州市、合肥市、安庆市水利工程质量检测站等14个检测机构,全省水利工程质量监督、检测管理体系已基本建立。省水利厅继续对全省水利工程实行工程项目质量监督基本情况表和工程质量监督月报表制度,按季对各市的工程建设项目的质量监督情况进行统计,按月对工程项目质量情况进行统计。

进一步健全质量管理机构和管理制度,层层落实质量管理责任制,对治淮工程和大中型水库除险加固工程按项目分别落实项目法人、设计、监理、施工等单位质量责任人制。

【质量管理与监督】 3月份,在合肥召开全省水利工程质量监督工作会议暨水利学会质量管理专业委员会年会。会议总结2008年度质量监督及水利学会质量管理专业委员会工作,分析本省水利工程建设质量监督工作面临的形势,提出2009年水利工程质量监督管理工作目标、任务及措施。6月份,根据水利部《关于举办水利工程质量检测员(认定人员)培训班的通知》要求,在合肥市举办了安徽省水利工程质量检测员换证认定培训,培训专业包括混凝土工程、岩土工程、量测、金属结构和机械电气。共有135人参加培训并通过考核获得由水利部颁发的水利工程质量检测员资格证书。9月份,组织全省水利系统积极开展质量月活动。通过重点工程质量巡查、举办知识问答、专题报道等形式,大力宣传质量管理有关法律法规,不断提高水利行业职工的质量意识和精品意识。11月份,在合肥召开淮北大堤加固工程质量监督工作会议,对前期工作进行总结,对下阶段工作进行布置,并对淮北大堤加固工程验收工作及监督报告做了统一要求。承办由省政府质量兴省领导小组组织的质量兴省水利行业2009年工作计划、工作总结编写工作,并及时报送质量兴省工作信息。2009年度受理一起舒城县小(二)型水库施工质量举报,及时组织人员现场取证调查,要求责任单位进行返工处理,避免重大安全隐患的发生。

【评优创优】 六安市大雁河排涝站工程获2009年度安徽省水利水电优质工程(禹王)奖(详见下表);安徽省水利水电勘测设计院《提高管井施工成功率》等3个QC小组获得安徽省优秀质量管理小组奖;安徽省水利水电勘测设计院《提高钻孔注水试验成功率》等3个QC小组获得水利系统优秀质量管理小组奖;其中安徽省水利水电勘测设计院《提高钻孔注水试验成功率》和巢湖水文水资源局《降低雨量资料整编成果错误率》2个QC小组获得国优奖。安徽省水利水电勘测设计院第三地质勘探队地质组获水利系统优秀质量管理信得过班组奖。群众性QC活动解决工程实际问题,加强了水利建设一线人员的质量意识,促进水利工程建设质量的进一步提高,取得较好的成果。

2009年度安徽省水利水电优质工程(禹王)奖获奖项目参建单位名单

项目名称	参建单位	
六安市大雁河排涝站工程	建设单位	六安市城市防洪工程建设管理局
	设计单位	六安市水利水电规划设计院
	监理单位	水利部淮委水利水电工程建设监理中心
	施工单位	六安市水电建筑工程公司

【检测管理】 作为水利工程质量检测的行业管理机构,负责对全省水利工程质量检测机构的管理和指导,加强对各级检测站的监督和管理,规范检测行为,提高检测人员的质量意识和检测工作质量。2009年度组织专家对申报水利工程质量检测机构资质的省泵站检测所、安庆市磐石岩土有限公司两家检测机构进行现场审查,严把资质审查关。省水利工程质量监督中心站具体负责安徽水工程质量监督检测所的工作,对受监督工程的主要原材料、中间产品、涉结构安全的试块及工程实体质量等进行监督抽检,独立于施工单位、监理单位及项目法人单位抽检,对参建单位、尤其是施工单位具有较强的威慑力,从源头把好工程原材料质量关,为工程实体质量提供可靠的保证。

【重点水利工程质量状况】 2009年,省水利工程质量监督中心站新增加的监督项目全部办理质量监督书,制定并落实质量监督计划,开展了质量监督抽查、抽检工作,对工程项目划分进行确认等。在建设过程中重点监督检查工程各参建单位的质量体系和质量行为、原材料质量控制、重要隐蔽工程和工程关键部位的质量控制、主体工程的实体质量和工程的外观质量、工程各阶段的检查验收程序等。多次对治淮工程、在建病险水库除险加固工程、大型灌区节水改造与续建配套工程等重点工程进行专项检查,主要针对各参建单位质量责任的落实情况、质量行为的规范情况及工程实体的质量状况等进行检查,对存在的问题,现场提出整改意见,并要求责任单位将整改落实情况报中心站备案,检查结果在全省范围内进行通报。质量检查有力地推动在建工程质量管理水平的提高。2009年,除省重点水利工程由省水利工程质量监督中心站直接监督外，其余项目分别由各市水利工程质量监督站和长江、淮河水工程质量监督站负责监督，全省水利基建工程300余项，受监督率100%，单位工程合格率100%，省重点水利工程未出现工程质量事故。

（赵雯）

重点工程

【淮北大堤加固工程（安徽实施部分）】

淮北大堤是淮北平原的重要防洪屏障，由淮左堤、颍河左堤、西淝河左堤与涡河左右堤组成，堤圈总长640.782km，其中，安徽省境内长628.338km，江苏省境内12.444km。保护区内有耕地72.4万hm^2，人口682万人。淮北大堤为1级堤防。此次加固按防御50年一遇洪水标准设计，工程建成后，配合临淮岗洪水控制工程的运用，可使淮北大堤保护区的防洪标准达到100年一遇。

2006年7月，国家发改委发改农经〔2006〕1379号文对《淮北大堤加固工程可行性研究报告》进行了批复；2006年10月9日，水利部以水总〔2006〕408文批复了《淮北大堤加固工程初步设计》。工程批复概算总投资217332万元。工程由水利部淮委、江苏和安徽分别组织实施，安徽实施部分投资182391万元，其中：工程投资102817万元，征迁费用79574万元。

本次淮北大堤加固堤防总长588.549km，其中安徽实施部分堤长447.256km（饶荆段106.106km，颍左堤120.13km，涡河左堤107.92km，涡河右堤110.1km），涉及阜阳市颍上县、颍东区、颍泉区，亳州市蒙城县，淮南市毛集区、凤台县、潘集区，蚌埠市怀远县等8个县（区）。安徽实施部分的主要内容有：堤防加培432.477km，堤内、外填塘243.199km；新建、加固干砌石、砼护坡117.584km，新建、加固护岸25.9km；堤顶防汛道路408.895km；穿堤建筑物173座，其中：新建3座、拆除重建96座、加固32座、拆除复堤42座。

淮北大堤加固工程（安徽实施部分）的项目法人单位为安徽省治淮重点工程建设管理局，全面负责淮北大堤加固工程（安徽省实施部分）建设，根据建设管理工作需要，项目法人组建了阜阳段、淮南段、蒙城段、怀远段和阜阳城关段、凤台城关段6个现场管理机构，各现场管理机构承担各堤段工程现场建设管理工作。2005年11月，穿堤建筑物等应急加固工程开工，2006年10月初步设计正式批复后，工程全面开工建设，主体工程于2009年11月底基本完成。经竣工审计审定工程投资176756.06万元。工程完成的主要工程量为：土方开挖620.41万m^3，土方填筑2692.59万m^3，堆砌石93.25万m^3，混凝土40.65万m^3，钢筋制安4564.33t；永久征地759.77hm^2，临时征地1994.93hm^2，拆迁房屋64.39万m^2，搬迁人口295372人。2009年10月31日，通过水利部组织的水土保持设施专项验收；2009年11月15日，通过环保部组织的环境保护竣工验收审查，2009年12月25日，通过环保部组织的环境保护专项验收；2009年11月22日，通过水利部淮委会同安徽省档案局、安徽省水利厅组织的档案专项验收；2009年11月30日，通过了水利部淮委会同安徽省水利厅组织的竣工技术预验收；2009年12月11日，通过水利部淮委组织的工程竣工验收。

（窦芳　聂贤方）

【响洪甸水库除险加固工程】

响洪甸水库位于淮河中游南岸支流西淠河上游安徽省金寨线境内，是20世纪50年代为治理淮河而兴建的大（1）型重点防洪工程。水库以防洪、灌溉为主，兼有发电、水产、航运等综合利用，水库总库容26.13亿m^3。工程由大坝、泄洪隧洞、发电引水隧洞、发电厂房和升压开关站等建筑物组成。拦河坝为等半径定圆心混凝土重力拱坝，最大坝高87.5m，坝顶高程143.4 m，坝顶弧长367.5 m。泄洪隧洞位于大坝右岸，全长303.9 m，洞径7 m，最大下泄流量630 m^3/s，钢筋混凝土衬砌。发电引水隧洞与泄洪隧洞相距约3 m平行布置，主洞总长257.02 m，直径8.7 m，不衬砌，末端接4条直径3.6 m的支洞，渐变到2.8 m的钢管，平行引入厂房。地面式发电厂房布置在大坝下游右岸约150 m处。

工程除险加固建设内容主要有：增建泄洪建筑物，对老泄洪洞进行改建；大坝左坝肩加固；大坝帷幕补强；大坝裂缝修补及保温防护；增建右岸上坝公路（含交通桥）、大坝下游河道边坡防护以及管理区排水系统完善；更新或完善金属结构及电气设备、大坝观测系统。工程总投资1.93亿元。

该工程由安徽省治淮重点工程建设管理局作为项目法人，负责建设实施。于2009年4月开工建设，新建泄洪隧洞、上坝道路、溢洪道，左坝肩处理、交通桥工程及征迁工作正在进行，截至年底已完成工程投资11020万元。

【花凉亭水库除险加固工程】

花凉亭水库位于长江流域皖河支流长河上游的太湖县境内，于1958年动工兴建，是安庆市唯一一座以防洪、灌溉为主，结合发电、供水、养殖、航运、旅游等综合利用的大（一）型水库。水库控制流域面积 1870km^2,保护人口 65 万人,耕地 3.93 万 hm^2,多年平均入库流量 46.3m^3/s,具多年调节性能。水库正常蓄水位 88.0m,总库容 23.98 亿 m^3。电站装机 4 台,总装机容量 40MW。

工程除险加固建设内容主要有:大坝坝体、坝基防渗处理,大坝上游坝坡加固与下游坝坡整治,溢洪道进口导墙加固、下游河道及边坡治理,溢洪道、泄洪洞及引水遂洞混凝土缺陷处理、自动化系统和管理设施改造完善等。初设批复概算总投资 2.12 亿元,中央预算内投资 1.7 亿元。

该工程于 2009 年 9 月 26 日开工建设,目前混凝土防渗墙、溢洪道交通桥、大坝上游抛石固脚等主体工程已全面实施,截至年底已完成工程投资 9003 万元。

【淮北大堤加固工程(安徽实施部分)竣工验收鉴定书(摘要)】

2009 年 12 月 10—11 日,淮委会同安徽省水利厅在蚌埠市主持对淮北大堤加固工程(安徽实施部分)进行竣工验收。

一、工程设计和完成情况

(一)工程位置和作用

淮北大堤加固工程位于安徽省蚌埠市怀远县、亳州市蒙城县、淮南市毛集区、凤台区、潘集区及阜阳市颍上县、颍东区和颍泉区八个县(区)境内。按 50 年一遇洪水标准对工程进行加固,工程建成后,配合临淮岗洪水控制工程的运用,使淮北大堤保护区的防洪标准达到 100 年一遇。

(二)工程设计主要内容

1. 工程立项、设计批复文件

2006 年 7 月,国家发改委以《国家发改委关于淮北大堤加固工程可行性研究报告的批复》(发改农经〔2006〕1379 号)批复工程可行性研究报告。

2006 年 10 月 9 日,水利部以《淮北大堤加固工程初步设计报告的批复》(水总〔2006〕408 号)批复工程初步设计。

2. 设计标准、规模及主要技术经济指标

淮北大堤堤防级别为 1 级,穿堤建筑物为 1 级建筑物。

淮北大堤堤防按 50 年一遇洪水标准进行加固,堤防设计标准为:淮左堤堤顶宽 10m;涡河左堤老元塘以上 10km、涡河右堤龟山头以上 10km 堤顶宽 10m,向上至蒙城为 8m,蒙城以上为 6m;颍左堤饶台子以上 10km 堤顶宽 10m,自 10km 处向上游至茨河铺堤顶宽为 8m。内外边坡一般均采用 1:3,当堤防高度超过 6m 时,内坡堤顶以下 3m 处设宽 2m 平台,平台以上边坡为 1:3,平台以下边坡为 1:5。堤顶超高为 2.0m。穿堤建筑物基本按原规模设计,分别进行加固、拆除重建。

3. 主要建设内容及建设工期

主要建设内容:堤防加培 432.477km,堤内、外填塘 243.199km;新建、加固干砌石、混凝土护坡 117.584km,新建、加固护岸 25.9km;堤顶防汛道路 408.895km;穿堤建筑物 173 座,其中:新建 3 座、拆除重建 96 座、加固 32 座、拆除复堤 42 座(含废弃 4 座)。

4. 工程投资及投资来源

工程概算投资 182391 万元,其中中央投资 145900 万元,地方配套资金 36491 万元。

(三)工程建设有关单位

项目法人为安徽省治淮重点工程建设管理局,设计单位为安徽省水利水电勘测设计院、中水淮河规划设计研究有限公司,监理单位为吉林省吉林水利水电工程监理咨询中心、安徽省水利水电工程建设监理中心、安徽省江河水利水电工程监理咨询有限公司、安徽省阜阳市聚星水利工程建设监理中心、蚌埠市安信工程建设监理咨询有限公司、水利部淮委水利水电工程建设监理中心、安徽大禹工程建设监理咨询有限公司、湖北省水利水电工程建设监理中心,施工单位为安徽水利开发股份有限公司、安徽省水利建筑安装总公司、安徽省淮河河道工程有限公司、安徽新建基础工程有限责任公司、安徽江河水利工程建设有限公司、安徽省长江河道工程有限公司、安徽省池州市水电工程局、安徽省兴利建设工程有限责任公司、安徽省寿州水电建筑安装工程有限公司、安徽省兴丰建设工程有限公司、淮河水利水电开发总公司、阜阳市水利建筑安装工程公司等 29 家,质量监督单位为安徽省水利工程质量监督中心站,主要运行管理单位为安徽省淮河河道管理局。

(四)工程施工过程

1. 主要工程开工、完工时间

工程于 2005 年 3 月开工,2009 年 11 月基本完成。

2. 重大设计变更

(1)穿堤建筑物工程设计变更。

(2)颍左堤江口集段堤防加固方案由沿老堤加固变更为筑新堤、铲老堤;乌江涵由拆除重建方案变更为移址新建;涡右堤蒙城城区段堤防加固变更为筑新堤,东怀德涵由拆除重建变更为接长涵洞。

(3)颍左堤部分堤段堤身清基及土方工程量增加。

(4)堤顶防汛道路工程变更,堤顶道路宽度及路面结构型式调整。

(五)工程完成情况和完成的主要工程量

除 38.1km 堤顶砼道路(阜阳、淮南、怀远境内)、涡河左右堤蒙城闸上堤段 6.6km 堤顶泥结石道路和凤台城防堤段堤顶防浪墙、部分护坡、部分堤后挡土墙等尾工未完成外,其他工程已全部完成。工程批复和完成的主要工程量见下表。

工程批复和完成主要工程量对比表

项目名称	单位	批复工程量	完成工程量
土方开挖	万 m^3	445.84	620.41
土方回填	万 m^3	2213.56	2692.59
石方	万 m^3	128.24	93.25
混凝土及钢筋混凝土	万 m^3	31.79	40.65
草皮护坡	万 m^2	795.09	933.96
锥探灌浆	万延 m	482.03	398.61

(六)征地补偿及移民安置

工程规划(设计)永久征地822.73hm²,临时征地1063.67hm²,拆迁房屋68万m²,搬迁人口33201人。

工程实际完成永久征地735.26 hm²,临时征地1994.93 hm²,拆迁房屋64万m²,搬迁人口29537人。

(七)水土保持设施

2006年8月,水利部以水保〔2006〕317号文批复了《淮北大堤加固工程水土保持方案报告书》,批复的水土流失防治责任范围3508.40hm²。水保工程投资22072万元。

在工程建设过程中,建设单位落实了水土保持方案确定的各项防治措施,实施了护坡工程、拦挡工程、排水措施、施工迹地恢复、植被恢复等措施,实际完成工程投资20749万元。

(八)环境保护工程

原国家环保总局以环审〔2004〕407号文批复了《淮北大堤加固工程环境影响报告表》。主要环境保护工作包括:施工期水土保持与污染防治、移民安置的环境保护、施工期及运行期的环境管理与监测等。

工程基本落实了批复意见中各项环保措施的要求,项目法人在工程建设期开展了施工期环境监测工作。

二、工程验收及鉴定情况

(一)单位工程验收

本工程共划分为111个单位工程,除13个堤顶防汛道路单位工程未验收外,其余98个单位工程已通过单位工程完工验收。

(二)专项验收

1.2009年9—11月,工程涉及的8个县(区)先后通过了各县(区)政府组织的征地补偿和移民安置专项验收。

2.2009年10月31日,工程水土保持设施通过了水利部主持进行的专项验收。

3.2009年11月22日,工程档案通过了淮委会同安徽省档案局、安徽省水利厅主持进行的专项验收。

4.2009年12月23—25日,环保部主持对淮北大堤加固工程进行了环境保护专项验收。

(三)竣工验收技术鉴定

淮委水利水电工程技术研究中心对工程进行了竣工验收技术鉴定,并出具了《淮北大堤加固工程(安徽实施段)竣工验收技术鉴定报告》。

主要结论为淮北大堤加固工程(安徽实施段)有关建设各方已基本完成竣工验收前各项准备工作。淮北大堤加固工程总体布置合理,设计符合国家现行规范和运用要求;工程质量总体满足国家现行规范及设计要求;初期运用正常,满足工程安全运用要求。工程已基本具备竣工验收条件。

三、工程质量

质量监督机构对工程的质量核定意见为已完成98个单位工程施工质量全部合格,本工程质量合格。

四、概算执行情况

(一)投资计划下达及资金到位

工程投资计划182391万元已全部下达。

工程累计到位资金171777万元(含竣工审计意见下达后,12月10日到位的省级配套资金5540万元),其中中央投资到位145900万元,地方配套资金到位25877万元。

(二)投资完成及交付资产

工程完成投资176756万元,形成的交付资产176756万元。

(三)征地拆迁及移民安置资金

工程批复征地拆迁及移民安置资金79573万元,实际完成79525万元。项目法人与地方政府签订了投资包干协议,资金的使用情况通过了工程所在地县(区)审计局进行的审计。

(四)结余资金

对照批复概算,工程结余投资5635万元。

(五)预计未完工程投资及预留费用

根据《淮北大堤加固工程(安徽实施段)竣工决算后续审计报告》,截至2009年11月30日,未完工程投资及费用共6000万元,其中未完工程投资5568万元,预留费用432万元。

五、工程运行管理情况

(一)管理机构、人员和经费

工程主要运行管理单位为安徽省淮河河道管理局,人员和经费已落实。

(二)工程移交

待工程竣工验收后,正式移交运行管理单位运行管理。

六、工程初期运行及效益

(一)初期运行管理

工程实施过程中和完成后,经历了2006—2009年4个汛期的考验,工程运行正常,发挥了一定的防洪、排涝效益。

(二)初期运行效益

工程实施完成后,减轻了工程所在地的防汛压力,改善和提高了群众的生产、生活和工程管理条件。

(三)初期运行监测资料分析

在工程建设过程中和完工后,对堤防及穿堤建筑物根据设计要求进行了检查和观测,对部分堤段设有测压管和穿堤建筑物设有沉降点安排专人进行了观测,并进行专项记录。根据观测资料分析,穿堤建筑物沉降及位移均在设计和规范允许范围内,运行安全。

七、竣工技术预验收

2009年11月27—30日,淮委会同安徽省水利厅组织专家组召开了淮北大堤加固工程(安徽实施段)竣工技术预验收会议,形成了《淮北大堤加固工程(安徽实施段)竣工技术预验收工作报告》,验收结论为:

(一)工程已按批复的设计内容和标准基本完成,尾工已安排落实,已完成的工程施工质量合格。

(二)工程已通过征地拆迁和移民安置、水土保持设施、档案专项验收,环境保护专项验收和竣工财务决算审计计划近期完成。

(三)工程已基本具备竣工验收条件,待竣工财务决算审计等工作完成后,可进行竣工验收。

八、结论

淮北大堤加固工程(安徽实施部分)已按批准的设计内容基本完成,工程质量合格,财务管理基本规范,投资控制合理,竣工决算已通过审计,征地拆迁及移民安置、水土保持和档案专项验收已通过,工程初期运行正常,发挥了良好的社会和经济效益,验收委员会同意淮北大堤加固工程(安徽实施部分)通过竣工验收。

【涡河近期治理工程(安徽实施部分)竣工验收鉴定书(摘要)】

2009年12月26—27日,淮委会同安徽省水利厅、亳州市人民政府在亳州市对涡河近期治理工程(安徽实施部分)进行竣工验收。

一、工程设计和完成情况

(一)工程名称及位置

涡河近期治理工程(安徽实施部分)位于安徽省亳州市谯城区、涡阳县及蒙城县境内。

(二)工程主要任务和作用

涡河近期治理工程(安徽实施部分)的主要任务是通过堤防新建及加固、河道疏浚、新建沟口涵闸、拦河枢纽扩建和加固等工程措施,提高涡河干流防洪除涝能力及沿涡重要城镇的防洪标准,同时兼顾水资源的开发利用和涡河河道航运等方面的要求,为地区经济可持续发展创造良好的条件。

(三)工程设计主要内容

1. 工程立项、设计批复文件

2004年4月,国家发展和改革委员会以《印发国家发展改革委关于审批涡河近期治理工程项目建议书的请示的通知》(发改农经〔2004〕571号)批复工程项目建议书。

2004年12月,国家发展和改革委员会以《国家发展改革委关于涡河近期治理工程可行性研究报告的批复》(发改农经〔2004〕2813号)批复工程可行性研究报告。

2005年6月,水利部以《关于涡河近期治理工程初步设计报告的批复》(水总〔2005〕238号)批复工程初步设计。

2. 设计标准、规模及主要技术经济指标

涡河河道按5年一遇除涝标准疏浚,堤防和防洪墙按20年一遇防洪标准设计;拦河枢纽工程按20年一遇防洪标准设计,50年一遇防洪标准校核;沟口涵闸按5年一遇除涝流量设计,外河设计挡水位为20年一遇防洪水位。

涡河近期治理工程堤防、沟口涵闸等主要建筑物的级别为3级。大寺、涡阳和蒙城枢纽工程等别为Ⅱ等,主要建筑物级别为2级。大寺船闸、涡阳船闸按Ⅵ级船闸设计,蒙城船闸按Ⅴ级船闸设计。

3. 主要建设内容

涡河近期治理工程主要建设内容为:河道疏浚范围为涡河干流十八里大桥至蒙城闸上,疏浚河道长度98.91km;新建、加固堤防长度207.4km(不含防洪墙);新建亳州市、涡阳县、义门集、高炉集、西阳集防洪墙10.35km;新建、重建沟口涵闸25座;大寺、涡阳、蒙城枢纽加固扩建工程;修建护岸共23处,长7.66km;新建村镇排水涵64处。

4. 工程投资及投资来源

涡河近期治理工程(安徽实施部分)概算批复投资123077万元,其中中央投资85926万元,地方配套资金37151万元。

(四)工程建设有关单位

项目法人为亳州市水利重点工程建设管理局,代建单位为江河水利水电咨询中心、安徽省水利水电建设监理中心、北京市水利规划设计研究院,设计单位为中水淮河规划设计研究有限公司、安徽省水利水电勘测设计院、北京市水利规划设计研究院、安庆市水利水电规划设计院，监理单位为中水淮河规划设计研究有限公司、安徽省大禹工程建设监理咨询有限公司、水利部淮委水利水电工程建设监理中心、安徽省水利水电工程建设监理中心、安徽省阜阳市聚星水利工程建设监理中心、安徽省江河水利水电工程监理咨询有限公司、安徽淠史杭水利水电工程建设监理中心、安徽省和县通达工程建设监理有限公司、中外建天利(北京)工程建设监理有限公司、江苏九天工程项目管理有限公司、江苏河海工程建设监理有限公司、长江工程监理咨询有限公司、黄河工程咨询监理有限公司，施工单位为安徽水利开发股份有限公司、安徽省水利建筑安装总公司、中国水利水电第六工程局、安徽省机械疏浚工程公司、淮河水利水电开发总公司、河南省水利第一工程局等，质量监督机构为亳州市水利工程质量监督站，工程运行管理单位为安徽省淮河河道管理局、亳州市河道管理局、亳州市谯城区水务局、涡阳县水务局。

(五)工程施工过程

工程于2005年5月开工，2009年12月基本完成。

主要设计变更为：

(1)亳州105国道至铁路桥段治理工程设计变更。主要变更内容为堤线改变、结构型式由防洪墙变更为土堤、堤顶道路由沥青道路改为混凝土路面等。

(2)影响处理工程设计变更，新增村镇排水涵15座。

(3)河道疏浚、堤防、防洪墙、排水涵等工程设计变更。①义门集左岸CS505—CS520段堤防变更为以路代堤；②桥梁下建筑垃圾清除、105国道桥至铁路桥段芦苇清除、亳州城区段部分防洪堤及涡阳境内防洪墙设计优化等。

(4)蒙城枢纽分洪闸控制楼及枢纽自动化监控方案变化，节制闸部分设计方案变更。

(5)护岸工程原批复护岸共23处，长7.66km；实际实施14处，长4.35km。

(六)工程完成情况和完成主要工程量

除部分堤顶道路、护岸、水文设施、新增村镇排水涵、通讯及房屋建筑等尾工外，工程已全部完成。完成的工程量见下表。

完成工程量与批复工程量比较

	单 位	批复工程量	完成工程量
土 方	万 m^3	3956.97	4222.27
石 方	万 m^3	21.22	12.38
混凝土	万 m^3	16.10	15.61

二、工程验收、鉴定情况

(一)单位工程验收

本工程共划分为66个单位工程，除谯城区和涡阳县境内堤顶道路2个单位工程未验收外，其余64个单位工程已通过单位工程验收。

(二)阶段验收

2006年6月29日，安徽省水利厅主持对武杨河闸、漳河闸和赵王河闸水下工程阶段验收。

2005年12月29日，淮委会同省水利厅主持对大寺枢纽深孔闸通水阶段验收；2006年4月30日，淮委会同省水利厅主持对大寺枢纽浅孔闸加固通水阶段验收。

2006年5月16日，淮委会同省水利厅主持对涡阳枢纽加固扩建工程船闸、深孔闸水下工程阶段验收；2007年4月30日，淮委会同省水利厅主持对涡阳枢纽加固扩建工程浅孔闸水下工程阶段验收。

2006年5月16日，省水利厅主持对蒙城枢纽加固工程分洪闸、船闸水下工程阶段验收；2007年4月29日，省水利厅主持对蒙城枢纽加固工程节制闸水下工程阶段验收。

2008年12月22—24日，淮委会同省水利厅、亳州市人民政府在亳州市主持对涡河近期治理大寺、涡阳、蒙城枢纽工程竣工验收。

(三)专项验收

1. 征地补偿及移民安置专项验收

2009年11月11日，亳州市人民政府主持对安徽省涡河近期治理工程征地补偿和移民安置专项验收。

2. 水土保持专项验收

2009年10月20—21日，淮委主持对涡河近期治理工程工程(安徽段)水土保持设施竣工验收。

3. 环境保护验收

2009年12月23—25日，环境保护部主持对涡河近期治理工程进行环境保护专项验收。

4. 档案专项验收

2009年12月5—6日，淮委主持进行涡河近期治理工程(安徽实施部分)工程档案专项验收。

5. 消防验收

2008年10—11月，大寺、涡阳、蒙城三座枢纽工程通过当地公安消防部门进行的消防验收。三枢纽工程消防验收合格。

(四)竣工验收技术鉴定

淮委水利水电工程技术研究中心对涡河近期治理工程(安徽

实施部分)进行竣工验收技术鉴定。

鉴定结论为涡河近期治理工程(安徽段)有关建设各方已基本完成竣工验收前的各项准备工作。涡河近期治理工程总体布置合理,设计符合国家现行规范和运用要求;初期运行正常,满足工程安全运用要求。评价认为涡河近期治理工程(安徽段)已基本具备竣工验收条件。

三、工程质量

本工程共划分为66个单位工程,工程质量全部合格(正在实施的涡河左岸涡阳、谯城两个堤顶道路单位工程主体部分已接近完工,工程质量暂评合格),其中13个单位工程优良。本工程总体施工质量等级核定为合格。

四、概算执行情况

工程批复投资123077万元,投资计划已全部下达。至2009年12月17日,累计到位资金116519.60万元;工程完成投资114950.82万元,形成交付资产价值114950.82万元;工程征地拆迁及移民安置批复投资40097.06万元。

至2009年11月30日,未完工程投资及预留费用共计3779.47万元,占批复总投资的3.07%,其中未完工程投资3406.02万元,预留费用373.45万元。

五、工程尾工安排

本工程主要尾工包括部分堤顶道路、护岸、水文设施、新增村镇排水涵、通讯及房屋建筑等工程。项目法人计划于2010年4月底前完成堤顶道路、护岸、水文设施和新增村镇排水涵工程,2010年年底前完成通讯及房屋建筑等工程。

六、工程运行管理情况

(一)管理机构

工程运行管理单位为安徽省淮河河道管理局、亳州市河道管理局、亳州市谯城区水务局、涡阳县水务局。

(二)工程移交

大寺、涡阳、蒙城三座枢纽竣工验收后,已移交管理单位运行管理。

涡河近期治理工程(安徽实施部分)竣工验收后,将正式移交运行管理单位运行管理。

七、初期运行及效益

本工程完工后初期运行正常,提高了河道防洪除涝能力,减轻了涡河的洪涝灾害,改善了航运条件,发挥了良好的社会效益。

八、竣工技术预验收

2009年12月8—10日,淮委会同省水利厅组织专家组对涡河近期治理工程(安徽实施部分)进行了竣工技术验收。专家组认为工程基本具备竣工验收条件,同意通过竣工技术预验收。

九、结论

涡河近期治理工程(安徽实施部分)已按批准的设计内容完成,工程质量合格,财务管理基本规范,竣工财务决算已通过审计,工程移民、水土保持、环境保护、档案以及大寺、涡阳、蒙城枢纽消防设施已通过专项验收,工程初期运行正常,发挥了良好的社会效益。验收委员会同意涡河近期治理工程(安徽实施部分)通过竣工验收,正式移交运行管理单位。

【沙颍河近期治理工程(安徽实施部分)竣工验收鉴定书(摘要)】 2009年12月24—25日,淮委会同安徽省水利厅、阜阳市人民政府在阜阳市主持对沙颍河近期治理工程(安徽实施部分)进行竣工验收。

一、工程设计和完成情况

(一)工程位置和作用

沙颍河近期治理工程(安徽实施部分)位于阜阳市、界首市、太和县、颍泉区、颍东区、颍州区、颍上县境内。

工程的主要作用是通过堤防加固、退建新堤、险工治理及拦河节制闸、沟口涵闸、排涝站等建筑物的建设,增强沙颍河防洪除涝能力,使沙颍河干流河道防洪标准达到20年一遇,除老标准内河达到3年一遇、外河达到5年一遇。

(二)工程设计主要内容

1. 工程立项、设计批复文件

2006年6月,国家发展和改革委以《国家发展和改革委关于沙颍河近期治理工程可行性研究报告的批复》(发改农经〔2006〕1284号)批复工程可行性研究报告。

2006年9月,水利部以《关于沙颍河近期治理工程初步设计报告的批复》(水总〔2006〕419号)批复工程初步设计。

2. 设计标准、规模及主要技术经济指标

沙颍河近期治理工程(安徽实施部分)等别为Ⅱ等,防洪标准采用20年一遇,除涝标准内河为3年一遇、外河为5年一遇。沙颍河右堤及界首至茨河铺左堤堤防级别为2级,次要建筑物为3级。各泵站均为堤后式,其穿堤箱涵位于2级堤防上,各泵站出水箱涵按2级建筑物设计。各排涝站根据排涝流量不同,级别分别为3~5级。

设计流量:省界3850m^3/s,界首至茨怀新河3910 m^3/s,茨淮新河至阜阳闸2410 m^3/s,阜阳闸以下3760 m^3/s。

涉及水位:省界38.87m(85黄海基面,下同),界首水文站38.79m、耿楼闸下36.77m,茨淮新河口33.67m,阜阳闸下32.65m,颍上闸下28.33m,沫河口26.4m。

堤顶城区防堤宽8m,农村段为6m;堤防内外边坡均为1:3;堤顶省界至阜阳右堤及市县城防堤超高为2m,其余堤防超高为1.5m。

3. 主要建设内容

加高加固颍河干堤长221.61km;退建堤防14处,铲老堤长11.86km,筑新堤长11.10km;加固阜阳三角洲堤防长2.78km;修建城镇防浪(洪)墙4处长10.73km;颍上闸段右堤堤线调整,填筑上堵坝长299m、下堵坝长370m;重建沟口涵闸33座,维修加固19座,新建涵闸5座,新建排涝站11座;阜阳节制闸、颍上节制闸维修加固;崩岸险工处理47处长16.44km;修筑堤顶防汛道路168.4km;完善工程管理设施等。

4. 工程投资及投资来源

沙颍河近期治理工程(安徽实施部分)批复概算110603万元,其中中央投资86743万元,地方配套资金23860万元。

(三)工程建设有关单位

项目法人为阜阳市治淮重点工程建设管理局,设计单位为中水淮河规划设计研究有限公司、安徽省水利水电勘测设计院、阜阳市水利规划设计院,工程监理单位为河南省信阳天地工程建设监理有限公司、安徽省阜阳市聚星水利工程建设监理中心、安徽省水利水电工程建设监理中心、河南大河工程建设管理公司、中水淮河工程有限责任公司,移民监理单位为长江工程监理咨询有限公司(湖北)、安徽省阜阳市聚星水利工程建设监理中心、安徽江淮水利建设监理有限公司,主要施工单位为阜阳市水利机械工程有限责任公司、界首市水利水电建筑安装有限公司、阜阳市水利建筑安装工程公司、太和县水利建筑安装有限公司、淮委沂沭泗水利工程有限公司、阜阳市水利工程公司、淮河水利水电开发总公司、南京市水利建筑工程总公司、山东黄河工程局等,质量监督机构为阜阳市水利工程质量监督站,运行管理单位为阜阳市淮河河道管理局、界首市河道管理局、太和县河道管理局、颍泉河道管理局、颍泉区机电排灌管理所、颍州河道管理局、颍东区机电排灌管理站、颍上淮河河道管理局、颍上县水利工程管理所、颍上县机电排灌管理所、阜阳闸管理处、颍上闸管理处。

(四)工程施工过程

1. 主要工程开工、完工时间

工程于2006年11月开工,2009年11月基本完成。

2. 主要设计变更

(1)护岸工程中护坎部分由于砌块石变更为预制混凝土块。

(2)战沟、侯沟涵闸址变更,增加上堵口涵,增加旧县涵、郑庄涵拆除重建项目,增加大麦沟涵、柳青沟涵基础处理,幸福涵由维修加固变更为拆除重建。

(3)五里井、干河站等7座泵站输电线路、护坡及增设管理设施变更;增加十八里河、汤沟泵站下游翼墙段基础处理,筑堤土料运距增加;增加班草湖站供电间隔;增加排涝站管理设施。

(4)增加上堤道路。

(5)颍上闸增加启闭机房。

(6)阜阳闸增加启闭机房和桥头堡面积、闸墩防碳处理,上下游浆砌石护坡整修及翼墙加固处理,液压启闭机改造,弧形闸门撤轨由拆除重建变更为修补。

(7)阜阳三角洲堤防设计变更,取消南三角洲排涝站,颍右华桥沟至冯家行段堤防削坡处理。

(五)工程完成情况和完成的主要工程量

工程目前已完成加固加培堤防216.61km,堤身锥探灌浆、堤基截渗工程,修建防浪墙7.95km,护岸及护坡12.62km,新建、重建、维修加固涵闸52座,新建排涝站11座,颍上闸、阜阳闸除险加固工程等。批复及完成工程量见下表。

工程初设批复工程量及完成工程量表

项　目	单　位	初设批复工程量	完成工程量
土　方	万 m^3	1567.33	1557.70
石　方	万 m^3	28.97	14.80
混凝土	万 m^3	5.04	9.28

(六)征地补偿及移民安置

征地补偿及移民安置工作由工程所在地地方政府负责实施,涉及阜阳市太和县、颍上县、界首市、颍泉区、颍东区、颍州区等6个县(市、区),目前已按批复的内容完成。

(七)水土保持设施

水土保持工作内容主要包括工程措施、植物措施、施工临时工程等。各项水保措施已完成。

(八)环境保护工程

环境保护工程工作内容主要包括移民人群环境保护措施、施工期环境监测、环保临时措施及设施等。各项环保措施已完成。

二、工程验收及鉴定情况

(一)单位工程验收

本工程划分为68个单位工程,除11个未完单位工程外,已完成的57个单位工程已通过单位工程验收。

(二)阶段验收

2005年12月,阜阳市水务局主持对阜阳闸除险加固工程进行了水下工程阶段验收。

2006年3月,阜阳市水务局

主持对颍上闸除险加固工程进行了水下工程阶段验收。

2007年5月,阜阳市治淮重点工程建设管理局主持对重建万福沟闸单位工程进行通水前联合检查验收。

2009年8—9月,阜阳市治淮重点工程建设管理局主持对华桥沟、干河、班草湖、五里井、姚沟和新渡口等泵站进行了机组启动阶段验收。

(三)专项验收

1.2009年11月13日,阜阳市人民政府组织了工程征地补偿和移民安置专项验收。

2.2009年11月24—25日,水利部主持对沙颍河近期治理工程(安徽实施部分)水土保持进行专项验收。

3.2009年12月23—25日,环境保护部主持对沙颍河近期治理工程进行了环境保护专项验收。

4.2009年12月19日,淮委会同安徽省水利厅、安徽省档案局组织了沙颍河近期治理工程(安徽实施部分)档案专项验收。

(四)竣工验收技术鉴定

淮委水利水电工程技术研究中心对工程进行了竣工验收技术鉴定。主要结论为:沙颍河近期治理工程(安徽实施部分)总体布置、型式合理;结构设计符合国家现行规范和运用要求;土建施工质量总体满足国家现行规范和设计要求;各类闸门、启闭机选型合理;制造安装质量符合国家现行有关规定和要求,初期运行正常;电气工程已按设计完成,满足工程安全运行要求。沙颍河近期治理工程(安徽实施部分)已具备竣工验收条件。

三、工程质量

质量监督机构对本工程的质量结论意见为本工程共划分为68个单位工程,已完成的57个单位工程质量全部合格,其中32个单位工程施工质量等级评定为优良,优良率56.1%。本工程施工质量评定为合格等级。

四、概算执行情况

(一)投资计划下达及资金到位

本工程批复概算110603万元,投资计划已全部下达。截至2009年12月12日,实际到位资金104381万元,其中中央资金86743万元,地方配套资金17638万元。

(二)投资完成及交付资产

工程完成投资为106930.62万元,形成的交付资产106930.62万元。

(三)征地补偿和移民安置资金

工程批复征地及移民安置投资49503万元。

(四)预计未完工程投资及预留费用

审计确认,截至2009年12月20日,未完工程及预留费用共计5930.07万元,占批复总投资的5.36%其中未完工工程投资5545.07万元,预留费用385.00万元。

五、竣工技术预验收

2009年12月7—9日,淮委会同安徽省水利厅组织专家组对沙颍河近期治理工程(安徽省实施部分)进行了竣工技术预验收。专家组认为工程已基本具备竣工验收条件,同意通过竣工技术预验收。

六、结　论

沙颍河近期治理工程(安徽实施部分)已按批准的设计内容基本完成,工程质量合格,财务管理基本规范,竣工决算已通过审计,工程移民、水土保持、档案和环境保护已通过专项验收,工程初期运行正常,发挥了良好的社会效益。验收委员会同意沙颍河近期治理工程(安徽实施部分)通过竣工验收,正式交付运行管理单位投入运行。

【淮河干流蚌埠至浮山段治理工程及香庙切嘴工程竣工验收鉴定书(摘要)】

2009年12月28—30日,淮委会同安徽省水利厅、蚌埠市人民政府和滁州市人民政府在蚌埠市主持对淮河干流蚌埠至浮山段治理工程及香庙切嘴工程竣工验收。

一、工程设计和完成情况

(一)工程名称和位置

淮河干流蚌埠至浮山段治理工程及香庙切嘴工程位于蚌埠市龙子湖区、五河县和滁州市凤阳县境内。

(二)工程主要任务和作用

淮河干流蚌埠至浮山段治理工程及香庙切嘴工程的主要任务是通过河道扩挖、堤防退建、河道切嘴等工程措施,使本段河道的泄洪能力达到1955年设计水平,即在淮河干流控制站设计洪水位正阳关26.4m(1985国家高程基准,下同)、吴家渡22.48m、浮山18.35m时,正阳关至涡河口以下河道的排洪能力分别达到设计要求的10000m^3/s和13000m^3/s。

(三)工程设计主要内容

1. 工程立项、设计批复文件

2004年12月,淮委分别以《关于淮河干流蚌埠至浮山段治理工程(方邱湖孙咀和赵拐堤防退建、方邱湖进口至临北段进口河道疏浚、姚湾护岸工程)初步设计的批复》(淮委规计〔2004〕693号)、《关于淮河上中游河道整治及堤防加固工程香庙切嘴工程初步设计的批复》(淮委规计〔2004〕692号)批复工程初步设计。

2005年1月,国家发展和改革委员会以《关于印发国家发展改革委关于审批淮河干流上中游河道整治及堤防加固工程可行性研究报告的请示的通知》(发改农经〔2005〕12号)批复工程可行性研究报告。

2008 年 4 月,水利部以《关于淮河干流上中游河道整治及堤防加固工程总体初步设计报告的批复》(水总〔2008〕109 号)批复工程总体初步设计。

2. 设计标准、规模及主要技术经济指标

淮河干流蚌埠至浮山段治理工程:河道疏浚设计河底高程 8.0m,河底宽 330m,边坡 1:3。设计堤顶高程为 23.5m,边坡 1:3。孙咀段退堤,筑堤长度 4.6km,最大退距 610m;赵拐段退堤,筑堤长度 3.1km,最大退距 520m。

香庙切嘴工程:切嘴长度 1.1km,最大切宽 110m,切嘴底高程 13.0m,底宽 150m,边坡 1:4。

工程为二等大(2)型,方邱湖新建堤防等级为 4 级。

3. 主要建设内容

淮河干流蚌埠至浮山段治理工程及香庙切嘴工程主要建设内容包括方邱湖孙咀和赵拐堤防退建、方邱湖进口至临北段进口河道疏浚、香庙切嘴等。

4. 工程投资及投资来源

淮河干流蚌埠至浮山段治理工程及香庙切嘴工程批复投资共计 37469 万元,其中中央投资 29604 万元,地方配套资金 7865 万元。

(四)工程建设有关单位

项目法人为淮委治淮工程建设管理局,现场管理机构为淮委治淮工程建设管理局淮干整治及堤防加固工程建管处,设计单位为中水淮河规划设计研究有限公司,工程监理单位为盐城市河海工程建设监理中心、安徽大禹工程建设监理咨询有限公司,主要施工单位为淮河水利水电开发总公司、蚌埠市江河水利工程建设有限责任公司、淮委沂沭泗水利工程有限公司(徐州)、河南省水利第一工程局、安徽疏浚股份有限公司、安徽省水利建筑安装总公司,质量监督机构为水利部水利工程建设质量与安全监督总站淮河流域分站,运行管理单位为淮上区淮河河道管理局、五河淮河河道管理局、凤阳淮河河道管理局。

(五)工程施工过程

1. 主要工程开工、完工时间

工程于 2005 年 7 月开工,2008 年 4 月完工。

2. 重大设计变更

(1)取消姚湾护岸。经过专家认证,在本工程中取消姚湾护岸,其险工问题另安排专题解决。

(2)取消 7 号排泥场。施工图阶段对排泥场进行了优化调整,取消 7 号排泥场,加高 6 号 -3 围堰,增大 6 号 -3 排泥场容积,将原设计中排入 7 号排泥场的弃土排入 6 号 -3 排泥场。

(六)工程完成情况和完成的主要工程量

淮干蚌埠至浮山段治理工程和香庙切嘴工程已全部完成。设计工程量与完成工程量见下表。

设计工程量与完成工程量对比表

	蚌埠至浮山段工程		香庙切嘴工程	
	设计工程量(万 m^3)	完成工程量(万 m^3)	设计工程量(万 m^3)	完成工程量(万 m^3)
土　方	2002.47	2020.69	22.00	22.17

(七)征地补偿及移民安置

征地补偿及移民安置工作由工程所在地地方政府负责实施,涉及蚌埠市、五河县及凤阳县,目前已按批复的内容完成。

二、工程验收及鉴定情况

(一)单位工程验收

2007 年 6 月,淮委主持对香庙切嘴单位工程进行了单位工程投入使用验收。

2008 年 6 月,淮委主持对蚌埠至浮山段治理 7 个单位工程进行了单位工程投入使用验收。

(二)专项验收

1. 2009 年 10—12 月,蚌埠至浮山段治理工程及香庙切嘴征地补偿及移民安置工作分别通过了由蚌埠市人民政府、凤阳县人民政府、五河县人民政府组织的专项验收。

验收结论为工程征地拆迁及移民安置工作符合国家、安徽省的相关法规、政策规定,拆迁工作及时完成,满足工程建设需要;征地拆迁补偿到位;档案资料收集完整;移民安置效果较好,为工程建设的顺利实施提供了保障,同意通过验收。

2. 2009 年 12 月 6 日,淮委对淮干蚌埠至浮山段治理工程及香庙切嘴工程档案进行了专项验收。

验收结论为工程档案齐全完整,整编较为规范,符合水利部《水利工程建设项目档案管理规定》,且在工程建设过程中发挥了良好作用,经综合考核评议达到合格等级,同意通过专项验收。

三、工程质量

淮干蚌埠至浮山段治理工程共划分为 7 个单位工程,质量全部达到优良等级,单位工程优良率为 100%。工程施工质量等级核定为优良。

香庙切嘴工程分为 1 个单位工程,单位工程质量优良,单位工程优良率为 100%。工程施工质量等级核定为优良。

四、概算执行情况

(一)投资计划下达及资金到位

本工程批复概算37469万元，投资计划已全部下达。工程实际到位资金36277万元,其中中央投资29604万元全部到位,地方配套资金到位6673万元。

(二)投资完成及交付资产

工程完成投资为36869.43万元，形成的交付资产价值36869.43万元。

(三)工程补偿和移民安置资金

工程批复征地及移民安置投资13376万元。

(四)预计未完工程投资及预留费用

审计确定,未完工程投资及预留费用共计450.07万元,占批复总投资的1.2%,其中未完工程投资245.72万元，预留费用204.35万元。

五、工程运行管理情况

(一)管理机构、人员和经费

工程运行管理单位为淮上区淮河河道管理局、五河淮河河道管理局、凤阳淮河河道管理局。运行管理单位机构健全,人员和经费已落实。

(二)工程移交

工程通过单位工程投入使用验收后,已移交工程运行管理单位进行管理。

六、竣工技术检查

2009年12月21—22日,淮委组织专家对淮河干流蚌埠至浮山段治理工程及香庙切嘴工程进行了竣工技术检查。专家组认为工程已基本具备竣工验收条件。

七、结论

淮河干流蚌埠至浮山段治理工程及香庙切嘴工程已按批准的设计内容完成,工程质量合格,财务管理规范,竣工财务决算已通过审计,工程移民、档案已通过专项验收,工程初期运行正常,发挥了良好的社会效益。验收委员会同意淮河干流蚌埠至浮山段治理工程及香庙切嘴工程通过竣工验收,正式移交运行管理单位运行管理。

【安徽省淮河干流城西湖蓄洪大堤加固工程竣工验收鉴定书(摘要)】 2009年11月23—24日,淮委会同安徽省水利厅在六安市主持对安徽省淮河干流城西湖蓄洪大堤加固工程进行竣工验收。

一、工程设计和完成情况

(一)工程名称和作用

安徽省淮河干流城西湖蓄洪大堤加固工程位于安徽省六安市霍邱县境内。

工程建成后,可改善工程防汛条件,对保证城西湖蓄洪区安全有效运用和淮北大堤安全将起到重要作用。

(二)工程设计主要内容

1. 工程立项、设计批复文件

2001年12月,淮委以《安徽省淮河干流城西湖蓄洪大堤加固工程修正初步设计》(淮委规计〔2001〕506号)批复了城西湖蓄洪大堤加固工程初步设计,批复总投资13440万元。

2. 设计标准、规模及主要技术指标

城西湖蓄洪大堤加固工程堤防等级为2级,堤防标准为堤顶宽8m,堤顶高程按设计防洪水位加2m超高,堤防边坡临河侧1:3,临湖侧堤顶下3m设2m宽平台,平台以上边坡1:3,以下边坡1:5。设计水位为王截流至闸上村为28.00m~27.80m(85黄海高程基准,以下同),陈郢至郐台为27.60m ~ 27.20m,陈嘴孜为27.10m;上格堤为26.4m。工程地震基本烈度为6度。

3. 主要建设内容

①加固王截流至闸上村(长4902m)、陈郢至郐台(长12341m)、陈嘴孜(长417m)等3段老堤共17660m,其中加高培厚堤防9处12571m;建防浪墙4处3994m;南滩截弯取直1处1094m。②对王截流小学等13处险工险段进行防渗加固处理。③对沿淮堤防后所有坑塘予以充填。④对1260m崩岸进行护岸处理。⑤对堤坡进行护砌。⑥堤顶修建22.22km泥结碎石防汛路。⑦对大成涵等3座穿堤建筑物进行加固处理。⑧建南滩等移民庄台6座。

4. 工程投资及投资来源

工程批复总投资13440万元,其中中央承担10000万元,地方配套3440万元。

(三)工程建设有关单位

项目法人为六安市城西湖蓄洪大堤加固工程建设管理局,设计单位为六安市水利水电规划设计院,监理单位为安徽鑫水工程建设监理咨询有限公司(原六安市水利水电工程建设监理部),质量监督机构为安徽省水利工程质量监督中心站,主要施工单位为六安市水电建筑工程公司、安徽水利开发股份有限公司、皖西淮河水利水电建筑安装有限责任公司等19家公司,运行管理单位为霍邱县淮河河道管理局(堤防部分),城西湖、王截流乡人民政府(庄台部分)。

(四)工程施工过程

1. 主要工程开工、完工时间

工程于2002年10月开工,2009年1月完成。

2. 主要设计变更

(1)堤身加高培厚方案设计变更

将城西湖蓄洪大堤加固工程王截流至闸上村(28+983—31+706)、汪集(45+952—47+062)两段迎河侧堤身加高培厚方案变更为土方加培和堤顶设置防浪墙相结合的方案,并将原批堤防迎河侧护坡接高,与防浪墙基础相接。

(2)上格堤堤顶路面结构设计变更

将上格堤堤顶防汛道路由原

批泥结石路面变更为砼路面结构,宽度由5m变更为4m,同时对局部路面宽度不足的路段,采取下挖0.5m的措施,确保路面施工宽度。

(3)南滩庄台台面方案设计变更

将庄台冲填砂面上覆盖壤土保护层,压实厚度为0.4m。

(4)陈郢排灌站列入灾后重建,取消部分加固项目

陈郢排灌站2003年淮河特大洪水后,列入灾后重建计划进行拆除重建,除高压定喷等项目在汛前完成外,其余项目经淮委规计〔2004〕267号文批准不再进行加固处理。

(五)工程完成情况和完成的主要工程量

工程已按批准的初步设计内容完成。工程量批复与实际完成情况见下表。

工程量批复与实际完成情况对比表 (单位 万 m^3)

项目	数量	
	批复	完成
土方	399.45	381.42
石方	7.25	5.83
砼	4.65	5.09
粉喷桩	3.99	2.98

(六)征地补偿及移民安置

本工程建设征地补偿及移民安置主要涉及城西湖乡、王截流乡。工程批复共迁移人口3888人,永久征地105.93hm²,青苗补偿70 hm²,拆迁各类房屋及附属物79715m².

实际共迁移群众2918人,永久征地90.35hm²,青苗补偿189.36hm²,拆迁各类房屋及附属物46903.47m². 征地拆迁及移民安置工作自2002年8月开始实施,至2007年10月基本完成。

二、工程验收情况

(一)单位工程验收

2007年12月21日,六安市城西湖蓄洪大堤加固工程建设管理局组织了6个单位工程完工验收。

(二)专项验收

1. 档案专项验收

2008年3月1日,淮委会同安徽省水利厅组织了城西湖蓄洪大堤加固工程档案专项验收。

2. 征地补偿及移民安置专项验收

2008年11月21日,霍邱县人民政府组织进行了城西湖蓄洪大堤加固工程建设征地补偿及移民安置专项验收。

三、工程质量

6个单位工程全部合格,核定城西湖蓄洪大堤加固工程施工质量合格。

四、概算执行情况及分析

(一)投资计划下达及资金到位

累计下达投资计划13440万元。累计到位资金12521万元占批复投资的93.1%,其中中央投资10000万元,地方投资2521万元,地方配套资金尚有919万元没有到位。

(二)投资完成及交付资产

工程完成投资13439.76万元,形成交付资产13439.76万元。

(三)征地补偿和移民安置资金

工程征地拆迁及移民安置补偿费共3005.73万元,实际完成投资额为3005.73万元。

(四)预计未完成工程投资及预留费用

审计确定,未完工程及预留费用为197.83万元,占总投资的1.47%。

五、工程初期运行及效益

城西湖蓄洪大堤加固工程于2002年10月正式开工,至2007年6月底止,蓄洪大堤加固主体工程基本完成;工程建设期间经历了2003年、2007年两次流域性大洪水考验,加固堤防没有出现大的险情,有效的控制了洪涝灾害,取得了良好的社会及经济效益。

六、验收结论

安徽省淮河干流城西湖蓄洪大堤加固工程已按批准内容建设完成,工程施工质量合格,财务管理基本符合有关要求,竣工决算已通过审计,工程档案和移民安置已通过专项验收,工程初期运行正常,发挥了良好的社会效益。验收委员会同意安徽省淮河干流城西湖蓄洪大堤加固工程通过竣工验收。

【怀洪新河香涧湖段滩槽处理已完工程竣工验收鉴定书(摘要)】 2009年11月13—14日,安徽省水利厅在蚌埠市主持怀洪新河香涧湖段滩槽处理已完工程竣工验收工作。

一、工程概况

(一)工程名称与位置

怀洪新河香涧湖段滩槽处理工程位于怀洪新河中段,从固镇的九湾至五河的山西庄,河道全长31.125km。本次验收的已完工程共长21.98 km,其中固镇境内10.75 km,五河境内11.23 km。

(二)工程主要任务和作用

通过扩挖河道深槽断面,清

除阻水障碍物,恢复香涧湖段设计防洪、排涝能力。

(三)工程设计主要内容

1. 工程立项、设计批复文件

2003年12月底,安徽省水利水电勘测设计院编制《怀洪新河香涧湖阻水物处理工程初步设计报告》,2004年3月3日,淮委以规计[2004]79号文对初步设计报告进行了批复,同意将香涧湖阻水物处理工程列入淮河流域2003年灾后重建项目方案中实施,批复工程总投资6293万元,疏浚土方599.89万m^3。

2. 设计标准、规模及主要技术经济指标

防洪条件:在淮河100年分洪碰怀洪新河流域内水40年一遇情况下,设计洪水位九湾为19.31m(废黄高程系,下同),山西庄为18.5m,相应香涧湖段入口流量为3850 m^3/s,出口流量为3700 m^3/s。

排涝条件:排涝3年一遇情况下,设计排涝水位九湾为16.86m,山西庄为15.65m,相应香涧湖段入口流量为1685 m^3/s,出口流量为1450 m^3/s。

糙率:根据2003年实测水位、流量资料分析,确定深槽糙率在现状及规划条件下均采用0.025;滩地糙率在现状芦苇未清除条件下采用0.070,无芦苇处滩地糙率为0.035。

3. 主要建设内容及建设工期

工程主要建设内容为沿原河道深槽两侧各挖宽100m,挖至12.00 m高程,该高程处河道深槽总宽度为280 m(包括已有深槽宽度80 m),边坡1:5。批复工程建设总工期21个月。

4. 工程投资及资金来源

本工程批复总投资6293万元。其中中央投资3170万元,省水利基建投资1518万元,市县配套资金1605万元。

(四)工程建设有关单位

项目法人为安徽省怀洪新河香涧湖段滩槽处理工程建设管理处,设计单位为安徽省水利水电勘测设计院,施工单位为安徽疏浚股份有限公司、安徽省机械疏浚工程公司、安徽水利开发股份有限公司、蚌埠市江河水利工程建设有限公司、安徽省宿州市水利水电建筑安装公司、蚌埠市江河水利工程建设有限公司、阜阳市水利建筑安装工程公司、安徽省长江河道工程有限责任公司、安徽新建基础工程有限责任公司,监理单位为安徽省江河水利水电工程监理咨询有限公司、安徽省水利水电工程建设监理中心安利监理分部,质量监督单位为安徽省水利工程质量监督中心站,运行管理单位为安徽省怀洪新河河道管理局。

(五)工程施工过程

1. 主要工程开工、完工时间

围堰填筑工程于2004年10月15日开工,2004年12月15日完成;河道疏浚工程2004年11月22日开工,2006年12月底完工;影响处理和土方平整工程于2007年4月1日开工,2008年10月23日完工。

2. 重大设计变更

针对工程实施中遇到的具体情况,经施工、监理、业主及设计单位共同研究,并报主管部门批准,对部分项目作了变更调整。变更项目具体见《怀洪新河滩槽处理工程冲填区调整及通讯光缆处理等设计变更报告》。

(六)工程完成情况和主要工程量

本工程已完成围堰填筑土方49.44万m^3,疏浚土方582.19万m^3,疏浚河道总长度21.98 km。影响处理工程完成截排水沟开挖7.5万m^3,建设、修复桥梁和路涵31座,平整排泥场冲填土方23.5万m^3。香涧湖疏浚完成情况见下表。

香涧湖疏浚完成情况一览表

桩号	长度(km)	土方量(万m^3)
0+000~9+330	9.330	273.54
9+330~10+750	1.420	12.06
9+330~10+750	1.420	20.87
10+750~12+332	1.582	14.94
12+332~15+463	3.131	85.88
15+463~18+674	3.211	70.79
18+674~23+513	4.839	125.49
23+513~27+858	4.345	98.44
27+858~31+125	3.267	85.22

由怀洪新河香涧湖段滩槽处理工程建设管理处与固镇、五河两县人民政府签订费用总包干协议,完成临时工程芦苇割除面积总计160万m^2。其中固镇县芦苇割除面积75.00万m^2,五河县芦苇割除面积85.00万m^2。

(七)临时占地补偿及淹没树木赔偿

本工程临时占用土地面积总计为482.73hm^2,根据概算批复文件,补偿标准4500元/hm^2,累计补偿经费217.23万元。由怀洪新河香涧湖段滩槽处理工程建设管理处与固镇、五河两县人民政府签订费用总包干协议，固镇县指挥部、五河县领导小组负责具体实施，其中固镇县229.13 hm^2，补偿资金103.11万元；五河县253.6 hm^2，补偿资金114.12万元。

冲填区淹没树木共52026株，其中直径10cm以下的22930株，赔偿标准为5元/株，直径10cm以上的29096株，赔偿标准为10元/株，累计树木赔偿经费41万元。

二、工程验收及鉴定情况

1. 单位工程验收

2006年3月15日和2006年7月13日，项目法人主持对围堰填筑4个单位工程进行了验收。

2006年12月25日，项目法人主持设计、监理、施工及运行管理单位对疏浚工程6个单位工程进行了完工验收。

2009年10月28日，项目法人主持设计、监理、施工等单位对怀洪新河香涧湖段滩槽处理工程中的影响处理及排泥场冲填土方平整工程2个单位工程进行了完工验收。

2. 专项验收

2007年12月28日，工程档案通过专项验收。验收组认为已归档的工程档案资料比较完整、准确，案卷质量符合规范要求。

3. 竣工初步验收

2006年12月30日，项目法人主持设计、监理、施工单位、运行管理单位、质量监督部门、固镇指挥部、五河协调小组对工程进行了已完工程竣工初步验收。

三、工程质量

已完成的12个单位工程质量全部合格，其中有6个达到优良，优良率50.0%，共66个分部工程质量全部合格，其中有29个达到优良，优良率43.9%；怀洪新河香涧湖段滩槽处理工程已完6个疏浚单位工程质量经安徽省水利工程质量监督中心站核定为合格等级。

四、概算执行情况

(一)投资计划下达及资金到位

本工程批复概算总投资6293万元，其中中央投资3170万元，省水利基建投资1518万元，市县配套资金1605万元。

累计下达基建投资计划6293.00万元(其中中央投资3170万元，省水利基建投资2022万元，市级配套资金1101万元。)工程累计到位资金共6058万元(含审计后2009年8月到位市级配套资金866万元)。

(二)投资完成及交付资产

已完工程共完成投资5377.50万元，资产已于2006年底交付安徽省怀洪新河河道管理局投入使用。

(三)征地补偿和移民安置资金

香涧湖段滩槽处理工程初设批复青苗补偿面积为445.47 hm^2，补偿经费200.46万元。实际补偿青苗面积482.73 hm^2，补偿经费217.23万元。其中固镇县229.13 hm^2，补偿经费103.11万元；五河县253.6 hm^2，补偿经费114.12万元。

芦苇割除面积共160万 m^2，割除经费353.6万元。其中固镇县芦苇割除面积75.00万 m^2，割除经费165.75万元，五河县芦苇割除面积85.00万 m^2，割除经费187.85万元。

(四)资金使用及审计情况

2007年11月，省水利厅按照概算对工程决算进行审计，并以皖水财函〔2008〕64号文，审定实际完成投资6058.13万元。其中，已完工程投资5196.62万元，未完工程投资及预留费用861.51万元。本次验收委员会认定已完工程投资5377.50万元，认定未完工程投资及预留费用680.63万元，占概算投资的10.8%。

五、工程运行管理情况

(一)管理机构、人员和经费情况

管理机构为安徽省怀洪新河河道管理局，人员和经费为原有人员和经费。

(二)工程移交

已完工程于2006年底初步竣工验收即交付安徽省怀洪新河河道管理局投入使用。

六、工程初期运行效益

本工程的实施提高了香涧湖段的排泄能力，并初步发挥分洪、排涝和减灾效益。2005年汛期排泄涝水31.4亿 m^3；2006年排泄涝水16亿 m^3；2007年7月1日—9月14日，累计排泄涝水约58.32亿 m^3，减少淹没耕地约3.33万 hm^2 以上。7月29日—8月1日分泄淮干洪水2.3亿 m^3，降低淮河蚌埠段水位约0.35 m，蚌埠以下河段0.15~0.20 m，并提前2~4天回落至警戒水位以下。

七、结论

怀洪新河香涧湖段滩槽处理工程，0+000—10+750、12+332—15+463、18+674—23+513三段共计21.98km，已按批准的标准完成。财政评审核定的投资已足额到位，工程已通过竣工决算审计，工程档案通过专项验收，工程施工质量合格，已完工程发挥了效益。竣工验收委员会同意对怀洪新河香涧湖段滩槽处理已完工程竣工验收。审计后到位的资金用于未实施河段的滩槽处理，工程完成后另行组织审计和验收。

【东方红水库除险加固工程竣工验收鉴定书(摘要)】 2009年12月18—19日，安徽省水利厅会同黄山市水利局，在黄山市主持对东方红水库除险加固工程进行竣工验收。

一、工程设计和完成情况

(一)工程名称及位置

黟县东方红水库除险加固工程位于新安江水系横江二级支流东亭河(虞山溪)上,黄山市黟县宏村镇境内,坝址距黟县县城11km。

(二)工程主要设计内容

1. 工程设计批复情况

2005年5月23日,安徽省发展和改革委员会以《关于黄山市黟县东方红水库险险加固工程初步设计的批复》(发改设计〔2005〕433号),对该工程初步设计进行了批复,批复工程总投资为2877.47万元。

2. 设计标准

东方红水库总库容2445万m^3,属中型水库,水库枢纽工程等别为Ⅲ等,拦河坝、溢洪道和放水涵等主要建筑物为3级,设计洪水标准为100年一遇,校核洪水标准为1000年一遇。

3. 工程主要建设内容及建设工期

东方红水库除险加固工程主要建设内容为:大坝坝基加固处理,新浇灌浆平台并进行固结和帷幕灌浆;大坝坝体加固处理,在上游坝面新浇筑一道防渗面板并进行坝体的补强灌浆;正常溢洪道加固;非常溢洪道封堵;引水涵洞加固;放水底孔改造;导流隧洞改建;左右坝头的加固处理;防汛道路的改造;闸门制造和启闭机及电气设备的安装;水库大坝安全监测、水情监测综合自动化监测系统和闸控及视频监控系统等。

工程设计工期18个月。

4. 工程投资计划及投资来源

工程批复总投资为2877.47万元,累计下达投资计划2877万元,其中中央预算内专项资金1325万元,省水利基建投资796万元,地方配套资金531万元,法人自筹225万元。

(三)工程建设有关单位

项目法人为黟县东方红水库除险加固工程建设管理处,监理单位为江苏河海工程建设监理有限公司,设计单位为安徽省水利水电勘测设计院,质量监督单位为黄山市水利水电工程质量监督站,施工单位为安徽省水利建筑安装总公司、南京水利科学研究院、南京江河乾通科技发展有限公司、运行管理单位为安徽省黟县东方红水库管理处。

(四)工程施工过程

1. 主要工程开工、完工时间

黟县东方红水库除险加固工程于2006年7月开工,2008年9月基本完工。除水库管理房改建、防汛道路部分工程和水保环保项目外,工程已按批准的建设内容全部完成。

2. 重大设计变更

(1)右岸边坡护砌变更。原初步设计批复护坡长度300m,护坡结构型式由浆砌块石框格嵌填干砌块石护坡结合挡土墙进行防护。变更设计为护坡长度由300m减至90m,护坡结构型式调整为嵌填混凝土预制块护坡结合挡土墙进行防护。

(2)水库综合自动化系统变更。东方红水库综合自动化系统原批复仅考虑了工情、水情。实施中根据管理需要,在不突破原审批概算的前提下,新增闸门远程控制和视频监视自动化系统和黟县水利局远程访问系统、水库安全管理综合自动化系统集成。

2009年6月,省发改委以《关于黟县东方红水库除险加固工程设计变更的复函》(发改设计〔2009〕373号)文对上述设计变更进行了批复。

(五)工程完成的主要工程量和未完工程

黟县东方红水库批复工程和完成工程量(详见表1)及未完成工程(详见表2)

表1　黟县东方红水库批复工程量和完成工程量统计表

项　目	单　位	数　量	
		批　复	完　成
石方开挖	万m^3	1.16	0.62
土方开挖	万m^3		1.77
堆砌石工程	万m^3	0.74	0.56
砼及钢筋砼	万m^3	0.94	0.51
帷幕灌浆	m	2399	1903
固结灌浆	m	5244	4825

表2　黟县东方红水库除险加固未完工程统计表

未完工程名称	投资(万元)

房屋建筑工程	77.12
防汛道路工程	7.99
水保环保工程	11.46
合　计	96.57

(六)建设征地补偿及移民安置

本工程防汛道路有 0.37hm² 永久征地,无拆迁安置任务,征地能满足建设进度要求,有关征地手续完备。

二、工程验收及鉴定情况

(一)单位工程验收

2008 年 11 月 4 日,完成了 3 个单位工程的验收。

(二)专项验收

2009 年 5 月 9 日,安徽省水利厅主持了工程档案专项验收。

(三)蓄水安全鉴定

项目法人委托水利部南京水利科学研究院进行了水库蓄水安全鉴定,鉴定总体结论为:东方红水库除险加固工程设计合理,加固措施恰当,设计符合有关规范和标准。建设管理有序,除险加固工程施工满足设计和规范要求,自动化监控系统较完善,提高了水库自动化管理水平。当前工程形象面貌满足正常蓄水运行条件,可以正常蓄水运行,发挥工程效益。

三、历次验收及相关鉴定提出的主要问题的处理情况

原水下工程阶段验收时提出的砼防渗面板施工过程中出现错台、麻面、局部漏浆及蓄水安全鉴定提出的引水涵检修门吊轴材料与设计图纸不符等问题,均已进行处理。

四、工程质量鉴定

(一)工程质量检测

安徽水利工程质量检测中心对工程质量进行第三方检测,检测的主要内容为:

(1)坝基固结灌浆与帷幕灌浆压水试验检测。

(2)坝基固结灌浆岩体波速测试。

(3)坝基及坝体固结灌浆岩芯静力抗压弹性模量检测。

(4)坝体防渗面板混凝土抗压强度、抗渗性能以及外观尺寸检测。

(5)溢洪道混凝土抗压强度和外观尺寸检测。

(6)导流隧洞衬砌混凝土抗压强度和外观尺寸检测。

(7)右岸护坡外观尺寸检测。

(8)防汛道路混凝土抗压强度和外观尺寸检测。

(9)钢闸门制作质量

所有检测项目均满足有关规范和设计要求。

(二)工程质量鉴定

经工程质量监督机构黄山市水利水电工程质量监督站核定,三个单位工程质量等级为合格,东方红水库除险加固工程项目质量等级为合格。

五、概算执行情况及分析

(一)投资计划下达及资金到位

本工程累计下达投资计划 2877 万元,其中中央预算内专项资金 1325 万元,省水利基建投资 796 万元,市县配套资金 531 万元,法人自筹 225 万元。

截至 2009 年 11 月 30 日,累计到位资金 2131 万元,其中中央预算内专项资金 1325 万元,省水利基建投资 796 万元,县配套资金 10 万元。

(二)投资完成情况

安徽省水利厅委托安徽九通会计师事务所对黄山市黟县东方红水库除险加固工程竣工决算进行了审计,并下达了《关于黟县东方红水库除险加固工程竣工决算审计意见》(皖水财函〔2009〕1334 号),截至 2009 年 11 月 30 日,工程实际完成投资 2131 万元,其中预计未完工程及费用合计 123.57 万元,占概算总投资的 4.29%。

六、工程尾工安排

未实施的房屋建筑工程、水保环保工程和部分防汛道路等尾工,项目法人计划在 2010 年底前完成。

七、工程运行管理及初期运行情况

(一)工程管理机构

东方红水库除险加固工程管理机构为黟县东方红水库管理处。

(二)工程初期运行情况

东方红水库工程对防洪、农田灌溉、黟县县城供水等具有重要作用,通过建设期、初运行期的工程运行监测,大坝混凝土防渗墙及防渗帷幕的防渗效果明显,即投入了初期试运行。

八、竣工技术检查

2009 年 12 月 18－19 日,安徽省水利厅委派专家组对东方红水库除险加固工程进行了竣工技术检查,检查结论为:工程等级、建筑物级别及设计标准符合国家有关技术标准的规定,工程已按批复内容基本完成,施工质量符合设计和现行规范要求。工程加固后大坝稳定满足规范要求,坝体及坝基渗漏得到明显改善,溢洪道泄洪能力和结构安全满足运行要求。工程经过初步运行检验,运行正常。工程运行管理机

构健全,已承担初期运行管理。东方红水库除险加固工程具备竣工验收条件。

九、意见和建议

1. 该工程尚有管理房等少量尾工,项目法人应抓紧组织实施,于2010年12月底前完成,由黄山市水利局组织验收。

2. 工程管理单位应加强对水库大坝的安全监测,及时整理分析观测成果,发现问题及时处理。

3. 工程管理单位应加强对金属结构及机电设备的维护保养,保证设备安全运行。

十、验收结论

黄山市黟县东方红水库除险加固工程,除少量尾工外,已按批准的建设内容完成,工程质量合格,通过档案专项验收、竣工决算审计和蓄水安全鉴定,工程运行正常。竣工验收委员会同意竣工验收,交付管理单位使用。

【黄山市丰乐水库除险加固工程竣工验收鉴定书(摘要)】

2009年12月18—19日,安徽省水利厅会同黄山市水利局在黄山市主持对黄山市丰乐水库除险加固工程进行竣工验收。

一、工程设计和完成情况

(一)工程名称及位置

黄山市丰乐水库除险加固工程位于黄山市徽州区丰乐河上游,距黄山市中心城区25km。

(二)工程主要设计内容

1. 工程设计批复情况

2002年7月,水利部太湖流域管理局以《关于发送丰乐水库除险加固工程初步设计技术审查意见的函》(太管计〔2002〕160号)文对丰乐水库除险加固工程初步设计进行了技术审查,同年,省水利厅以《关于黄山市丰乐水库除险加固工程初步设计的批复》(皖水基〔2002〕445号)文对该工程初步设计进行了批复,批复总投资4780万元。

2. 设计标准

丰乐水库总库容8400万m^3,属中型水库,工程等别为Ⅲ等,大坝、溢洪道等主要建筑物级别为3级。大坝防洪设计标准为50年一遇,校核洪水标准为500年一遇。

3. 工程主要建设内容及建设工期

丰乐水库除险加固工程主要建设内容为:

(1)大坝加固(包括大坝下游面浇筑0.5~1.0m厚钢纤维混凝土、上下游坝面喷涂聚氨酯保温材料、坝身裂缝处理、坝体横缝复灌、坝基及岸坡防渗排水、坝顶及坝后交通、右岸坝后断层处理、坝后左岸河床防护、混凝土表面缺陷处理等);

(2)泄洪洞加固(包括进口边坡及洞脸防护、洞身顶拱喷锚、出口岸坡防护、增建进口事故检修门等);

(3)发电引水隧洞加固,放水底孔加固;

(4)电气设备更新改造;金属结构更新改造;更新改造水情自动测报系统。

批准的建设工期为2年。

4. 工程投资及投资来源

本工程批复总投资4780.00万元,累计下达投资计划4780万元,其中中央预算内专项资金2390万元,省级配套资金681万元,市县配套资金1709万元。

(三)工程建设有关单位

项目法人为黄山市丰乐水库除险加固工程建设管理处,监理单位为安徽省水利水电工程建设监理中心,设计单位为安徽省水利水电勘测设计院,质量监督单位为黄山市水利水电工程质量监督站,施工单位为安徽省水利建筑安装总公司、南京水利科学研究院、浙江江能建设有限公司、黄山市工程建设集团公司,运行管理单位为黄山市丰乐水库工程管理处。

(四)工程建设过程

1. 主要工程开工、完工时间

黄山市丰乐水库除险加固工程于2003年10月开工,2009年4月基本完工。截至目前,除少量未完工程因配套资金未到位暂不能实施外,工程已按批准的建设内容基本完成。

2. 重大技术问题及处理情况

(1)上游保温层开裂处理

上游保温层施工中出现空鼓、开裂、脱落等现象,已按设计要求对上述缺陷部位铲除修复,修复时段水库水位以下不做处理,沿水位线上1m采用聚合物砂浆封边处理。

(2)大坝下游面新浇筑钢纤维混泥土裂缝

大坝下游钢纤维混凝土浇筑面发现裂缝400多条,2008年4月,项目法人主持召开大坝下游面裂缝成因及处理方案专家评审会,认为受坝体老混凝土、新浇钢纤维混凝土胶凝材料用量大、水灰比大,以及新浇筑混凝土板厚、高温低水位运行等因素影响,形成裂缝。设计单位根据专家意见并进一步论证分析,提出采取建筑胶和赛柏丝封堵、增加保温层厚度等处理措施,现已按设计方案处理完成。

(五)工程完成的主要工程量和未完工程

丰乐水库批复和实际完成的主要工程量(详见表1)及未完工程明细详见表2。

表1　丰乐水库批复和实际完成的主要工程量对比表

项目	单位	工程量		
		批复	完成	完成较批复增减数
土石方工程	万 m^3	2.0	0.91	-1.09
砌石工程	万 m^3	0.66	0.33	-0.33
砼及钢筋砼	万 m^3	1.14	0.99	-0.15
帷幕、固结灌浆	m	3840	3665	-175

表2　丰乐水库未完工程明细表　单位:万元

建设内容	工程投资
大坝溢洪道溢流面缺陷处理等	95.35
泄洪洞洞口防护处理	39.3
放水底孔闸门及启闭机更新等	32.64
厂区防护处理工程	20.15
交通工程	26.20
坝区管理处等供电改造工程	75.39
其他工程	13.40

(六)建设征地补偿及移民安置

本工程因泄洪洞加固改建工程运输钢闸门和液压启闭机等大件而临时征用林地0.81hm²,无拆迁安置任务,征地能满足建设要求,有关征地手续完备。

二、工程验收及鉴定情况

(一)单位工程验收

除大坝加固单位工程2009年6月验收外,其余5个单位工程于2008年11月24—25日验收。

(二)专项验收

2009年10月31日,安徽省水利厅主持了工程档案专项验收,验收组同意通过验收。

2009年12月2日,黄山市徽州区防火办出具《关于丰乐水库坝区安全防火工作的意见》,认为大坝保温材料符合安全消防要求,并对今后的防火工作提出了相关意见。

(三)蓄水安全鉴定

2009年5月,项目法人委托水利部南京水利科学研究院进行了水库蓄水安全鉴定,鉴定结论为丰乐水库除险加固工程设计符合规范要求,施工质量满足设计要求,形象面貌已经基本具备蓄水条件,可以下闸蓄水。鉴于主体工程中的泄洪洞洞脸防护、放水底孔加固改造等工程因配套资金不到位而未能完成,应尽快筹措资金完成上述主体工程中的未完项目。

三、历次验收及相关鉴定提出的主要问题及处理情况

(一)历次验收提出的主要问题及处理情况

单位工程验收时提出部分分部工程未完成,现除未完工程明细表所列项目外,其余已完成。

(二)蓄水安全鉴定报告提出的主要问题及处理情况

水利部南京水利科学研究院蓄水安全鉴定报告中提出的有关问题和处理情况如下:

1. 坝体拉应力未满足规范要求,且目前坝体保温效果有待验证,建议研究确定高温季节水库的最低运行水位,以控制大坝的安全运行。目前尚未研究高温季节水库的最低运行水位。

2. 大坝加固新浇钢纤维混凝土产生的裂缝,已实施了处理,裂缝的处理效果有待运行考验。目前正加强观测。

3. 大坝上游面保温层出现多处起鼓绽裂,目前已修复,效果有待检测。

4. 下游聚氨酯保温原材料质量合格,但缺少耐候性及导热性检测数据,长期耐久性能有待检测。

5. 泄洪洞进口洞脸挂网防护、放水底孔事故检修闸门、工作闸门与启闭机更新等尚未实施。

四、工程质量鉴定

(一)工程质量检测

2006年11月,黄山市丰乐水库除险加固工程建设管理处委托水利部基本建设工程质量检测中心对丰乐水库除险加固工程进行工程质量检测,检测主要结论如下:

(1)新浇混凝土的强度推定值均达到设计强度等级。

(2)钢纤维混凝土与原坝面混凝土普遍粘结良好,仅存在局部粘结不良现象。

(3)实测上游面21点聚氨脂泡沫塑料保温层粘接强度,其中14点粘接强度大于0.1MPa,7点由于保温层本体或者分层面破坏,未能检测到粘接强度值。

(4)较高的水泥用量和用水量,产生较大的温度和收缩变形,加上新浇混凝土薄层受到大坝老混凝土的约束,是导致混凝土开裂的主要原因。

(5)钢纤维混凝土开裂后,缝面抗拉强度平均值为1.77MPa。

(6)帷幕灌浆检查孔ZK1和ZK2在高程211.0~190.0m透水率q均小于1Lu,符合设计要求。

(二)工程质量鉴定

经工程质量监督机构黄山市水利水电工程质量监督站核定,6个单位工程质量等级为合格,丰乐水库除险加固工程项目质量等级为合格。

五、概算执行情况及分析

(一)投资计划下达及资金到位

工程批复概算投资4780万元,累计下达投资计划4780万元,其中中央预算内专项资金2390万元,省级配套资金681万元,市配套资金1709万元。截至2009年11月30日,累计到位资金3071万元,其中中央预算内专项资金2390万元,省级配套资金681万元。

(二)投资完成情况

安徽省水利厅委托安徽九通会计师事务所对黄山市丰乐水库除险加固工程竣工决算进行了审计,根据审计报告下达了《关于黄山市丰乐水库除险加固工程竣工决算的审计意见》(皖水财函〔2009〕1354号),截至2009年11月30日,工程实际完成投资额3446万元,其中未完工程及预留费用332万元,占批准概算4780万元的6.95%。

六、工程尾工安排

项目法人计划于2010年汛前完成放水底孔加固改造、泄洪洞洞脸防护、溢洪道溢流面缺陷处理,其余尾工于2010年底前完成。

七、工程管理及初期运行情况

(一)工程管理机构

工程管理机构为黄山市丰乐水库工程管理处。

(二)工程初期运行情况

主体工程完工后,工程进入了试运行,水库正常蓄水,发挥了防洪、灌溉、发电等综合效益。

通过建设期、初运行期的工程运行监测有关数据资料分析,得出如下结论:

(1)高温季节向上游位移增加,低温季节向下游位移增加。最大位移变幅一般出现在坝顶处,其挠度变幅量较小,一般在-1.5~1.5mm之间变化,这符合混凝土拱坝变形的一般规律,大坝变形性态正常。

(2)大坝切向水平位移总体呈年周期性变化,其测值主要受温度变化的影响,与温度呈负相关变化,符合拱坝切向水平位移变化规律。

(3)切向位移年变幅最大值为16.30mm,年变幅最小值为1.41mm,从变幅来看,坝体上部切向位移比坝体中部的位移变幅明显,主要是受温度和水位影响较大所致,符合变形的一般变化规律。

(4)测缝计开度主要受温度影响,与温度变化呈正相关关系,过程线总体呈周期性变化。

(5)通过对丰乐大坝应变计组实测资料的定性分析可知,各支应变计测值主要受温度的影响,与温度呈负相关关系,大部分时间内处于受压状态。

(6)坝基扬压力主要受上游库水位变化的影响,与上游库水位呈正相关关系,坝基扬压力系数较小。

(7)绕坝渗流各测点测值能反映实际情况,绕坝渗流性态基本正常。

(8)坝体温度变化平稳,变化规律正常。

八、竣工技术检查情况

2009年12月18—19日,安徽省水利厅委派专家组对黄山市丰乐水库除险加固工程进行了竣工技术检查,结论为工程等级、建筑物级别及设计标准符合国家有关技术标准的规定,加固工程设计符合国家现行规范要求,除放水底孔加固改造、泄洪洞洞脸防护等少数工程因配套资金不到位未完成外,工程已按设计批复内容基本完成,施工质量符合设计和现行规范要求。工程经过初步运行检验,运行正常。工程运行管理机构健全,已承担初期运行工程管理。丰乐水库除险加固工程基本具备竣工验收条件。

九、验收结论

黄山市丰乐水库除险加固工程除放水底孔加固改造、泄洪洞洞脸防护、溢洪道溢流面缺陷处理等尾工外,批准的建设内容基本完成,同意质量监督机构核定意见,工程质量合格。工程通过了有关部门消防检查、档案专项验收、竣工决算审计,并进行了蓄水安全鉴定,工程基本满足正常运行条件。竣工验收委员会同意竣工验收,交付管理单位使用。

【卢村水库除险加固工程竣工验收鉴定书(摘要)】

2009 年 12 月 20 日,安徽省水利厅在广德县主持对卢村水库除险加固工程进行竣工验收。

一、工程设计和完成情况

(一)工程名称及位置

卢村水库除险加固工程位于广德县卢村乡境内的无量溪河上游,距广德县城 10km。

(二)工程主要设计内容

1. 工程设计批复情况

2004 年 2 月,水利部长江水利委员会以《关于安徽省广德县卢村水库除险加固工程初步设计报告的批复》(长建管〔2004〕62 号)文对卢村水库除险加固工程初步设计进行了批复,批复工程总投资 6493.81 万元。

2. 设计标准

卢村水库为中型水库,工程等级为Ⅲ等,主要建筑物为 3 级,次要建筑物为 4 级。水库永久挡水和泄水建筑物设计洪水标准为 100 年一遇;校核洪水标准为 2000 年一遇;消能防冲建筑物按 30 年一遇洪水设计;施工期导流按枯水期 5 年一遇洪水标准设计。

3. 工程主要建设内容及建设工期

本次主要除险加固内容如下:

(1)大坝:坝顶结构改造;上、下游坝坡加固,坝体与坝基防渗加固。

(2)西非常溢洪道:自溃坝改建成副坝。

(3)东非常溢洪道:自溃坝顶加高培厚、出口改造。

(4)正常溢洪道:进口、控制段、泄槽段加固;消力池加固,尾水渠河道整治。

(5)泄洪隧洞:洞身衬砌加固、边坡支护与出口整治。

(6)安全监测:大坝变形观测与渗流渗压观测。

(7)防汛公路改建。

(8)机电与金属结构改造。

批复工程施工总工期为 17 个月。

4. 工程投资及投资来源

2004 年 2 月,水利部长江水利委员会《关于安徽省广德县卢村水库除险加固工程初步设计报告的批复》(长建管〔2004〕62 号)批复了卢村水库除险加固工程初步设计概算,批复总投资 6493.81 万元。工程累计下达投资计划 6493.81 万元,其中中央预算内专项资金 3245 万元,省配套资金 1949 万元,地方配套资金 1299.81 万元。

(三)工程建设有关单位

项目法人为广德县卢村水库除险加固工程建设管理处,监理单位为江苏河海工程建设监理有限公司,设计单位为长江水利委员会长江勘测规划设计研究院,质量监督单位为宣城市水利工程质量监督中心站,施工单位为中国水电基础局有限公司、安徽省水利建筑安装总公司、安徽水利开发股份有限公司、蚌埠市江河水利工程建设有限责任公司、宣城市欣禹水电建筑安装有限责任公司、长江水利委员会长江勘测规划设计研究院。

(四)工程建设过程

1. 主要工程开工、完工时间

广德县卢村水库除险加固工程于 2005 年 9 月开工,2008 年 11 月基本完工。目前,除少量附属工程未完成外,工程已按批准的建设内容完成,工程分两期实施,一期工程包括坝体与坝基防渗加固、上游坝坡加固、正常溢洪道和泄洪隧洞及机电与金属结构改造等工程,截至 2007 年 11 月 30 日全部完工。

二期工程包括坝顶改造、下游坝坡加固、防汛公路改造、副坝建设、交通桥及橡胶坝改造、东非常溢洪道加固、溢洪道尾水渠整治等工程、大坝安全监测自动化工程。截至 2008 年 11 月 30 日全部完工。

2. 设计变更情况

建设过程中的设计变更内容

(1)初步设计时,大坝混凝土防渗墙顶高程为 93.2m(坝顶高程),施工图设计时,由于混凝土防渗墙施工平台宽度要求不得小于 10m,将大坝坝顶削挖 2.0m 以形成防渗墙施工平台,防渗墙施工完后恢复坝顶结构。由此减少防渗墙 2095m^2,增加土方开挖 12000m^3、粘土填筑 4550m^3、砂砾石填筑 5960m^3。

(2)大坝防渗加固施工中桩号 0+648.00m—0+665.80m 大坝坝脚下游不远处有漏浆现象,经补充勘探其墙下基岩透水率较大分别为 21.3Lu、32.5Lu,超过规范基岩透水率 10Lu 的防渗标准。在该部位增加墙下帷幕灌浆,帷幕灌浆孔深 10m,透水率控制标准小于 10Lu。

(3)上游护坡变更

初步设计时,大坝上游面高程 82.0m 以上为预制混凝土六方块护坡,高程 82.0m 以下为干砌石护坡。由于建筑石料供应紧张,将卢村水库大坝上游面高程 72.0m—82.0m 之间的护坡由干砌石改为预制混凝土六方块,护坡厚度为 15cm。

(4)下游护坡变更

初步设计时,大坝下游面高程 82.0m—93.0m 为浆砌石格构干砌石护坡,高程 82.0m 以下为干砌石护坡。由于石料供应紧张,大坝下游坝面高程 82.0m—93.2m 浆砌石格构干砌石护坡改为浆砌石格构预制混凝土六方块护坡,高程 72.0m—82.0m 干砌石护坡改为预制混凝土六方块护坡,预制混凝土块厚 10cm,高程 72.0m—64.5m 干砌石护坡改为草皮护坡。

(5)正常溢洪道变更

初步设计时,正常溢洪道桩号 0+015m—0+031m 桩号两侧边墙为 10m 高,施工时发现地形高度达 15m,为此加大断面并改为混凝土结构。

正常溢洪道桩号 0+031m—0+103.4m两侧混凝土边墙拆除重建。施工中将原混凝土表面凿毛、布设 12mm 锚筋、浇筑 20cm 厚 C25 混凝土,并增加 25mm 锚杆和增布排水孔使边墙达到稳定。

挑流鼻坎初步设计时未加固,现场检查发现该处混凝土面碳化较严重,故对该处底面采用聚丙烯纤维混凝土加固、下游端面采用涂抹丙乳砂浆进行加固。

初步设计时交通桥桥体未做表面处理,现场检查发现桥 表面碳化较严重,增加涂抹丙乳砂浆表面处理进行加固。

(6)泄洪隧洞变更

泄洪隧洞进水口山体岩坡坡面较陡、岩石已出现不同程度的风化等实际情况,对进水口检修交通桥面高程 83.45m 以下左右侧各 20m 范围边坡(包括进水口上部边坡)进行清理松动岩石,采用挂铁丝网喷混凝土支护措施。

(五)工程完成的主要工程量和未完工程

卢村水库除险加固工程除正常溢洪道帷幕灌浆、泄洪洞进口拦污栅、防汛仓库和部分工程管理设备未完成外,已完成批复的建设内容(详见下表)。

已完成的主要工程量对比表

名 称	单 位	批 复	实际完成	完成较批复增减数
土方开挖	万 m^3	4.46	6.15	1.69
砌石工程	万 m^3	19.19	18.39	-0.8
砼及钢筋砼	万 m^3	2.81	2.32	-0.49
砼防渗墙	万 m^2	3.54	2.64	-0.9
钻孔灌浆	m	3570	3669	99
房屋建筑	m^2	1475	1444	-31

(六)征地补偿及移民安置

本工程所涉及到的临时征地,青苗补偿等问题均为当地政府配合处理完毕,没有遗留问题。

二、工程验收及鉴定情况

(一)单位工程验收

本工程共划分 6 个单位工程,2008 年 1 月 8 日进行了砼防渗墙工程,坝顶、护坡及抛石固脚工程,溢洪道及泄洪洞加固工程等三个单位工程的验收。2008 年 12 月 16 日进行了坝顶、下游坝坡改造及副坝单位工程,东非常溢洪道加固及尾水渠整治单位工程,大坝安全监测系统单位工程的验收。

(二)专项验收

2009 年 10 月 17 日,省水利厅组织了工程档案专项验收。2009 年 11 月 11 日,广德县水务局组织了水土保持专项验收。

(三)蓄水安全鉴定

2009 年 9 月,安徽省水利勘测规划设计研究院对卢村水库除险加固工程进行蓄水安全鉴定,结论为卢村水库除险加固工程设计符合规范要求,施工质量满足设计要求,可下闸蓄水。

三、历次验收及相关鉴定提出的主要问题的处理情况

历次验收提出的有关问题已处理,蓄水安全鉴定报告中提出的相关意见已明确责任单位进一步落实。

四、工程质量鉴定

(一)工程质量检测

项目法人委托河海大学实验中心对大坝防渗墙、基础帷幕灌浆、溢洪道底板和边墙、泄洪隧洞衬砌混凝土、护坡预制块、消力池混凝土、防汛公路混凝土等进行了检测,工程质量满足设计要求。项目法人委托安徽水利机电检测站对卢村水库泄洪隧洞进出口闸门等金属结构工程几何尺寸及制造组装偏差、焊缝内部质量、门体及埋件的喷锌厚度进行了检测,检测结论为卢村水库泄洪隧洞进出口闸门的制作质量符合要求。

(二)工程质量鉴定

经工程质量监督机构宣城市水利工程质量监督站核定,6 个单位工程质量等级为 1 个优良,5 个合格,卢村水库除险加固工程项目质量等级为合格。

五、概算执行情况及分析

(一)投资计划下达及资金到位

该工程概算批复 6493.81 万元,累计下达投资计划 6494 万元,其中中央预算内资金 3245 万元,省配套资金 1949 万元,地方配套资金 1300 万元。截至 2009 年 10 月 31 日,累计到位资金 5494 万元,其中中央预算内资金 3245 万元,省配套资金 1949 万元,市(县)配套资金 300 万元。

(二)投资完成情况

安徽九通会计师事务所对安徽省广德县卢村水库除险加固工程竣工决算进行了审计,根据审计报告,省水利厅下达了《关于广

德县卢村水库除险加固工程竣工决算的审计意见》(皖水财函〔2009〕1335号),审定工程实际完成投资5572.72万元,其中含未完工程及预留费用合计191.4万元,占概算总投资的2.95%,投资完成额占概算批复85.82%。

六、工程尾工安排

正常溢洪道帷幕灌浆和进口段局部边墙加固、泄洪洞拦污栅、部分管理设施等尚未实施,项目法人计划于2010年汛前完成。

七、工程管理及初期运行情况

(一)工程管理机构

工程管理机构为广德县卢村水库工程管理处。

(二)工程初期运行情况

工程试运行以来,情况正常。工程发挥了显著的工程效益,提高了供水保证率,特别是2009年8月"莫拉克"台风期间,滞留了洪水,削减了洪峰,保护了下游安全。根据工程观测、检测资料分析:防渗墙完工后,就对原坝体渗漏点进行观测,在各种水位状态下,未发现渗漏现象。泄洪洞工作闸门及检修闸门经过多次开启、关闭,未发现异常现象。通过建设后的观测资料和建设前的观测资料对比,防渗墙工程达到了设计要求。

八、竣工技术检查

2009年12月20日,安徽省水利厅主持对卢村水库除险加固工程进行了竣工技术检查,结论为工程等级、建筑物级别及设计标准符合国家有关技术标准的规定,加固工程设计符合国家现行规范要求,工程已按设计批复内容基本完成,施工质量符合设计和现行规范要求。工程经过初步运行检验,运行正常。工程运行管理机构健全,已承担初期运行工程管理。卢村水库除险加固工程已具备竣工验收条件,同意通过竣工技术检查。

九、验收结论

安徽省广德县卢村水库除险加固工程除少量尾工外,已按批准的建设内容完成,工程质量合格,通过了竣工决算审计,进行了蓄水安全鉴定,工程初期运行正常。竣工验收委员会同意竣工验收,交付管理单位使用。

【城北水库除险加固工程竣工验收鉴定书(摘要)】

2009年12月26—27日,安徽省水利厅在滁州市主持对定远县城北水库除险加固工程进行竣工验收。

一、工程设计和完成情况

(一)工程位置及名称

定远县城北水库除险加固工程位于定远县城北近郊合蚌路与定滁路交汇处,拦蓄池河支流马桥河的东西两条支流,属淮河流域,总来水面积59.5km^2,总库容2885万m^3。

(二)工程设计及主要建设内容

1. 工程设计批复情况

2002年6月,省水利厅以《关于定远县城北水库除险加固工程初步设计的批复》(皖水基〔2002〕353号)文对城北水库除险加固工程初步设计进行了批复,批复总投资1628万元。

2003年3月,水利部淮委以(淮委规计函〔2003〕22号)文对城北水库进行了复核。

2. 设计标准

水库枢纽工程等别属Ⅲ等,水库大坝、灌溉涵洞、溢洪道等主要建筑物级别为3级。设计洪水标准采用100年一遇,校核洪水标准为2000年一遇;溢洪道消能防冲设计洪水标准采用30年一遇。

3. 工程主要建设内容及建设工期

城北水库除险加固工程主要建设内容包括:

(1)大坝防渗采用单排冲抓套井回填粘土井柱防渗墙处理,下游坝坡加培,维修上游坝面干砌块石护坡,加固维修坝顶防浪墙,坝顶铺设沥青路面,进行白蚁防治。

(2)对正常溢洪道闸室抗震加固,更换主闸门和启闭机,实施泄洪渠整治工程。

(3)拆除重建西灌溉涵,拆除东灌溉涵及自来水厂引水涵并在引水涵址合建为钢筋砼单孔箱涵。

(4)维持非常溢洪道现状规模,与大坝连接端增设浆砌块石裹头。

(5)建设管理设施、大坝安全监测自动化系统和水文自动测报系统。

批准建设工期为3年。

4. 工程投资计划及资金来源

工程累计下达投资计划1628万元,其中中央预算内专项资金814万元,省机动财力391万元、市县配套资金423万元。

(三)工程建设有关单位

项目法人为定远县城北水库除险加固工程建设管理处,设计单位为滁州市水利勘测设计院,监理单位为六安市水利水电工程建设监理部,施工单位为滁州市宏源建设有限责任公司、滁州市白蚁防治所、安徽省碧波智能控制有限公司、滁州市水文水资源局,质量监督单位为滁州市水利工程质量监督站,运行管理单位为定远县城北水库工程管理处。

(四)工程建设过程

1. 工程开工、完工时间

城北水库各单位工程开工及完工时间(详见表1)

(五)工程完成的主要工程量和未完工程

1. 工程完成的主要工程量

初步设计批复主要工程量及实际完成工程量对比(详见表2)。

2. 未完工程

本工程未完工程有泄洪渠整治工程和管理房及仓库建筑工程详见表3。

表1 各单位工程开工、完工及验收日期表

单位工程	开工时间	完工时间	验收时间
大坝加固	2004年3月	2005年8月	2005年8月
泄洪闸加固	2004年2月	2005年8月	2005年8月
西涵拆除重建	2004年3月	2004年8月	2006年8月
东涵拆除重建	2004年8月	2005年12月	2005年12月

表2 初设批复主要工程量与实际完成工程量对比表

项目	单位	批复工程量	实际完成工程量
土方	万 m^3	11.69	11.87
石方	m^3	7496	9330
砼及钢筋砼	m^3	1376	3678

表3 城北水库除险加固未完工程明细表 万元

序号	未完工程名称	投资	备注
1	管理房及仓库	87.53	
2	泄洪渠整治	100	

(六)征地补偿及移民安置

城北水库除险加固工程未涉及移民安置;施工及取土区征地约0.67hm²;管理区征地0.4hm²。

二、工程验收及鉴定情况

(一)单位工程验收

2005年8—12月,由项目法人主持,设计、监理、施工、质量监督、运行管理等单位参加,分别对大坝、泄洪闸、西涵、东涵进行单位工程完工验收,经验收评定,已完单位工程均合格(详见表4)。

表4 城北水库除险加固各单位工程验收情况表

单位工程名称	验收时间	验收情况	质量评定
大坝加固	2005年8月20日	符合要求同意验收	合格
泄洪闸加固	2005年8月20日	符合要求同意验收	优良
西涵拆除重建	2006年8月20日	符合要求同意验收	合格
东涵拆除重建	2005年12月25日	符合要求同意验收	合格

上述各单位工程在完工验收时均未进行移交。

(二)专项验收

2009年12月4日,省水利厅在定远县主持对城北水库除险加固工程档案进行专项验收。该工程档案基本符合要求,同意城北水库除险加固工程档案通过专项验收。

(三)蓄水安全评价

2009年11月有关专家对定远县城北水库除险加固工程进行了蓄水安全评价工作,提交了《定远县城北水库除险加固工程蓄水安全评价报告》,认为:

(1)城北水库除险加固工程已按批准的建设内容基本完成,工程质量基本满足规范和设计要求,具备下闸蓄水条件。

(2)管理房及仓库、泄洪渠整治等工程,应抓紧实施完。

(3)加强运行管理,严格执行批准的水库调度运用计划,进一步加强水库观测和数据分析。

三、历次验收及蓄水安全评价提出的主要问题的处理情况

单位工程验收及蓄水安全评价中提出的存在问题,除管理房及仓库、泄洪渠整治等未完工程外,已基本得到处理,但大坝上游护坡有局部损毁、塌陷,应进一步修补完成。

四、工程质量鉴定

(一)工程项目划分

滁州市水利工程质量监督站以滁水质〔2004〕11号文,核定城北水库除险加固工程为5个单位工程(大坝加固、泄洪闸加固、东、西涵拆除重建、管护设施及附属工程),30个分部工程,212个单元工程。

(二)工程质量检测

项目法人委托滁州市水利工程质量检测站对实体工程进行了竣工质量检测，粘土井柱和回填土压实度、混凝土抗压强度和钢筋保护层厚度等指标均满足规范和设计要求。

粘土井柱防渗墙施工单位及竣工检测单位均未做现场注水试验，防渗墙渗透系数是否满足设计要求无检测数据反映。根据测压管观测资料的初步分析和高水位68.44m(2008年8月3日)时，下游坝坡(脚)原渗水点和散浸面的消失，反映粘土井柱防渗墙防渗效果较为明显。

(三)工程质量评定

滁州市水利工程质量监督站对定远县城北水库除险加固工程质量进行了核定，结果如下：

已完成的201个单元工程全部合格，其中优良114个，优良率为56.72%；28个分部工程全部合格，其中优良16个，优良率为57.14%；4个单位工程全部合格，单位外观质量得分率为77.5%～87.52%。本工程施工质量等级为合格。

五、概算执行情况及分析

(一)投资计划下达及资金到位情况

本工程累计下达投资计划1628万元，其中中央预算内专项资金814万元、省机动财力391万元、市县配套423万元。

截至2009年12月30日，城北水库实际到位资金1205万元，其中中央预算内专项资金814万元、省机动财力391万元，尚有市县配套资金423万元未到位。

(二)投资完成情况

安徽省水利厅委托安徽珠城会计师事务所对本工程竣工财务决算情况进行了审计，根据审计报告下达了《关于定远县城北水库除险加固工程竣工决算的审计意见》(皖水财函〔2009〕1299号)，截至2009年12月，工程实际完成投资1205.1万元，较概算减少422.9万元。

六、工程尾工安排

城北水库泄洪渠整治工程和管理房及防汛仓库建筑工程，项目法人已作出安排，计划于2010年汛前完成。

七、工程管理及初期运行情况

(一)工程管理机构

工程管理机构为定远县城北水库工程管理处。

(二)工程初期运行情况

该工程于2005年底前完成大坝、泄洪闸、放水涵洞等主体工程。通过粘土井柱防渗加固，坝体浸润线明显降低，坝脚原多处渗漏点已消失；通过对大坝加固，消除了大坝原有的质量及安全隐患，同时也改变了大坝的外观形象；通过对泄洪闸加固，更换了闸门及启闭设备，改变了启闭条件，通过对泄洪闸消力池、海漫、陡坡、闸室段加固，提高了建筑物的安全、稳定及强度。通过对东、西涵进行拆除重建，消除了原涵洞的隐患，加大了涵洞输水能力，为定远县城镇供水提供了有力的保证。工程经过了2005年以来数年汛期考验，通过了2008年汛期超汛限水位、泄洪闸下泄流量达40m³/s的实际检验。城北水库初期运行情况表明，该工程运行正常。

八、竣工技术预验收情况

2009年12月24—26日，安徽省水利厅主持对定远县城北水库除险加固工程进行了竣工技术预验收，结论为本工程经除险加固后，水库防洪标准、大坝边坡稳定满足规范要求；大坝防渗加固后，坝体浸润线明显降低，对大坝安全有利；溢洪道能满足水库泄洪要求；新建放水涵洞满足灌溉和城镇供水要求；除泄洪渠整治、办公楼及仓库未实施外，已按批复的建设内容完成，工程质量合格，具备竣工验收条件。

九、验收结论

定远县城北水库除险加固工程除少量未完工程外，已按批准的建设内容基本完成，完成了竣工决算审计，工程初期运行正常，工程质量合格。竣工验收委员会同意竣工验收，交付管理单位使用。

【马厂水库除险加固工程竣工验收鉴定书(摘要)】

2009年12月26—27日，安徽省水利厅在滁州市主持对全椒县马厂水库除险加固工程进行竣工验收。

一、工程设计和完成情况

(一)工程名称及位置

全椒县马厂水库除险加固工程位于长江流域滁河支流马厂河上游，安徽省全椒县境内，距全椒县城西35km，马厂镇北3km。

(二)工程设计及主要建设内容

1. 工程设计批复情况

2002年，编制完成了《马厂水库安全论证综合报告》等7余篇专题报告，2002年3月滁州市水利局主持召开了“马厂水库安全鉴定会”，结论为水库存在较为严重的工程质量问题，防洪安全不能保证，不能按设计标准正常运行，属三类坝，应尽快进行除险加固。

2002年4月，水利部大坝安全管理中心以坝函〔2002〕709号文下发水库三类坝安全鉴定成果的核查意见。

2002年4月，由滁州市水利勘测设计院完成马厂水库除险加固工程初步设计，滁州市水利局以《关于上报〈安徽省全椒县马厂水库除险加固工程初步设计〉的报告》(水计〔2002〕77号)文上报省水利厅。

2003年3月，省水利厅以《关

于全椒县马厂水库加固工程初步设计的批复》(皖水基〔2003〕97号)文,对马厂水库除险加固工程初步设计进行了批复,批复总投资1710万元。

2003年6月,水利部长委以《关于安徽省马厂水库除险加固工程前期工作复核意见的报告》(长规计〔2003〕381号)文,对马厂水库除险加固工程初步设计进行了复核。

2. 设计标准

马厂水库枢纽工程为Ⅲ等,大坝、放水涵洞、溢洪道等主要建筑物按3级,次要建筑物按4级设计;水库设计洪水标准为50年一遇,校核洪水标准为1000年一遇;溢洪道消能防冲设施设计洪水标准为30年一遇。水库抗震设计烈度为6度。

3. 工程主要建设内容及建设工期

马厂水库除险加固工程批复的主要建设内容包括:

(1)大坝防渗加固,整修加固上游坝面块石护坡和坝顶防浪墙,坝顶铺设沥青路面,进行白蚁防治。

(2)填平坝后渠,加宽坝脚平台,在平台末端重新开挖输水渠道,渠道表面采用现浇混凝土板衬砌。

(3)溢洪道采用开敞式明渠,宽230m,控制段采用宽顶堰,堰顶高程58.0m,进水渠底高程57.5m。

(4)对放水(泄洪)涵洞洞身采用内衬钢筋混凝土加固,更换检修闸门和主闸门。

(5)加固援朝坝,加固左岸导流墙,接长右岸翼墙,完善消能防冲设施。

(6)建设管理设施、大坝安全监测自动化系统和水文自动测报系统。

批复施工总工期为24个月。

4. 工程投资计划及投资来源

工程累计下达投资计划1710万元,其中中央预算内专项资金855万元,省水利基建投资513万元,市县配套342万元。

(三)工程建设有关单位

建设单位为全椒县马厂水库除险加固工程建设管理处,设计单位为滁州市水利勘测设计院,监理单位为滁州水苑建设监理有限公司,施工单位为中国水电基础局有限公司、滁州市宏源建设有限责任公司、凤台县水利建筑安装工程公司,质量监督单位为滁州市水利工程质量监督站,管理单位为全椒县马厂水库工程管理处,质量检测单位为河海大学实验中心。

(四)工程建设过程

1. 工程开工、完工时间

各主要单位工程开工及完工时间(详见表1)。

2. 设计变更

坝顶道路由沥青混凝土改为预制混凝土广场砖,交通道路改至下游坝脚。

(五)工程完成的主要工程量和未完工程

工程主要工程量批复及实际完成情况详见表2、表3。

表1 马厂水库主要单位工程开工及完工时间表

主要单位工程	开工时间	完工时间	验收时间
大坝防渗工程	2006年11月	2007年7月	2007年9月
溢洪道及输放水建筑物	2006年11月	2008年10月	2009年6月
坝面结构及管护设施	2008年5月	2009年5月	2009年6月

表2 马厂水库除险加固工程主要工程量对照表

项 目	单 位	批复主要工程量	实际完成工程量
土 方	m^3	32000	116812
石 方	m^3	61600	18681
砌 石	m^3	6500	1199
混凝土及钢筋混凝土	m^3	1520	2920
粘土井柱	m	2627	1987
塑性混凝土防渗墙	m^2	8950	8584
钢闸门	扇	4	2
启闭设备	台套	5	3
交通道路	km	3	1.5
新建管理房	m^2	1350	1095
维修管理房	m^2	1400	1625

表3　**未完工程费用明细表**　单位:元

项目	投资
水文设备及安装	200000
涵洞加固工程及副闸门	200000
拦鱼、计量及供水设施	60000
交通设备	100000
合计	560000

二、工程验收及蓄水安全评价

(一)单位工程验收

2007年9月至2009年6月,由项目法人主持,设计、监理、施工、质量监督、运行管理等单位参加,分别对大坝防渗、溢洪道及输放水建筑物、坝面结构及管护设施等3个单位工程进行验收,验收结论为工程能按照批准的设计标准应用,工程建设满足有关规程、规范和设计要求,工程档案资料齐全、规范,单位工程质量合格,具备了验收条件,同意验收。

(二)专项验收

2009年12月3日,安徽省水利厅办公室在全椒县主持对马厂水库除险加固工程档案进行验收,马厂水库除险加固工程档案基本达到要求,同意通过档案专项验收。

(三)蓄水安全评价

2009年11月20—22日,有关专家组对全椒县马厂水库除险加固工程进行蓄水安全评价工作,提交了《全椒县马厂水库除险加固工程蓄水安全评价报告》,认为:

(1)马厂水库除险加固工程已按批准的建设内容基本完成,工程质量基本满足规范和设计要求,具备下闸蓄水条件。

(2)放水涵副闸门、拦鱼设施及水文设施等未完工程应在具备施工条件时,抓紧实施完成。

(3)加强运行管理,严格执行批准的水库调度运用计划,进一步加强水库观测和数据分析工作。

三、工程质量鉴定

(一)工程质量检测

水利部水工金属结构安全监测中心对平板钢闸门焊缝、涂层厚度、组装质量及启闭机制造、安装等进行了质量检测,结果满足规范和设计要求。

河海大学实验中心对大坝混凝土防渗墙、粘土井柱防渗墙、高喷防渗墙等工程进行了竣工质量检测。检测结果表明墙体的完整性、连续性及芯样抗压强度、渗透系数满足规范和设计要求;粘土井柱和回填土的压实度、混凝土抗压强度等指标均满足规范和设计要求。

坝后渠护坡经两次返工后,经检测,混凝土抗压强度仍达不到设计要求,项目法人已按质量缺陷备案。

(二)工程质量鉴定

滁州市水利工程质量监督站对全椒县马厂水库除险加固工程质量进行了评定,结果为213个单元工程全部合格;22个分部工程全部合格,其中8个分部工程优良,优良率36.4%;3个单位工程全部合格。本工程施工质量等级为合格。

四、概算执行情况及分析

(一)投资计划下达及资金到位

马厂水库累计下达投资计划1710万元,其中中央预算内专项资金855万元,省水利基建投资机动财力342万元、省统筹171万元,市县财政投资342万元。

截至2009年12月底,已累计到位资金1368万元,其中,中央预算内专项资金855万元,省水利基建投资机动财力342万元、省统筹171万元,市县财政投资342万元未到位。

(二)投资完成情况

项目法人送审决算金额为1378.33万元,审计后核减工程投资5.24万元,审核后的工程造价总额为1373.09万元。其中,建筑工程投资1026.00万元,设备投资76.37万元,临时工程60.29万元,其他费用210.43万元。

五、尾工安排

马厂水库水文设备及安装、涵洞副闸门、拦鱼和计量设施,因目前库水位较高,不具备施工条件,计划在2010年水库放水后,库水位较低时实施;交通设备待验收后实施。

六、工程管理及初期运行情况

(一)工程管理机构

工程运行管理机构为全椒县马厂水库工程管理处。

(二)工程初期运行情况

(1)大坝防渗加固工程防渗工程完工后,大坝下游渗流有显著改变,加固前后测压管资料进行对比分析,大坝浸润线有明显降低。

(2)坝面工程完工后,坝顶路面平整,大坝背坡排水沟排水通畅,坡面平整,无明显雨水冲刷痕迹,无明显渗水,绿化美观,有效的保护了坝面。

(3)放水涵工程完工后,闸门启闭平稳、灵活,电气设备运行安全。溢洪道经过2008年汛期大水的检验,运行正常。

(4)管护设施工程完工后,改变了水库的库容库貌,改善了水管单位工作和生活环境。

工程经过了2008、2009年汛期考验,特别是2008年汛期高水位考验。马厂水库初期运行情况表明,工程运行正常。

七、竣工技术预验收情况

2009年12月24—26日,安徽省水利厅主持对全椒县马厂水库除险加固工程进行了竣工技术预验收,结论如下:

竣工技术预验收专家组通过现场查勘、审阅资料、听取汇报并经过认真讨论,形成了《全椒县马厂水库除险加固工程竣工技术预验收工作报告》。结论为:本工程经除险加固后,水库防洪标准满足规范要求;大坝坝坡稳定和防渗满足规范要求;溢洪道能满足水库泄洪要求;放水(泄洪)涵洞、援朝坝能满足泄洪和灌溉要求。该工程除放水涵副闸门及水文设施等未实施外,已按批复的建设内容完成,工程质量合格,具备竣工验收条件。

八、验收结论

马厂水库除险加固工程除少量尾工外,已按批复的设计内容完成,工程施工质量合格,满足设计和有关技术标准的要求,完成了竣工决算审计,工程初期运行正常,工程质量合格。竣工验收委员会同意竣工验收,交付管理单位使用。

【林东水库除险加固工程竣工验收鉴定书(摘要)】

2009年12月26—27日,安徽省水利厅在滁州市主持对明光市林东水库除险加固工程进行竣工验收。

一、工程设计和完成情况

(一)工程位置及名称

明光市林东水库除险加固工程位于明光市境内池河支流南沙河中游,距明光市区12km。

(二)工程设计及主要建设内容

1. 工程设计批复情况

2002年7月,安徽省水利厅以《安徽省明光市林东水库除险加固工程初步设计报告》(皖水基〔2002〕367号)文件对林东水库进行批复,2003年3月,水利部淮委以(淮委规计函〔2003〕22号)文对该工程初步设计进行了复核。

2. 设计标准

林东水库为中型水库,工程等级为Ⅲ等,主要建筑物为3级。水库永久挡水和泄水建筑物设计洪水标准为100年一遇,校核洪水标准为2000年一遇;溢洪道消能防冲设施的设计洪水标准为30年一遇,校核洪水标准为100年一遇。

3. 工程主要建设内容

明光市林东水库除险加固工程主要建设内容包括:

(1)采用粘土井柱防渗墙和高喷防渗墙相结合进行坝身坝基防渗加固。

(2)维修上游坝面块石护坡,下游坝坡补填夯实,整修平整,草皮护坡,背水面贴坡反滤维修;坝后填塘,坝脚新填平台。

(3)大坝顶防浪墙维修抹面,坝顶铺设沥青路面。

(4)正常溢洪道泄洪闸加固、尾水渠改造,增设二级消力池;维持非常溢洪道现状。

(5)对放水底涵洞身采用挂网喷射混凝土加固,更换主、副闸门和启闭机;更换高涵、西廖涵的启闭机。

(6)防汛交通道路、白蚁防治、工程管理设施更新改造完善等。

批复工程施工总工期为2年。

4. 工程投资计划及来源

明光市林东水库除险加固工程批复总投资为1483万元,累计下达投资计划1483万元,其中:中央补助资金740万元,省机动财力357万元,市县配套386万元。中央和省级投资已足额到位,市县配套资金没有到位。

(三)工程建设有关单位

项目法人为明光市林东水库除险加固工程建设管理处,监理单位为安徽省大禹工程建设监理咨询部,设计单位为滁州市水利勘测设计院,质量监督单位为滁州市水利工程质量监督站,施工单位为广东省源天工程公司、安徽省水利部淮委水利科学研究院、安徽省滁州水文水资源局、滁州市白蚁防治研究所、明光聚源电力责任有限公司、明光市天河水利工程建设有限公司,运行管理单位为明光市林东水库管理所。

(四)工程建设过程

1. 工程开工、完工时间

明光市林东水库除险加固工程于2004年3月开工,2007年6月基本完工。截至目前,除少量尾工未完成外,工程已按批准的建设内容基本完成。主要工程施工的开工及完工时间(详见表1)。

2. 设计变更情况

(1)泄洪闸闸前护坦原设计为加浇20cm钢筋砼护面,变更为拆除原护坦面层、浇筑10cm钢筋砼面层。

(2)坝顶道路路面由原设计的沥青砼变更为素砼路面。

(五)工程完成的主要工程量和未完工程

工程完成的主要工程量详见表2,工程未完项目详见表3。

表1　林东水库除险加固工程开工及完工时间一览表

单位工程名称	开工时间	完工时间
大坝加固	2004年3月	2007年5月
泄洪工程	2004年3月	2007年6月
管护设施	2005年11月	2007年6月

表2　初设批复主要工程量与实际完成工程量对比表

名　称	单　位	批复工程量	实际完成量
土　方	m^3	69030.0	70516.0
石　方	m^3	15568.0	15960.0
砌　石	m^3	6318.5	3449.6
砼及钢筋砼	m^3	1306.9	3447.0
高喷灌浆防渗墙	m	2737.0	2837.14
粘土井柱防渗墙	m	5620.0	5764.25
启闭机房	m^2	270.3	280.42
管理用房	m^2	2700.0	891.7
闸门及启闭机	套	7	2

表3　未完工程明细表　万元

未完工程名称	投　资
大坝坝后填塘土方	18.00
泄洪闸进口浆砌石护砌延伸	4.14
泄洪闸墩丙乳砂浆抹面	4.54
放水底涵出口护砌	0.99
拦鱼设施	18.00
外部观测设备采购	1.06
泄洪闸启闭机更换	12.35
泄洪闸检修闸门及启闭设施	9.89
放水涵启闭机更换	2.81
合　计	71.78

(六)征地补偿及移民安置

本工程溢洪道尾水渠拓宽开挖有1.07hm² 永久征地,大坝加培及粘土井柱施工取土区有0.61hm² 临时性征地,无拆迁安置任务,征地能满足建设进度要求,有关征地手续完备。

二、工程验收及鉴定情况

(一)单位工程验收

2005年8月22日完成了大坝加固和溢洪道加固单位工程验收,2007年6月12日完成了管护设施单位工程的验收。

(二)专项验收

2009年12月15日,安徽省水利厅主持了工程档案专项验收。明光市林东水库除险加固工程档案通过专项验收。

(三)蓄水安全鉴定

2009年12月18日,安徽省水利水电勘测设计院进行蓄水安全鉴定,结论为林东水库除险加固工程已按批复的设计内容基本完成,施工质量基本满足设计要求,在完成前述下闸蓄水应补充达到的工程形象面貌后,可下闸蓄水。

三、历次验收提出的主要问题的处理情况

单位工程验收时提出的问题中,除放水底涵闸门及启闭机存在安装缺陷尚未处理外,其他已落实。

四、工程质量鉴定

(一)工程质量检测

2005年11月至2007年6

月,安徽省水工程质量检测中心站对大坝粘土井柱套接和高喷灌浆防渗墙,坝脚平台加培断面尺寸和溢洪道开挖断面尺寸,建筑物结构混凝土强度、钢筋保护层厚度、砌体砂浆强度、干砌石护坡砌筑质量、防碳化砂浆厚度和粘结力等进行了质量检测。认为除溢洪道溢流面钢筋保护层厚度、底涵喷射混凝土钢筋保护层厚度和间距不满足设计要求,以及溢洪道下游河道欠挖外,其余均符合设计要求。

2006 年 10 月至 2007 年 6 月,滁州市水利工程质量检测站受项目法人委托,对部分管护设施建筑物强度进行了检测,结论为工程质量满足设计要求。

(二)工程质量鉴定

工程质量监督机构核定,110 个单元工程全部合格,其中 72 个单元工程优良,优良率 65.45%;17 个分部工程全部合格,其中 10 个分部工程优良,优良率 58.82%;3 个单位工程全部合格。本工程施工质量等级为合格。

五、概算执行情况及分析

(一)投资计划下达及资金到位

工程累计下达投资计划 1483 万元,其中:中央预算内专项资金 740 万元,省水利基建投资 357 万元,地方配套资金 386 万元。

截至 2009 年 12 月底,累计到位资金 1097 万元,其中:中央预算内专项资金 740 万元,省水利基建投资 357 万元,市县配套资金 386 万元未到位。

(二)投资完成情况

安徽安建会计师事务所对明光市林东水库除险加固工程竣工决算进行了审计,并根据审计报告下达了审计意见。截至 2009 年 12 月底,工程实际完成投资额 1139.22 万元,其中预计未完工程及费用合计 71.78 万元,占概算总投资的 4.84%。

六、尾工安排

1. 泄洪闸进口延伸段护砌和闸墩丙乳砂浆抹面现淹没水中无法施工,待低水位时及时补做。

2. 放水底涵闸门及启闭机存在安装缺陷,待低水位时由项目法人督促施工单位及时处理。

3. 放水底涵出口护砌、拦鱼设施、外部观测设备采购、泄洪闸启闭机更换、泄洪闸检修闸门及启闭设施、放水涵启闭机更换等未完工程,项目法人正积极争取地方配套资金予以完成。

七、工程管理及初期运行情况

(一)工程管理机构

工程管理机构为明光市林东水库管理所。

(二)工程初期运行情况

通过建设期、初运行期的工程运行监测,大坝粘土井柱套接和高喷灌浆防渗墙相结合的防渗方式效果明显,坝后集渗沟流量减少,工程经过了 2007—2009 年历年汛期考验,特别是 2008 年汛期高水位的考验,工程运行正常。水库加固后提高了灌区灌溉保证率,缓解了灌区水资源紧张局面。

八、竣工技术预验收情况

2009 年 12 月 24—27 日,安徽省水利厅主持对林东水库除险加固工程进行了竣工技术预验收,结论为本工程经除险加固后,水库防洪标准满足规范要求;大坝防渗满足规范要求;泄洪建筑物满足水库泄洪要求;放水底涵、放水高涵、西廖涵能满足灌溉要求。本工程除检修闸门制安、部分启闭机更换等未实施外,已按批复的建设内容完成,工程质量合格,基本具备竣工验收条件。

九、验收结论

明光市林东水库除险加固工程除部分尾工外,已按批准的建设内容完成,完成了竣工决算审计,通过了蓄水安全鉴定,工程初期运行正常,工程质量合格。竣工验收委员会同意竣工验收,交付管理单位使用。

(储涛、宴芳提供,李小林摘录)

防汛·抗旱

FANGXUN KANGHAN

防汛

【雨情】 2009年汛期(5—9月)安徽省面平均降雨量743mm,各区域面平均降雨量:淮北611mm、江淮之间692mm、大别山区981mm、沿江江南866mm、皖南山区915mm。汛期降雨量与常年同期比较:全省淮北、皖南山区与常年同期基本持平,其他区域均偏多1成。

全省主要降雨过程有7次。

第一次降雨过程:6月28—30日(3d),受冷暖空气共同影响,28日全省普降小到中雨,淮北、江淮之间和大别山区部分地区大雨到暴雨,局地大暴雨。28日降雨量超过100mm的有4个站点,舒城县龙河口站176mm较大;29日雨区南扩,强度加大,大别山区、江淮之间南部和沿江东部降暴雨到大暴雨,局部特大暴雨,暴雨量一般在100~200mm,超200mm的有6个站点,金寨县吴店站254mm较大,有19个县(市、区)68个站点降雨量超过100mm;30日大别山区南麓、沿江江南和皖南山区大部降暴雨,日雨量在50~130mm,超过100mm的有13个县区共38个站点,枞阳县城关站136mm较大。本次降雨带呈东西走向,强降水中心多变,但总体稳定在大别山区至沿江中部一带,有35个县区共152个站点降雨量超100mm,有21个县区68个站点超200mm,有8个县市的8个站点超过300mm。暴雨区降雨量一般在200~300mm,铜陵市城区349mm较大。

第二次降雨过程:7月5—7日(3d),受冷暖空气共同影响,淮北、江淮之间先后降暴雨到大暴雨。5日淮北部分地区降大到暴雨,其中濉溪县罗集镇站88mm;6日雨区南扩,江淮之间北部和淮北南部出现大到暴雨,其中淮北西部降大暴雨,临泉县姜寨站134mm较大;7日主雨区南移,江淮之间东部和淮北局部出现大到暴雨,局部大暴雨,有3个县(市)3个站降雨量超过100mm,其中明光市三界站125mm较大。

第三次降雨过程:7月9—14日(6d),受副热带高压边缘和西南气流的共同影响,淮河流域先后降暴雨到大暴雨。9日淮北开始降雨;10日沿淮怀远至明光一带降暴雨到大暴雨,局部特大暴雨,暴雨主要集中在10日1时至10时,9个小时累计降雨量:凤阳县临淮关站271mm、明光市司巷站158mm、蚌埠市区吴家渡站132mm,凤阳县城关、临淮关和明光市司巷站最大1、3、6小时降雨量均为有记录以来第一位;11—14日,全省自北向南主要以短时阵雨天气为主。降雨主雨带分布在淮北北部及沿淮蚌埠至明光一带,降雨量100~200mm,其中凤阳县临淮关站273mm、凤阳城关站215mm;其他地区降雨量在10~50mm。

第四次降雨过程:7月21—24日(4d),受副高减弱和冷空气南下影响,全省自北向南经历了一次较强降水过程。21日主暴雨区位于江淮之间东部、沿淮和淮北西部局地,降雨量在50~100mm,其中凤阳县鹿塘水库149mm较大;22日淮北西部、沿淮和江淮之间东部局地降暴雨到大暴雨,暴雨量在100~200mm,共有14个县市的26个站点日雨量超过100mm,其中阜南县城关站225mm较大;23日雨区南压,大别山区、江淮之间北部部分地区和江南部分地区降大雨到暴雨,雨量50~140mm,其中金寨县的黄泥庄站142mm较大,其他地区降雨量在10~50mm;24日皖南山区降暴雨、大暴雨,降雨量50~150mm,共有7个县市的13个站点超过100mm,其中休宁县岩前站197mm较大。4天累计降雨量,淮北西部、沿淮、江淮之间北部、大别山区和皖南山区大部降雨量在100~250mm;淮北东部、江淮之间南部及江南局地50~100mm;淮北北部降雨量10~50mm。

第五次降雨过程:7月26日—8月1日(7d),受弱冷空气和暖湿气流影响,合肥以南先后降大到暴雨,其中皖南山区和沿江东部局地降大暴雨。26日皖南山区降中到大雨,局部暴雨;27日皖南山区、大别山区、沿江地区大部和宿州市埇桥区、灵璧的局地降大到暴雨,其中皖南山区和沿江东部局地降大暴雨,有6个县区的7个站点日雨量超100mm;28日皖南山区大部降大到暴雨;29日江淮之间、大别山区和沿江江南大部降中到大雨、局地暴雨,无为县的梁家坝站99mm较大;30日江淮之间南部、大别山区及江南降中到大雨,局地降暴雨、大暴雨,庐江县庐江站123mm较大;31日沿淮西部、江淮东部、大别山区降中到大雨,局地暴雨;8月1日大别山区、沿江江南、江淮之间局地降小到中雨,局地降大到暴雨。7天累计降雨量:合肥以南江淮之间南部、沿江江南和皖南山区降雨量一般在100~250mm,其中休宁县儒村站289mm较大;江淮之间东部50~100mm,合肥以北和淮北大部10~50mm,淮北北部不足10mm。

第六次降雨过程:8月9—11日(3d),受第8号台风"莫拉克"登陆后的外围云系影响,江南中东部地区先后降暴雨到大暴雨,暴雨区降雨量一般在100~200mm,暴雨导致水阳江发生了超保证水位洪水。9日,江南中东部地区开始降大雨到暴雨,其中广德县陈吴村站83mm,大别山区降中雨到大雨,江淮南部、沿江江南西部降小雨,其他地区基本无雨;10 日,雨势加强,江南中东部地区降暴雨、大暴雨,其中泾县云岭站 173mm 较大,大别山区、江淮之间东部和江南西部降中到大雨,江淮之间大部和淮北局地小雨;11 日雨势减弱,降雨渐止,仅沿淮局地、沿江江南中东部降中到大雨。3 天累计降雨量:江南东部降雨量 50~200mm,其中水阳江上游降雨量一般在 100~200mm,宣城市溪口站 234mm 较大,有 8 个县市区的 36 个站点超过 100mm。

第七次降雨过程:8 月 27—31 日(5d),受北方冷空气南下影响,全省自北向南有一次明显的强降雨过程。27 日江淮之间、大别山区、江南降小到中雨,局地降大雨,其中宣城杨柳铺站 51mm 较大;28、29 日全省大部分地区降中到大雨,局部地区降暴雨;30 日沿江江南东部降大到暴雨,其中青阳县东山库 54mm 较大;31 日沿江江南东部降小到中雨。5 天累计降雨量:沿淮淮北西部、江淮之间大部、大别山区、沿江江南、皖南山区局部降雨量在 50~100mm,有 20 个县市的 42 个站点降雨量超过 100mm,霍山县太阳站 166mm 较大;淮北东部、江淮之间东部、皖南山区南部降雨量 15~30mm。

【水情】 2009 年汛期,淮河干流水势总体平稳,水位偏低,未出现超过警戒水位的洪水过程。长江支流黄湓河、潜水、秋蒲河、青通河、西河、漳河、中东津河、水阳江等 8 条河流超过警戒水位的洪水,其中西河、中东津河、水阳江发生了超保证水位,其余支流没有发生超过警戒水位的洪水过程。

一、淮河流域

1. 淮河干流:汛期(5—9 月)淮河干流水势平稳,水位偏低,未发生超警戒水位洪水过程。5 月 1 日淮河干流主要控制站入汛水位:王家坝站 20.39m,比常年同期低 1.18m;正阳关站 18.04m,比常年同期高 0.01m;蚌埠闸上 18.03m,比常年同期高 0.80m。入汛后,王家坝站虽出现 3 次小的涨水过程,水位均在警戒水位以下。其中 8 月末淮河干流王家坝站出现当年最大一次超设防水位的涨水过程。8 月 29 日 8 时王家坝站水位从 21.03m 开始起涨,8 月 31 日 22 时出现洪峰水位 26.70m,超设防水位 0.20m,最大流量 2250m^3/s(王家坝+钐岗),干流其他主要控制站水位均在设防水位以下。

2. 颍河:汛期 8 月中旬受降雨和上游来水影响,颍河有一次小的涨水过程。阜阳闸 8 月 12 日水位开始上涨,受闸门调度影响,8 月 19 日 8 时出现今年最高水位 29.30m,而最大流量 551 m^3/s 出现在 7 月 27 日 11 时;颍上闸上最高水位出现在 6 月 8 日 12 时,水位 24.66m,最大流量 749m^3/s。

3. 茨淮新河:汛期茨淮新河水位较低,为抗旱提供灌溉水源,茨淮新河上桥闸一直关闭闸门。茨河铺闸曾于 6 月 24 日 14 时 12 分开闸引水,最大引水流量 30m^3/s,至 26 日 19 时 57 分关闸,共引水量 0.056 亿 m。上桥泵站于 1 月 12 日至 8 月 29 日先后 8 次开机抽水,共抽引淮河水量 3.71 亿 m^3。阚疃闸于 8 月 30 日 8 时开闸,9 月 1 日 8 时出现最大流量 75 m^3/s。茨淮新河其他各控制闸大部分时间关闸。

4. 泉河:汛期泉河水势较平稳,杨桥闸上水位保持在 30m 以上,闸门时有启闭。5 月 20 日 8 时出现最高水位 31.42m。进入主汛期,杨桥闸 6 月 1 日开始加大下泄流量,由浅孔闸门变深孔泄流,6 月 1 日 6 时出现最大下泄流量 256 m^3/s,至 10 月 1 日,水位控制在 27~28m 之间。

5. 涡河:汛期涡河水位偏低,未发生明显洪水过程。涡阳闸闸门时有启闭,水位控制在 28.0~29.5m 之间。7 月 24 日 8 时 48 分 4 孔深孔闸门提出水面加大泄量,9 月 25 日 8 时出现最高水位 29.50m。蒙城闸汛期闸门变动频繁,6 月 25 日 20 出现最高水位 25.35m,最大流量 148 m^3/s 出现在 8 月 30 日 8 时。

6. 怀洪新河:汛期怀洪新河水势平稳。为抗旱灌溉提供水源,何巷闸先后于 2 月、5 月、6 月、7 月和 9 月份多次开闸引水,累计引水量 1.22 亿 m^3。西坝口闸汛期闸门时有启闭,9 月 27 日 1 时闸上出现最高水位 15.10m,最大下泄流量 375 m^3/s (9 月 27 日 10 时)。

7. 浍河:汛期总体来水偏少,汛前较旱。5 月中旬开始开闸,且变动频繁,9 月 25 日 7 时闸上出现最高水位 17.30m,低于警戒水位(17.50)0.20m,最大下泄流量 408 m^3/s (9 月 25 日 11 时)。

8. 新汴河、奎濉河:宿县闸 1—5 月份河道筑坝,闸门维修。6 月 13 日 8 时宿县闸开闸,闸门变动频繁,9 月 29 日 21 时出现最高水位 26.05m, 9 月 25 日 10 时出现今年最大下泄流量 260 m^3/s;奎濉河浍塘沟闸入汛开始,闸门变动频繁,7 月中旬后受降雨影响,大部分时间在开闸泄水,6 月 29 日 7 时出现今年最高水位 22.08m,8 月 9 日 10 时最大流量 314 m^3/s。

9. 淠河:汛期淠河横排头闸上水位一直较高,闸门始终关闭。入汛后受区间降雨和上游水库泄水的共同影响,洪水过程持续不断,8 月淠河有一次涨水过程,8 月 7 日 2 时横排头坝上出现最高水位 53.84m,超警戒水位 1.84m,最大流量 1170 m^3/s。

10. 池河:汛期池河水位较低,未发生明显洪水过程,仅在 7

月份受降雨影响,发生了一次小的涨水过程。明光水文站从7月22日6时水位13.75m开始起涨,7月23日8时出现最高水位15.26m,最大流量406 m^3/s。

(二)长江流域

2009年长江干流水势平稳,水位偏低。受强降水影响,长江支流黄湓河、潜水、秋蒲河、青通河、西河、漳河、中东津河、水阳江等8条河流发生了超过警戒水位的洪水,其中西河、中东津河、水阳江超保证水位。其他各支流水势平稳。

1. 长江干流:2009年长江干流水势总体平稳,汛期比常年同期水位偏低。长江干流水位2月末开始上涨,至8月末回落,期间受长江上游来水影响,有过几次小的波动,未发生超警戒水位洪水。5月1日安庆站、芜湖站入汛水位分别为11.09m、7.04m,与常年同期相比分别高0.48m、0.28m。安庆站8月14日23时出现最高水位13.99m,低于设防水位(14.20m)0.21m;芜湖站8月13日3时54分出现最高水位9.51m,超设防水位(9.40m)0.11m;马鞍山站8月13日3时25分出现最高水位8.60m,超设防水位(8.00m)0.60m。

2. 皖河、潜水:皖河汛期水势总体平稳。6月末至7月初出现一次短时涨水过程,6月30日21时石牌水文站出现最高水位19.22m,超设防水位(18.00m)1.22m,最大流量3000 m^3/s;潜水潜山水文站从6月29日的26.55m开始起涨,6月30日16时28分出现最高水位30.27m,超过警戒水位(29.50m)0.77m,最大流量3220 m^3/s。

3. 黄盆河、秋浦河、青通河:汛期各出现一次超警戒水位过程,黄湓河雁塔站7月24日17时40分出现洪峰水位16.15m,超警戒水位0.15m,相应流量460 m^3/s;秋浦河高坦站7月24日15时出现洪峰水位23.69m,超警戒水位1.19m,最大流量811m^3/s;青通河青阳站6月30日15时出现洪峰水位14.75m,超警戒水位0.75m,相应流量149m^3/s;

4. 青弋江:汛期青弋江水位较常年同期水位偏低,先后出现3次小的涨水过程,均在警戒水位以下,最大一次出现在8月份,西河镇站水位8月10日8时开始起涨,起涨水位为9.50m,8月11日16时出现今年最高水位14.2m,最大流量3060m^3/s。

5. 水阳江:8月中旬水阳江流域发生了历史上8月份最大洪水,中上游超过保证水位。8月9日20时,水阳江上游中东津河河沥溪站水位开始起涨,起涨水位47.56m,10日14时29分达警戒水位51.23m,11日0时12分达保证水位52.53m,11日5时30分,河沥溪站出现洪峰水位53.36m,调查流量2330m^3/s(含分洪道流量130 m^3/s),超保证水位0.83m。水阳江宣城站于8月10日3时的水位10.99m开始起涨,11日2时01分达警戒水位15.50m,11日8时9分达保证水位16.50m,11日14时45分宣城站出现洪峰水位17.00m,流量3100m^3/s,超保证水位0.50m。水阳江新河庄站从8月10日3时11分的水位9.65m开始起涨,10日23时达警戒水位11.00m,11日8时达保证水位12.50m,11日18时新河庄站出现洪峰水位12.96 m,超保证水位0.46m,最大流量1720m^3/s。水阳江黄池站8月12日6时05分出现洪峰水位10.99m,超警戒水位0.49m。

6. 漳河:漳河南陵站6月30日8时26分从9.38m开始起涨,7月1日0时30分出现洪峰水位16.1m,超警戒水位0.3m,相应流量538m^3/s。

7. 西河:汛期西河流域分别发生2次超警戒水位、超保证水位洪水。西河缺口站从6月28日的8.19m开始起涨,29日21时42分达警戒水位,30日13时30分达保证水位,30日22时6分出现洪峰水位11.90m,超保证水位0.17m;梁家坝站从6月28日的8.17m开始起涨,30日3时30分达警戒水位,30日13时42分达保证水位,7月1日0时54分出现洪峰水位11.77m,超保证水位0.27m。西河支流永安河开城桥站从6月28日的8.25m开始起涨,29日16时30分达警戒水位,30日8时达保证水位,30日23时出现洪峰水位12.11m,超保证水位0.61m。

受7月26—28日降雨影响,西河出现今年第二次超警戒水位洪水过程。西河缺口站7月31日6时出现洪峰水位11.04m,超警戒水位0.54m;梁家坝站7月31日7时37分出现洪峰水位11.05m,超警戒水位0.55m;西河支流永安河开城桥站7月31日8时出现洪峰水位10.88m,超警戒水位0.38m。

8. 滁河:汛期滁河水位较低,未发生超警戒水位洪水过程。为抗旱提供水源,引江水道乌江泵站5月5日—6月9日3次抽水,共抽江水0.561亿 m^3,晋集闸泵站也于6月9日至7月21日分5次抽水,共抽水0.119亿 m^3。襄河口闸上1—5月基本关闸,进入主汛期闸门时有启闭,7月30日10时出现全年最高水位9.12m,7月30日9时出现最大流量81.2 m^3/s;汊河集闸汛前时有开闸,汛期5—6月份关闸,7月24日一度12孔闸门提出水面,7月7日17时出现最高水位8.07m,7月23日18时出现最大下泄流量290 m^3/s;驷马山引江水道乌江闸1—6月份关闸,7月份水位上涨,乌江闸开启闸门放水,7月2日15时出现最高水位8.91m,8月8日

17 时出现最大下泄流量 118m^3/s。

(三)新安江流域

汛期新安江流域水位偏低,未发生超警戒水位的洪水过程。屯溪水文站水位在 121.46～122.93m 之间变化。7 月下旬出现 2 次小的洪水过程,7 月 24 日 18 时屯溪水文站出现最高水位 122.93m,最大下泄流量1930m^3/s。

(薛仓生)

【洪涝灾害】 6 月 28—30 日,大别山区、江淮之间暴雨,造成六安、安庆、巢湖等市部分地区洪涝灾害;7 月 9—14 日,淮北北部、沿淮东部局部大雨到暴雨,造成滁州、蚌埠市部分地区洪涝灾害;8 月上旬受 8 号台风"莫拉克"影响,江南中东部地区降暴雨到大暴雨,造成宣城、池州市部分地区洪涝灾害。据统计,全省有 70 个县(市、区)566 个乡镇 746.8 万人受灾,因强降雨引发的山洪、泥石流、倒房等次生灾害死亡 4 人,落水等死亡 4 人;农作物受灾面积 52.28 万 hm^2,其中成灾 32.94 万 hm^2、绝收 4.76 万 hm^2;倒塌房屋 8022 间,因灾直接经济损失 42.1 亿元,其中水利设施直接经济损失 5.8 亿元。

【防汛抗洪】 狠抓汛前准备。①精心组织部署。省政府 4 月 10 日召开了全省防汛抗旱工作会议,部署安排全省防汛抗旱工作。省水利厅召开了 17 个市及 30 多个重点防汛县加强汛前准备工作会议,对加快开口工程、病险水库除险加固及汛前准备等重点工作和环节进行再督促、再布置、再落实。省防指各成员单位按照职责,积极落实防汛抗灾措施。各市县结合辖区实际,全面抓好水旱灾害防御准备。②层层落实责任。经省政府同意,重新调整了省防指组成人员,明确了省领导防汛抗旱责任分工,省政府各位负责同志除对长江、淮河干流分段负责外,还分工负责相关市的防汛抗旱工作。长江、淮河等重要堤段和重点防洪城市、水库、行蓄洪区行政首长防汛责任人名单在媒体上公布。全省各类水库防汛行政责任人和技术负责人名单均报省防指备案、备查。市、县(区)、乡(镇)层层落实以行政首长负责制为核心的各项防汛抗旱责任制。省防指对 70 多名市、县新上任指挥长进行指挥调度业务培训,省水利厅对市、县水利局长进行防汛抗旱业务培训。省水利厅成立防汛抗旱综合办公室,实行厅领导分区域、分堤段责任制。③加强指导督查。省委书记王金山结合有关调研,亲自到重点区域指导防汛抗旱工作。5 月中旬,省委副书记、省长王三运,省委常委、副省长赵树丛专程赴长江、淮河流域检查指导防汛工作。汛期,先后有 14 位省领导深入责任段、责任区和有关地区检查指导防汛抗旱工作。省防指先后就防汛抗旱准备工作、防洪排涝工程检查、防汛抢险队伍演练、防汛物资储备和行洪河道清障等发出通知,提出具体要求。按照"县级排查、市级抽查、省级督查"的原则,各市于 4 月上旬完成了自查工作,并按要求在辖区内开展了抽查工作。省防指、省水利厅先后派出 20 多个检查组赴各地对新建、改建和新加固的工程和水库汛前准备工作等进行抽查、督查。④制订完善预案。审查了全省大型和重点中型水库汛期调度运用计划,审批了白莲崖水库等工程的防汛预案,印发了《安徽省实施〈国家防总关于防汛抗旱值班规定〉细则》(试行)、《安徽省防洪排涝工程防汛检查规定》等制度。结合辖区内防洪工程的变化,督促各地修订完善了有关工程调度运用办法、行蓄洪区运用预案、防台风和山洪灾害预案、圩堤防汛抢险预案。主汛期前,省防指办共修订完善了 15 项调度方案和相关制度。⑤处理险工隐患。对长江干流及主要支流破堤开口的 39 处工程实行严格的督查督办制度,主汛期前全部完成复堤任务,具备挡水和运行条件。初步完成了 540 座病险水库除险加固。督促沿江各市把江心洲、外滩圩的防守工作放在防汛工作的突出位置,逐级落实防汛责任,开展群众安全撤离演练。加大河道除障清障力度,严打非法采砂活动,保障堤防安全。督促山丘区落实山洪灾害防治责任人及山洪、地质灾害隐患点监测、人员转移等一系列安全防范措施,修订完善预案,建立预警预报系统。通过各项措施的实施,把隐患消除在洪水到来前,把风险降到最低程度。⑥提升保障力量。主汛期前,省防指组织直属机动抢险队开展了防汛实战演练,并与省预备役师在安庆举办了联合抢险演练。全省 17 个市相继开展了堤坝、涵闸险情除险、群众紧急转移安置等防汛演练 219 场次,参加演习人员达 2 万多人。督促市、县开展防汛物资社会号料工作,落实砂石料料源点 480 个、120 万 t,"三袋"(编织袋、草袋、麻袋)料源点 1120 个、1800 万条,木材料源点 261 个、2 万多 m^3,提升了抗洪抢险物资保障能力。

主动预测预报预警。根据省委、省政府办公厅印发的《关于切实做好灾害性天气预警信息发布工作的意见》,水利、气象、国土、民政、交通、水文等部门建立联合常态防汛会商制度,完善天气、雨情、汛情监测、预报和预警机制,提高预测的科学性、预报的时效性和预警的有效性。在防抗强降雨和第 8 号台风工作中,省防办会同气象、国土、民政、农业、水文部门对重要天气和雨水情实行每日会商制度,综合研判雨情、汛情、灾情等相关信息,分析防汛形势,提出应对措施,形成会商报告,为省领导决策提供参考;在安徽日报、安徽电视台、安徽广播电台等各类媒体动态发布防台风防汛预警25次、汛情通告8期,并在电视台播放防台风“十二招”口诀,加强防台风信息和防御知识宣传力度。省气象局通过短信平台向各级防汛责任人和公共用户发送预警信息和提示信息200多万人次,省交通厅通过手机向各级海事部门相关人员和乡管员发送台风信息2000余条,省国土厅适时发布地质灾害预警。

适时启动预案。为防范第8号台风,省防指适时启动防台风防汛预案Ⅲ级应急响应,响应时间达233h。省军区启动防抗台风Ⅱ级响应。省国土、气象、水文等部门分别启动了部门防御灾害预案Ⅲ级响应,省民政厅启动《安徽省自然灾害救助应急预案》Ⅳ级响应。省防指督促台风影响区域启动乡、村级防台风和防御山洪泥石流预案,启动大中小型水库防洪预案。在今年的防汛防台风工作中,市、县防指及时启动防汛应急响应71次,强化各项应急措施落实。

及时转移危险区群众。省防指始终把确保人民群众生命安全放在防汛抗洪工作的首位。强化风险意识,积极主动避险,在强降雨来临前或台风来袭前,督促各地排查隐患、提前转移危险区域群众。特别是在防御第8号台风工作中,各地对地质灾害隐患点、危房、切坡建房、病险工程、低洼地、施工工地等危险区域内人员进行排查,提前转移安置人员达9.66万人。督促淮河以南地区30982艘渔船归港避风,5万多人上岸避险;全省停运运输船舶3966艘、停摆渡船1840艘、停航旅游船舶323艘。

发挥水利工程作用。在防御第8号台风工作中,省防指、省水利厅超前调度水利工程,腾出库容,增强水库、湖泊拦蓄洪水的能力。水阳江流域发生降水后,为有效降低水阳江水位,保障堤防安全,省防指督促宣城市防指利用港口湾水库拦洪错峰,并一度关闭发电孔,降低水阳江宣城站水位约0.4m;及时开启南漪湖双桥闸和马山埠闸向南漪湖分洪,最大分洪流量达1295m^3/s,有效降低了宣城及新河庄站的水位。6月下旬和7月上旬,大别山区、江淮之间南部和沿淮淮北地区先后降大到暴雨,为确保防洪安全,及时调度巢湖西河流域各闸和沿江湖泊泄洪,降低河道、湖泊水位;调度大别山区水库提前预泄,腾出库容;调度淮干蚌埠闸提前泄水,预降河道水位;督促受涝的地区开启泵站排水,力减涝灾损失。

合力防御洪涝灾害。省政府、省防指先后派出20个工作组赴各地检查指导防汛防台风工作,水利、国土、农业、民政、交通等省防指成员单位加强行业防汛防台风指导。省防办紧急调拨防汛物资支持受灾地区防汛排涝。省军区、省武警总队出动官兵和民兵预备役人员4500多人,投入车辆100多台次,协助地方转移群众、抢运物资和抗洪抢险。受灾地区各级党委、政府全面落实防汛责任制,紧急转移危险区域群众,加强重点区域防控,累计下拨防汛资金9100多万元和价值2800多万元的防汛物资投入防汛抗洪抢险。

通过全省上下的共同努力,防汛防台风工作成效显著,确保了水库大坝、河道堤防安全,确保了重要城镇、交通干线安全,确保了人民群众生命安全。水利工程减淹耕地7.7万hm^2,防洪减灾综合经济效益达33亿元。

【引江济巢调水试验】 按照省水利厅统一安排,省防办明确专人做好相关调度工作,对引水时机、闸站调度、结点水位控制等作出细化安排;省、市防汛部门在总结多年巢湖和内河水位调度经验的基础上,合理选择调水时机,最大限度的处理好用水安全、防洪安全、航运安全与调水试验的关系。2009年通过自流引江、抽引江水及截留雨洪入湖三种方式先后实施了4次引江济巢调水调度,累计历时70余天,通过兆河闸入巢湖水量约4.11亿m^3,其中,雨洪入湖2.9亿m^3,自流引江入湖0.54亿m^3,抽引江水入湖0.67亿m^3。

【水毁修复】 汛期,全省多次出现强降雨过程,西河、水阳江发生了超保证水位洪水过程,大别山区等地发生山洪泥石流灾害,水利基础设施损毁严重。汛情稍一平稳,省水利厅及时要求各地迅速开展水毁修复和灾后重建工作,并安排专人每旬统计修复进度。截至12月底,已累计修复水毁工程9802处,占计划92.9%;完成土方1315万m^3,占计划91.6%;石方108万m^3,占计划91.5%;混凝土15.3万m^3,占计划87.3%,投入各类资金近3.7亿元。

抗旱

【旱情旱灾】 2008年10月下旬至2009年2月上旬,合肥以北降雨持续偏少,淮北地区平均降雨19mm,比常年同期偏少8成,淮北西北部偏少达8~9成,降水量之少约为50年一遇。淮北地区发生了严重干旱,局部特大干旱;合肥以北江淮丘陵区发生中度干旱,局部严重干旱。全省共有9个市、55个县(市、区)发生不同程度旱情,最大受旱面积达193.7万 hm^2,占小麦播种面积的82%,其中严重干旱81.93万 hm^2。

【抗旱措施】 强力推动抗旱工作。旱情发生后,省委、省政府要求各级把抗旱保苗作为农村中心任务来抓,力争农业受灾不减产,努力完成夏粮增产和农民增收目标。省委常委会专门研究抗旱保苗工作,省政府先后召开5次抗旱保苗工作专题会议,建立了抗旱保苗联席会议制度和日报制度。省委书记王金山、省长王三运、省委常委、副省长赵树丛深入一线检查指导,省级先后3次派出12个工作组深入重灾区督促指导。各级防办和有关部门春节假期坚持抗旱值班和领导带班制度。各地依法实行抗旱工作行政首长负责制,党政负责同志分片包干,驻点指挥,有关部门抽调科技人员深入到村、组、田间地头帮助群众抗旱浇灌,确保了抗旱保苗工作的顺利推进2008年12月下旬,省政府办公厅就下发做好抗旱防冻田管工作的紧急通知。省政府出台了一系列惠农补贴政策,各地也创新机制,加大抗旱保苗投入。省直有关部门从农机补贴中集中安排资金支持各地购买抗旱机具,预拨3亿元农资综合补贴支持农民购买化肥等物资。省防指会同省经委、电力公司三次下达1.28亿 kWh 农业抗灾用电指标。各有关部门全力服务抗旱保苗工作,省财政厅积极筹措抗旱保苗资金,省水利厅组织专家分类提出抗旱浇灌应对措施,省农委加强苗情监测和田间技术管理,省气象局加强旱情监测、预报并适时实施人工增雨;省水文局加强土壤墒情、水源监测频次和旱情综合分析,省金融部门开通农民购买种子、化肥等贷款"绿色通道",省经委、省电力公司、中石油、中石化积极做好抗旱油电供应,其他有关部门也各司其职做好抗旱服务工作。各级抗旱服务队活跃在田间地头,开展维修设备、打井、洗井、灌溉等抗旱应急服务。

利辛县对购买抗旱机械的农户,每台套补贴1000元,对浇灌小麦的农户每亩补助2元,对开机提水的泵站和连片灌溉的乡镇给予补贴。各地也结合实际出台激励政策,增加市、县财政投入,极大地调动了农民抗旱保苗的积极性。省防指今年1月20日启动《安徽省抗旱预案》Ⅱ级响应,2月5日又将响应级别提高到Ⅰ级。省防指办每天组织会商,分析墒情、旱情,研究抗旱浇灌措施,在媒体上发布《旱情通报》,在安徽水利信息网上开辟"打好抗旱保苗攻坚战"专题栏目。省农委启动农业抗旱保苗Ⅰ级响应,省气象局发出红色预警,淮北、亳州、阜阳等7个市启动了抗旱预案Ⅰ级响应。秋季一度发生阶段性秋旱。省政府及时召开全省抗旱播种保全苗工作电视电话会议,省政府办公厅下发了抗旱秋种工作紧急通知,部署抗旱保苗工作。省防指会同省经委、省电力公司下达5100万 kWh 农业抗灾用电指标支持各地抗旱浇灌。受旱地区各级政府迅速动员干部群众开展抗旱造墒和保苗工作。各级水利部门动用9万眼机电井,开启318处泵站和30万台套机动设备提水浇灌,造墒、浇灌66.67万 hm^2。

保障用水需求。自2008年汛末,省防指便加强蓄水保水和抗旱水源调度,千方百计满足用水需求。旱情发生后,调度河灌区节制闸开闸引水、骨干泵站开机提水;开动所有抗旱泵站、利用现有机电井、小口井抽水浇灌;发动群众因地制宜打机井、小口井,清淤、开挖沟渠,淘洗淤井,开辟水源。省防办及时调拨689台套机泵支持有关县、区抗旱。从1月中旬起,茨淮新河上桥抽水站开机提水1.1亿 m^3,怀洪新河何巷闸开闸引水3000多万 m^3。全省各类水利工程累计引水、提水12.27亿 m^3,有效保障了抗旱保苗用水水源。

【抗旱投入与效益】 全省有382.9万人投入抗旱保苗行动,动用14.8万眼机电井,开启1926处固定泵站、69.3万台套流动抗旱设施提水浇灌,动用机动运水车5000多辆,新打小口井3.1万眼、机电井3408眼,淘洗井1.24万眼,维修固定泵站577座、机电井泵站4171座,新挖沟渠40km,清淤沟渠228km。投入抗旱用电1.25亿 kWh、抗旱用油4.82万 t、抗旱资金8.5亿元。通过抗旱浇灌,挽回小麦产量471万 t,产值81.9亿元,抗旱净效益53亿元。

(程建)

水政管理

SHUIZHENG GUANLI

法制建设

【水利立法】 2009年,省水利厅对水利部、省人大、省政府法制办、省政府办公厅等有关部门转来的近30件法律、法规、规章草案和有关问题的征求意见稿,在充分征求意见的基础上,依据水法规及时认真地提出书面修改意见。派员参加省人大、省政府法制办召开的立法协调会、座谈会和征求意见会10余次。在省政府常委会审议《安徽省河道采砂管理办法》(草案)之前,配合省政府法制办对《安徽省河道采砂管理办法》(草案)进行协调和修改,对采砂许可、砂石资源管理费征收等原则性问题,依法据理力争,经过不懈努力,《安徽省河道采砂管理办法》经2009年6月15日省人民政府第37次常务会议审议通过,以省政府令第223号发布,自2009年8月1日起施行,办法规范了省内淮河及其他中小河道采砂行为,理顺了安徽省河道采砂管理体制,为加强河道采砂管理,规范河道采砂秩序,提供了强有力的法制保障。

根据省人大立法计划,依据《中华人民共和国水法》、《中华人民共和国防洪法》、《中华人民共和国水文条例》等法律法规,自年初起,省水文局在充分调查研究的基础上,结合安徽实际起草了《安徽省水文条例(草案送审稿)》,经省水利厅厅长办公会议审议修改后,于8月正式报送省政府,省政府法制办已组织通过了立项论证。年内,还正式启动了《安徽省节约用水条例》和《安徽省水能资源开发利用管理办法》立法前期工作。

按照省人大常委会《关于开展法规清理工作的通知》(皖人常办〔2009〕29号)和省政府法制办《关于做好地方性法规清理工作的通知》(皖府法〔2009〕48号)要求,省水利厅组织对《安徽省实施〈中华人民共和国水法〉办法》等5件涉水地方性法规和《安徽省〈蓄滞洪区运用补偿暂行办法〉实施细则》等7件省政府规章进行全面清理,并将清理工作情况上报省政府法制办和省人大等立法机关。

按照《安徽省行政机关规范性文件制定程序规定》的要求,省水利厅对内部有关处室起草的《安徽省小型水库管理办法》、《安徽省水利工程质量检测管理办法》和《安徽省水能资源开发利用管理意见》等规范性文件草案,认真进行合法性审查,并按规定向省政府法制办办理审查和备案手续。

【水法规宣传】 2009年3月22日至4月22日,安徽省以"落实科学发展观,节约保护水资源"和"节约保护水资源,实行最严格的水资源管理制度"为主题,开展第19届水法宣传月活动。为使水法宣传月活动达到预期效果,2月份,省水利厅即作出全面部署,并提出具体要求。水法宣传月期间,省水利厅与合肥市水务局联合在合肥市中心城区、市政务大楼、厅办公区等地段放置宣传气球;在合肥市区主要公交线路的公交车上设置宣传广告;开展宣传进学校活动,组织创作保护水资源卡通画册—《水娃娃的故事》,在省级一类幼儿园发放,并与合肥市包河区教育局共同组织在区内中小学开展"珍惜水资源保护水环境"有奖征文活动;在包河苑开展了宣传进社区活动;印发宣传购物袋5000条、宣传单20000份。此外,全省各地水利部门联动开展宣传,使水法宣传深入到社会各阶层、各角落,有效扩大了水法规的影响力。在面向社会广泛宣传水法规同时,注重水利系统内部学法普法工作,印制《中华人民共和国抗旱条例》、《安徽省河道采砂管理办法》单行本,组织开展新法律法规的学习和培训。

【水行政许可】 2009年,省水利厅结合水利改革发展实际,对省发改委《关于征求第二批下放县级经济社会管理权限修改和补充意见的函》中涉及省水利厅及市水利部门许可项目减少层级或下放权限的建议,从全省发展大局出发提出修改和补充意见,并多次就下放县级经济社会管理权限与省发改委综合处沟通和研究。另外,按照《行政许可法》和省政府的统一部署,本着精简和效能的原则,结合新一轮政府机构改革中职能和机构调整情况,在对厅本级现有行政审批项目进行认真细致梳理的基础上,再次组织对水利行政审批项目进行全面清理。为便于对涉水建设项目进行审查、审批、协调,全面掌握建设项目需办理的水行政许可项目情况,保障水行政主管职能履行到位,依据《行政许可法》和水法律法规,对建设项目可能涉及的水利行政许可项目进行了梳理,并对涉及的水利行政许可项目名称、审批依据、申报条件、材料目录、办理程序、承诺时限、收费标准、窗口权限等内容进行了规范。

(章佳)

执法监察

【水行政执法】 2009年,省水利厅在合肥举办了全省水政机构负责人及业务骨干培训班,培训内容由水法规知识扩展到行政复议、行政诉讼等行政法制的各主要方面,并邀请了安徽大学、省高级人民法院、省政府法制办的多位专家、教授授课。通过培训,进一步提高了全省水行政执法人员的综合业务素质和依法行政能力。

遏制河道非法采砂活动。《安徽省河道采砂管理办法》出台后，省水利厅及时分析研究了安徽省内长江、淮河采砂管理所面临的形势，继续在“严”字上下功夫，保持高压态势，坚持日常监管与集中打击相结合，加强日常监督检查，对非法采砂频出重拳。在执法装备和经费十分有限的条件下，与公安、海事等部门密切配合，在长江、淮河干流开展打击非法采砂的联合执法行动300余次，累计出动执法人员近2600人次，查获违规大中型采砂船1艘次、非法运输船20艘次、小型采砂船590余条次，拆除小型采砂船采砂机具近1200台套，行政罚款145万元(实际到位143万元全部上缴省财政)。省淮河河道管理局针对夜间非法采砂活动有所反弹的情况，3月中旬组织人员对淮河上至王家坝下到明光小柳巷进行了一次全河段夜间暗查，共发现正在非法作业的采砂船只共308艘，及时向有关市、县通报了情况，随后各有关单位及时开展夜间采砂集中整治行动，有效地维护了采砂管理秩序。

建立采砂管理长效机制。2009年，根据水利部发布的《河道采砂规划编制规程》以及省政府颁布的《安徽省河道采砂管理办法》，省水利厅对《安徽省淮河干流河道采砂应急规划》进行了修改，建立了采砂管理长效机制，起草了《关于我省淮河干流河道采砂管理若干补充规定》和《安徽省淮河干流采砂管理水行政处罚实施细则》(试行)、《安徽省淮河干流河道采砂申请审批暂行办法》、《安徽省淮河干流砂石资源开采权招标拍卖办法》等细则。

【水事纠纷调处】 2009年，省内一些水域偷采河砂活动频繁，沿淮边界水域采砂管理涉及跨行政区域执法，打击行动难以同步，采砂管理难度较大。为了加强边界水域采砂管理，省水利厅积极承办由淮委组织的苏皖边界河段联合整治非法采砂工作会议，并签订了采砂管理协议。配合淮委开展了一次针对淮河干流采砂管理的执法活动，重点是对豫皖和苏皖边界河段的采砂管理和砂堆场设置进行检查。在省内对淮南与怀远交界、毛集与寿县交界水域、五河县沫河口水域(两市三县区交界水域)偷采活动实施集中打击。(详见表1表2)

【水行政复议】 2009年，有6个“河费”征收对象因不服省水利厅作出的具体行政行为，向省政府提起行政复议申请。省水利厅及时作出书面答辩，依法认真举证，并多次与省政府法制办复议机构联系和沟通，维护了水利部门的合法行政行为。年内，全省水利部门发生5起行政、民事诉讼案件，省水利厅积极介入，提供法律咨询和帮助，支持基层水利部门应诉、抗辩，依法维护水利行业合法权益。

表1　　**2009年安徽省水事纠纷统计表**

项目 别类	上年遗留水事纠纷	当年发生水事纠纷	已解决水事纠纷				损失情况			
			小计	协商	地方人民政府处理	流域机构处理	死亡	伤残	直接经济损失	挽回直接经济损失
	件	件	件	件	件	件	人	人	万元	万元
	1	2	3	4	5	6	7	8	9	10
省内		119	119	89	30				29.9	57
省际										

2009年安徽省水政监察队伍基本情况表

项目	队伍情况(支)				人员情况(人)									
	行政性质	事业性质			工作方式		性别结构		年龄结构			文化程度		
		全额拨款	差额拨款	自收自支	专职	兼职	男性	女性	29岁以下	30－45岁	46岁以上	中专以下	大专	本科以上
	1	2	3	4	5	6	7	8	9	10	11	12	13	14
总队	1													
支队	4	7	2	2	103	91	162	32	24	124	46	43	82	69
大队	13	30	4	20	790	743	1346	187	272	1021	240	706	616	211
备注	总队未正式批机构和编制，所以总队的水政监察人员情况未统计入表													

(章佳)

表2

2009年安徽省水事违法案件统计表

项目/类别	案件受理情况				案件处理情况										申请行政复议			提起行政诉讼			损失情况			案件执行情况		
	上年遗留案件	现场处理	立案	结案	警告	罚款	没收违法的得	没收非法财物	暂扣许可证	吊销许可证	责令限期拆除	责令停产停用	责令采取补救措施	责令赔偿损失	维持具体行政行为	变更具体行政行为	撤销具体行政行为	维持具体行政行为	变更具体行政行为	撤销具体行政行为	伤亡	直接经济损失	挽回直接经济损失	当事人自动履行	行政机关采取强制措施执行	人民法院强制执行
	件	件	件	件	次	万元	万元	万元	个	个	次	次	项	万元	件	件	件	件	件	件	人	万元	万元	件	件	件
	1	2	3	4	5	6	7	8	9	10	11	12	13	14	15	16	17	18	19	20	21	22	23	24	25	26
河道案	67	1876	1109	1087	568	873	32				564	123	519					17	2			264	189	2596	289	78
水工程案	19	217	231	172	21	56	44				32	5	32	3	9							189	21	323	57	9
水资源案	8	324	89	79	19	351	257		21		21	32	79											402	1	
水土保持案	5	109	32	28	51	165					17		88		9									137		
其他案	17	15	7	5																				20		

(章佳)

水资源管理

SHUIZIYUAN GUANLI

规章制度

【基础工作】 开展全省流域、行政区域水资源节约、保护等专业规划的编制工作,修订完善《安徽省水资源管理系统建设规划》和《一期工程实施方案》。组织开展淮河、长江干流取水水工程普查登记工作,建立淮河、长江取排水口档案;组织开展典型灌区用水调查分析等工作。有关市开展新一轮水功能区划,为下一步修编全省水功能区划打下基础。

开展“安徽省建设项目水资源论证指导细则”、“全国重点行业水资源论证要点”编制工作。开展世行贷款灌溉农业项目“安徽省大型灌区水资源优化配置方案研究”,按计划完成补充监测、资料收集工作。参与国家重大公益性项目“淮北平原安全开采及可持续利用研究”和安徽省水资源重点攻关项目“安徽省中西部水量分配方案研究”。

(省水利厅水资源处、省水文局)

监督监测

【监测工作】 如期完成常规水质监测任务,全年监测水质数据约8万组。拓展水功能区监测,平均每月230站次,较2008年新增监测断面13个,涵盖了116个一、二级水功能区监测。开展17个地级市和10个县级城市的重要供水水源地水质监测。积极推进农村饮水水质监测工作,全省共监测农村饮水工程水质1000多处,产生明显的社会效益。积极介入水环境治理工作,做好省界断面水质监测、淮河污染联防监测。完成与淮委水科所合作的白莲崖水库环境影响评价项目中的水质、水量监测工作,成果已报淮委水科所。完成安徽省水功能区首次全部普查监测工作和第一次淮北地下水水质监测工作。完成全省入河排污口的调查登记和入河排污口调查监测工作,监测入河排污口约560个,取得入河排污口水质监测数据2.8余万组,为掌握安徽省城镇入河排污状况获得宝贵的第一手资料。完成常规地下水动态监测与分析,对观测井网进行了维护、改造和优化调整,并加强地下水超采区和城市水源地的监测。积极开展地下水自动监测、传输处理系统研究,着力推进地下水自动监测试点建设。

(省水文局)

【水质状况】 2009年共对全省154个水质断面(点)进行了2541次采样监测,其中,汛期1068次,非汛期1473次。汛期符合《地表水环境质量标准》(GB3838-2002)(下同)Ⅰ~Ⅲ类测次占汛期总测次的71.3%,Ⅳ类占14.4%,Ⅴ~劣Ⅴ类占14.3%;非汛期Ⅰ~Ⅲ类测次占非汛期总测次的75.2%,Ⅳ类占9.3%,Ⅴ~劣Ⅴ类占15.5%;全年Ⅰ~Ⅲ类占73.5%,Ⅳ类占11.5%,Ⅴ~劣Ⅴ类占15.0%。

根据监测的各断面(点)水质参数不同水期平均浓度并进行类别评价统计,154个监测断面(点),汛期符合Ⅰ~Ⅲ类的断面(点)占69.3%,Ⅳ类占16.3%,Ⅴ~劣Ⅴ类占14.4%;非汛期比例分别为:72.7%、9.7%、17.5%;全年比例分别为:72.1%、9.1%、18.8%。

非汛期水质略优于汛期。

(一)江河水质

全省117个江河断面共进行了1946次采样监测,其中,汛期803次,非汛期1143次。汛期水质符合Ⅰ~Ⅲ类测次占汛期总测次的66.3%,Ⅳ类占16.2%,Ⅴ~劣Ⅴ类占17.6%;非汛期Ⅰ~Ⅲ类测次占非汛期总测次的71.2%,Ⅳ类占10.2%,Ⅴ~劣Ⅴ类占18.5%;全年Ⅰ~Ⅲ类占69.2%,Ⅳ类占12.7%,Ⅴ~劣Ⅴ类占18.1%。

汛期水质符合Ⅰ~Ⅲ类的断面数占65.5%,Ⅳ类占15.5%,Ⅴ~劣Ⅴ类占19.0%;非汛期比例分别为:67.5%、9.4%、23.1%;全年比例分别为:69.2%、6.0%、24.8%。

非汛期水质略优于汛期。水质较差的江河主要是氨氮、溶解氧与高锰酸盐指数超标。

总体上,长江、钱塘江流域水质好于淮河流域水质,长江流域水质较差的水域主要集中在巢湖及其环湖河道,淮河流域水质较差的水域集中在淮河以北支流。

与2008年相比,淮河流域水质状况有所好转,长江、钱塘江流域水质基本无变化。

(二)湖泊和大型水库水质

全省37个湖(库)监测点位进行了595次采样监测。其中,汛期265次,非汛期330次。

汛期水质符合Ⅰ~Ⅲ类测次占86.4%,Ⅳ类占8.7%,Ⅴ~劣Ⅴ类占4.9%;非汛期Ⅰ~Ⅲ类测次占非汛期总测次的88.8%,Ⅳ类占6.1%,Ⅴ~劣Ⅴ类占5.2%;全年Ⅰ~Ⅲ类占87.7%,Ⅳ类占7.2%,Ⅴ~劣Ⅴ类占5.0%。

呈中营养监测点数占年测点总数的66.7%,轻度富营养占33.3%,各代表面积比例为:61.4%、38.6%。

淮河流域共监测10个湖库14个点位,水质为Ⅰ~Ⅲ类的点位占78.6%,Ⅳ类占21.4%。

长江流域共监测10个湖库23个点位,水质为Ⅰ~Ⅲ类的点位占78.3%,Ⅳ类占17.4%,Ⅴ~劣Ⅴ类占4.3%。

湖库非汛期水质优于汛期，非汛期营养化程度比汛期稍轻。大型水库水质优于湖泊水质。水质较差的湖泊，主要是氨氮、高锰酸盐指数、总氮、总磷超标。

与2008年相比，从水质类别看，全省湖库水质没有大的变化，但富营养化程度略低于上年。

(三)水功能区水质状况

全省供监测水功能区116个，其中江河水功能区94个，全年Ⅰ～Ⅲ类水的测次占69.2%，Ⅳ类占12.7%，Ⅴ～劣Ⅴ类占18.1%。湖库水功能区22个，全年Ⅰ～Ⅲ类水的测次占87.7%，Ⅳ类占7.4%，Ⅴ～劣Ⅴ类占4.8%。江河非汛期水质略优于汛期，湖库非汛期水质优于汛期。

符合水功能区水质管理目标的(以下简称达标率)占75.4%。其中江河型水功能区达标率为73.9%，湖库型水功能区达标率为81.8%。

按水功能区主导功能统计，共监测：保护区23个，达标率为87.0%；保留区9个，达标率为94.4%；缓冲区11个，达标率为63.6%；饮用水源区18个，达标率为94.4%；工业用水区7个，达标率100%；农业用水区36个，达标率为55.6%，但均符合《农田灌溉水质标准》(GB5084—2005)；景观娱乐用水区6个，达标率为50.0%；过渡区3个，达标率为66.7%；排污控制区3个，因暂不执行水质管理目标，不参与评价。

开展监测的保护区、保留区、开发利用区中的饮用水源区和工业用水区符合水质管理目标比率较高，均在80%以上，而缓冲区与和开发利用区的农业用水区、景观娱乐用水区和过渡区达标率均较低，均在70%以下。

与2008年相比，淮河流域水功能区达标率略上升，长江流域水功能区达标率基本未变，新安江流域达标率明显下降。

(夏守先)

水资源保护与节约

【水资源保护】 进一步完善“安徽省取水许可办公系统”，实现省、市、县三级同一信息平台办理取水许可申办工作；完善取水许可统一登记与建档，基本实现取水户档案计算机管理；逐步建立完善取水许可、取水计量日常监管机制；加强水资源论证管理，规范水资源论证报告编制。完善安徽省水资源管理信息系统规划与建设方案，并经水利部专家审查通过；启动省级取水大户取用水在线监控建设，为逐步落实对取水户实施总量控制与定额管理奠定了基础。流域及省发证的重点取水户水资源费开始由省直收。

加强水功能区管理，研究并初步提出各水功能区和各行政区总量控制目标与限排意见，形成《安徽省水功能区水域纳污能力核算与限排意见报告》；加强饮用水水源保护，完善全省城市饮用水安全保障规划，建立城市水源地水质监测和信息通报制度、水污染突发事件应急处置机制等；配合流域机构做好沙颍河、涡河和淮干等主要河流水污染联防，建立跟踪监测制度，协助做好高塘湖引淮等水资源调度工作等。

【节水型社会建设】 淮北市节水型社会建设稳步推进，编制出台了《淮北市行业用水定额》等地方性标准和规范性文件，并加大节水型社会建设宣传力度，节水新技术、新工艺、新设备得到示范应用，经济结构调整亦加快，工业、农业和市政节水水平明显提高。合肥市节水型社会建设规划通过水利部审查，并于12月16日举行试点建设启动仪式。铜陵市申报全国第四批节水型社会建设试点市，全省形成了淮北地区、江淮之间、沿江地区三个不同水资源条件下的节水型社会建设试点市布局。

(朱岳松)

农村水利

NONGCUN SHUILI

农田水利基本建设

【概况】 2009年4月,省人大组织开展了农田水利建设与管理专题调研活动,分析当前全省农田水利建设与管理存在的突出问题,并从定位、规划、投入、机制、立法等方面提出了加强农田水利建设与管理的要求。11月4日,省农建指挥部召开了全省冬春农田水利基本建设电视电话会议,全面动员部署了冬春农建工作。省委、省政府于12月28—29日召开了全省农田水利基本建设电视电话会暨现场会,省长王三运作动员报告、省委副书记王明方主持会议并讲话,并组织各市、县(市、区)政府及水利部门负责人在全椒县现场观摩学习,推动了全省农田水利基本建设再升温。11月14—25日,省农建指挥部组建了5个督察组深入全省各地全面检查、指导、督促农田水利基本建设工作。省水利厅在安徽水利信息网上开设"水利兴修在行动"专栏,对各地工程进展情况进行动态报道,并编发工作简报,大力宣传、发动全省农田水利基本建设工作。各地建立健全农田水利基本建设组织领导机构,积极完善领导责任分工、目标考核等工作机制,切实加大组织领导力度。滁州、六安两市分别组建了由市委书记任政委、市长任总指挥的高规格指挥部,大力推进农田水利基本建设。2008年冬至2009年春,全省共投入各类农田水利基本建设资金54.9亿元,投入劳动工日2241万个,出动机械台班205万个,完成土石方3亿m^3,基本完成冬春农田水利基本建设任务。

【投入情况】 1.政府财政投入。各级政府进一步加大投入力度,在努力筹措落实农村饮水安全、小水库除险加固等民生水利工程配套资金的同时,积极安排财政专项资金投入农田水利基本建设。省财政2009年共安排下达了农村饮水安全、小水库除险加固、大型泵站更新改造、大型灌区续建配套、小型农田水利工程等农村水利专项建设投资计划7.8亿元。另外,对于2009年中央财政新增农资综合补贴资金分配给安徽省的4.8亿元,省财政通过种粮大户和现代农业综合开发示范区两种途径,已全部下达用于农田水利建设。合肥市优先保证中央扩大内需项目和民生工程的配套资金,2009年市级财政共落实各类农村水利建设项目配套资金7974万元。淮北市政府研究通过了《淮北市农田水利建设规划》,并决定自2009年起市财政每年投入1000万元、县区财政配套1000万元,用5年时间建设完善全市农田灌排工程系统。全椒县从2004年开始坚持以政府投入为主,持续进行滁河综合治理,经过六年努力,实现了滁河68km堤防的全线达标,2009年全椒县在落实2236万元水库除险加固等配套资金的同时,又拿出5370万元,用于内河堤防加固、渠道整治、塘坝扩建等工程建设。肥西县出台了《促进现代农业发展实施办法》,明确对水库除险加固、渠道硬化、当家塘、泵站技改、河湖综合治理等五项农田水利基础设施建设给予财政补助,本年度还实施丰乐河综合治理工程,由县财政投入7702万元,完成50km长的堤防平台加固和主要渗漏段填塘固基、38km长的堤顶防汛道路、72座穿堤建筑物加固改造及部分堤段白蚁防治等建设任务。2008年冬至2009年春,全省各地市、县、乡三级财政共投入农田水利基本建设的资金达14.3亿元。

2.受益群众投入。各地坚持村民自愿、直接受益、量力而行、民主决策、合理限额的原则,充分调动群众筹资投劳开展农田水利建设的积极性。从2009年起,省财政在全省全面推开了村级公益事业"一事一议"奖补试点工作,以此为契机,各地积极组织引导农民群众围绕农田水利建设开展议事活动,探索建立通过财政奖补"一事一议"活动引导群众筹资筹劳的新机制。全省各地通过"一事一议"等方式共筹资9.5亿元,其中六安、巢湖、安庆、宿州等4市群众筹资分别达到1.54、1.45、1.08、1.01亿元。蚌埠市大力推广农民用水协会议事和农田水利建设项目区议事的组织方式,运用"协会议事"、"一项目区一议"方式进行兴修的工程约占全市兴修工程的60%。郎溪县用足用活村级公益事业建设"一事一议"财政奖补政策,2009年县以上财政总共安排奖补资金488万元,其中用于水利建设的资金达316万元,且受益群众的自筹资金比例只需40%,受到群众普遍欢迎。

3.民间资本投入。各地通过积极开发利用水土资源,吸引社会资金投入小型水利工程建设。在农村饮水安全项目建设过程中,各地通过出让管理经营权等方式,大规模招商引资进行水厂建设、增铺供水管道,有效解决了资金不足的难题。涡阳、利辛、灵璧等沿淮淮北各地乡镇与当地砖窑厂联合,采取"以土方换工程"的方式,由砖窑厂先垫付资金,再用土方折价抵付,或是通过拍卖沟边树木种植权等方式,向社会筹集大中小沟的清淤疏浚兴修资金。江淮及江南山丘区各地通过开发水面养殖、休闲旅游等资源,成功筹措了塘坝、小水库等工程改扩建的资金。本年度各地共吸引民营及其他方面投入资金3.2

亿元。

【建设成效】 2009年，全省共修复水毁工程13000余处，新增防渗干、支渠道2007km，清淤疏浚河道、沟渠23400多km，加固水库567座，建设村镇供水工程1607处，修建塘坝8678处、灌溉机井14690多眼，新建水池水窖1570多口。全省共新增有效灌溉面积3.07万hm^2、节水灌溉面积2.61万hm^2，改善灌溉面积33.6万hm^2，新增除涝面积1.56万hm^2，新增旱涝保收面积1.57万hm^2，新增供水受益人口316.43万人。

（省农建办）

民生工程

【小型水库除险加固工程】

1. 基本情况。安徽省共有病险小型水库4552座，存在严重病险情亟需除险加固的有1820座，其中有206座重点病险小型水库列入国家除险加固专项规划，其余1614座列入省计划。按照十七届三中全会精神和《中共安徽省委〈关于贯彻中共中央关于推进农村改革发展若干重大问题的决定〉的实施意见》的要求，2012年前基本完成省计划的1614座病险小型水库除险加固任务。2007年省计划安排422座，2008年省计划安排400座，2009年省计划安排300座。2010年300座，其余192座根据加固情况进行安排，预期2012年完成。2009年始，小型水库除险加固工程列入省28项民生工程，纳入省政府目标考核。

2. 建立规章制度。2009年，省水利厅先后印发《关于开展2009年省计划小型水库除险加固工程前期工作的通知》、《关于进一步做好小型水库防汛工作的紧急通知》、《关于小型水库汛前检查情况的通报》等一系列文件，进一步推动病险小型水库除险加固工作。拟制了《安徽省小型水库安全运行管理办法》上报至省政府待批。2009年底，按照省民生办有关文件精神，又制定了《安徽省病险水库除险加固工程实施情况考核办法》，对各市进行民生工程年度考核。

3. 前期工作。2009年，印发病险水库除险加固专刊23期，通报除险加固进度12次，并多次召开调度会，对省计划小型水库除险加固工作进行全面督促和面上施工进度跟踪。为了争取更多的国家投资份额，在2008年上报的322座重点小型水库安全鉴定资料基础上，又上报了557座水库安全鉴定材料至水利部建管司申请列入国家除险加固规划，截至2009年底，共有879座水库安全鉴定材料已报送至水利部。为加快全省病险小型水库除险加固步伐，确保工程质量和小型水库安全度汛工作，4月下旬，组成4个检查组，对全省小型水库汛前准备情况及在建工程进行督查。对检查发现的问题，认真分析，并提出了整改措施，对问题突出的市县进行通报。

4. 配套资金落实。同省发改委、省财政厅进行沟通协调，请求尽快拨付省计划小型水库除险加固省级配套资金。截至2009年底，2008年省计划400座小型水库剩余1.7亿元省级配套资金和2009年省计划300座小型水库2250万元省级启动资金已全部下拨。2007－2009年，已拨付省计划小型水库除险加固省级配套资金5.195亿元。列入民生工程后，市县落实地方配套资金的力度加大。2007年初至2009年底，共落实地方配套资金4.71亿元。其中，市级配套1.38亿元，县级配套3.1亿元，整合涉农资金823万元，招商引资56万元，其他方式筹集资金1290万元。

5. 工程进度情况。截至2009年12月底，省计划的1614座病险小型水库，有1122座全面开工建设，基本完成主体工程加固任务的885座，完成竣工验收665座，累计完成投资13.2亿元。其中，列入2007年省计划的422座病险小型水库，基本完成主体工程加固任务的419座，占计划99.3%，验收355座，累计完成投资68359万元。列入2008年省计划400座病险小型水库，主体工程加固任务现已全面完成，验收310座，累计完成投资44149万元。列入2009年省计划300座病险小型水库已全面开工建设，基本完成主体工程加固任务的66座，完成投资1.95亿元，占批复投资的58.9%。

表彰考核工作2009年11月，省水利厅印发《关于开展病险水库除险加固工程建设先进集体和先进个人评选表彰工作的通知》（皖水人函〔2009〕948号），对全省水利系统从事病险水库除险加固工程建设中有突出贡献的，选出20家单位、40名个人进行表彰。12月，严格按照省水利厅和省民生办联合下发的《关于印发安徽省农村饮水安全工程和病险水库除险加固工程实施情况考核办法的通知》（皖水农〔2009〕367号）文件要求，派出5个考核组，对水库除险加固工程进行了年度单项考核。宣城、六安、合肥、芜湖、巢湖、滁州考核结果为优秀。

【农村饮水安全工程建设】

2009年，按照《全省农村饮水安全工程建设实施方案》，省水利厅加快实施农村饮水安全工程，累计安排投资计划157021万元，其中，中央投资106857万元，解决了316.41万农村人口饮水安全问题。大批农村饮水安全工程兴建后,解决了当前农民最关心、最直接、最现实的饮水安全问题,推进了社会主义新农村建设、促进了社会和谐。

各地在农村饮水安全工作中领导重视,措施得力,成绩显著。主要措施有:

1. 提高认识,加强组织领导。农村饮水安全工程建设实行行政首长负责制。省政府常务副省长孙志刚代表省政府与各市市长签订了农村饮水安全工程建设目标责任书。各市县层层分解落实建设任务,责任到人。省水利厅党组响应水利部、省委、省政府的决策,将之列为全厅2009年五大重点工程之一,及时成立了加快完成扩大内需投资项目建设领导小组,落实专门工作人员。多次召开专题会议,研究落实相关工作,并把扩大内需投资项目完成情况作为各地区水利年度工作考核的重要内容。

2. 加快前期工作,保障工作顺利进行。按照中央扩大内需项目统一部署,省水利厅相继下发了《关于进一步做好2008年第四季度新增中央投资农村饮水安全项目建设有关工作的通知》、《关于加快实施2008年新增农村饮水安全项目的紧急通知》、《关于尽快审批2009年农村饮水安全工程实施方案的通知》等一系列文件,督促各地提前做好有关前期工作,按照要求,集中力量加快审批速度,为顺利完成今年建设任务提供了时间保障。

3. 加强监督检查和指导。省水利厅有关领导多次深入项目工地检查指导,现场解决问题和困难,了解工程建后管护情况;厅扩大内需领导小组办公室共组织三次联合检查组对扩大内需项目进行巡查,督促项目法人、建设监理、施工和设计等各参建单位规范建设行为;配合省财政厅投资评审中心对省农村饮水安全工程进行投资评审,进一步推进省农村饮水安全工程项目建设;参与省民生办组织的民生工程督察和考核工作。

4. 印发典型材料,交流建设和管理经验。省水利厅对各地工程建设进度实行月报制,逐月印发给各级政府和水利部门,合计编印了57期"农村饮水安全工程建设专刊"其中2009年11期和3期《安徽省农村饮水安全工程典型经验汇编》,对各地工程建设和管理运行好的经验进行交流。

5. 开展《安徽省2010—2013年农村饮水安全工程规划》编制工作。为进一步推进农村饮水安全工程建设,省水利厅根据国家统一部署,及时组织各地编制了《安徽省2010—2013年农村饮水安全工程规划》,并上报水利部。

6. 研究制定《安徽省农村饮水安全工程运行管理办法》。为加强农村饮水安全工程的建后管理,逐步建立科学的管理体制和运行机制,围绕农村饮水安全工程定性、政策定位、管理定措施等重点内容,开展了农村饮水安全工程长效管理机制专题研究,研究制定全省农村饮水安全工程运行管理办法,规范工程的建后管理,确保此项民生工程长久发挥效益。

7. 抓好当涂、广德、霍山和砀山四个试点县建设。采取项目倾斜、计划提前、重点关注等措施给予支持,不断总结工程建设和管理工作经验,推进全省农村饮水安全工程建设。

【大中型灌区续建配套与节水改造】 1. 大型灌区。2009年,按照水利部的统一部署,重点抓好中央扩大内需大型灌区续建配套与节水改造项目建设。国家分二批下达安徽省大型灌区续建配套与节水改造项目投资4.9亿元:第一批为2008年第四季度中央新增投资34836万元,其中中央预算内投资21500万元,地方配套13336万元;第二批为2009年第四批中央扩大内需项目,安排投资14157万元,其中中央预算内投资8500万元,地方配套5657万元;省级累计安排配套资金4582万元。2009年度,累计完成投资3.6亿元,完成了2009年中央扩大内需大型灌区续建配套与节水改造项目。

2. 中型灌区。从2001年起,国家从农业综合开发资金中列出专项,对全国重点中型灌区进行节水配套改造。截至2009年底,全省共有来安县屯仓水库等12个中型灌区立项建设。其中2009年国家加大了中型灌区节水配套改造项目投资力度,有5个中型灌区立项建设,分别为:淮南市朱集灌区、含山县清溪灌区、颍上县润河灌区、天长市二峰灌区和安庆市麻塘湖水库灌区,总投资9180万元,其中中央资金4570万元。

【水利扶贫】 根据水利部《关于加强水利扶贫工作的指导意见》(水移〔2009〕270号)和国家、安徽省扶贫开发工作的统一的部署,省水利厅积极开展水利扶贫工作,为当地的经济和社会发展提供了基础保障。

1. 提高认识,加强领导。省水利厅认真贯彻中央、省委、省政府关于扶贫开发工作的重要决策和部署,厅党组从实践"三个代表"和科学发展观的高度,充分认识扶贫开发工作的重要意义,帮助贫困地区人民脱贫致富奔小康。为了加强对新阶段扶贫开发工作的领导,厅党组委派一名副厅长具体负责,并明确农村水利处负责处理日常事务。在机关内全面动员,发动干部职工深入贫困地区调查了解情况,组织干部职工捐款捐物,与贫困地区群众

"结对子",进行手拉手帮扶。同时,省水利厅从德才素质较好的中青年干部中选拔出多名干部,分别到枞阳等县挂职,指导当地水利建设,受到了当地干部群众的普遍欢迎。

2. 科学规划,突出实效。按照安徽省扶贫开发规划和《全国水利扶贫规划纲要》的有关要求和部署,在制定水利扶贫规划中,重点抓好了贫困地区的农田水利基本建设、农村饮水安全、节水灌溉、灌区改造、小流域水土保持综合治理等专项规划编制工作,以改善贫困地区群众基本的生产和生活条件。依靠贫困地区的广大干部和群众,充分发扬自力更生、艰苦奋斗的优良传统,在增强自我发展能力的基础上,坚持开发式扶贫,在国家重点扶持下,加强水利基础设施建设,为从根本上改变贫困地区面貌提供有力的水利保障和支撑。

3. 深入调查研究,加大水利扶贫开发投入力度。根据省扶贫开发领导小组的统一部署,省水利厅作为定点帮扶枞阳县的牵头单位,负责牵头组织有关帮扶单位开展枞阳县扶贫开发工作。按照水利部办公厅《关于做好扶贫开发"三个确保"工作的通知》(办移民〔2008〕150 号)要求,省水利厅认领了枞阳县的联丰村和浮渡村。同时,省水利厅还作为长丰等贫困县的帮扶单位,积极参与了各有关部门组织的各项扶贫调研活动,深入贫困地区进行实地调查,并结合实际制定帮扶措施,力争多为贫困地区人民干实事、干好事。据统计,2009 年,省水利厅在 20 个国家扶贫开发重点县地区共投入水利建设资金 149075 万元,主要有农村饮水安全工程投资 60344 万元,解决了 121.6 万农村人口饮水安全问题;灌区改造投资 17191 万元,恢复和改善灌溉面积 2.59 万 hm^2;小型农田水利工程投入资金 9570 万元,新增、恢复和改善灌溉面积 1.03 万 hm^2;病险水库除险加固资金 33657 万元;水土流失综合治理资金 6780 万元,治理水土流失面积 262.5km^2;农村水电投入 4439 万元;防汛抗旱及防洪减灾投入资金 17095 万元,有效地预防和减轻了因水旱灾害造成的损失。

(邓诗华)

农村水电

【农村水电行业管理】 水能资源开发利用管理。编写完成《安徽水电"十二五"规划思路》。拟订《关于加强水能资源开发利用管理的意见》,完成全省水能资源调查评价工作。根据省水利厅的统一安排,完成淮河流域水力资源调查统计工作,开展长江流域综合规划的相关编写工作。

农村水电安全监管。做好农村水电站安全管理分类工作,完成 2500kW 以上第一批评定工作。经与相关部门协商,将做好安全管理分类工作,发放《发电业务许可证》。"十一五"水电农村电气化县建设和小水电代燃料扩大试点项目进展顺利,新增水电装机 10 万 kW,累计新增装机 19 万 kW。

水电供区二期农网改造。水电供区二期农网改造涉及岳西、太湖、潜山、休宁、霍山、祁门等 6 个县近 3 万农户。顺利完成水电供区二期农网改造任务,共完成投资 2769 万元。年初,安徽省大别山区出现罕见的持续低温雨雪天气,致使霍山、岳西、潜山和太湖等四县水电供区农村供电设施遭到不同程度破坏,给群众生产生活带来严重影响。水电系统积极组织抗灾救灾,以最快速度恢复了水电供区群众正常生产生活秩序。

(乐茹风)

水土保持

SHUITU BAOCHI

综合治理

【投资执行情况】 2009年新增中央预算内资金水土保持项目共三批,总投资9600万元(其中中央预算内资金5050万元、地方配套4550万元)。截至12月底,第一、二批投资计划的73个项目完成投资7800万元(其中中央预算内资金3900万元、地方配套3900万元),已全部完成投资任务。第四批投资计划1800万元下达较迟,其中300万元(中央预算内资金150万元、地方配套150万元)分解成10个项目仍在施工;1500万元(中央预算内资金1000万元、地方配套500万元)用于花凉亭水库库区和安置区开展耕地较少水库移民坡改梯综合治理试点工作,10月份已组织专家对实施方案进行了技术审查,11月6日会同省发改委下达了投资计划。安徽省累计投入各类治理资金13600多万元,综合治理小流域83条,实际完成治理水土流失面积396.3km^2。

【重点治理工作】 安徽省大别山区有6个县被纳入国家水土保持重点工程建设规划范围,2008年底首批下达投资共1020万元,在岳西、潜山、舒城三县实施,2009年7月完成,治理水土流失面积34.3 km^2,11月进行了年度工程验收。2009年追加3000万元计划,在岳西、潜山、太湖、金寨、霍山、舒城6县实施,11月上旬工程全面开工。年内,省级重点农水经费补助150万元资金,分别安排在水土流失重点地区的六安、巢湖、宣城、池州、安庆、黄山市开展治理工作。

【预防监督】 年内完成了《安徽省2008—2020年崩岗防治规划》和《安徽省2009—2011年水土保持重点工程建设规划》编制工作,并通过了水利部组织的审查,已批复执行;完成了《全国革命老区水土流失综合治理规划(安徽省)》和基础资料上报工作。全省各级审批各类开发建设项目水土保持方案报告书(表)319个,水土保持方案的编报率省级达90%以上、市县级达80%以上。在省级审批中,共有6个报告书不符合条件退回修改,3个项目只出咨询意见;有3个省级审批项目、4个市级审批项目未按专家审查意见修改被退回。聘任一批水土保持助理监督员,并颁发水保预防监督检查证,统一持证上岗,依法监督,形成了水土保持监督执法网络。

【执法检查】 全省组织各类执法检查200多次,除积极配合长委、淮委等流域机构开展安徽省境内开发建设项目监督检查外,省水利厅还组织对京沪高速铁路安徽段工程、合肥新桥国际机场、池州九华山机场、凯迪生物质能发电工程、铜陵电厂、海螺水泥等项目水土保持方案的落实情况开展执法检查,特别是首次与省交通运输厅组成联合检查组,对省内高速公路建设项目的执法检查,有力地推进了各类开发和生产建设项目水土保持"三同时"制度的进一步落实。安庆、六安等地由市人大牵头,联合环保、国土等部门开展执法检查。各地在检查时,既全面铺开又注意抓住重点,如金安区以房地产项目为重点、霍邱等地以矿山开采为重点,全面清查、集中整治,收到了明显效果。

(厅水土保持处)

监测预防

【监测预报】 稳步推进全国水土流失动态监测与公告项目,连续第3年开展了全国水土流失动态监测与公告水土流失监测专项任务,并与水利部水保监测中心和3个监测实施单位签订了2009年监测任务书。全面启动全国水土保持监测网络二期工程建设,根据批复的全国水土保持监测网络二期网络建设方案,安徽省建设1个省级总站,4个水土流失重点防治区的水土保持监测分站和23个水土保持监测站点,总投资为510.64万元。已完成二期工程建设设备配置调查建议与设备接收工作,签订了监测点建设任务书,参加了监测点建设和财务管理的培训,并督促4个分站落实配套资金和相关监测点建设的实施准备工作。

(厅水土保持处)

水利管理

SHUILI GUANLI

河道工程管理

【概况】 2009年,省水利厅共审查、审批涉河建设项目64项,其中转报长江委审批的27项,转报淮委审批的12项;组织审查24涉河建设项目防洪影响评价报告,主要是码头、桥梁工程(详见下表)。

2009年安徽省河道管理范围内建设项目审批情况统计表

序号	所在流域	项目名称	建设地点	批准文号	建设单位	洪水影响评价	备注
1	淮河	淮南市山南新区自来水厂	淮南孤堆回族乡申咀子村瓦埠湖右岸	皖水管函〔2009〕14号(批复)	淮南市山南开发建设有限公司	有	淮管水〔2008〕175号
2	长江	安徽省华阳港储有限责任公司华阳货运码头一期工程	同马大堤江调圩外滩(对应同马大堤桩号79+200~81+274段)	皖水管函〔2009〕15号(批复)	安徽省华阳港储有限责任公司	有	长工管〔2008〕488号
3	淮河	蚌埠市大庆路淮河公路桥	淮北大堤蚌郊段堤防桩号12+060处	皖水管函〔2009〕63号(审查)	蚌埠市大庆路淮河公路桥工程建设筹备组	有	淮委建管许通〔2008〕第12号
4	长江	马鞍山港口(集团)有限责任公司人头矶港区一期工程	马鞍山市江堤桩号22+490~22+877	皖水管〔2009〕48号(转报)	马鞍山港口(集团)有限责任公司	有	长工管〔2009〕4号 长许可〔2009〕80号
5	长江	安徽东至香隅化工园区公用码头工程	长江东流河段右岸阳灯咀上游侧无堤段	皖水管〔2009〕52号(转报) 皖水管函〔2009〕594号(转发)	安徽东至香隅化工园管委会	有	长工管〔2009〕22号 长许可〔2009〕76号
6	长江	芜湖市东汇储运有限责任公司三山区东汇码头工程	繁昌江堤桩号12+850~13+330段	皖水管〔2009〕54号(转报) 皖水管函〔2009〕594号(转发)	芜湖市东汇储运有限责任公司	有	长工管〔2009〕27号 长许可〔2009〕67号
7	长江	信义环保特种玻璃(芜湖)有限公司信义码头工程	芜当江堤桩号24+950~25+375段	皖水管〔2009〕66号(转报) 皖水管函〔2009〕594号(转发)	信义环保特种玻璃(芜湖)有限公司	有	长工管〔2009〕24号 长许可〔2009〕66号
8	长江	川气安庆天然气支线工程	同马大堤	皖水管函〔2009〕167号(审查)	安徽省天然气开发有限责任公司	有	天然气经营〔2009〕12号
9	长江	铜陵新亚星港务有限公司码头工程	铜陵猫山口下游无堤段	皖水管〔2009〕67号(转报) 皖水管函〔2009〕370号(转发)	铜陵新亚星港务有限公司	有	长工管〔2009〕61号 长许可〔2009〕37号
10	长江	长江南京航道局芜湖综合码头工程	黑沙洲河段右汊右岸新港段,蛇颈闸上游约1.5km无堤段	皖水管〔2009〕68号(转报) 皖水管函〔2009〕594号(转发)	长江南京航道局	有	长工管〔2009〕26号 长许可〔2009〕62号
11	长江	长江下游土桥水道航道整治一期工程	土桥水道成德洲左汊	皖水管〔2009〕73号(转报)	长江南京航道局	有	长工管〔2009〕58号 长许可〔2009〕78号
12	淮河	六安港霍邱庆发码头	临淮岗洪水控制工程右岸下游1500米(城西湖退水闸下游500米)处	皖水管函〔2009〕217号(审查)	安徽省庆发柳编集团有限公司	有	淮委建管许通〔2009〕1号 淮管水〔2009〕47号
13	长江	巢湖市第二水源工程取水口工程	和县江堤大荣圩桩号38+440段	皖水管函〔2009〕535号(批复)	安徽省巢湖水业集团有限公司	有	长工管〔2009〕81号
14	长江	川气东送管道穿越同马大堤	同马大堤桩号为138+400段	皖水管〔2009〕88号(转报) 皖水管函〔2009〕340号(转发)	中石化天然气公司川气东送管道工程项目部	有	长工管〔2009〕111号 长许可〔2009〕33号
15	淮河	滁州港凤阳县鸿运港务有限公司码头工程	凤阳县板桥镇晏公庙村无堤段	皖水管〔2009〕100号(审查)	滁州港凤阳县鸿运港务有限公司	有	淮委建管许通〔2009〕2号 淮管水〔2009〕号

16	长江	安徽华泰林浆纸有限公司30万吨漂白硫酸盐制浆项目	广济圩江堤桩号20+300、21+800段	皖水管函〔2009〕455号(批复)	安徽华泰林浆纸有限公司	有	长工管〔2009〕118号
17	长江	川气安庆天然气支线工程同马大堤穿越	皖河闸附近	皖水管函〔2009〕167号(意见)	安徽省天然气开发有限责任公司		天然气经营〔2009〕12号
18	长江	川气东送管道穿越青弋江工程	南陵县弋江大堤桩号17+850处	皖水管函〔2009〕456号(批复)	中石化公司天然气分公司川气东送管道工程项目部安徽分部	有	芜水政〔2009〕20号 宣水堤〔2009〕116号
19	长江	长江下游马当河段航道整治一期工程	江西省瓜子号洲	皖水管函〔2009〕486号(审查) 皖水管函〔2009〕340号(转发)	长江航道局	有	长许函〔2009〕2号 长许可〔2009〕105号
20	淮河	六安市淠望路大桥工程	六安市金安区淠河干渠管理局附近的淠河总干渠上	皖水管函〔2009〕598号(批复)	六安市重点办	有	皖淠水政〔2009〕44号
21	长江	安徽盘景水泥有限公司配套码头工程	滁河驷马山分洪道23+60024+200段	皖水管〔2009〕155号(转报) 皖水管函〔2009〕875号(转发)	安徽盘景水泥有限公司	有	皖驷水政〔2009〕30号
22	长江	巢乌段公路改建工程驷马山分洪道大桥	驷马山分洪道距乌江枢纽1.2公里	皖水管〔2009〕154号(转报) 皖水管函〔2009〕1166号(转发)	合马路世行Ⅲ项目工程建设指挥部办公室	有	皖驷水政〔2009〕27号 长许可〔2009〕170号
23	长江	中石油天然气安徽销售分公司池州油库码头	安庆河段鹅眉洲右汊右岸牛头山下游贵池区长丰村外滩	皖水管〔2009〕154号(转报) 皖水管函〔2009〕876号(转发)	中石油天然气安徽销售分公司	有	长工管〔2009〕164号
24	长江	安徽无为焦炭联产甲醇项目配套码头工程	无为大堤桩号约103+000~104+000段	皖水管〔2009〕156号(转报) 皖水管函〔2009〕1231号(转发)	安徽华谊化工有限公司	方案调整	长工管〔2009〕132号 长许可〔2009〕176号
25	长江	马鞍山市强荣港口有限公司码头工程	陈焦圩江堤的外护圩(陈家圩)中段外滩,上距襄城河闸出口约2.4km	皖水管函〔2009〕684号(批复)	马鞍山市强荣港口有限公司	有	长工管〔2009〕211号
26	长江	川气安庆天然气支线穿越同马大堤及七里湖工程	在同马大堤桩号142+200处过堤,穿越七里湖、皖河到达新安岭	皖水管函〔2009〕685号(批复)	安徽省天然气开发有限责任公司	有	长工管〔2009〕226号
27	长江	铜陵长江港口有限公司码头工程	铜陵县东联圩江堤桩号15+500~15+700段	皖水管〔2009〕185号(转报) 皖水管函〔2009〕979号(转发)	铜陵长江港口有限公司	有	长工管〔2009〕257号 长许可〔2009〕143号
28	长江	铜陵县润丰实业有限公司码头工程	成德洲右汊右岸猫山口下游无堤段	皖水管函〔2009〕724号(批复)	铜陵县润丰实业有限公司	有	长工管〔2009〕256号
29	长江	芜申运河青弋江航道整治工程入江口至袁泽桥段	青弋江入口(中江塔)至袁泽桥,全长4.3公里	皖水管〔2009〕178号(转报) 皖水管函〔2009〕850号(转发)	安徽省港航建设投资集团有限公司	有	芜水利〔2009〕68号 长许可〔2009〕116号
30	淮河	淮南-皖南1000KV交流输变电工程	跨越淮北大堤、汤渔湖行洪堤、淮河主河道、洛河洼行洪堤、窑河封闭堤,线路路径长约12.4km。	皖水管函〔2009〕号728(审查)	北京国电华北电力工程有限公司	有	淮委建管许通〔2009〕5号
31	长江	国电舒城电厂(2×600MW)取水口工程	杭埠河广寒桥段合安高速公路桥下游约300m处左岸	皖水管函〔2009〕736号(批复)	国电舒城电厂筹建处	有	国电舒筹〔2009〕02号 六水管〔2009〕171号 巢水管〔2009〕166号

32	长江	芜申运河青弋江航道整治工程袁泽桥至三里埂段	青弋江袁泽桥至三里埂河段，全长18.2公里	皖水管函〔2009〕760号(批复)	安徽省港航建设投资集团有限公司	有	芜水利〔2009〕70号
33	长江	芜申运河航道整治七座桥梁工程	青弋江	皖水管函〔2009〕991号(批复)	安徽省港航建设投资集团有限公司	有	皖港投建〔2009〕119号 芜水利〔2009〕69号 水堤〔2009〕200号 马水函〔2009〕22号
34	淮河	漯阜(二线)铁路颍河双线特大桥工程	河南省周口市沈丘县新安集镇颍河	皖水管函〔2009〕812号(审查)	武汉铁路局漯河工程建设指挥部	有	淮委建管许通〔2009〕15号
35	淮河	漯阜(二线)铁路茨淮新河双线特大桥工程	茨淮新河茨河铺闸下游约1.6km	皖水管函〔2009〕852号(批复)	武汉铁路局漯河工程建设指挥部	有	皖茨管工〔2009〕35号
36	淮河	淮南淮上淮河大桥工程	跨越淮北大堤、汤渔湖行洪堤、淮河主河道、洛河洼行洪堤、窑河封闭堤，线路路径长约9.7km。	皖水管函〔2009〕815号(审查)	淮南市公路局	有	淮委建管许通〔2009〕10号
37	淮河	蒙洼蓄洪区中岗大桥工程	中岗到曹集防汛撤退道路跨蒙河分洪道大桥	皖水管函〔2009〕821号(审查)	阜阳市蒙洼蓄洪区中岗大桥工程建设管理处	有	淮委建管许通〔2009〕12号
38	淮河	周口市涡河航运开发工程	付桥闸一省界段	皖水管〔2009〕228号(审查)	周口市港航建设有限公司	有	淮委建管许通〔2009〕9号
39	长江	马鞍山市中天新型建材有限公司码头工程	芜当江堤桩号30+300处	皖水管函〔2009〕889号(批复)	马鞍山市中天新型建材有限公司	有	长工管〔2009〕305号
40	淮河	蚌埠市三水厂自来水供应河北片区DN630管道穿越淮河工程	席家沟下游100m处	皖水管〔2009〕238号(审查)	蚌埠中环水务有限公司	有	淮委建管许通〔2009〕14号
41	长江	安徽中润重工船业有限公司造船基地工程	无为大堤外护圩大蒋圩外滩地(对应无为大堤桩号l24+125段)	皖水管〔2009〕239号(转报) 皖水管函〔2009〕号(转发)	安徽中润重工船业有限公司	有	长工管〔2009〕319号 长许可〔2009〕149号
42	长江	铜陵新洲码头工程	铜陵市江堤狼尾湖闸口左右，占用岸线1131m	皖水管〔2009〕号240(转报) 皖水管函〔2009〕1232号(转发)	铜陵市土地储备发展中心	有	长工管〔2009〕310号 长许可〔2009〕177号
43	滁河	来安县汊河码头工程	汊河镇公路桥下120m	皖水管函〔2009〕894号(意见)	来安县水利局	有	来水〔2009〕36号
44	长江	安徽省金港船业有限公司造船基地工程	无为大堤外护圩大蒋圩外滩地(对应无为大堤桩号l22+500段)	皖水管〔2009〕267号(转报) 皖水管函〔2010〕7号(转发)	安徽省金港船业有限公司	有	长工管〔2009〕329号 长许可〔2009〕214号
45	长江	芜湖新联造船有限公司三山造船工程	保定圩外滩(对对应繁昌江堤桩号9+945－11+300段)	皖水管〔2009〕282号(转报) 皖水管函〔2009〕号(转发)	芜湖新联造船有限公司	有	长工管〔2009〕337号
46	淮河	永城市中原路沱河大桥工程	河南省永城市新城东南中原路跨越沱河处	皖水管〔2009〕281号(审查)	永城市建设委员会	有	淮委建管许通〔2009〕23号
47	淮河	沙颍河界首西平商港码头工程	沙颍河右岸(对应河道桩号0+600，颍河右堤桩号0+000)	皖水管〔2009〕300号(审查)	界首市石油化工厂	有	淮委建管许通〔2008〕24号

48	青弋江	±500KV 荆门~枫泾线路及±800KV向家坝~上海、锦屏~苏南线路青弋江跨越工程	泾县马头镇南侧马头山	皖水管函〔2009〕1100号(批复)	省电力公司	有	皖电函〔2006〕125号 水利〔2009〕105号 水堤〔2009〕98号
49	淮河	阜六铁路颍河特大桥工程	颍左堤桩号104+150段	皖水管函〔2009〕1142号(批复)	阜六铁路有限责任公司	有	淮管水〔2009〕200号
50	淮河	阜六铁路淮河特大桥工程	颍上县南照集南侧阜六高速公路淮河特大桥下游约60m处	皖水管函〔2009〕1247号(审查)	阜六铁路有限责任公司	有	淮委建管许通〔2008〕26号
51	长江	望东长江公路大桥工程	同马大堤桩号为88+000段	皖水管函〔2009〕339号(转报)	安徽省高速公路总公司	有	长工管〔2009〕432号
52	长江	宁安铁路扁担河特大桥工程	当涂县年陡乡岗东村与芜湖经济技术开发区龙山街道办事处交界处	皖水管函〔2009〕1251号(批复)	宁安铁路有限责任公司	有	宁安工发〔2009〕120号
53	长江	宁安铁路黄浒河特大桥工程	繁昌县孙村镇九连村和铜陵县钟鸣镇徐村交界处越黄浒河	皖水管函〔2009〕1253号(批复)	宁安铁路有限责任公司	有	宁安工发〔2009〕118号
54	长江	宁安铁路青通河特大桥工程	青通河左岸堤防桩号24+600段	皖水管函〔2009〕1234号(批复)	宁安铁路有限责任公司	有	宁安工发〔2009〕119号
55	长江	龙元建设安徽水泥有限公司码头扩建工程	繁昌县芦南圩江堤桩号1+290-1+570段	皖水管〔2009〕357号(转报)	龙元建设安徽水泥有限公司	有	长工管〔2009〕469号
56	长江	安徽华庆石化实业有限公司码头工程	马鞍山市江堤桩号3+680~3+800段	皖水管函〔2009〕1310号(批复)	安徽华庆石化实业有限公司	有	长工管〔2009〕482号
57	长江	宁安铁路青山河特大桥工程	当涂县太白镇龙山桥左岸一五圩新太路,右岸下六圩	皖水管〔2009〕386号(转报)	宁安铁路有限责任公司	有	马水政〔2009〕48号
58	长江	宁安铁路姑溪河特大桥工程	当涂县姑孰镇白苎村芜马高速桥下约1.4km,四联圩、下六圩	皖水管〔2009〕385号(转报)	宁安铁路有限责任公司	有	马水政〔2009〕47号
59	长江	芜湖融汇化工有限公司化工专用码头工程	芜当江堤桩号14+225~14+560段	皖水管〔2009〕373号(转报)	芜湖融汇化工有限公司	有	长工管〔2009〕498号
60	长江	安徽舒美特化纤股份有限公司码头	同马大堤桩号约79+100~79+200江江调圩	皖水管函〔2009〕1404号(批复)	安徽舒美特化纤股份有限公司	有	长工管〔2009〕497号
61	淮河	颍上县新东方大道颍河大桥	颍右堤桩号162+840段	皖水管函〔2009〕1393号(批复)	颍上县交通局	有	淮管水〔2009〕248号
62	长江	长江下游安庆水道航道整治控制守护工程	鹅毛洲、江心洲、新洲	皖水管〔2009〕393号(转报)	长江航道局	有	长工管〔2009〕489号
63	长江	安徽建华管桩有限公司通用散杂货码头	繁昌江堤起点段上游无堤段	皖水管〔2009〕392号(转报)	安徽建华管桩有限公司	有	长工管〔2009〕515号
64	长江巢湖	渡江战役纪念馆水上广场基础填筑工程	合肥市海南路至金斗东路间巢湖沿岸	皖水管函〔2009〕1235号(意见)	合肥市局	有	合水建管〔2009〕219号

在涉河建设项目管理中,认真贯彻落实水利部《关于进一步加强和规范河道管理范围内建设项目审批管理的通知》精神,加强重要项目的防洪影响评价工作,对于不符合水法规的建设项目,不予批准,先后否决了利辛县粉磨站、来安县汉河码头等项目。积极加快审批速度,大多数项目审批都在20个工作日完成,比法定时限50天大大提前,有力地支持了工程建设,很受建设单位欢迎。认真落实《安徽省河道及水工程管理范围内建设项目管理四项制度》,督促河道管理单位加强

工程施工的现场管理和跟踪督查,保证项目按批复要求实施,对批准项目中的防洪影响处理工程要求必须由水利部门的质监机构进行质量监督。4月份,对全省正在开工的涉河建设项目完成情况组织了一次全面的督查,对汛前难以完成的项目,责成有关单位落实防汛责任,采取有效措施,确保河道堤防度汛安全。

根据水利部部署,完成全省流域面积5000km^{2}以上或长度300km以上重点河流以及重要湖泊和水闸基本情况统计与核准,完成长江、淮河典型堤防调研工作,基本完成长江、淮河干流岸线利用管理规划编制工作。

针对近年来长江安徽段崩岸加剧的情况,向沿江各市和省长江河道管理局下发了《关于加强长江崩岸监测和除险工作的通知》;向水利部、长江委和省政府专题报告安徽省近年来长江崩岸情况,并请求安排经费进行应急治理。

(王久方　胡志专　范小伟)

【河道滩地临时占用补偿费】

2009年2月,省物价局、财政厅以"关于河道滩地临时占用补偿费标准的函"明确安徽省河道滩地临时占用补偿费标准。

一、河道滩地临时占用补偿费,由各级水行政主管部门依据《安徽省实施〈中华人民共和国防洪法〉办法》的规定,在批准河道滩地临时占用的环节,对经批准临时占用(期限在2年以内)河道滩地的单位收取,具体收费标准为:

(一)经营性临时占用

1. 占用河道滩地堆放砂石、物料等,每月每平方米2元;

2. 占用河道滩地从事旅游、餐饮、娱乐活动的,每月每平方米3元;

3. 占用河道滩地从事种植、养殖活动等每年每亩150元;

4. 其他经营性临时占用河道滩地的,每月每平方米2元。

(二)建设工程临时占用

1. 占用河道滩地进行工程施工、考古挖掘,每月每平方米2元,不足一个月按的每日每平方米0.1元;

2. 占用河道滩地布设管线,每月每米4元;

3. 占用河道滩地勘察钻探施工,每米20元;

4. 其他建设工程临时占用河道滩地的,每月每平方米2元。

(三)占用河道岸线,每月每米40元。面积和岸线同时占用的,按单项收费额较高的一项收取,不得两项同时收取。

二、机关、学校、医院、部队及社会福利单位经批准占用河道及其配套工程管理范围从事非营利性活动的,经有管辖权的河道主管机关批准,可以免缴占用补偿费。国家和省建设公益性建设项目经省河道主管机关批准可以减免临时占用补偿费。

(范小伟)

【河道采砂管理】　2009年6月15日,省政府第37次常务会议审议通过《安徽省河道采砂管理办法》,于8月1日起正式实施。《办法》明确了河道采砂管理体制,规定实行河道采砂统一规划制度和采砂许可制度,对采砂船舶和运砂船舶装运砂石进行了规范,设定了违反采砂的法律责任。

2009年7月,省水利厅在蚌埠市召开了全省水利工程管理暨河道采砂管理工作会议,各市水利(水务)局长、采砂管理任务较重的县区政府分管领导和水利(水务)局长、厅直水管单位负责人参加了会议,厅党组书记、厅长纪冰出席会议并讲话,省政府法制办副主任陈爱军宣讲了《安徽省河道采砂管理办法》。会议全面总结近年来全省水利工程管理和河道采砂管理工作,深入分析当前工作中存在的突出问题和不足,总结交流经验,研究部署进一步加强全省水利工程管理与河道采砂管理工作的任务,要求各地要充分认清形势,进一步增强责任感和紧迫感,以深入贯彻《办法》为契机,突出管理重点,加大管理力度,提升管理水平,全面加强水利工程和河道采砂管理工作。

进一步加强淮河采砂管理。年初,报请省政府批准继续延长淮河安徽段禁止采砂期;春节前下发了加强春节期间淮河采砂管理工作的通知,并组织省淮河局和沿淮有关市县对淮河非法采砂活动进行了集中打击;6月中下旬,联合淮委在淮河安徽段开展了为期一周的集中整治非法采砂行动;全年共开展4次集中整治和巡查打击淮河非法采砂活动,指导省淮河局组织开展20余次巡查打击活动。组织六安、阜阳市对"坐滩采砂"进行专项整治,驱逐了坐滩采砂船只,封堵采砂户开挖的沟道;指导省淮河局编制淮河采砂规划并进行审查,对淮河采砂规划的实施工作进行研究;开展滩地堆砂场专项整治活动,组织省淮河局会同有关市县编制"安徽省淮河干流滩地堆砂场规划";促请淮委召开皖苏边界采砂管理协调会,并签订共管协议。

重视面上河道采砂管理工作,抓好《安徽省河道采砂管理办法》的宣传、贯彻、执行工作,举办了厅直单位河道采砂管理培训班,起草《安徽省河道采砂管理费征收使用管理办法》,督促阜阳市、淮南市、蚌埠市、霍邱县、颍上县等市县对群众反映大的乱挖河道砂石现象进行整治。

(王久方　范小伟)

泵站管理

【概况】 2009年,安徽省有固定机电排灌站16059处,装机167.4万kW,泵站排灌面积195.4万 hm^2。

一、行业管理

1. 省机电排灌总站按时对9座跨市排涝泵站实际开机发生的耗电量和电价进行核算,编制《2009年跨市排涝电费补助分配方案》,637万元跨市排涝电费及时补贴到位。针对水管单位体制改革中"两费"落实不到位问题,开展国有泵站体制改革后"两费"落实情况的调研。完成《国有泵站水管单位体制改革"两费"落实情况的调研报告》,并根据存在问题,提出解决问题的建议和思路。

2. 以泵站安全运行为重点强化管理。汛前要求各市、县排灌专管机构加强泵站机电设备检修维护,整治站容站貌,实行职工岗前培训,提高泵站安全运行保证率,确保泵站在防汛抗旱中发挥作用。在了解基层泵站培训需求的基础上,11月份,总站举办两期"大型泵站技术骨干培训班",培训129人。

3. 2009年,省机电排灌总站对贵池区秋浦站和颍上县管家沟站申报考核达标材料进行初审,并提出意见报省水利厅。7月份,配合省财政厅评审中心,对小农水补助费(泵站技改项目部分)组织开展2008年度泵站绩效考评工作,并取得了"良好"等级。

二、泵站技改

抓好上年度省级泵站技改项目实施的扫尾工作,督促已完成的项目验收工作。根据省财政厅下达的批复,2009年计划改造泵站项目20个,装机台数104台套,装机组模13180kW,总投资2650万元(见表1)。项目完成后,可改善排涝面积8133 hm^2,灌溉面积15133 hm^2,排灌结合3733 hm^2。省机电排灌总站在规定时限内完成了技改项目的现场勘察、方案优化和审批工作。配合省财政厅完成全部项目共565万元的机电设备政府采购招标工作。为申报2010年省级泵站技术改造计划,优选了21项目,总投资2625万元。

【大型泵站更新改造】 2009年,国家继续实施支持中部四省大型排涝泵站更新改造。全省33处108座大型排涝泵站计划投资125753万元。拆除重建78座,改造30座,新安装机泵设备530台套,16.327万kW,33处均已开工建设。4月初,对大型泵站建设情况进行现场检查,掌握建设进度和质量,并对建设中存在的问题书面向上级汇报反映。33处大型排涝站中央投资(62810万元)与省级投资(25160万元)已全部到位,市县配套资金到位6495万元,占市县应配套资金总额(37783万元)的17%,累计资金到位94465万元,占批复总投资(125753万元)的75%。截至2009年11月底,累计完成投资93020万元,占总投资的74%。

上报省大型灌溉排水泵站更新改造规划,完成15处泵站现场检测和安全鉴定工作,其中6处泵站的安全鉴定已通过水利部复核。完成6处泵站的可研、初设评审,概算已上报水利部。第一批大型灌溉排水泵站有4处概算通过水规总院复核(见表2),核定总投资28317万元,已下达投资计划12916万元(其中中央投资8000万元,地方配套4916万元)。

4月份,配合水利部对安徽省拟列入全国大型灌溉排水泵站更新改造规划的24处泵站进行全面核查,对《安徽省大型灌溉排涝泵站更新改造规划报告》进行修订、上报。列入全国大型灌溉排水泵站更新改造规划22处,382座,1514台套,21.177万kW,计划改造泵站111座,657台套,13.872万kW,估算总投资120326万元。

【中小型排灌泵站规划编制】 根据国家扩大内需的政策,做好泵站建设项目的前期工作。全省中小型排灌泵站更新改造规划的编制工作基本完成,计划更新改造泵站7208座,装机14326台套,93.09万kW,规划投资约67.99亿元。

表1 2009年安徽省泵站技术改造项目计划表

序号	项目名称	建站年份	装机规模		项目投资(万元)			改善效益(万亩)		
			台数	kW	小计	省级财政补助	地方自筹	灌溉	排涝	排灌
1	天长护桥一级站	1967	5	675	106	53	53	1.2	3	0.5
2	天长护桥二级站	1971	9	675	158	79	79	1.1		
3	肥西临岗站	1976	3	390	124	62	62			1.2
4	颍上县戴村站	1966	4	380	184	92	92	0.8		
5	枞阳湖东二级站	1986	3	465	154	77	77		9.4	
6	东至龙家嘴站	1985	4	1000	192	96	96		3.6	

7	舒城龙潭庵站	1975	10	550	170	85	85			3
8	居巢区桐炀一级站	1959	6	930	190	95	95	3		
9	居巢区宋岗站	1967	2	310	130	65	65	0.5		
10	五河新桥站	1967	4	445	164	82	82		1.2	
11	濉溪县五里郢排灌站	1962	7	310	150	75	75	0.7	0.5	0.7
12	凤台县马岗站	1974	4	380	198	99	99	0.9	0.5	0.2
13	郎溪县跃进站	1978	6	330	140	70	70		1.4	
14	长丰县双河一级站	1974	5	1900	140	70	70	4		
15	东至新河口站	1976	20	3100	20	10	10		2.1	
16	繁昌县峨溪河站	1978	8	1040	20	10	10		0.2	
17	包河区下新埂站	1967	4	300	100	50	50		0.8	
18	省驷马山滁河二级站	1978		150	150					
19	省机械排灌队			70	70					
20	省机电排灌总站			90	90					
	合　计		104	13180	2650	1480	1170	12.2	22.7	5.6

表 2　**安徽省大型灌排泵站 2009 年扩大内需中央预算内投资项目实施情况**

序号	泵站名称	总投资(万元)			计划						累计完成投资(万元)		
					下达投资(万元)			效益(万亩)					
		合计	中央	地方	合计	中央	地方	新增灌溉面积	改善灌溉面积	改善排涝面积	合计	中央	地方
合计	28317	18200.2	10116.8	6916	2000	4916	10.8	223.9	39.2	8883	6600	2283	
1	省驷马山泵站	5668	3400.8	2267.2	5000	3000	2000	0	200	0	1550	1550	
2	肥西县滨湖泵站	7385	4431	2954	3333	2000	1333	1.6	10.5	11.8	3383	2050	1333
3	淮南是禹王泵站	9214	5528.4	3685.6	3333	2000	1333	6	12	17	2700	2000	700
4	九成农场泵站	6050	4840	1210	1250	1000	250	3.2	1.4	10.4	1250	1000	250

（朱健）

科技 · 文化

KEJI WENHUA

科技

【科技管理】 2009年,对科研项目实施"四制"管理,即立项审查制、大型项目招标制、专家评估制、合同管理制。召开专家咨询会议,对"淮北地区地下水安全开采量与可持续利用研究"、"淮北市水环境承载力及污染控制的研究"工作大纲进行评估,指导项目实施。对"农村饮用水安全保障技术与示范"和"淮北地区采煤沉陷区水生态修复和综合利用研究与示范"项目进行协调,明确分工和责任。指导有关单位做好"怀洪新河优化调控综合管理技术研究"、"淮河流域河道生物工程研究"项目验收鉴定工作。全年共组织验收10个科研项目,其中,水利部科技推广项目"水利工程移民管理地理信息(GIS)系统"和"平原区大沟蓄水与农田水资源调控技术推广转化"被水利部评价为A级;"安徽省淮河流域洪灾成因及综合治理技术研究"、"软体排护岸技术创新与应用研究(淮北大堤信家湾段崩岸治理)"、"山洪灾害易发区水文预报模型研究与应用"、"临淮岗洪水控制工程实时洪水预报与调度系统"等6项申报省科技进步奖,经过评审,"安徽省淮河流域洪灾成因及综合治理技术研究"等3项成果获得省科技进步三等奖。另外还推荐"淮北平原黄潮土区'四水'转化水文实验研究"申请中国水利学会大禹水利科技奖,获得二等奖。

【科研立项】 2009年,先后组织申报水利科技项目28项。其中,"淮河流域旱灾治理关键技术研究"、"江淮丘陵区粮食增产节水技术和生态系统重建研究"、"淮河流域排涝综合控制标准与治理措施研究"3个项目获得水利部批准立项,总资助经费578万元;"淮北市水环境承载力及污染控制的研究"、"农村饮用水安全保障技术与示范"、"淮北地区采煤沉陷区水生态修复综合利用研究与示范"3个省科技攻关项目在省科技厅获得立项,资助经费总计128万元。

【项目实施】 水利部公益行业专项《淮北地区地下水安全开采量与可持续利用研究》、水利部"948"计划项目"大型河工模型自动化检测与控制系统研究"、省攻关计划项目"农村饮用水安全保障技术与示范"、"淮北地区采煤沉陷区水生态修复和综合利用研究与示范"等项目完成了年度计划任务。协同有关单位开展的"怀洪新河优化调控综合管理技术研究"、"淮河流域河道生物工程研究"、"安徽数字淮河信息系统"等项目,已经取得初步成果。省科技攻关项目"大型灌区节水高效与可持续发展关键技术研究"已经完成并申请验收。

【科技推广】 省水利厅加强科技推广体系建设,申请成立水利部科技推广中心安徽省推广工作站,获得批准。召开了全省水利科技推广工作会议,推动科技成果应用。按照水利部科技推广中心的要求,组织了14项安徽水利科技先进成果申报列入全国水利科技推广项目。省水文局、省水利设计院等7个单位15位专家参加"2009年度(第七届)国际水利先进技术(产品)推介会"。省水利设计院"闸门开度高性能绝对多圈磁编码器"列入水利部重点推广项目。省水利厅在全省科普活动周,认真开展"加强水利创新、促进成果转化"为主题的科技宣传活动,提高水利职工科学素养,并组织各市水利(水务)局、厅直单位的科技工作者考察了滁州市水文缆道自动测流系统和琅琊山抽水蓄能电站,荣获省科技厅、省委宣传部、省科协"科普活动周优秀组织奖"。

(厅科技处)

学会工作

【省水利学会工作】 省水利学会工作成绩突出,得到上级部门的充分肯定,被中国科协授予"全国省级学会之星"、"第五届学会之星三连冠"和"省级学会开展科技服务五十佳"等荣誉称号;被中国水利学会授予"中国水利学会先进集体"荣誉称号;被省民政厅推荐参加民政部组织的"全国先进社会组织"评选表彰;被省科协授予"全省科协系统百千活动先进集体"荣誉称号;在省科协开展的纪念安徽省科协成立50周年"五个十"评选活动中,荣获"全省10个最具有影响力的科技团体"荣誉称号。

(厅科技处)

【省水保学会工作】 2009年,安徽省水土保持学会的三项工作:水保学会日常管理工作;开展了全省水土保持方案编制乙、丙级证书统一换证管理工作,对全省水土保持方案编制乙级证书23个、丙级证书28个的单位资质进行审查,核定了乙级证书22个、丙级证书21个的单位上报中国水保学会;做好组织召开水保学会换届选举和第四次会员代表大会的准备工作。

(厅水土保持处)

文化

【第二轮水利志编纂工作】

2009年,是省水利志编纂工作全面展开的第二年。4月21日,省水利志编辑室召开《安徽省志·水利志》城市防洪工程篇编纂研讨会,17个市水利部门的编写人员参加会议,省水利规划办公室作为该篇的总编单位参加研讨会。会议采用以会代训的方式对参会人员进行培训。

5月6日,省水利厅召开省水利志编纂工作会议。厅党组成员、总工程师金问荣主持会议并讲话,厅机关有关处室、厅直有关单位主要负责人参加会议。金问荣总工程师在听取各单位的工作汇报之后,指出:自2008年年初明确各单位修志任务后,省水利志编纂工作开展情况总体较好,但少数单位进展不理想。他强调要提高对修志重要性的认识,增强责任感和使命感;各单位领导要重视,要切实负起责任,真正做到"领导、人员、经费"三落实;要保证编纂质量,确保资料的准确性、详实性,在规定期限内完成编纂任务。

6月10日厅办公室印发《安徽省水利志编纂情况调查表》,对各单位编纂工作进展情况进行摸底调查。7月6日省水利厅发文对《安徽省志·水利志》的编纂进展情况作了一次通报。《安徽省志·水利志》37个参编单位,有11个单位写出初稿,17个单位正在编写初稿,4个单位还在搜集资料未开始编写,5个单位没有反馈调查表。通报后有3个单位很快补报调查表,其中,2个单位显示的进度为正在编写初稿,1个单位只填报有关人员名单而无工作进展情况。剩余的2个单位进行电话联系,其中,1个单位已有初稿,1个单位尚未开展工作。截至7月底,总的情况是:12个单位写出初稿,19个单位正在编写初稿,6个单位还没有开始编写初稿。

8月份,省水利厅印发《关于进一步做好安徽省水利志编纂工作的通知》。10月份厅机关进行机构改革,处室设置有所变化,《安徽省志·水利志》篇目分工需作相应调整。12月17日省水利厅印发关于调整《安徽省志·水利志》编纂任务的通知(皖水办函〔2009〕1360号文),分别确定相关处室的修志任务。截至12月份,《安徽省志·水利志》有17个单位提供初稿,约占承编单位数的44%。省水利志编辑室对淮河河道治理、堤防工程、行蓄洪工程、临淮岗洪水控制工程等初稿进行编辑加工,并依据《安徽水利年鉴》充实完善有关内容。

年内,省怀洪新河管理局完成了《安徽省水利志编纂工作方案》规定的修志任务,《怀洪新河志》已于11月底以内部图书形式出版。《安徽省水利志编纂工作方案》规定的另外4部志书,即安徽淮河志、安徽长江志、淠史杭灌区志、安徽水旱灾害志,相关单位正在编纂。

【安徽省水利志编辑室概况】

2009年如期完成《安徽水利年鉴(2009)》52万字的编辑、校对任务,11月由长江出版社正式出版。完成《安徽河湖概览》34.2万余字的组织编写、校对工作。5月底按时完成《长江年鉴》2万1千余字、《治淮汇刊》4万5千余字的供稿任务。继续配合长江水利委员会、淮河水利委员会、太湖管理局修订完善《中国河湖大典》的有关表格和文字。完成省水利厅交办的水利辉煌60年有关专题资料近3万字的编写任务。做好《长江年鉴》、《治淮汇刊》、《安徽水利年鉴》等相关专业书籍的分发工作。全年提供志书及有关资料借阅、查阅百余人次。参加中国出版工作者协会举办的第四届全国年鉴编纂出版质量评比活动,《安徽水利年鉴》(2009)获综合二等奖、框架设计二等奖、条目编写二等奖。

2009年,省水利志编辑室对蚌埠市水利局、宿州市水利局、黄山市水利局、省茨淮新河管理局、省排灌总站、省水文局、省怀洪新河管理局等7个单位的修志工作进行了调研指导;审读了8个市23个县的城市防洪工程初稿;对《怀洪新河志》的印刷出版工作进行了指导帮助。

(李小林)

水利信息化

SHUILI XINXIHUA

信息化建设

【国家防汛抗旱指挥系统一期工程全面竣工】 经过5年的努力,已完成国家防汛抗旱指挥系统一期工程全部项目建设任务、竣工财务决算与竣工审计,并通过竣工验收。主要建设项目有国家防汛抗旱骨干网及视频会议系统、省工情及水情中心、网管系统、防洪工程数据库、10个水情分中心、9个旱情分中心、决策支持系统定制项目。国家防汛抗旱一期工程的建成,显著提升了安徽省防汛抗旱应急管理能力。

【部分厅直单位防汛抗旱骨干网工程基本建成】 省龙河口、佛子岭等5个直属单位网络工程接入省防汛抗旱通信骨干网工程,具体建设内容有防汛抗旱网络系统、语音通信系统和异地会商视频会议系统,各单位实现局域网接入省防汛抗旱计算机广域网、异地会商视频会议、防汛抗旱语音通信功能。目前该工程视频会议系统单项工程已完成初验,投入试运行,其他单项工程正组织初步验收。通过VPN技术在因特网上安全地实现了数据、语言、视频三种业务,为后续的防汛抗旱地区网建设积累了成功经验。

【全省防汛抗旱视频监视系统建设加快推进】 全省防汛抗旱视频监视系统利用电信部门的视频监视平台采用IP方式建设,在长江、淮河干流和主要支流的重要水利工程、重要水文报汛站和大型水库建设一批防汛抗旱视频监视点,共28个监视站39个监视点。据不完全统计,目前各市水利部门、厅直水管单位建设各类视频采集点累计达200多个。

【山洪灾害预警系统试点进展顺利】 2007年,国家防办开展县级山洪灾害防治试点工作,霍山、岳西、歙县三县纳入试点范围,试点区域涵盖26个乡镇、14个小流域,共2593.7km^2。目前已经完成实施方案编制、项目招标和合同签订,系统建设进展顺利,3个试点县山洪灾害预警系统均已进入设备安装调试阶段。

(程建)

信息化管理

【管理维护和人员培训得到加强】 做好日常管理,确保系统状态良好。通过网络管理系统掌握网络运行情况,出现故障通过邮件和短信方式对管理维护人员进行提醒。对防汛抗旱通信骨干网、异地视频会议系统、传真群发、短信群发等系统进行状态监测;购置备品备件,对MCU进行扩容;对机房供电进行了改造,提高了系统稳定性;进行管理创新,实行计算机维护服务外包,修复水利厅办公电脑故障300多起;与省水利水电职业技术学院合作,开办计算机应用技术专业大专学历函授班,培养水利信息化专门技术人才;利用在建项目开展相关技术培训,在培训中严格考核,确保人人过关;多次派员参加国家防汛抗旱指挥系统相关项目技术培训。

【网站政务公开功能不断增强】 2009年汛期,网站每日为全省提供实时的卫星云图和雨水情等信息,及时发布全省防汛动态、行动情况、防汛抗旱快报等,网站访问量显著提高,主汛期日访问量达2万余次。开设了"抗旱保苗全厅在行动"、"2009年全省防汛抗旱工作会议"、"安徽省水利厅政务公开宣传月"、"庆祝建国六十周年征文专题"、"水利兴修在行动"等专题栏目。"安徽水利"网站现已成为水利政务信息公开的重要窗口和水利宣传的重要阵地。

(程建)

财务·经济

CAIWU JINGJI

财务管理

【价格收费】 2009年4月，布置安徽省8个农业水价综合改革试点项目验收，完成本省8个农业水价综合改革暨末级渠系节水改造试点项目试点总结报告报水利部。

省水利厅及时向省财政厅、省地税局反映，提出对农业水费免征营业税的要求，并赴京向财政部、水利部汇报有关情况。5月份，省地税局下发的《关于水利工程水费营业税问题的通知》中明确，根据《中华人民共和国营业税暂行条例》及其《实施细则》的有关规定，安徽省水利工程供水行为中农业排灌项目属于免征营业税范围，应按规定免征营业税。

安徽省水利工程工业及城镇生活用水价格偏低，省水利厅将水价调整列入2009年工作重点，正式向省物价局要求调整本省直属和跨市水利工程工业和城镇生活用水价格。选择具有代表性的省淠史杭灌区、滁州市城西水库、宣城市卢村水库开展工业及城镇生活用水水价成本测算工作。联合省物价局赴卢村水库开展典型调研。邀请省物价局价格成本调查监审局对省淠史杭灌区的供水成本测算结果进行审核。并配合省物价局组织召开水利工程工业及城镇生活用水价格调整座谈会。调价前各项准备工作已经全部完成。

省水利厅多次与省财政厅、省物价局联系，省物价局的《关于进一步明确全省水利船舶过闸费收费标准的函》，明确水利部门收取的船舶过闸费按经营服务性收费管理。5月，省政府办公厅批转《关于进一步减轻企业负担若干政策意见》，降低河道工程修建维护管理费的征收标准，降低后标准为：工矿企业年销售收入1亿元以下部分为1‰，年销售收入1亿元以上（含1亿元）部分为0.6‰；商业企业年销售收入1亿元以下部分为1‰，年销售收入1亿元以上（含1亿元）部分为0.6‰；其他收益户每年按固定资产原值0.75‰。并明确按上述超额累退费率再减半征收。宣城市青弋江灌区纪村水电站发电用水性质问题，相关单位意见不一。为解决分歧，省水利厅联合省物价局开展专题调研，经多次协调并征得省政府同意，省物价局最终下发了《关于调整纪村电站发电水费标准的通知》，将纪村电站发电水费标准由现行0.052元/度调整为0.0644元/度。省水利厅及时与省财政厅联系，组织调研组赴五河、凤台、望江、南陵、当涂五个县开展减轻农业用水负担综合改革调研，并组织开展了全省农业用水基本情况调查。

3月份，省水利厅组织两个检查组分别对省长江河道管理局和省淮河河道管理局河道工程修建维护管理费、长江河道砂石资源费、采砂罚没收入等使用管理情况开展实地重点检查。为鼓励和表彰先进，省水利厅开展了全省水利系统水规费征管工作先进集体和先进个人评选活动，在各市推荐省水利厅审核的基础上，最终确定并表彰了19个先进集体和30个先进个人。按照省水利厅下达给各市的经济目标，全年共集中水费280.9万元，河费169.6万元，水资源费696万元。除财政调剂53.5万元之外，根据规定奖励返还206.3万元，其余886.7万元主要用于发展水利经济、弥补工程养护经费不足，水资源规划管理等。

2009年，全省水费、水资源费和河道工程修建维护管理费等3项规费收入总额达52584万元（水费31542万元，水资源费7973万元，河道工程修建维护管理费13069万元），比2008年减收4528万元。（详见表1）

表1　　2009年度安徽省水利规费征收情况表

序号	单位	水费(万元)	河费(万元)	水资源费(万元)
1	阜阳市	163	712	597
2	亳州市	0	35	105
3	宿州市	301	484	376
4	淮北市	0	574	1153
5	淮南市	2136	825	808
6	蚌埠市	900	2157	117
7	六安市	5996	110	180
8	合肥市	7598	6	1447
9	滁州市	2702	32	361
10	巢湖市	0	215	152

11	芜湖市	660	900	300
12	宣城市	958	15	185
13	池州市	300	203	80
14	安庆市	1593	1337	333
15	马鞍山市	483	2517	429
16	铜陵市	0	330	111
17	黄山市	82	0	119
18	省淮河河道管理局	927	1705	0
19	省淠史杭管理总局	5171	0	0
20	省驷马山管理处	232	0	0
21	省龙河口水库管理处	71	0	0
22	省茨淮新河管理局	223	0	0
23	省怀洪新河管理局	2	0	0
24	省长江河道管理局	0	912	0
26	省梅山水库管理处	190	0	0
27	省响洪甸水库管理处	578	0	0
28	省佛子岭水库管理处	276	0	0
29	省水利厅			1120
	合 计	31542	13069	7973

附表　**全省水利系统水规费征管工作先进个人名单**

汪观你(歙县水利局)

闫　光(灵璧县水利局)

胡宁毅(宁国市水务局)

吴增龙(安庆市水利局)

黄守华(固镇县水利局)

王　锋(亳州市水务局)

汪学伟(马鞍山市水利局)

吴新民(南陵县水务局)

杨晓波(巢湖市居巢区水务局)

王宏娟(淮北市水务局)

陶爱萍(马鞍山市水利局)

倪乃铁(茨淮新河工程管理局)

王劲松(潘集淮河河道局)

史志刚(省龙河口水库管理处)

章　佳(厅水政处)

黄学良(东至县水务局)

万晋军(凤台县水政监察大队)

王燕玲(淮北市水务局)

李传食(霍山县水务局)

杨鸿冰(阜阳市水务局)

杨　林(泾县水务局)

周英姿(岳西县水利局)

刘章庆(合肥滁河干渠管理分局)

朱庆丰(滁州市水政监察支队)

陈志龙(铜陵县水利局)

刘士安(淠史杭总局)

张良志(省驷马山工程管理处)

曹　斌(省长江河道管理局)

徐　萍(厅财务处)

范小伟(厅水管处)

全省水利系统水规费征管工作先进集体名单

黄山市水利局	芜湖市水务局
蚌埠市淮河河道管理局	巢湖市水规费收费办公室
涡阳县水资源管理所	宣城市宣州区水务局
马鞍山市水利局	凤台淮河河道管理局
安庆市水政监察支队	金寨县水利局
池州市城市防洪管理处	肥西县水政监察大队
阜阳市水资源管理处	淮南市水利局
滁州市城西水库管理处	淮北市水利规费征收管理办公室
安徽省无为大堤长江河道管理局	省淠史杭灌区管理总局
铜陵市水务局	

【事业财务】 省水利厅2009年初被批复的收支预算总规模为69763万元,其中,一般预算拨款收入39096万元,比2008年增加4366万元,增长12.6%,主要包括人员机构经费20306万元、防汛抗旱经费1924万元、水利工程运行与维护经费4324万元、农水水保项目经费10800万元、其他项目经费1742万元;上下划及重点项目拨款1000万元。

2009年,在预算的基础上,又累计落实各项新增财政投入36945.8万元。其中,争取并落实各项防汛抗旱经费15345万元(主要包括中央水利建设基金3200万元、特大防汛费3600万元、特大抗旱费6595万元、省级防汛费950万元、省级抗旱费1000万元);围绕农田水利建设,落实经费20450万元(包括中央财政安排的小型农田水利工程设施建设补助专项资金19400万元、节水灌溉贷款贴息50万元、水土保持重点建设工程补助1000万元);围绕厅直单位经济建设和特殊困难,争取经费1669.3万元(包括水电学院国家示范性高等职业院校建设1200万元、其他职业教育支出40万元、民生工程业务费20万元、厅直单位特殊困难补助等140万元、离休人员生活补贴262.9万元、离休人员非保健对象医疗补助24万元、职工死亡抚恤金94.1万元、下划淮南淮河河道管理局及蚌埠淮上区淮河河道管理局人员经费指标-53.8万元,上年结转指标-48.4万元)。

全年完成省机电排灌总站采购预算项目17个,采购金额515万元。(详见表2)

表2　2009年度安徽省水利厅预算(省级行政事业经费)执行情况表

科目名称	财政拨款(万元)
1. 一般公共服务	100.00
其他一般公共服务支出	100.00
2. 教育	2,656.90
高等职业教育	2,616.90
其他职业教育支出	40.00
3. 社会保障和就业	6,187.66
行政单位离退休	788.86
事业单位离退休	5,298.70
其他行政事业单位离退休支出	6.00
死亡抚恤	94.10
4. 医疗卫生	699.50
行政单位医疗	149.70

事业单位医疗	525.80
其他医疗保障支出	24.00
5. 农林水事务	30,510.39
行政运行	1,406.79
机关服务	0.30
水利行业业务管理	3,359.00
水利工程建设	1,000.00
水利工程运行与维护	12,098.20
水土保持	165.00
水质监测	100.00
水文测报	3,340.10
防汛	1,144.00
抗旱	630.00
小型农田水利	3,990.00
中央水利建设基金支出	720.00
水资源费支出	1,512.00
砂石资源费支出	985.00
其他水利支出	20.00
其他农林水事务支出	40.00
6. 其他支出	518.67
住房公积金	372.90
提租补贴	145.77
合计	40,673.12

【基建财务】 2009年,印发《关于加快中央新增水利基本建设项目工程价款结算进度的紧急通知》,督促中央新增水利基本建设项目按期完成。印发《关于贯彻执行水利部〈水利基本建设项目竣工财务决算编制规程〉(SL19-2008)和规范建设项目竣工决算审计工作的通知》。5月,举办了一期全省病险水库加固工程财务管理和《水利基本建设项目竣工财务决算编制规程》培训班,各市水利(水务)局、厅直属单位基建财务部门负责同志及业务骨干70人参加了学习培训。

2009年度累计下达全省水利基本建设投资计划46.58亿元,按组织实施分安徽省实施项目43.58亿元、淮委实施淮干蚌浮段、姜唐湖退水闸、淮干上中游河道整治及堤防加固等项目3亿元。按资金来源划分,中央投资26.23亿元,省级投资15.36亿元,市级配套3.44亿元,项目自筹1.55亿元。按项目类型划分,治淮9.23亿元,农村安全饮水12.55亿元,病险水库加固16.84亿元,大型排灌泵站改造1.29亿元,大型灌区续建配套及节水改造1.69亿元,长江治理工程1.74亿元,中小河流治理启动项目0.8亿元,水利血防1.02亿元,重点水土流失治理0.46亿元,农村电气化建设0.7亿元,前期工作费及水文等零星项目0.26亿元。全年共落实水利建设资金45.78亿元(其中中央资金26.23亿元,省级资金14.56亿元,市县配套资金4.99亿元)。

2009年下达省水利厅直属单位项目计划72452万元,累计到位资金102625万元(其中当年计划48292万元、以前年度计划54333万元),到位资金中中央资金70583万元、省级拨款27516万元、市级配套4526万元。2009年省水利厅直管单位组建的项目法人累计完成投资130893万元。(详见表3)

表3　2009年度中央、省级、市级水利基本建设资金预算执行情况表

投资来源	预算执行数(万元)
一、中央投资	70583
其中:1.淮委预算	0
中央预算内拨款	0
2.转移支付安徽省	70583
国债专项资金	
中央预算内拨款	70583
二、省级投资	27516
其中:1.淮委直接实施部分	0
省级拨款	0
2.安徽省实施部分	27516
省财政专项	13987
省水利基金	7884
省统筹	2351
省机动财力	80
省水利基建投资	3214
三、市级配套	4526
合　计	102625

为确保2009年底治淮骨干工程涡河、沙颍河近期治理、淮北大堤加固工程通过竣工验收协调财政厅代扣沿淮市地方水利建设基金6929万元,并安排落实到治淮工程项目,会同财政厅协调落实治淮工程市配套资金贷款19126万元。

配合中国水利投资集团公司对合肥、六安等6市和淠史杭总局中央级"拨改贷"本息余额4153万元及经营性基金本息余额918万元向国务院国资委申请豁免工作。

审计

【审计与监督】 2009年,先后配合国家审计署南京特派办完成本省22个病险水库加固项目总投资9.91亿元的专项审计调查工作;配合水利部对本省治淮及大中型病险水库加固的稽查工作;配合审计厅对治淮重点项目审计工作;配合省财政厅对涡河、沙颍河、淮北大堤涡下段和白莲崖水库等4个项目总投资35.15亿元的财政投资评审工作;配合财政部对省重点小型病险水库加固工程投资评审工作;配合审计署京津冀特派办、监察部等对省水利新增中央投资项目的审计调查和稽查工作;配合水利部审计室对无为大堤加固工程后续补充审计工作;协调配合淮委完成对城西湖蓄洪大堤、淮北大堤、涡河、沙颍河等4个项目总投资42.95亿元的竣工决算审计工作。

2009年,完成省龙河口水库管理处、省临淮岗工程管理局、省淠史杭灌区管理总局、经营总站法定代表人离任审计工作;组织开展了"小金库"专项治理的自查与专项检查工作,对发现的问题及时要求整改落实;组织对蔡塘、张桥、林东、马厂、卢村、丰乐、东方红水库等7个大中型病险水库工程、淠史杭灌区12个单项、茨淮新河灌区5个单项、双桥闸、团结闸2个险闸加固、瓦埠湖东淝河下段整治等项目总投资达12亿元进行竣工决算审计,全年累计完成29个竣工决算审计工作,并及时下达竣工决算审计意见。

(赵万恒)

引用外资

【外资项目进展情况】 世界银行贷款安徽省淮河流域重点平原洼地治理项目,2005展开工作,2010年3月,完成全部前期工作。

2005年10月,世行对项目进行认定考察,确定项目为世行贷款项目;2006年4月,通过世行准备团评估;2007年5月世行对该项目进行预评估;2008年10月世行对项目进行最后的评估,世行

方面的前期立项程序全部完成。2009年5月18日,中国政府工作人员与世行代表在世行北京办事处进行项目谈判。

根据国家发改委的要求,水利部淮委组织编写了该项目的项目建议书,2006年7月份通过中咨公司的评估,2008年底国家发改委批复项目建议书。根据水利部淮河水利委员会的统一安排,2006年即已上报该项目的可研报告,期间经过多次修改完善,2010年3月国家发改委批复可研报告,该项目得以正式立项。

【项目主要建设内容】 根据国家发改委《关于世行贷款淮河流域重点平原洼地治理工程可行性研究报告的批复》(发改农经〔2010〕575号),安徽省项目的治理范围为八里河、焦岗湖、正南洼、西淝河下游、架河、高塘湖、北淝河下游、高邮湖、澥河、沱河、天河11片洼地。省发改委《关于世行贷款安徽省淮河流域重点平原洼地治理工程初步设计的批复》(皖发改设计函〔2010〕447号)批复工程的总投资为64012万元,其中中央定额补助64900万元,世行贷款7500万美元。主要建设内容有新筑、加固堤防,河道疏浚开挖,新建、重建、加固涵闸和桥梁以及洪涝灾情评估及减灾决策支持系统建设等。工程总工期45个月。

(贾燕)

党政·人事

DANGZHENG RENSHI

政务管理

【水利宣传】 2009年,各主流媒体对安徽水利的宣传态势良好,刊播安徽水利的稿件约1200件次,其中,安徽日报头版刊发29篇(头版头条6篇)。中国水利报安徽记者站被评为先进记者站。

做好中央新增投资项目建设、大型泵站更新改造、灌区续建配套与节水改造等水利建设宣传;积极开展以农村饮水安全、病险水库除险加固、农田水利基本建设、水土流失治理等为重点的民生水利宣传;以防汛抗旱排涝工作为重点,分阶段开展抗击2008年冬至2009年春特大干旱、统筹做好夏种灌溉用水、战胜局部洪涝灾害等宣传;开展重点治淮工程扫尾验收的宣传;加强工程管理、水资源管理、水管体制改革、水法规建设、行业能力建设等方面的宣传。切实做好新中国成立60周年水利成就性宣传。编辑《奋进的足迹——安徽水利60年文稿选编》。开展"庆祝新中国成立60周年·水利颂"征文。按照水利部、省委宣传部等要求,完成纪念新中国成立60周年作品征集和报送工作。累计提供稿件约10万字,各类图片120张。

(王春夏)

【档案管理】 2009年,以制度管理为准则,以服务水利建设和防汛抗旱工作为中心,加强档案规范管理,档案管理工作向规范化、信息化迈进。

组织全省水利系统学习、宣传和贯彻《档案法》,全面宣传贯彻落实国家档案局第8号令,加大对归档工作检查指导,在文件收集齐全,保管期限划分准确、整理规范等方面取得新成效。2009年厅机关新增文书档案约4000件、新增财务档案255卷。完成各类资料整理62册。全年共提供档案利用1580卷(件)、621人次。组织对厅直有关单位档案管理达标工作进行摸底,并有针对性地予以重点指导,省临淮岗管理局机关档案管理工作达省一级。根据省治淮建设计划及水库除险加固计划,按照"分级管理"的原则,重点对淮北大堤、涡河、沙颍河以及东方红、丰乐、马厂水库等工程项目档案进行了指导,使其顺利通过工程档案专项验收。举办水利系统档案学习班,提高全系统档案管理工作水平,加强档案队伍建设,促进档案管理工作再上新台阶。至2009年底全省水利系统有80%以上的单位已使用计算机管理档案,有效地提高了档案管理利用水平。

(许淮珍)

【政务信息】 2009年,水利政务信息工作具有计划性,按季度通报信息采用情况、发布信息报送要点,做到年初有计划、年中有检查、年底有总结。总结历年信息报送特点,制订全年信息报送方案,有针对性地编报信息,信息质量和采用数量不断提高。加强信息员队伍建设,健全信息报送网络,全省水利系统政务信息员已达70余人。全年共处理各类信息2566条,编辑采用1400条。全年被省委、省政府和水利部等上级信息主管部门采用400条(次),其中抗击严重春旱、大型灌区保障灌溉用水等信息得到省委、省政府和水利部的高度关注。在全省党委系统优秀决策信息评比中,省水利厅一条信息荣获一等奖。

【人大建议和政协提案办理】 2009年,省水利厅按照省委、省人大、省政府和省政协的部署要求,办理人大建议和政协提案。办理前,选派人员参加建议和提案的初审工作。召开全厅建议和提案交办会,将建议提案分办各有关处室,明确办理要求,严格职责分工。在办理过程中,规范办理程序,通过电话、走访等方式,加强与代表和委员的沟通联系,组织召开水利系统人大代表座谈会,主动征求对水利工作的意见。按照省政府办公厅要求,对主办的人大建议,逐件办理摘要,报经分管副省长审定后,再予以答复代表。

全年共承办人大建议59件、政协提案20件,是历年来承办数量最多的一年。承办的所有建议和提案均在规定时限内办结,办理工作效率和质量进一步提高,得到省人大、省政协的肯定和人大代表、政协委员的好评。

(李玮)

【目标考核】 加强与省政府目标管理考核办公室等相关部门和单位的联系和沟通,完成省政府下达的年度目标任务,按时上报2008年度目标考核总结报告。贯彻落实省十一届人大二次会议审议通过的《政府工作报告》中有关水利工作的部署,结合全省水利工作实际,向省政府报送2009年度省水利厅目标管理任务。强化全省水利发展目标考核工作,推进水利事业可持续发展,按时完成2008年度各市水利发展目标管理考核任务,淮北、合肥、安庆、芜湖、宣城、马鞍山、淮南、亳州、阜阳市水利(水务)局获得优秀等次,六安、宿州、黄山、巢湖、池州、蚌埠、滁州、铜陵市水利(水务)局获得良好等次。按照省政府下达的2009年度省水利厅目标任务,及时分解下达2009年度各市水利发展目标考核任务,扎实开展好目标管理考核工作。

(谷永生)

【信访工作】 2009年初,厅党组把信访工作纳入全厅的整体工作之中,与业务工作同部署、同落实、同检查、同考核。全力做好重要节点期间信访工作,把重点敏感时期的信访工作作为着力点,明确责任,提前化解矛盾,防患于未然。认真梳理历年的信访积案,对照职责范围和政策依据,对信访当事人给以认真、详细的解释宣传,劝解信访当事人遵守《信访条例》依法有序进行信访活动。完成全国水利系统信访干部培训班的的承办工作。

全年接待来访群众212人次,接听群众热线电话170多起,处理群众热线电话32件,安排厅行政领导接待日和重大节日信访值班61个,厅领导阅批群众来信和来访件87件次。在"两会"和社会重大活动以及本省防汛抗旱、治淮重点工程建设期间,未发生非正常上访和重大信访事件。

(任国燕)

【政务公开】 2009年,贯彻落实《政府信息公开条例》,增强水利工作透明度,推进办事公开,加强政务公开宣传工作。

结合厅领导分工及相关处室负责人职务变动情况,对厅政务公开工作领导小组进行调整。厅直有关单位也按照要求成立了相应的政务公开工作领导机构。围绕"打造阳光政务、构建和谐水利"主题,通过悬挂宣传横幅,在电子显示屏上滚动播放宣传标语,组织开展有奖知识竞赛等活动,大力加强工程水利、资源水利、民生水利和生态水利"四个水利"的宣传。印发《安徽省水利厅政务公开实施办法(暂行)》。建立政务公开责任追究制度。省水利厅55个行政审批事项的程序、标准、时限、服务承诺等具体内容全部公开,同时,进一步完善了主要行政职权流程图。制定《安徽省水利厅门户网站信息发布管理暂行办法》。实行政府信息公开工作季度通报制度,重点监测厅门户网站和政府信息公开网上各栏目的信息更新与维护情况,加强信息公开网站维护工作。政府信息公开网站增设了"便民服务",专设"政府信息公开制度"等特色栏目,突出"行政执法"栏目。水利部办公厅授予安徽水利网"全国水利行业优秀政府网站"称号。截至2009年底,省水利厅政府信息公开专门网站累计公开各类信息3150条。制定政府信息依申请公开工作具体实施细则,全年办理各类信息公开申请6件,均在规定时间内办理完毕。完成2008年度省水利厅政府信息公开工作年度报告编制工作。

(赵梅)

【水利窗口】 深入落实省政府、省政务服务中心的部署,进一步加大对水利厅窗口工作的检查考核力度,着力提高服务质量和水平,充分发挥窗口的"一站式"服务功能。积极完善窗口首席代表制度,不断加大向窗口首席代表的授权力度,增加窗口现场办结的项目和环节。厅机关各处室及厅直有关单位全力配合窗口工作,进一步加大行政审批权相对集中探索,结合厅机关机构改革的实施,对部分处室的职能进行调整和优化,切实提高行政审批工作效率。窗口首席代表及工作人员以实际行动落实"公开透明"、"首问负责"、"限时办结"等各项规定,在具体工作中想办事人之所想、急办事人之所急,并为急件办理开通绿色通道,确保在第一时间受理、办理,并及时反馈办理结果。制定印发《安徽省水利厅政务窗口工作规则(试行)》,从项目受理、项目办理、"一站式"服务、网上登记受理、窗口工作责任、人员选派管理六个方面确立了水利政务窗口的工作规范。深入推进窗口电子政务建设,实现窗口与厅机关协同办公系统的互通互联,并在办公系统中建立行政审批项目受理和办理流程,实现对项目办理的全程跟踪、监控和督办。

2009年度,省政务服务中心水利厅窗口共受理各类办件498件,其中窗口即办件130件,行政审批承诺件368件,共办结办件512件,所有办件均在承诺期限内按时办结或提前办结。全年办理各类办件无错件、无投诉,办事人满意率达100%。窗口荣获第一季度红旗窗口称号,首席代表被评为第三季度优秀工作人员。

(谷永生)

【机关财务】 2009年,在进一步规范机关财务工作,严格执行有关财政政策和会计法规的基础上,充分发挥机关财务的枢纽保障作用。完善《省水利厅机关财务管理办法》、《ADSL网络管理办法》。依据《预算法》和《安徽省预算审查监督条例》等法律法规,坚持以收定支、确保重点、收支平衡的原则,顺利完成厅机关以及四个直属事业单位2010年度部门预算编报工作,确保人员经费、公用经费和专项水利资金及时到位。按进度执行预算,按照省财政厅相关要求,完成2008年度厅机关及部分直属事业单位的财务决算工作,及时、准确地反映预算执行情况。完成基建报表、地方水利财务报表、水利经营报表、省直机关改革性补贴情况表等200多份专项报表的编报工作。实行处室领导与办公室主任同时审批制度,认真审核每一笔开支,自觉抵制不符合制度的原始凭证,加强会计基础工作,依法建帐,确保会计工作规范有序地进行。做好厅机关及部分事业单位的财务审核、报销工作,及时执行职工工资、公积金、提租补贴政策,确保职工工资、福利的发放,做好职工公积金变更、转移和个人所得税、医疗保险的申报、代扣代缴等工作。圆满完成了省财政厅、审计厅等单位组织开展了非税收入审计和"小金库"清理等专项审计工作。

(孙玲)

【机要保密】 深入落实省委保密委、省国家保密局的各项工作部署,紧密结合水利工作实际,大力加强全厅系统保密工作,全年未发生失泄密事件。及时调整厅保密委员会组成人员,召开厅保密委员会扩大会议,学习传达中央和省委有关保密工作的重要会议和文件精神。印发《安徽省水利厅2009年保密工作要点》,部署全厅系统保密工作。扎实开展全厅保密大检查工作,对厅机关各处室及5个厅直单位的171台计算机进行了全面检查,并结合检查工作建立计算机保密安全档案。认真做好保密承诺书签订工作,共组织签订保密承诺书77份,涉及厅级以上领导干部13人,处级干部44人,其他干部15人,工勤人员5人。严格执行保密要害部门、部位保密技术设备强制性配置标准,完善人防、物防、技防等综合防护体系。加强涉密载体管理,所有废旧涉密载体和废旧资料全部交省国家保密局回收处理中心统一销毁。以政府信息公开工作为重点,积极建立信息公开、信息报送以及新闻报道等保密审查制度,确保信息保密安全。积极订购《党政机关工作人员保密须知》,分发厅机关各处室及厅直有关单位,加强保密宣传教育,提高广大干部职工保密安全意识和保密防范能力。

(谷永生)

组织人事

【领导班子与干部队伍建设】

2009年,完成学习实践科学发展观活动整改落实和学习实践活动"回头看"工作。编印《深入学习实践科学发展观活动调研报告》、《深入学习实践科学发展观活动整改落实方案》和《解放思想谋发展 改革创新求突破》三本文集。

按照《干部选拔任用条例》规定,对省水科院、怀洪新河管理局、省淠史杭灌区管理总局、茨淮新河管理局、省水文局5个市局等12个单位领导班子进行了调整、充实、推荐、考察。加大了厅机关与厅直单位干部交流工作力度,从厅机关选派8名处级领导干部到厅直单位任职。

完成了省淮河河道管理局、省茨淮新河河道管理局、省淠史杭灌区管理总局等单位新提任干部任职试用期满考核以及厅直下派挂职干部考核工作,组织开展了省排灌总站领导班子重点考察。

加强对厅直单位民主生活会的指导,促进厅直单位领导班子加强身自身建设。加强对厅直单位选人用人工作指导和监督。

【年度考核】 组织实施2008年度厅机关和厅直单位及领导干部考核工作。厅机关12个处室和厅直6个单位2008年考核为优秀,29名处级领导干部考核为优秀等次。组织开展了厅机关公务员考核,审核上报2008年度厅机关和厅直单位工作人员考核结果。2008年全厅共5417名工作人员参加考核,其中784名工作人员被考核为优秀等次,4566名工作人员被考核为称职,67名工作人员参加考核未定等次。

【厅机关机构改革】 组织开展厅机关机构改革工作。制定《安徽省水利厅机关机构改革实施方案》、《省水利厅机关处室主要职责》,明确了厅机关机构改革工作的指导思想、工作原则、目标任务、方法步骤、组织领导、纪律要求。新成立了政策法规处和水资源处,单独设立了水土保持处,省防汛抗旱指挥部办公室由参公管理的事业单位转为厅机关处室。

加大干部轮岗交流和选拔工作力度,全厅提拔干部28名,平级交流轮岗干部16名。厅机关8名处长、2名副处长进行了轮岗,提拔3名处长、7名副处长和5名副调研员,5名厅直单位处级领导干部交流到厅机关任职。

通过改革,顺利完成了厅机关处室职责界定、定编、人员定岗等工作,实现了职责转变、机构调整、人员定岗的总体目标。进一步理顺了厅和省直相关厅局的职能关系;进一步强化了机关处室的工作职责;进一步转变了干部职工的思想观念。

【教育培训与人才队伍建设】

认真落实省委组织部、省直工委等部门下达的干部调学任务,选派处级、科级干部70多人次参加省委组织部、省人事厅、省直工委及水利部组织的各类党政领导干部培训、公务员能力培训和专业技术干部更新知识培训。举办2009年全省县级水利(水务)局长培训班,共有48名各市县水利(水务)局长参训。举办全省市县防汛指挥长培训班,培训市县防汛指挥长106名。

【公开招录】 坚持新进人员"凡进必考"原则,不断改善事业单位人员结构。组织完成了临淮岗工程管理局和白莲崖水库管理处新进人员招聘工作,共聘用12

名专业人才。组织指导完成省水文局等10个厅直单位127个职位的招聘工作。厅机关新招录公务员4名。

【机构编制】 继续做好厅直水管单位体制改革有关工作,审核厅直有关水管单位“三定”方案。指导省水文局机关落实“三定”和人事制度改革工作。完成厅直属24个事业单位、32个二级法人登记单位年检、变更、设立登记等报批工作。

【职称与专家工作】 开展水利水电工程专业继续教育培训。及时批转2008年度审批通过的水利工程、政工、经济等系列共190名高、中级专业技术资格,审核办理专业技术资格证书。完成省水科院等10个厅直事业单位109名专业技术职务聘任审核报批工作。受理审核2009年申报政工、工程等系列职称评审材料334份。组织开展了厅思想政治工作中、初级和水利水电工程中、高级专业职称评审工作。

推荐并经审批,我厅直属单位2人被选拔为第一批省学术和技术带头人,2人享受国务院特殊津贴,1名技师享受省政府特殊津贴。组织推荐1人申报2009年新世纪百千万人才工程国家级候选人,推荐1人申报水利部5151人才工程部级人选,推荐4人申报第二批省学术和技术带头人及第七批后备人选,推荐2人申报科研活动资助经费。

【劳资与社保管理】 完成全省水利系统2009年人事劳动教育统计和事业单位工资收入统计工作,完成省淮河河道管理局上划单位972人工资由差额改为全额的审核审批工作。完成厅离休干部护理费调整和提高医疗待遇工作。

【干部人事统计】 完成2009年度水利部、省委组织部、省人事厅、省编办及合肥市布置的机构编制、干部人事、劳动工资、教育培训统计工作。

【外事管理】 完成厅2009年度出国考察2个团组的任务申报、人员选派、报批等前期工作。办理7人随其他团赴英国、香港培训考察学习。

【表彰与奖励】 配合省人事厅,组织开展全国水利系统先进集体、先进工作者的表彰评选推荐工作,全国水利系统奉献水利先进个人和长期奉献水利优秀人员推荐工作。开展第三届全省优秀县级水利局长、全省水利系统奉献水利工作突出贡献先进个人表彰工作,开展全省水库除险加固工程建设先进集体和先进个人、水规费征管工作先进集体和先进个人、全省水利工程管理体制改革先进集体和先进个人等表彰推荐工作。2009年共推荐参加各级各类表彰先进集体71个、先进个人282名。

【人事档案和信访工作】 收集整理厅管干部年度考核、工资、职称、表彰等相关归档材料干部人事材料600余份。按照省信访条例规定,接待人事来信来访50多人次,办理咨询答复函件6起。

(李光升　邓文彦)

党群工作

【党建工作】 2009年,先后组织广大党员和干部职工深入学习党的十七大、十七届三中、四中全会和胡锦涛总书记两次视察安徽时的重要讲话精神;学习贯彻科学发展观和全国两会精神;学习《六个“为什么”——对几个重大问题的回答》等文献;开展“打造书香机关、提升素质能力”活动,营造良好的读书学习氛围,引导职工爱读书、读好书、善读书;组织开展向沈浩同志学习活动,通过召开支部主题组织生活会、干部职工座谈会等形式,努力营造学习沈浩同志先进事迹的浓厚氛围,确保学习活动取得实效。

抓好中央和省委先进性长效机制文件的贯彻落实,进一步巩固发展党员先进性教育成果,认真组织广大党员学习党章、贯彻党章、维护党章,加强理论学习和党支部建设,不断增强党员意识和党性观念,提高党员队伍整体素质。

全面加强党的基层组织建设,督促指导基层党组织按时换届,慎重做好组织发展工作,做好入党积极分子帮助教育和培养考察工作。成功举办省水利厅第九期新党员和入党积极分子培训班,组织学员赴浙江嘉兴参观南湖革命纪念馆,深入了解中国共产党诞生历史,进一步端正入党动机。加强专职党务干部培训,组织专职党务领导干部参观考察延安、西柏坡等革命老区,接受革命传统教育。

组织开展评选表彰先进基层党组织和优秀党员、优秀党务工作者活动,树立、宣传先进典型,不断激发广大党员干部的政治热情和工作积极性。“七一”前夕共评选表彰9个基层党组织和29名优秀党员、10名优秀党务工作者;1个基层党组织、1名党员获省直工委表彰。厅机关党委被省直工委授予为“先进基层党组织”荣誉称号。

【效能建设】 2009年,厅机关效能建设活动始终坚持服务科学发展理念,促进工作作风不断改进,服务质量不断改善,工作效率不断提高,进一步建立健全加强机关效能建设的长效机制。

2009年初,机关党委在全面总结2008年度省水利厅深入推进机关效能建设工作的基础上,认真准备,做好迎接省直机关效能建设考评的各项工作,并获得2008年度省直机关效能建设考评良好等次。

2009年,省水利厅紧密结合水利工作实际,进一步规范机关行为,强化管理监督,严格考核奖惩。注重拓展效能建设内容,从解决"显性"问题向解决深层次问题深化,加强分类指导,积极引导效能建设向全省水利系统和处室延伸,促进全厅工作作风不断改进,服务质量不断改善,工作效率不断提高。6月,省直机关效能建设督查调研组对省水利厅深入推进效能建设工作给予充分肯定。

【精神文明建设】 2009年,省水利厅机关精神文明创建工作顺利通过水利部文明委的复审,厅机关被水利部再次确认为"全国水利文明单位"。

深入推进厅直单位精神文明创建工作。按照《安徽省水利厅文明单位考评办法》规定,做好2007-2008年度申报厅文明单位和申请确认厅文明单位的考评工作。授予省临淮岗洪水控制工程管理局、省佛子岭水库管理处和省响洪甸水库管理处3单位为厅文明单位;再次确认省茨淮新河工程管理局、省水利科学研究院、省龙河口水库管理处、省淠史杭灌区管理总局和省梅山水库管理处5单位为厅文明单位。

2009年,厅机关党委以庆祝建国60周年等重大节庆为契机,开展各具特色的庆祝活动。4月,为庆祝"五一"国际劳动节和"五四"运动90周年,组织举办全民健身水利职工集体跳绳比赛;5月,在合肥久留米友好美术馆举办纪念新中国成立60周年全省水利职工书画摄影展,来自全省水利系统260余幅书画摄影作品参展;9月,举办省水利厅"庆祝建国六十周年文艺演唱会";组队参加省直五部门联合举办的"迎国庆、健身跑"活动,厅党组书记、厅长纪冰同志亲自带领安徽省水利厅80人方队,完成了整个健身跑路线;11月,组队参加由中国水利体育协会、水利部文明办主办的第二届全国水利系统羽毛球比赛,获得女单第八和男单第八的好成绩,省水利厅代表队被组委会授予"体育道德风尚奖"。

2009年,省水文局工会被中国水利体育协会授予"全民健身活动先进单位"称号;厅机关被国家体育总局命名为"全国群众体育先进单位"。

【群团工作】 2009年,省水利厅工会贯彻落实上级工会的部署要求,积极做好工会工作,完善工会目标管理,加强工会组织建设和干部队伍建设,切实维护职工的合法权益,关心困难职工生活,充分发挥工会在构建和谐水利中的桥梁纽带作用。坚持完善以目标责任制管理考核为重点的工作机制,年初与12个基层工会签订目标责任书,年终进行综合考评,对目标任务完成好的6个基层单位进行通报表彰。不断健全完善困难职工帮扶动态管理档案,开展"送温暖"和"育才关怀活动",把关心、帮助职工解决困难作为工会的日常工作,努力为职工排忧解难。11月,为进一步学习贯彻落实好《劳动合同法》,加强基层工会干部培训教育,组织举办厅直工会主席《劳动合同法》培训班。2009年,厅直工会被省直工会授予"目标责任制优秀奖"。

按照中国农林水工会部署,组织开展"学习型组织先进集体"和"知识型职工先进个人"评选活动,省淠史杭灌区管理总局设计院水工室和省水文局滁州勘测队被授予"全国水利系统学习型组织先进集体"称号;省茨淮新河工程管理局路玉锋和省淮河河道管理局刘铁兵被授予"全国水利系统知识型职工先进个人"荣誉称号。

坚持"党建带团建"的原则,指导支持共青团独立自主地开展工作。建立健全各级基层团组织,加强团员青年队伍建设,开展"创建学习型团组织,争做知识型团员"活动,继续深化"青年文明号"、"优秀青年岗位能手"和"五四红旗团委(团支部)"创建活动,组织团员青年参加中央组织部和团中央等11个部门联合组织开展的评选"100位为新中国成立作出突出贡献的英雄模范人物和100位新中国成立以来感动中国人物"活动。组织开展第四届"省直机关十大杰出青年"评选推荐工作,省水利水电勘测设计院周小勇同志获"省直机关杰出青年提名奖"。2009年,省水电学院工程系团总支、省水电学院基础工程技术0704班团支部和省水利水电勘测设计院第六团支部荣获"五四红旗团支部(总支)"称号;省水利水电勘测设计院白莲崖水库工程设计代表组和省水电学院读者协会荣获"青年文明号"称号;多名团员和团干部被省直团工委授予"优秀青年岗位能手"、"优秀团干部"和"优秀团员"称号;厅机关服务中心团支部被团省委授予"全省五四红旗团支部"光荣称号。

【召开安徽水利政研会代表大会】 2009年4月下旬,筹备召开了安徽水利职工思想政治工作研究会换届代表大会,厅党组书记、厅长纪冰出席会议并讲话。厅党组成员、纪检组长高玉宝作工作报告。省民政厅民间组织管理局局长王泽华到会祝贺并作重要讲话。来自厅直单位近50名会员代表参加会议。会议全面总结上届政研会工作,紧密结合水利工作实际,研究部署当前和今后一个时期政研会工作,审议并通过了上届政研会的工作报告,讨论并通过了《安徽水利职工思想政治工作研究会章程(修改草案)》,选举产生政研会新一届理事会、常务理事和领导班子,完成大会的各项任务。5月,积极评选推荐优秀论文报中国水利政研会参评,其中省水文局徐建平《进一步解放思想 推动水文事业又好又快发展》和厅机关王军《以解放思想推动水利建设大发展》分获中国水利政研会地域学组第二组二等奖和三等奖。

(孙萍)

纪检监察

【党风廉政教育】 组织开展"作风建设教育月"活动。2009年4—5月,省水利厅党组于在厅机关和厅直属单位中部署开展"作风建设教育月"活动。活动时间紧,日常工作任务重,收效较为显著。大部分处室和厅直单位以此为契机,狠抓内部管理,变厅党组"要我抓"为"我要抓",有的处室还提出不要因为个人的小节失误而影响大局和全厅的形象,引起了大家的共鸣;厅党组要求整改落实的21项任务,除跨年度、分阶段实施的民生工程外,已经落实整改20项;各单位、处室按照厅党组的要求,针对查摆出的问题,坚持边查边改,注重建章立制,初步统计建立近30多项新制度,出台《安徽省水利厅关于加强机关作风建设的若干意见》;一些处室大局意识明显增强,协调组织重点工作的效率明显提高,有的单位和部门及时纠正过多参与项目评审、乱收评审费而影响单位风气等问题;在本轮厅机关机构改革中,有12名正处级干部和5名副处级干部愉快地接受机关处室的轮岗和交流,部分机关处室负责同志主动要求到厅直单位进行交流与锻炼。

开展"加强党性修养、弘扬优良作风、促进科学发展"主题教育活动。省水利厅制定教育活动的实施意见并下发至厅直各单位和厅机关各处室;水利厅纪检组统一订购《加强党性修养、弘扬优良作风、促进科学发展主题教育读本》150册,发至厅直系统处以上干部,购买《永不凋零的巴山红叶——记四川省南江县原县委常委、纪委书记王瑛》和《加强党性修养、树立和弘扬良好作风》等近10部电教片,在全水利厅系统内循环观看;自上而下开展党课教育,厅党组书记、厅长纪冰在厅机关职工和厅直单位负责人会议上就主题教育活动开讲党课。厅直大多数单位主要负责人也给本单位职工作党课辅导报告;水利厅纪检组组织240多名厅、处、科级干部赴蜀山监狱接受警示教育。

【水利工程建设监督检查】

整合纪检监察、财务、审计、基建管理、工程质量监督以及相关部门的人力资源,形成合力,对中央扩大内需新增水利项目进行督查。省水利厅先后组织20多批次分别由厅领导带队,厅纪检监察等部门参加的督查小组,深入全省17个市和5个厅直单位工程建设工地现场了解实情,督促进度,确保中央、省委、省政府政策部署的落实和新增水利工程建设的顺利进行。

省治淮工程建设纪检监察组进行监督检查。2009年,省监察厅副厅长张胜利2次率领省治淮工程建设纪检组成员到白莲崖水库等治淮工程现场进行督查,详细了解防汛准备情况和蓄水后的工程现状,对工程后期建设提出要求,为确保重点工程顺利竣工验收起到有力的督查示范效果。

加强对招投标工作的监管。不断加强对扩大内需新增水利工程、省治淮重点工程和有关市重点工程的施工、监理、物资采购等招标投标的监督,严格按照法律法规和规定的程序,对标底编制、抽取评标专家以及评标、定标过程进行监督。上半年,厅纪检监察部门共参与包括新增项目、治淮、水库除险加固工程等招标投标20多次,没有发现严重违纪违规问题;4月份,新成立了全省水利工程招标投标服务中心,出台了《关于规范机关工作人员参加有关评审、评标等活动的暂行规定》,对厅机关和厅直单位工作人员参加有关评审、评标等活动进行了规范,进一步加强对全省水利工程招投标工作集中管理与有效监督;5月底,举办了全省新增水利评标专家培训班,除组织评标专家系统学习招投标有关法律法规、评标程序等业务知识外,厅党组成员、纪检组长高玉宝还在开班式上作反腐倡廉报告,加强廉洁自律教育;12月份,印发《安徽省水利工程评标专家管理工作意见》。

【惩防体系与源头治理】 惩治和预防腐败体系建设。2月份,制定并印发《省水利厅关于贯彻落实〈建立健全惩治和预防腐败体系2008—2012年工作规划〉的意见》至厅直各单位和厅机关各处室。

落实党风廉政建设责任制。2009年,厅党组对全年党风廉政建设任务进行责任分工,将26项具体任务分解到机关各处室及各有关单位,做到任务目标明确、责任落实到位。

落实厉行节约八项要求。制定印发《省水利厅落实党政机关厉行节约和制止公款出国(境)旅游工作任务分工》,将责任落实到具体处室,明确任务目标,确保各项工作落到实处。省水利厅对2009年因公出国(境)申报计划进行重新审核,取消部分一般性出国考察的申报计划,经审核后重新申报的出访计划比原计划减少50%。因公出国(境)组团数2个,与近3年平均数相比,出访团组减少3个,出访人数减少18人。修订和出台《安徽省水利厅机关财务管理暂行办法》、《厅直单位财务管理办法》,进一步明确了机关各项报销数额具体标准及其批准权限,更加严格地控制机关内部各项经费预算和差旅费开支及用油、用水、用电等一般性支出,进一步加强了对厅直单位财务管理工作规范管理的指导。印发《安徽省水利厅机关公务用车管理办法》,明确规定公车使用各项事宜,通过招投标方式选择车辆定点维修厂家,节约维修费用,并对车辆运行费用执行严格的报销审核程序,全厅车辆购置及运行费用支出比去年同期压缩16%左右;按照标准实行工作餐,严禁超标准接待,严格执行定点接待办法,通过接待单的实名制、招待用酒批发采购、定期结算、公布公务接待情况等方式节约公务接待支出,2009年,厅机关公务接待支出将比去年同期下降10%左右。

执行党内监督各项制度。坚持开展对民主生活会、述职述廉、诫勉谈话和函询等制度以及各级领导班子议事规则建立和执行情况的检查,严格执行领导干部报告个人有关事项规定,2009年,采取干部述职、群众测评和评议方式,对厅直单位93名党政机关、事业单位领导干部进行了考核,有32名党政"一把手"进行了述职述廉,继续深化干部人事制度改革,不断完善科学的干部选拔任用及管理监督机制和选拔任用干部会前听取纪委意见制度。2009年,驻厅纪检组向厅人事部门出具了所有新提拔任用处级干部的书面廉政鉴定。

贯彻落实中央四个文件。①认真贯彻全省纪委书记会议精神。全省纪委书记会议结束后,省水利厅及时将4个文件复印成合订本发至厅机关处以上干部和厅直单位领导班子每个成员手中。并于8月3日和5日分别召开了党组中心组会议和厅机关中层以上干部会议,由厅党组成员、纪检组长高玉宝传达了全省纪委书记会议精神,并就治理工程建设领域突出问题进行讨论、研究和部署。组织力量对全省水利工程建设领域近年来专项治理工作及建设市场存在的突出问题等内容进行认真调研、座谈和分析,形成专题调研报告报省纪委。②开展水利工程建设领域突出问题专项治理工作。安徽省工程建设领域突出问题专项治理工作视频会议和全国水利工程建设领域突出问题专项治理工作视频会议后,水利厅党组高度重视,厅长纪冰同志亲自主持召开专题会议,要求厅机关有关处室、厅直有关单位高度重视、密切配合、统一行动,抓紧开展专项治理工作,确保取得成效。厅成立了以厅党组书记、厅长纪冰为组长,分管厅长和纪检组长为副组长的专项治理工作领导小组,统一领导部署全省水利工程建设领域突出问题专项治理工作,领导小组下设办公室,具体负责有关工作。11月份,厅制订印发了《安徽省水利工程建设领域突出问题专项治理工作实施方案》,对专项治理工作的组织领导、工作重点和责任分工进行明确。

【水利民主评议政风行风】

开展水利行风评议和政风行风热线工作。省水利厅向全省各市水利(水务)局和厅直有关单位转发水利部有关文件,要求各单位各部门要认真执行"谁主管谁负责"和"管行业必须管行风"的原则,全面落实政风行风建设工作责任制,切实加强领导,加大宣传力度,结合实际制定民主评议政风行风工作方案,积极做好多渠道、多形式的水利政风行风评议,逐步扩大对大型灌区、水利基层管理单位和水行政执法队伍民主行风评议的范围,加大受理和协调解决基层群众的各种形式咨询和反映问题的工作力度,不断建立健全水利系统民主评议政风行风长效机制。6月上旬,厅党组成员、纪检组长高玉宝率厅机关有关处室负责同志参加了由省纪委、省监察厅、省纠风办和安徽人民广播电台联合举办的《政风行风热线》现场直播,向广大听众简要介绍全年以来加快重点水利工程建设情况,在线回答听众的热线咨询,并表示将以这次直播节目为契机,进一步加强和改进水利系统党风、政风和行风建设,提高工作能力和水平,为经济社会发展服务,更好地服务基层、服务群众。全省17个市水利(水务)局的负责同志和有关人员共同在线参与了热线咨询活动。11月,厅纪检组分南、北两片分别召开了各市水利(水务)局政风行风工作座谈会,通过汇报、交流各单位和部门的政风行风民主评议工作,有力地促进了民主评议工作的新进展。2009年水利厅政风行风建设取得明显成效,在省政府评机关政风行风民主评议中被评为满意等次。

落实纠风工作责任制。①4月份,厅党组印发的《安徽省水利厅2009年反腐倡廉主要工作任务分工意见》中,将纠风工作任务进行细化分解，落实到各部门各单位，明确主管厅领导和主要责任人。②巩固治理水路“三乱”工作成果。2009年，厅纪检组监察室先后多次对厅直系统管辖的船闸进行了明查暗访和调研，要求船闸管理部门规范管理，严格收费标准，规范收费票据，增强职工服务意识，自觉接受社会和船民监督，提升规范服务和文明服务的水平。③部署“小金库”专项治理工作。为全面落实全省“小金库”专项治理工作电视电话会议精神，按照省委办公厅、省纪委、监察厅等部门的联合部署，厅党组及时成立了“小金库”专项治理工作领导小组，制定印发了《安徽省水利厅“小金库”专项治理工作实施方案》，明确本次专项治理工作的内容、范围、方法步骤、政策规定、组织领导和工作要求。5月19日召开省水利厅“小金库”专项治理工作会议，传达有关会议文件精神，进一步部署全厅系统“小金库”专项治理工作。省水利厅各单位组织开展“小金库”专项治理工作自查面达到了100%，水利厅组织抽查的抽查面达13%。通过自查和抽查，均未发现“小金库”现象。

【信访举报案件查处】 2009年，驻厅纪检组、监察室对收到来信来访件，均根据信件举报的内容，逐一进行了认真妥善的处理。同时，根据厅领导和上级信访部门的要求，会同有关部门，认真核查了有关查报件，并将核查情况回复了举报人，做到既澄清了事实，又保护了被检举人。

（王华东）

离退休工作

【概况】 2009年，省水利厅机关及厅直单位共有离休干部196人，退休干部2106人，其中厅级和享受厅级待遇的有25人；厅机关离退休人员144人，其中离休干部28人，退休人员116人。厅离退休工作处工作人员8人，其中正式5人，借调3人。

【走访慰问老干部工作】

1月5日，水利厅召开厅长办公会议，研究春节期间走访慰问老干部工作。2009年适当发放春节慰问金，并对生活特殊困难的离退休老同志及老同志遗孀，给予一次性生活困难救助费；春节前夕，纪冰、蔡建平、方志宏、高玉宝、张效武、张肖、金问荣等各位厅领导分别到六安、蚌埠、芜湖等地，看望慰问了24位离退休厅级老干部和17位老干部遗孀。厅机关各处室负责同志分别走访慰问本处室离退休老同志；1月21日，厅机关召开离退休职工迎春茶话会。纪冰代表厅党组向老同志们恭贺新春，向老同志通报2008年全省水利工作情况和2009年全省水利工作安排，就进一步做好全厅离退休工作，发挥老同志作用提出了要求。厅党组成员、副厅长张肖、离退休老同志和厅有关处室主要负责同志参加会议。

【召开全厅离退休干部暨关工委工作会议】 4月18—19日，省水利厅离退休干部暨关工委工作会议在省淠史杭总局召开。厅党组书记、厅长纪冰到会并作讲话，厅党组成员、副厅长张肖主持会议并作会议总结。厅直各单位分管负责同志、关工委主任、离退办负责人和厅离退休工作领导小组成员单位（办公室、人事处、机关党委、财务处、离退休工作处）负责同志参加会议。

纪冰厅长在部署离退休干部工作时强调指出，要进一步深化认识，增强做好新形势下离退休干部工作的责任感和使命感，自觉地放在谋划工作全局中来考虑，放在和谐社会建设中来审视，放在推动事业发展上来加强，使这项工作更好地为水利建设和经济社会发展的大局服务；要以科学发展观为指导，全面推进新时期离退休干部工作，以科学发展观的要求谋划工作，以科学发展观的理念推进工作；要完善工作运行机制，推进老干部工作部门自身建设；切实加强组织领导，努力形成部门合力，强化工作部门自身建设；老干部工作人员要胸怀感情、充满激情、保持热情，始终如一地、周到地做好服务管理工作；要加强调研，努力探索做好新时期离退休干部管理服务的方法和途径。

纪冰厅长要求勇于创新，继续把关心下一代工作作为着眼未来的希望工程、关系水利职工家庭的民心工程、推进精神文明建设的重点工程来抓，都来重视、关心、支持这项工程，保持关心下一代工作的良好势头。

张肖副厅长在总结时指出，要认真贯彻会议精神，突出重点，注重实效，进一步加强新形势下离退休干部暨关心下一代工作。

【厅机关老干部服务管理】

按照政治上多关心、思想上多沟通、生活上多照顾、精神上多关怀的总体要求，坚持以人为本的原则，把服务管理工作做实做细，使老同志感受到党和政府的关心、关怀。

坚持活动室、医务室、图书室、阅文室、阅报室、收发室的全年正常开放和热情服务工作，节假日安排值班，保证老同志的精神文化生活和文体娱乐活动不受影响。保证老同志参加重大活动和生病就医时的用车需要，做好离退休干部来信来访工作和离休干部每月看病医药费用报销和异地安置退休干部医药费申报工作。分别组织厅机关100多位老同志和60位享受省保健待遇的老同志进行健康检查等。

【落实老干部待遇】 省水利厅党组按照中央和省委的要求,把老干部工作摆上更加重要的位置,做了大量扎实有效的工作。

厅党组认真贯彻上级文件精神。2009年先后转发中组部等《关于在中华人民共和国成立60周年之际开展走访慰问老干部、老工人、老党员活动的通知》,省委老干部局等《关于进一步改进加强省直单位离休干部医疗保障工作的通知》,省委、省政府办公厅《关于转发省委组织部等部门〈关于进一步加强新形势下离退休干部工作的意见〉的通知》,并认真组织学习,深入贯彻落实。全年厅长办公会议4次专题研究涉及老同志的具体工作。①走访慰问建国前参加革命工作老干部、老工人、老党员。走访按照分级负责的方式,统一全厅慰问金标准,每位老同志600元。国庆前夕,厅机关召开了全体离休老同志迎国庆60周年座谈会,张肖副厅长主持会议,纪冰厅长出席会议并作了《安徽水利60周年回眸与展望》专题报告,副厅长蔡建平、方志宏也出席了座谈会。②研究落实离休干部护理费。按照文件精神,85周岁以上离休干部月护理费600元,打入工资发放;不满85周岁的离休干部月护理费分别为500元和300元,在厅机关财务领发。③研究规范离休干部生活津补贴。在合肥离休干部执行省直机关统一标准,厅直单位离休干部执行所在地区统一标准。④2009年离退休老同志享受和在职人员同等奖金。离退休工作领导小组成员单位按照各自分工,认真做好相关工作。厅机关召开离休干部会议,传达文件精神,落实厅长办公会议决定。人事处召开在合肥厅直单位人事处长会议并电话通知驻合肥以外厅直单位,落实离休干部生活津补贴。

全厅离休干部的生活补贴、特需费、高龄费、护理费、交通费、通讯费、一次性生活补贴和其他生活津补贴,都按政策和规定给予兑现。在贯彻落实皖纪发〔2007〕5号文件精神过程中,部分厅直单位所在地执行标准未出台,生活补贴不能及时发放,按照文件"比照当地标准",一些驻县以下厅直单位离休干部的津补贴按照县出台的标准执行还会出现倒扣现象。对此厅党组高度重视,纪冰厅长亲自召开厅长办公会,听取离退休工作领导小组的汇报,研究决定按地市出台的离休干部津补贴标准执行,由张肖副厅长主持召开离退休工作领导小组、厅直有关单位主要负责人会议,贯彻厅长办公会议的决定,使全厅离休干部津补贴全部兑现,离休老同志对此十分满意。

随着离休干部"三高期"(高龄、高发病、重症高发期)到来,以及退休干部逐年增加,有关单位的服务管理任务和资金压力逐年增加。厅直各单位克服资金紧张等的实际困难,按照"单位尽责"的要求,保证离退休干部离退休费用按时足额发放和医药费按规定实报实销。2009年,在厅党组的重视关心下,离退休工作领导小组成员单位紧密配合,为厅直11个单位向省委老干部局、省财政厅、省卫生厅申请离休干部医疗补助费130万元。

【关工委工作】 厅关工委坚持多年来形成的关心下一代工作好传统,并在青少年教育的内容上与时俱进,形式上勇于创新,取得了明显成效,呈现出良好的发展势头。各单位通过采取老少共建、党团共建、开办暑期学校、重大节假日开展纪念活动、鼓励孩子参加社会实践活动、加强对青工的职业道德教育和技能培训、重视助学奖优激励机制和扶贫济困工作等形式,进一步推动了省水利厅关心下一代工作。7月22日,省水科院组织18名在校职工子女到院属试验站参观学习。水工所、农水所、水文水资源所分别派人讲解介绍。水科院淮河北岸的水工试验厅,被列为蚌埠市青少年教育基地,水工厅内有3座正在试验的水工模型,青少年们在试验站、水工厅仔细观看了试验设施,了解了科学研究的基本方法,学到了在书本上所接触不到的东西;8月12日,厅关工委选送陈明霜同学演唱的《雨花石》和尹璐同学演唱的《好运来》参加安徽省直属机关关心下一代工作委员会、中共安徽省委办公厅省委政研室关心下一代工作委员会联合主办的"喜迎新中国成立六十周年——省直机关青少年歌颂祖国演唱比赛",分别获得三等奖和优秀奖。

【丰富老干部文体生活】 省老年大学水利分校针对老年人实际需要,开设多个老年人喜爱的专业,为老年学员安度晚年提供了一个文化教育空间。2009年,开办绘画、书法、太极拳、木兰扇、健身操、歌咏和歌咏提高班共7个班,全年参加学员435人次。水利分校积极组织各种活动,进一步推动了老年教育工作。1月14日到合肥市老年公寓(敬老院)进行春节慰问文艺表演,给老人们带来了欢声笑语;4月底参加老年大学协会在江淮汽车厂多功能厅举办的庆祝建国60周年演武表演,水利分校进行了太极拳、木兰扇表演并获得了优胜奖;7月28日,安徽省老干部系统迎国庆万人健身跑开幕式在体育中心举行,水利分校有45人参加了万人健身跑活动;8月1日,水利分校选送的独唱节目《再见了大别山》,荣获中共安徽省委老干部局主办的"《回眸历史 放飞心曲》——全省老干部系统庆祝新中国成立60周年大型红歌演唱会复赛"杜鹃花奖;国庆期间,水利分校举办了庆祝建校十周年学员书画展,共计展出作品85件,其中国画32件,书法53件。

麻将协会参加安徽省直第24届老干部竞技麻将比赛,获得团体总分第一名。

【发挥老同志作用】 2009年,省水利厅推荐的离休老干部杨存俊同志荣获省委表彰的"全省离退休干部先进个人"荣誉称号,推荐的离休老干部胡廷洪、杨存俊同志分别获水利部表彰的"长期奉献水利优秀人员荣誉称号"。

厅党组十分注重发挥老同志的经验优势和技术特长,重大项目、重要规划都充分听取老领导、老专家的意见。2009年7月29日,省水利厅特邀部分离退休老专家参加"淮河进一步治理思路讨论会",认真听取老专家对淮河进一步治理思路的意见和建议。纪冰厅长还经常亲自登门听取郭旭升、胡廷洪、郝朝德等老专家对全省水利工作的意见和建议。水利系统很多老同志受聘从事规划、设计、科研、工程建设和监理、水利志编纂等工作,有的还参加专家组投身抗洪抗旱第一线,许多老同志及时提出自己对水利工作的想法和建议,以各种不同的方式支持水利事业发展。2009年10月16日,原厅党组书记、厅长郭旭升和原厅党组成员、总工程师胡廷洪撰写了《对〈淮河中游洪涝问题与对策研究〉咨询意见的几点不同看法与想法》,对此,厅党组十分重视,纪冰厅长和蔡建平副厅长分别登门进一步听取两位老专家对淮河中游洪涝问题的看法与想法。

【自身队伍建设】 纪冰厅长在全厅离退休干部工作会议上要求老干部工作人员:做好离退休干部工作,要切实做到"三情",即胸怀感情、充满激情、保持热情。要精通政策、提高能力,努力成为离退休干部工作的行家里手。2009年,全厅老干部工作部门按照纪冰厅长的要求,以"五大建设"(思想建设、作风建设、能力建设、制度建设和基础建设)为抓手,切实提高老干部工作部门的服务能力和管理水平。继续深入开展"讲党性、重品行、作表率"活动和学习实践科学发展观活动,按照"政治上靠得住,工作上有本事,作风上过得硬"的总体要求,加强离退休工作人员"七种能力"(政治鉴别能力、政策运用能力、业务工作能力、调查研究能力、管理服务能力、开拓创新能力、拒腐防变能力)建设,努力打造一支"让党组(党委)放心,让老同志满意"的工作队伍。

(祝锋)

安徽省水利厅直属单位

ANHUISHENG SHUILITING ZHISHU DANWEI

安徽省水利水电基本建设管理局

【概况】 安徽省水利水电基本建设管理局(以下简称基建局)在职职工55人,离退休人员20人。2008年5月基建局与省治淮重点工程建设管理局(以下简称重点局)合署办公。

2009年,基建局坚持把加快新增水利投资项目建设作为工作重点,严格执行建设管理"四项制度",狠抓工程质量和进度,超额完成年度治淮建设目标任务。截至年底,重点局、基建局前期组织实施的15个治淮项目已全部完成,累计完成投资28.6亿元,14项已通过竣工验收,其中2009年组织验收3项,最后一个项目——汪临段验收工作已准备就绪。

重点局担任项目法人负责组织实施的在建工程,2009年共完成治淮投资11.1亿元,为年度目标任务10.9305亿元的102%。其中,梅山水库除险加固工程已完成中央投资1.15亿元目标任务,累计完成投资1.82亿元,占总投资的98%;淮干南润段和邱家湖进(退)洪闸主体工程基本完成,顺利通过水下工程阶段验收,已具备挡水防洪和临时运用条件;淮干补充工程洛河洼、石姚段行洪堤退建加固各标段已全部开工,累计完成投资8.6亿元,占批复总投资的87.4%;响洪甸水库除险加固工程进展顺利,已累计完成投资1.1亿元,占总投资的57%。

(乐茹凤)

安徽省水文局

【概况】 1. 开展预报方案编制工作。2009年汛前完成白莲崖、佛子岭、磨子潭3座大型水库的联合预报调度模型研制,汛期正式投入运行。初步完成8个水情分中心共25个站点经验预报方案的软件开发。对近两年新编制的29个控制站的预报方案进行审查,包括7座中型水库、5个中小流域、4座大型水库的洪水预报模型和经验方案以及13套预估方案。利用2008年滁河洪水资料,开展滁河高亮集经验预报方案编制和滁河预报方案的补充修订工作。

2. 完成洪水预报任务。2009年汛期对长江干流、淮河干流、水阳江、西河、巢湖、皖河、潜水、菜子湖、丰乐河、淠河10条河流及佛子岭、磨子潭、白莲崖、龙河口4座大型水库发布预报,预报站点包括王家坝等19个站,共发布水情预报专报29期,作业预报58站次,预报总合格率为86.5%。根据不同后期降雨情况,对水阳江及4座大型水库先后做出36站次的模拟预报,为防汛调度提供参考依据。

3. 自动测报系统建设。2009年完成国家防汛抗旱指挥系统工程建设,8个水情分中心、9个旱情分中心通过竣工验收;配合国家项目办完成了对安徽水、旱情分中心的测试工作。完成驷马山水文自动测报系统建设。完成牯牛背、众兴中型水库短信遥测雨量、水位系统建设。

4. 水文基本建设。2009年,王家坝、汊河集等21处水文基建工程通过竣工验收,并正式投入使用。怀洪新河水文工程经过多年建设,已全面竣工并顺利通过淮委和省水利厅组织的竣工验收,正式投入使用。

5. 水文规划。2009年完成"十二五"建设规划并上报,将纳入《全国水文基础设施"十二五"建设规划》。《安徽省水文事业发展规划》编制工作顺利进行,已完成站网、勘测队建设等规划内容,并按相关流域机构的进度要求上报部分成果。完成《安徽省淮河流域水文水资源监测规划》和《安徽省长江、钱塘江流域水文水资源监测规划》。

6. 水文队伍建设。2009年开展局机关新一轮机构和人事制度改革,历时1个月平稳顺利完成。调整内设机构和机构职责,修订岗位说明书,科级干部实行竞聘上岗,新提拔聘任科级干部21人。参加省人事厅、省水利厅组织的专业技术人员公开招聘工作,录用24位新聘人员,涉及水文、化学、电子信息、财会等多个专业。向省水利厅人事处和省人事厅争取,单独招聘20名水文专业大专以上毕业生,充实到基层水文站岗位。加强职工培训,提高职工队伍素质,举办7个新知识、新技术培训班,安排44人参加水利部和部水文局组织的各项业务培训。

7. 表彰奖励。2009年全省水文勘测工职业技能竞赛成功举办,一批优秀选手脱颖而出,前10名选手获得表彰和奖励,其中前6名选手被授予"安徽省水文系统技术能手"等荣誉称号,省水文局荣获水利部"全国水利行业技能人才培育突出贡献奖",为全国水利行业15家获奖单位之一,并参加水利部召开的第六届全国水利行业技能人才表彰颁奖大会。

8. 水文立法取得重大进展。2009年完成《安徽省水文条例(草案)》,并向社会各方面征求意见。

9. 综合经营。2009年,省水文局依据《中华人民共和国水文条例》、《安徽省水文管理办法》等有关法律法规和全省水规费征管、多种经营工作会议精神,制定《安徽省水文局技术咨询管理办法(试行)》。省水文局全年共完成技术咨询项目95项,其中,防洪影响评价56项,建设项目水资源论证20项,建设项目水土保持方案编制与监测19项,取得了良好的经济和社会效益。

【抗旱服务】 在2008年冬至2009年春连旱中,先后启动旱情水文测报Ⅱ级响应和Ⅰ级响应,增加墒情等水文要素监测频次,关注旱情发展。抗旱关键时刻,监测频次加密为每天一次,人工监测站点由38个增加到141个。坚持墒情、水情同步测报,全面掌握地表、地下水资源动态,为抗旱水资源调度提供优质服务。全程参与省防汛抗旱指挥部的会商会议,组织编制《安徽省旱情综合分析》等信息和分析资料,为各级政府指导抗旱和水资源调度提供可靠技术支撑。据省防汛抗旱指挥部总结,由于抗旱浇灌措施得力,挽回小麦产量471万t,抗旱净效益53亿元。水文测报效益按抗旱效益的10%计算,水文服务抗旱效益达5.3亿元。

【机构、人员】 安徽省水文局(安徽省水土保持监测总站)为副厅级建制,事业编制890名,其中单位领导正职1名(副厅级)、副职3名(正处级)。

1. 内设机构。2009年10月,安徽省水文局机关落实省编办"三定方案",内设办公室、站网监测处、水情通信处、计划财务处、组织人事处(机关党委)5个副处级机构和水资源评价处、水土保持监测处、离退休工作处、监察室4个正科级机构;设立省水环境监测中心、省水文信息中心(省水文档案馆)、省水文科技推广中心3个正科级直属机构。局办公室、站网测验处、水情通信处、计划财务处、组织人事处(机关党委)5个副处级机构分别下设科室,均为副科级工作机构。设立省水文局技术委员会,为技术评估、咨询和议事机构,由专兼职专家组成。

2. 下属机构。下辖10个市级水文水资源局,分别是合肥、蚌埠、宿州、黄山、滁州、巢湖、安庆、阜阳、芜湖、六安市水文水资源局,均为副处级建制。

3. 职工人数及人员结构。截至2009年底,全系统实有人数754人。其中,专业技术人员465名(正高2人,副高69人,中级185名,初级164人),工勤技能人员287人(高级工197人,中级工55人,初级工35人)。

(李宇)

安徽省水利规划办公室

【概况】 2009年底,安徽省水利规划办公室在职职工10人,其中硕士研究生以上学历3人、本科学历7人;教高职称1人、高级职称8人、中级职称1人。2009年设立规划科和综合科,各科分别配备正、副科长各1名。

2009年,省水利规划办公室共完成灌区续建配套与节水改造、中小河流治理、淮河洼地治理与行蓄洪区安全建设项目变更设计、水库除险加固变更设计、城市防洪、沿江排涝泵站与山洪灾害治理等项目审查工作75项(包括规划1项、项目建议书1项、可行性研究9项、实施方案3项、初步设计与变更设计等61项),正式上报审查意见61件,办理函件14件。

参与安庆等7个市中小河流规划、六安市城市防洪规划、大型灌区续建配套与节水改造项目年度可研、大型泵站技改、水资源论证、建设项目水土保持方案等项目的审查工作,参与编制长江、淮河流域综合规划;编制完成《安徽省"十二五"水利发展规划编制工作方案》、《安徽省"十二五"水利发展规划思路报告》、《国家粮食战略工程安徽省核心区水利建设规划》、《皖江城市带承接产业转移示范区规划水利专题研究报告》及《安徽省大中型病险水闸除险加固专项规划报告》,开展了安徽省小型病险水库除险加固规划工作。

(杨泽跃)

安徽省机电排灌总站

【概况】安徽省机电排灌总站是负责全省泵站行业管理的职能部门。2009年,设有办公室、组织人事科、机电科、技术科、财务科5个职能科室,1个直属机械排灌队;下辖检测所、安全鉴定中心、抗旱应急服务中心、科威公司、泵站技术咨询部、泵站监理部等6个经济实体。在职和离退休人员共160人,其中,总站机关52人(在职36人,离退休16人);排灌队108人(在岗25人,离岗外出劳务12人,提前离岗21人,离退休50人)。在职职工中具有高级专业技术职称的7人,中级19人;技师1人。总站机械排灌队全年保有电动、柴油机泵634台套,总功率32530.6kW,排灌能力212.24m^3/s。

2009年,省排灌总站完成泵站目标管理与考核和省级泵站技改项目计划安排与实施,同时推进国家大型排涝泵站更新改造项目开工建设与管理。为争取规划内大型灌溉排水泵站更新改造项目计划安排和国家投资,组织力量开展了泵站检测、安全鉴定,并协助组织初步设计和概算评审,为尽早实施全部改造计划奠定了基础。加强泵站信息化管理工作,建立全省17个市及省直等1万多座泵站基础信息数据库。合肥3号、4号防汛抗旱设备库(建筑面积2542 m^2)竣工。

年内,机械排灌队对2008年投入排涝和2009年初投入抗旱的设备进行了重点检测、维修、保养。对未出库的设备进行常规维修保养,共维修保养电动机泵组242台套,潜水电泵271台套,柴油机泵组131台套,控制柜285台,各种型号配电柜151台。建立设备检修档案,组织编写"排灌队成套设备应急服务流程表"。编制了移动排灌设备应急排涝抗旱运用预案,报厅备案。编制《安徽省防洪排灌工程简明手册》泵站部分,《手册》收录跨市泵站及沿江、沿淮52座大中型排灌骨干泵站的主要运行参数、防洪排灌调度原则、历史运行情况等重要内容。

积极开展经营创收,抓住大型泵站更新改造机遇,巩固泵站检测、安全鉴定、泵站监理、科威公司和防汛抗旱应急服务中心等经济实体的创收能力,全年创收268万元,超额完成厅下达的经济财务目标任务。

组织参加省水利厅举办的"全民健身水利职工跳绳比赛",获得三等奖;"迎国庆水利职工歌咏比赛",获得二等奖,取得历年集体项目最好成绩。

【防汛抗旱】 2008年冬至2009年春,安徽省沿淮淮北地区发生持续性特大旱灾,按照省防汛抗旱指挥部部署,省机电排灌总站全力投入抗旱。及时下发《关于做好抗旱保苗工作的紧急通知》,要求有关市、县固定泵站全力开机,支援抗旱保苗,千方百计扩大浇灌面积。安排机械排灌队迅速向颍上县、蒙城县、涡阳县、淮南市潘集区、蚌埠市、怀远县、固镇县、濉溪县、萧县等10个市县(区)紧急调运抗旱设备169台套3762kW,技术人员及时跟踪服务,指导、协助安装,确保抗旱设备尽快投入运行。按照省防指《关于紧急调拨抗旱机械的通知》的要求,紧急向21个市、县(区)调运省防指分配的抗旱设备520台套2420kW。配合省防办完成《沿淮淮北地区抗旱保苗应急预案》的制定,统计上报沿淮淮北地区固定泵站开机台时、提水量、耗电量等,为领导抗旱决策提供依据。编制了《沿淮淮北地区固定泵站紧急维修计划》上报省水利厅。

3月和4月初,省机电排灌总站组织3个检查组,对六安等14个市排灌重点县(区)的泵站汛前准备和在建泵站工程度汛安排情况进行检查,重点抽查70座大中型泵站,对存在问题提出整改措施,并将抽查情况及存在的问题及时报告省防办。督促全省技改泵站限期完工,确保安全度汛。汛期,省内部分地区遭受严重涝灾,机械排灌队紧急调往怀宁、颍上、庐江等县应急排涝设备25台套990.4kW,并派出技术人员指导排涝,大力支援灾区排涝抢险工作。

(朱健)

安徽省长江河道管理局

【概况】 2009年,省长江河道管理局组织怀宁、枞阳长江河道管理局和杨湾闸管理所申报省二级管理单位,除杨湾闸因鉴定为三类闸不能评定等级外,怀宁、枞阳长江河道管理局被评定为省二级水利工程管理单位。全省长江河道管理系统共有省一级管理单位4个,省二级管理单位11个。

开展汛前检查,对沿江10个新建开口子工程进度加强检查督促,确保在汛前复堤。完成杨湾闸、华阳闸和凤凰颈闸三座省管中型水闸的安全鉴定,确认为三类闸。制定省管小型水闸启闭操作规程;完成杨湾闸、华阳闸、皖河闸、梳妆台闸、凤凰颈闸5座中型水闸操作规程修订工作。定期清仓查库,加强省级防汛物资储备调配。配合全省防汛抢险演练,调运10艘冲锋舟、12台雅马哈发动机、300件救生衣等防汛物资到安庆市石塘湖演练现场;局防汛机动抢险队在芜湖市三山区峨溪河堤防进行了抛石固脚抢险、外坡打桩抢险、防渗堵漏抢险等实战演练,并参加省防指组织的防汛演练。

同马、枞阳、无为三大江堤共造林474.5hm^2,植树35.8万株,其中新栽20.4万株,补植15.4万株。加强绿化管理,确保造林成果,林木受益进一步显现,望江管理局拍卖意杨2.975万株,成交标价达347.3万元。受6月5日风灾影响,局直单位林木损失53790株,经济损失约600万元。局测绘院在确保计划任务完成的同时,施测社会经营性测量任务20余处。局设计院与有关单位合作成立中水珠江勘测设计公司安徽分公司,全年签约76项,监理合同6项。局属工程公司筹资建设的望江华阳港储公司码头一期工程,于2009年6月6日开港营运。严格标准征收河费,全年征收河费796万元。

加强局直基层党组织建设,对9个局直单位的党组织进行换届选举。编制完成《全局岗位设置方案》,局直单位都加大内部人事制度改革力度,人员向一线倾斜。健全各项管理制度,认真开展"小金库"治理工作,加强廉政、效能建设,省局顺利通过全国水利文明单位复审。庆祝建国60周年举行文艺汇演,举办了首届职工篮球赛。

【采砂管理】 全年省级组织的"清江行动"和明查、暗访活动出动船艇171次、出动执法车345余次,累计出动执法人员1982人次,查获违规大中型采砂船1艘次、非法运输船20艘次、小型采砂船558条次,拆除小型采砂船采砂机具492台套,行政罚款145万元全部上缴省财政。首次对强行脱逃的采砂船船主,由长航公安局芜湖分局依法作出治安拘留,起到了很好的震慑作用。在国庆六十周年来临之际,布置了为期15天的"迎国庆·保平安"打击长江非法采砂专项执法活动。加强对地方采砂管理的督查督办,全年省级抓获移交县级采砂管理机构非法采运砂船达103条。加强可采区和工程性采砂的监管工作,望江华阳河口采区顺利完成开采,及时上缴省财政砂石资源费及经营权出让费1140万元。完成受长江委砂管局委托开展的长江中下游沿江砂场整治工作,提出沿江砂场整治工作的对策和建议,课题成果通过审查验收。加强各级采砂管理部门能力建设,和县、当涂二县新建水上执法基地。组织省采砂管理二、三大队进行换防,加强采砂大队日常训练和管理,预防违规行为发生。

(汪雪峰)

安徽省淮河河道管理局

【概况】 2009年,安徽省淮河河道管理局在省水利厅直属单位综合考核中以优异成绩连续被评为优秀单位。该局承担淮河安徽段淮北大堤堤圈、河道管理任务,设有12个机关科室、2个直属机构、19个直属单位,共有职工1186人。所有基层段所管护设施基本建成,实现了年初提出的有吃饭的地方、有居住的房间、有洗澡的设施、有电视可看的"四有"目标。

开展"工程管理技术年"活动,出台《淮河水闸技术管理细则》和《淮河河道管理办法》,在怀远进行堤防草坪矮化和草茎繁殖试验,在省水利水电职业技术学院举办电工、机械修理工培训班,在安徽农业大学举办绿化管理培训班。东淝闸经省水利厅考核批准为省一级水利工程管理单位,王家坝闸、曹台闸经省水利厅复核为省二级水管单位,颍东、潘集、凤台、五河等河道局管理的淮河干流堤防初步具备省二级管理水平。

推行涉河项目审批公开,编制《涉河项目申报指南》,将审批权限、程序、时限及申报材料内容等全部公开,做到申报程序化,要求透明化,监督社会化。全年共审批涉河项目100余个,全部按规定程序组织实施。推行零违章制度,该局直属单位全年共清除违章房屋300间,砂堆场46处,电杆69根,坟墓38个,树(竹)木4660棵。

非省管单位的河道管理工作不断改进。2008年非省管河道管理单位会议后,各单位与该局联系不断加强,各项管理措施持续落实,管理制度建设日趋完善,河道新违章基本杜绝,旧障清除成效明显。全年共清除河道滩地内房屋40间,电杆19根,砂堆场29堆,树木13800多棵,草垛80堆,垃圾6000m^3。砂堆场规范管理启动,涉河项目管理逐步规范,基本按照该局要求坚持审批程序,未出现未批先建现象,建设过程监管也进一步加强。

全年收取河费3796万元,水费1145万元,蚌埠闸船闸复线主体工程完成概算投资1.83亿,测绘院实现产值381万元,创历史新高,蚌埠、五河、蒙城3座船闸实现全年过闸费超过3000万元。阜阳船闸项目开工建设。设计、咨询、监理合同金额首次突破千万元大关;机械施工处转变了亏损局面;河道工程公司首次在淮委基建局和省水利厅基建局实施的项目中中标,全年合同金额7500万元,实现利润及中标额创历史最好水平;在上海世博园唯一的水利工程全国招标委托管理竞标中,该局获得白莲茎泵闸运行管理任务。

【淮河采砂管理】 加强淮河采砂管理,落实河道巡查责任人制度,配合地方政府及水行政主管部门,采取日常管理与集中打击相结合的方式,打击非法采砂。全年集中打击非法行动30余次,出动执法人员600多人次,销毁采砂作业机具600余台套,发放宣传材料1万余份。落实淮河滩地砂堆场规划,按统一规划、统一实施的方式,分批建设砂堆场。在规划的淮河干流125个砂堆场中,完成测绘和设计119个,申报建设65个,审批38个,清除规划区外砂堆场46个。五河县河道管理局开创淮河沙堆场管理新思路,组织经营户建成规范标准的砂场,占地14.87hm^2,岸线长度1200m。

(李住修)

安徽省怀洪新河河道管理局

【概况】 怀洪新河西起安徽省怀远县涡河左岸的何巷,东入江苏省洪泽湖溧河洼,干流全长121km,其中安徽省境内河道长95km,堤防260km,干流河道上兴建了10座大型闸、桥和100座穿堤涵闸,其主要功能是防洪,兼有灌溉、航运、供水等综合效益。安徽省怀洪新河河道管理局为正县级建制,暂定编制100人。

1. 管理工作。2009年,选择46.6km堤防、19座涵闸作为试验段,探索精细化管理模式。西坝口闸管处晋升省一级管理单位。起草修订《安徽省怀洪工程控制运用办法》,并经省防办批准后下发执行。启动水闸管理制度修订工作,完成何巷闸、胡洼闸、西坝口闸管理实施细则修订;9座大中型水闸控制运用办法修订。组织开展防汛手册修编;编制堤防涵闸管理情况表;制定完成堤防管护要求和验收标准等一系列工程管理制度。

2. 技术培训。制定《关于加强技术工人培训的实施意见》,与蚌埠市机电技师学院联系,组织实施全局电工安全操作证(取证)培训,参加学习的14人全部取得了证书;委托安徽水利水电职业技术学院举办电工和启闭机维修取证培训,参加学习人员全部取得电工操作进网合格证。结合水闸控制运用办法及技术操作规程,按照自学、培训和现场动手考核的方式,开展岗位练兵,并重奖考试成绩在前三名的参考学员。邀请淮委等水利专家做"治淮规划与实施情况"及"怀洪新河香涧湖治理"学术报告。

3. 水行政执法。建立违章案件台帐制度,对所有违章实行动态管理。出台强化涉河项目规范管理的相关制度,依法对涉河工程实施行政管理。严格要求京沪高铁跨河大桥项目履行审查报批程序,加强施工过程监督,发现问题及时要求施工单位整改。按规定办理固镇经济开发区取水口工程及跨河110kV、220kV线路等多个项目的防洪影响评价报告评审及建设方案审查。五河县局集中力量整治城关圈堤"脏、乱、差",使堤防面貌焕然一新。固镇和五河县历史遗留的沿岸窑厂对堤防管理影响很大,尝试进行收费整堤、条约管理,起到了一定的效果。全年共拆除各类违章搭建30余处,清除埋坟50余座,查处违章取土8次,清除违章耕种4 hm^2多,拆除河道拦河渔网15道。

4. 防汛抗旱工作。去冬今春抗旱期间,按照省防指的统一部署,及时开闸引水,为两岸农业灌溉提供水源,灌溉引水8000万m^3。汛前,该局成立防汛领导小组和明确人员分工,进一步完善防汛值班制度,对省级储备的防汛物质进行清理检查,确保防汛需要时及时调运。重点检查大中型水闸的主要部位和电器部分,对发现的问题及时采取处理措施或明确度汛预案。各县局还组织职工自己动手对管辖区的小型涵闸进行认真检修和养护。汛期根据雨情和工情,提前预泄河水,腾出河道库容接纳两岸涝水,共排出涝水1亿m^3。汛期后段,干旱有所抬头,适时关闸蓄水,为秋种预留水源。岁修和专项资金项目管理得到加强,完成了胡洼闸控制室改造、何巷闸自动化装置改造、香涧湖部分界沟开挖、应急度汛的岸滩护砌、道路维修等项目。香涧湖滩槽处理工程通过省水利厅组织的已完工程验收。

5. 多种经营。改造后的怀洪宾馆继续以优质的服务赢得了市场,客房入住率平均为56%。安利监理公司取得资质后,在农村安全饮水、灌区续建配套改造等工程上相继竞标成功,经济效益显著。华文公司积极参与大型治淮工程白莲崖水库建设项目档案整理。经济开发中心开展摸清家底的普查工作,对该局系统内所有的水土资源逐一清查、归档,并组织进行水土资源规划。着手培育苗圃市场需求旺盛的红叶意杨等新品种,同时组织在圃成苗销售。

【管理技术研究】 怀洪新河优化调控综合管理技术研究是省水利厅批准的重点课题,由该局承担并与安徽省·水利部淮委水利科学研究院共同完成。项目包括《怀洪新河分洪时机与相机分洪条件综合技术研究》《怀洪新河流域特征与排涝能力分析》《怀洪新河水资源综合利用技术研究》《怀洪新河神经网络洪水预报模型》《怀洪新河对两岸地下水补排关系分析》5个子课题。项目于2010年2月24日由省科技厅组织的专家验收。专家组鉴定意见认为该项目的成果资料翔实,符合鉴定要求,研究成果总体达到国际先进水平,其中在人工河道河水与地下水交换研究方面达到国际领先水平。

(韩春利)

安徽省茨淮新河工程管理局

【概况】 2009年,省茨淮新河工程管理局再次被确认为省水利厅文明单位,首次获得蚌埠市第十三届、怀远县第三届文明单位荣誉称号;在厅综合考核中连续三年被考核为优秀单位,被省水利厅授予"全省水利工程管理体制改革先进集体"称号,局基层党组织连续两年被中共怀远县委授予“先进基层党组织”荣誉称号。

1. 管理工作。全面开展上桥抽水站达标申报和荆山湖进退洪闸达标晋级复核基础工作,认真总结荆山湖进退洪闸达标管理经验,逐条对照达标考核办法,制定具体实施计划,分解落实任务到单位、责任到人,以上桥抽水站达标申报和荆山湖进退洪闸达标晋级为抓手,力求不断提升工程规范化、精细化管理水平。按照“轻重缓急”原则合理安排岁修项目,主要完成的工程项目有节制闸上游左堤茨淮新河侧护坡护砌、茨河排涝涵加宽加固等25个工程项目,完成批复岁修经费240万元。清除违章设障,对船闸上游南大堤乱建码头的违章事件及节制闸下游违章经营的沙堆、当事人挂线偷电行为,联合当地公安机关多次进行认真查处,违章建筑得到彻底清除。召开《安徽省志·水利志·茨淮新河》审稿会议,如期完成编纂工作任务。

2. 涉河项目批复。组织开展涉河工程情况普查工作,重点检查涉河工程批复执行情况。组织评审亳州供电公司220kV程家集变开断线路及110kV程家集至孙集、110kV程家集至利辛线路防洪影响报告,完成淮南市兴疃码头等工程建设方案与施工方案的批复工作,配合省水利厅完成漯阜(二线)铁路跨茨淮新河及茨河特大桥工程的有关批复工作。

3. 重点工程建设。如期完成了2008年第四季度中央扩大内需茨淮新河灌区新增8个项目。上桥抽水站枢纽更新改造工程于2008年4月底完成主体工程后,经过2008、2009年两个年度的运行检验,机组运行正常,已组织相关单位准备工程验收。加快水利信息化建设,完成了“枢纽、灌区泵站CIMS应用”项目上桥—阚疃、上桥—荆山湖进退洪闸信息网的建设和运行,正逐步向插花枢纽、茨河铺枢纽推广和应用CMIS项目。

4. 多种经营工作。该局坚持以市场化需求为导向,依托现有的人才和技术力量,大力开展监理与泵站安装、检测业务。顺利实施繁昌县城市防洪鲍圩泵站及西门河防洪墙等3项工程建设监理业务;完成对茨淮新河灌区内的17个泵站设备运行质量检测;承担颍上县长林泵站5台机组指导安装工作;抢险队平战结合,做好抢险设备租赁业务工作,实现了固定资产保值增值。全年水利多种经营收入110万元。

5. 安全生产。强化安全生产目标管理和考核,全面落实安全生产责任制,明确各部门安全生产第一责任人,并配有兼职安全员。全年实行24小时应急维稳综合值班制度。修订完善《安全生产管理制度及考核办法》,着力强化枢纽工程安全运行、操作人员持证上岗、安全操作、工程部位安全状况监测等安全管理工作。围绕“关爱生命、安全发展”主题,深入开展“安全生产年”、“安全生产月”活动及水利安全“三项行动”,认真开展安全生产大检查,重点强化在建工程的安全管理,确保在建工程安全度汛。加大安全生产宣传力度,在工程部位及管理范围内醒目位置张贴标语、张拉条幅、悬挂警示牌等。加强对职工的安全生产培训,组织职工学习《突发事件应急法》,印发《全国职业安全健康知识竞赛试题》,积极开展消防演习。全年安全生产无事故,已连续七年被评为省水利厅安全生产目标考核优秀单位。

【职责、机构、人员】 安徽省茨淮新河工程管理局主要职责为负责茨淮新河防汛抗旱及水资源的统一调度,指导茨淮新河各级枢纽及河道、干流堤防、闸站灌区的管理;承担茨淮新河灌区续建配套、节水改造和除险加固建设管理项目法人职责;承担上桥枢纽工程管理工作;负责荆山湖进退洪闸及所属工程的管理、养护、维修工作,按照省防汛抗旱指挥部的调度命令,实施防汛调度;按照本省地方性法规授权,承担上桥枢纽及荆山湖进退洪闸管理范围内水行政执法职责。

该局内设机构包括:办公室、政工科、工程科、财务科、水政(保卫)科5个职能科室及上桥抽水站、上桥船闸管理所、上桥节制闸管理所、综合服务中心、机电公司、荆山湖进洪闸、荆山湖退洪闸7个直属单位。截至2009年底,共有在职职工136人,其中,具有高级职称12人,中级职称20人,初级职称20人,技师2人,高级工42人,中级工27人,初级工10人。

【抗旱调水】 2008年底至2009年初,茨淮新河灌区出现旱情,该局于2009年1月12日开机抽提淮河水补给茨淮新河,使上桥闸闸上水位由20.79 m升至21.43m。随着旱情发展,灌区用水量加大,2月2日,上桥闸上水位降至20.20m,比正常规定蓄水位低2.30m,为历史同期最低。是日开启4台机组提引淮河水向灌区供水,最大流量120 m^3/s,日供水1000多万 m^3。抗旱保苗期间,上桥抽水站累计开机1145台时,提水1.1亿 m^3,有力保证了茨淮新河两岸百万亩农田抗旱用水。中央电视台新闻频道深入报道了该局抗旱调水成果,夏收前夕还进行了跟踪报道;国家防总抗旱检查组对该局充分发挥国家大型骨干水利枢纽工程的作用、采取积极有效的抗旱措施及加强茨淮新河水资源的科学调度给予了肯定。

2009年,上桥抽水站6次开机,累计运行3638.2台时,抽水3.7亿m^3,开机台时数和提水量均超过2001年大旱开机3289台时、抽水量3亿m^3,为建站以来历史之最。茨淮新河4座枢纽联合运行,从颍河调水5000万m^3,全年调配水量4.2亿m^3,为灌区农业丰收奠定了坚实基础。

【灌区续建配套与节水改造】

截至2009年底,茨淮新河灌区共下达20个工程项目,批复概算9344万元,下达投资计划9199万元,其中中央资金5100万元、省级配套资金733万元、地方配套资金3366万元,已完成13个项目,即12座抽水站的更新改造及1座农水综合试验站配套工程,另7个项目在建。完成工程投资5905万元。

2008年第四季度中央扩大内需茨淮新河灌区新增8个项目,批复概算3583万元,时间紧、任务重。该局采取召开建设调度会、倒排工期、制定科学赶工方案及建立建管人员联系点制度、不定期到工地检查巡查、现场开展价款结算等一系列保障措施,如期完成新增水利投资项目主体工程,并在汛期具备运行条件,投入使用。2009年度省水利厅批复4个工程项目,概算投资2661万元,其中怀远县茆北站拆除重建及灌区配套工程、凤台县幸福沟站技改及灌区配套工程被列入拉动内需的2个项目,主体工程已全部完工,均完成到位资金97%以上;利辛县张白行站拆除重建工程已开工建设,上桥抽水站前池封闭堤加固工程已签订合同。

全年上报陈安站拆除重建及灌区配套工程、鸭嘴沟站拆除重建工程、塘路沟站拆除重建工程、龙江闸拆除重建工程、伍明北站拆除重建工程、小长沟站拆除重建工程等6个项目的初步设计,总概算投资6347.56万元,待计划批复后组织实施。

(欧阳林哲　陈路路)

安徽省临淮岗洪水控制工程管理局

【概况】 2009年,安徽省临淮岗洪水控制工程管理局(以下简称省临淮岗管理局)建立、完善内部制度管理和绩效考核体系,机关档案管理工作迈上新台阶。工程管理全面加强,主坝及核心管理区6座大型水闸管理水平明显提高,通过省级达标考核验收,副坝和姜唐湖退水闸管理面貌得到进一步改善。经济创收增幅明显,通过加大船闸技改投入,提高船只周转速度,提升窗口服务质量,挖掘船舶过闸费增收潜力,全年实现过闸费收入470万元。加快推进合肥基地建设,与安徽省·淮委水利科学研究院签署转让协议,整体受让其合肥分院房屋3600m^2,土地6666m^2,并获准入驻合肥高新区,拓展了单位的发展空间。文明创建成效显著,以庆祝新中国成立六十周年为契机,组织开展丰富多彩的职工文化体育活动,单位环境面貌和职工文明程度有较大幅度提升,顺利通过省水利厅精神文明建设领导小组的考核,荣获“2007—2008年度安徽省水利厅文明单位”。

汛前,全面开展工程安全检查和维修养护工作,确保工程处于完好状态,消除安全运行隐患。建立完善各级防汛领导组织,严抓防汛责任制和各项防汛措施的落实。出台《临淮岗工程控制运用应急预案》,开展各种形式的岗位练兵,保证水闸控制运用安全、及时、准确、有效。汛期,严格执行防汛值班制度,密切关注雨情水情,加大工程巡查力度,保持与有关市县、防指的沟通联系。严格执行省防指防汛调度命令。建立工作应急机制,加强科学调度,确保工程安全运用,充分发挥工程防洪、抗旱、排涝、航运等综合效益。11月,根据国家防总批复,按照重点防汛机动抢险队建设要求,组建安徽省防汛抗旱指挥部临淮岗防汛机动抢险队。

3月,结合单位实际开展形式多样的水法宣传活动,提高工程沿线群众的法律意识,营造依法管理的良好环境。5月,召开临淮岗洪水控制工程管理工作座谈会,邀请工程所在地两市、三县政府及水行政主管部门代表参会,听取与会人员对临淮岗工程管理工作的意见建议,争取相关部门的支持配合。强化水政执法队伍建设,成立专职水政巡逻大队,坚持每日巡查,有效防范新增违章。彻底清除城西湖船闸下游一处历史遗留违章,共清除违章建房面积225.98m^2,清运黄沙约2000t,进一步改善了工程核心区的管理面貌。加强与地方政府的沟通协调,有效解决北副坝关屯段2.8km护坝地的征地补偿遗留问题,及时开挖界沟,保证工程的完整和界限明晰。

6月,公开招考选拔工作人员6名,完成姜唐湖退水闸管理处机构组建,管理队伍进一步加强。年底,共有在职职工94人,退休职工4人。

【水闸管理】 2009年,省临淮岗管理局以水闸管理处创建省一级水利工程管理单位为契机,狠抓工程达标创建工作。组织技术干部和运行管理人员赴有关厅直单位考察,学习借鉴工程管理达标成功经验,成立达标工作领导小组办公室,做好宣传动员、任务分解和方案落实工作。严格对照考核标准,加强工程日常管理、运行维护和技术观测工作,认真落实岗位责任制。安排专项资金改善工程面貌和外围环境,对启闭机、闸门及机电设备进行重新喷漆,统一制作"五图一表"和有关规程、规范上墙。完善安全警示标牌标志,规范档案资料收集、整理。开展运行人员理论及操作技能培训,提高管理队伍业务素质和技能水平。6座大型水闸的管理面貌有了明显改善,管理水平显著提升。5月,水闸管理处通过省临淮岗管理局组织的初验。8月,顺利通过省水利厅组织的考核验收。

【成功申报国家水利风景区】

2009年3月,该局启动淮河临淮岗工程水利风景区申报国家水利风景区工作。根据水利风景区管理办法要求,及时成立专门机构,加强与当地政府沟通协调,合理界定景区范围,搞好资源调查,委托有资质的单位承担规划编制任务,建立健全各类规章制度。5月,水利部水利风景区评审委员会专家组对景区申报工作进行现场考察评价,对景区建设与管理工作进行指导。6月,淮河临淮岗工程水利风景区建设规划通过专家评审。8月,淮河临淮岗工程水利风景区顺利通过水利部水利风景区评审委员会评审,成为第九批国家水利风景区。

(张进)

安徽省淠史杭灌区管理总局

【概况】 2009年,省淠史杭灌区管理总局开展科学发展观整改落实阶段各项工作,干部职工学习教育覆盖面达到95%以上,形成了6个方面30条意见的整改落实方案,全局共清理登记各项制度379项。完善干部竞争上岗、公推公选等选人用人机制,向社会公开招考17名大学生,先后提拔和调整科级干部12名,举办科级干部培训班,评选和表彰优秀共产党员和先进基层党组织,努力建设一支政治坚定、业务精通的干部队伍。持续推进基层管理所段的标准化建设,全年翻建管理房共777m^2,实施饮水设施改造,不断改善基层职工的生活工作条件。开展寓教于乐的文体活动,举办机关职工首届运动会,倡导健康文明的文化生活。积极开展扶贫救困活动,全年共帮困救助职工28人,慰问特困职工34人。

推进工程精细化、规划化管理,修订完善工程检查、目标管理等规章制度,抓好以工程卡片为基础的传统工程档案和以数据集成为支撑的电子工程档案建设;全力确保水利安全生产,深入开展水利安全生产执法、隐患整治、宣传教育三项行动,对直管100多处险工险段进行定期观测,实施岁修项目260万元,保证了工程老损条件下的正常运行。抓好直管工程管理的同时,启动灌区工程达标考核,年初对灌区7个县(区)的14个干渠管理单位进行达标考核,并拿出26万元进行奖励,带动和促进全灌区工程管理水平提升。

水质、水环境保护坚持不懈,加大日常巡查频次,加大渠堤岸线整治力度,开展城区段水法宣传牌设置,全年共查处水事案件28起,实现"杜绝新违章"的目标。启动水资源封闭保护试点,结合灌区续建配套与节水改造,在淠河总干渠建设7.8km封闭保护栏栅,探索水资源封闭保护措施。紧抓源头水质监管不放松,联合地方水行政部门和公安机关,对横排头上游非法采砂进行4次集中打击,保障水源地安全。强化渠道水域清洁保护,看守沿渠排污口,分段打捞水面漂浮物,集中清理拦河鱼具、船只,维护良好水环境。

全力推进供水经济发展,通过优化灌溉服务、实施精确计量、加强供需互动等措施,当年农业水费到位率达到100%,为历史最好水平。扩大城市供水,争取水价调整,全年城市供水总量达到历史最高水平,六安市自来水源水价格、城市供水价格调整也取得重要进展。大力发展多种经营,设计院、监理中心全年总收入达900多万元,总局工程处合同中标额达到8000万元。改造后的培训中心与金满楼集团合作经营,逐步向良性方向发展。结合渠首改造建设的横排头宾馆,已经完成对外招商。与裕安区合作开发横排头水利风景区,已启动旅游公司注册和门票收费,后续工作有序推进。对局直工管单位的经营发展,出台了激励政策,推动因地制宜的多种经营项目开发。

【灌区供水】 2009年,三大渠首农业灌溉累计引水量15.62亿m^3,调度利用内部塘坝蓄水10亿m^3,累计灌溉农作物68.6万hm^2,其中水稻约64.7万hm^2。灌区粮食产量约600万t,其中水稻460万t。在城填供水保障上,累计供水3.5亿m^3,其中向合肥城市供水2.5亿m^3,确保区域内近400万城镇人口饮水安全。在发电效益上,结合灌溉供水,灌区各级渠道水电站发电量约4000万kWh。

【续建配套与节水改造】

2009年,淠史杭灌区续建配套与节水改造建设规模创下历史之最。全年下达扩大内需投资计划7042万元,到位资金10804万元(2008年投资到位5921万元,

2009年投资到位4883万元),建设项目28个,完成投资10177万元(2008年投资完成8864万元,2009年投资完成1313万元),完成投资为历史最高。同时完成一批项目前期工作,概算总投资39650万元。

(张艳)

安徽省驷马山引江工程管理处

【概况】 2009年,完成滁河二级站渠道清淤、水情与防汛骨干网等年度维修养护和泵站技改任务。加强工程观测和切岭滑坡的应急治理,切岭左岸边坡治理工程建设全面完成。滁河一级站节制闸除险加固工程于8月28日正式开工建设,概算资金1700万元,年底完成工程水下部分建设任务过大半。

完成灌区中央投资新增5个项目的初设编报、工程招投标、资金落实、开工建设与检查督促等工作,5个新增项目共完成2008年度下达的投资3110万元,占下达投资的88.9%,其中完成中央投资2100万元,占下达中央投资的100%。

驷马山乌江闸水文站及护坡修复重建工程是2008年度新增投资项目,是驷马山滁河应急治理项目之一,批复总投资312万元,已基本完成批复的建设内容,并投入使用,共完成投资210万元。

9月,省发改委批复实施驷马山泵站更新改造工程,为2009年度扩大内需投资项目。批复总投资5668万元,已下达投资计划5000万元,其中,中央投资3000万元,地方配套投资2000万元。到位资金4000万元,其中,中央资金3000万元,省级配套资金(省债券资金)1000万元。为抓好工程建设,成立了安徽省大型排灌泵站更新改造工程驷马山建设管理处现场机构,工程建设已全面展开。

开展安全生产检查和巡查工作,确保全年安全无事故。开展水法宣传活动,开展汛前河道清障工作,联合对河道两岸现状进行排查和记录,为水规费征收打下基础。

经济发展快速增长,全年收入4208万元,比上年增长57%,实现以收抵支1277万元,其中,综合经营抵支922万元,过闸费收入123万元,水费收入232万元。人员经费支出1918万元,全年实现整体收支平衡、略有结余。水利建筑、机电安装、检测、监理、档案整编、印刷业务、水规费征收等取得较好业绩。机电检测所获水利部机电检测单位甲类资质,监理公司晋升甲级资质,印刷厂在合肥开办分厂,为业务对外拓展打下基础。主动与灌区各县(区)政府加强联系沟通,处领导继续实行分片包干,签订供用水协议,促进水费收入。

年底,省驷马山引江工程管理处有职工493人,其中在职职工364人,离退休129人。

【抽水抗旱】 2009年,驷马山灌区3个水文站平均降雨量为800 mm,与多年均值比偏少近一成半。5月5日乌江抽水站率先开机提水抗旱,比常年偏早约半个月,到7月21日停机。滁河二级站于6月4日、5日两次开机,滁河三级站也在6月5日开机抽水,驷马山灌区再次进行了全线开机抗旱,累计抽水7400万m^3。襄河口闸向其闸下灌区抗旱放水1900万m^3,驷马山工程抗旱总调水量为9300万m^3。

全年乌江、襄河口、滁河一级站3座节制闸的总泄洪量为2.584亿m^3,与历年均值比偏少近八成。各节制闸拦蓄降雨径流和洪水尾水约0.8亿m^3。

【乌江船闸扩建工程建设】

省驷马山管理处乌江船闸扩建工程于2008年8月20日正式停航建设,经过一年紧张施工,主体工程顺利完工。2009年8月31日上午11点18分,一条近400t级的船只,驶进扩建后的乌江船闸,船闸扩建主体工程试通航取得成功。9月21日实现24小时运行,成功过闸136条船只,船舶航道滞留现象基本消除。

(丁新)

安徽省佛子岭水库管理处

【概况】 安徽省佛子岭水库管理处管辖佛子岭、磨子潭、白莲崖三座大型水库及佛子岭水电站。2009年底,管理处共有在职事业编制48人(含白莲崖水库8人),全民企业职工358人(含内部退养职工93人),离退休职工226人。在岗职工中,各类专业技术人员138人,其中,高级职称11人,中级职称44人,初级职称83人。

2009年佛子岭水库流域来水15.9亿m^3与多年平均来水量基本持平。年底,佛子岭水库水位120.5m,相应库存水量2.9亿m^3;磨子潭水库水位183.8m,相应库存水量1.7亿m^3。全年完成主营发电量10388万kWh,实现主营业务收入2930万元,创历史最好水平。

2月16日,管理处召开防汛工作会议,动员部署水库防汛工作。修订印发防汛岗位责任制、度汛措施、防汛预案,防汛预案包括洪水调度方案、度汛措施、超标准洪水应急预案、高水位下大坝观测方案、防止水淹厂房预案。结合形势需要,先后修订通讯预案、人员撤退预案等细节预案近10种。3月初,对水库上游及下游河道开展行洪能力调查。3月上旬起开展汛前安全大检查,消除设备缺陷127项;4月底又对所有防汛设备进行复查和校验,补充各类防汛抢险物资。主汛期前,完成佛、磨、白三库联合调度系统调试和防汛值班人员培训工作。汛期继续实行领导带班制、防办人员24小时防汛值班制和领导、部门、班组双休日值班制。

4月,在省人事厅、省水利厅组织下,按照事业单位招聘人员规定,招聘6名工作人员进入白莲崖水库管理处工作,经过集中培训,6月份,人员入驻现场开展工作。同时,管理处设立白莲崖水库管理所,负责水库现场管理工作。

5月,管理处抓住六安市出台相关政策的有利时机,召开专题会议,研究解决退养家属进社保工作。至11月底,办理完成118名退养家属参加霍山县社保手续,妥善解决该项长期历史遗留问题。

7月,由佛子岭水电站注册的由郭沫若书写的“佛子岭水库”商标,获国家工商管理总局商标局正式批准,成为安徽省首个水库风景区商标。

2009年,管理处重新修订水利工程管理运行维修养护管理办法,规范维修养护项目实施程序。全年共完成财政资金221万元,完成小型维修项目约66项。相继实施游客接待中心改造、佛子岭河西排洪沟清理和护坡修复、新厂内外墙翻新等大小工程10余项。投资300万元用于机电设备整治,实施佛7号机组励磁系统更换、佛6号、7号机组、磨1号机组大修、新厂10.5kV开关柜更换、佛站353开关更换、佛磨两站35kV避雷器更换等24项设备技改项目。

为进一步加强库区水资源管理,3月中旬,管理处出台《库区水污染突发事件应急预案》,该预案对水污染突发事件的适用范围、组织体系、日常预防机制、应急响应与处置措施、善后与恢复等水源应急管理的全过程都做出详细规定,对落实应急措施所需的人、财、物等方面的保障措施也提出了具体要求。5月份,针对库区非法捕鱼有所抬头的现象,联合霍山县相关部门,开展3次专项执法行动,取得了一定效果。年底,会同霍山县共同组建水库渔业合作社,取消原先影响水质和航道安全的网箱养殖形式,实行大水面健康养殖。

2009年,管理处继续大力发展多种经营产业。4月,管理处下属企业佛子岭水电站中标白莲崖水电站委托运行维护项目,增加新的经济增长点;在汲取佛、磨库区网箱养鱼教训的基础上,经过调研,将白莲崖水库以水面承包方式进行租赁经营。继续加强景区建设,5月,《佛子岭水库环境综合整治和景观总体规划》通过省水利厅组织的专家评审;11月,佛子岭风景区通过国家旅游局4A级旅游景区验收,12月,佛子岭风景区被批准为国家AAAA级旅游景区。同月,由管理处下属公司参与投资的佛子岭抽水蓄能电站工程正式通过国家发改委核准。

2009年,根据省文物事业管理局统一安排,佛子岭水库启动申报第七批“国保”工作,年底,通过安徽省文物事业管理局初评。

截至2009年底,佛子岭水电站安全生产记录达6067天,继续创历史最好水平。设备预试完成率为100%,主辅设备完好率达99%。

(王恒超　何腊梅)

【水库调度运用】 2009年,佛子岭水库流域来水偏丰,1—5月,佛磨两水库入库总水量分别为4.5亿 m^3 和1.7亿 m^3。4月中旬,白莲崖水库通过水利部淮河水利委员会的下闸蓄水验收。16日,白莲崖水库正式下闸蓄水,水库进入蓄水期。为确保合肥城市生活生产用水需要,佛子岭水库自4月上旬起开始向大房郢水库补水共计0.2亿 m^3。进入汛期,库区降雨不断,自6月29日起,佛子岭、磨子潭两水库共有3次较大洪水过程(分别是6月29日、7月30日、8月6日)。

在6月29日洪水过程中,佛子岭水库产生最大入库洪峰2301.7 m^3/s,最大入库洪量2.07亿 m^3;磨子潭水库最大入库洪峰1482.6 m^3/s,入库洪量0.87亿 m^3。本次降雨过程自6月28日开始,截至6月30日14时整,水库流域平均降雨量达250mm,11个单站降雨量超200mm,最大单站降雨量达312mm,佛子岭、磨子潭两水库均超汛限水位。根据省防汛抗旱指挥部部署,30日10时20分,佛子岭水库开启3道泄洪钢管,以300 m^3/s 流量进行泄洪。30日19时30分,接省防指调令,佛子岭水库开启溢洪道进行泄洪,泄洪总量由300 m^3/s 增加到490 m^3/s,至7月3日23时07分关闭溢洪道,水库共弃水1.0亿 m^3。白莲崖水库首次发挥防洪功能,6月30日12时,白莲崖水库最大入库流量达到1650 m^3/s,14时水位达194.96m,水库3道泄洪中孔全开,下泄最大流量达1140 m^3/s,削峰率达31%。

7月份,库区降雨量较少。21日,根据省防汛抗旱指挥部的调度,佛子岭水库开始按日80 m^3/s 的水量向下游灌区提供灌溉用水。7月30日至8月4日产生第二次洪水过程,在省防指的调度下,本次洪水均通过发电方式泄出，此次佛库拦蓄洪水0.9亿m^3，磨库拦蓄洪水近0.3亿m^3。

8月份，受台风影响，水库流域普降大到暴雨，8月5—10日佛磨两库流域连续降雨6天，佛库最高水位至120.4m，拦蓄洪水1.3亿m^3。为防范第8号台风“莫拉克”，8月6日13时，佛子岭水库全开溢洪道闸门，以每秒400 m^3/s流量下泄洪水，至8月11日5时46分关闭闸门，共运行历时111小时42分。由于上游来水不断，水库水位持续上涨，8月13日开始，以闸门开度0.2m向下游泄洪，至8月14日关闭闸门，水库共弃水1.6亿m^3。

2009年汛期，佛、磨两水库入库总水量为11.1亿m^3和4.3亿m^3，其中佛子岭水库泄洪钢管启、闭6次，运行75小时30分钟，溢洪道启、闭共10次，运行245小时21分钟，共弃水2.6亿m^3。磨子潭水库老泄洪洞启、闭共6次，运行92小时54分钟，共弃水0.8亿m^3。其余洪水均以发电方式泄出。佛、磨、白三座水库首次联合调度，在主汛期3次洪水过程中，共消减佛子岭水库入库洪峰60%以上，水库群少弃水量0.6亿m^3，水库群综合效益得到进一步发挥。

（何腊梅）

【佛子岭抽水蓄能电站工程通过国家发改委核准】 2009年12月，国家发展改革委核准安徽佛子岭抽水蓄能电站项目。该工程由安徽康源电热有限公司、安徽金川水工程有限公司、安徽佛子岭能源开发公司、安徽智源投资有限公司共同出资建设。利用已建的磨子潭水库作为上库，佛子岭水库作为下库，在佛库支流狮子崖处筑溢流坝，形成狮子崖到磨子潭区间的库中库，在磨子潭左坝肩的岩体内建地下式厂房，设2台78MW可逆式抽水蓄能发电机组，通过2.1km输水隧洞与上下两库相通。工程概算投资7亿人民币，年发电量约为3.5亿kWh，建设工期约4年。该蓄能电站的建设有利于安徽电网的调峰和填谷。在国家发改委核准之前，安徽佛子岭抽水蓄能发电有限责任公司利用佛子岭水库除险加固放空水库期间，完成了下坝（溢流坝）等前期工程建设。

【“佛子岭水库”商标注册成功】 “佛子岭水库”商标注册工作始于2005年5月，同年8月，国家商标局正式受理并予以公告。2009年5月，国家工商管理总局商标局向省佛子岭水库管理处颁发了由郭沫若书写的“佛子岭水库”商标注册证，成为安徽省首个水库风景区商标。核定服务项目为船只出租、配水、配电、能源分配等7个方面，有效期为2009年4月21日至2019年4月20日。

（王恒超）

安徽省梅山水库管理处

【概况】 2009年，省梅山水库管理处分别获得“2008年度安全生产目标管理优秀单位”、“省水利厅文明单位”、“双拥先进单位”和“2006—2007年度A级纳税信用单位”等荣誉称号。

2月份，编制梅山水库2009年汛期控制运用计划，修订、完善高水位情况下大坝安全监测方案和生活区度汛方案。进入汛期，继续坚持24小时值班制度，加强对泄洪设备、防汛电源的维护和保养。汛期每周对闸门启闭设备及柴油发电机组进行试运行，保证泄洪闸门做到随调随开。该处防汛领导组坚持每月不少于一次专题会议，分析雨情、水情，总结和通报防汛工作。

年内完成2008年度观测资料整编，完善大坝安全监测资料分析。完成水利系统计算机广域网建设和防汛抗旱异地视频会商系统建设，完成水利服务业统计年报统计数据的采集、核实和录入。开通专网电话业务，更换程控通讯交换机，实现系统内数字、语音、视频的三网合一。全年共采集大坝原始观测数据3.1万个，修订和印发《梅山水库管理处防汛值班制度》等21项管理制度。位于站区2号桥西侧的梅山水库综合自动化调度楼经招投标后于4月开工建设，年底完成主体工程。

开展春季和秋季安全生产大检查、安全生产“三项行动”（即水利安全生产执法、安全生产治理、安全生产宣传教育）、创建省级水利工程管理单位、农村水电安全生产大检查等项活动和“小金库”专项治理工作等。兴建了网球场和羽毛球场。梅山水库管理处所属自来水公司完成梅山老城区供水管网图绘制和底图的设计与制作；完成梅山城区给水管网建设及改造工程可行性研究报告并通过专家复审，初步设计亦通过六安市发改委评审；完成水岸春天小区2期及安置4区3期的水表安装和县城外滩商住楼的接水工程。梅山宾馆B楼改造工程进入施工阶段。

截至年底，该处所属梅山水电站安全生产记录达7511天，继续创历史最好水平。全年发电量6595万kWh，上网电价由0.30元上调至0.32元，主业经营收入2011万元。

【梅山水库除险加固】 2009年，梅山水库除险加固工程完成的主要项目包括：大坝的拱、垛墙加固、帷幕灌浆补强以及增设水平排水孔；9号拱泄水底孔内放水底孔加固;垛内发电引水钢管加固;3号拱内生活引水管加固处理;大坝左岸溢洪道加固;新建泄洪隧洞、以及相应的闸门、启闭机和电气设备的安装和调试;新建右岸上坝公路;新建2号防汛交通桥(该桥于10月投入使用)。

年内启动HL211-200型水轮发电机组增容技术改造工作;4号发电机组换型技改转轮大修后投入运行,共投入资金180万元;因除险加固工程要求,对1、2号发电机组上游检修门和1、4号发电机组主阀拆除更换;厂区内油处理室亦拆迁重建;年内主设备消缺率、主设备和一类设备完好率均达到100%的良好水平。

【水情、雨情】 2009年年初库水位为117.39m,蓄水7.94亿m^3。4月15日,库水位涨至120.01m,为全年最高水位。至5月1日进入汛期时库水位为118.55m,相应库容8.47亿m^3。6月18日库水位112.09m,为全年最低库水位。水库流域年降雨共1223mm,水库来水9.29亿m^3,其中汛期降雨813mm,来水6.89亿m^3。汛期来水比常年偏少三成 。汛期结束时水库水位118.29m,蓄水8.35亿m^3。

4—5月份库区降雨持续偏少,入梅后降雨逐渐增多,汛期主要有2次集中降雨过程,分别是6月28日至30日与7月22日至24日,6月28至30日累计面雨量171mm,入库洪峰流量1700m^3/s,经水库削减为0,削减洪峰100%。7月22—23日,水库流域平均降雨100mm,由于降雨历时短,入库洪峰流量达2100m^3/秒,经水库削减为90 m^3/s,削减洪峰95.7%。

自4月15日起水库以60 m^3/s流量向下游供水,4月28日供水流量加大至120 m^3/s。5月21日,5月25日、6月13日供水流量分别降至100 m^3/s、70 m^3/s、50 m^3/s,6月17日水库暂停供水。7月7日、7月17日流量又分别加大到70m^3/s、110m^3/s,7月23日因灌区普降大到暴雨,供水流量减至90 m^3/s,7月25日停止供水。

【雪灾应急处理】 11月16日上午,经过一夜大雪,梅山水库管理处区域内供电线路多处发生险情。35kV线路出现接地故障;电线杆断裂;10kV1005主供电线路(自用电)两旁的树木多处被积雪压倒,致使管理处区域大面积停电,且线路部分损毁;全区域(包括周边山场)各种树木(含风景树木扁柏、松柏、广玉兰、香樟、冬青等)部分断枝或全部折断,数量约千余株。灾害发生后,梅山水库管理处立即启动灾害应急处理预案,迅速组织后勤、生技等部门抢修供电线路和清扫积雪,将灾害损失控制到最小。

(邵书成)

安徽省响洪甸水库管理处

【概况】 安徽省响洪甸水库管理处(以下简称管理处)主要负责响洪甸水库大坝及泄洪、输水工程的管理、养护、维修工作,具体实施响洪甸水库的防汛抗旱调度,承担水库管理范围内水行政执法工作,管理响洪甸水电站(以下简称电站)。管理处内设办公室、工程科、财务科、水政科4个科室。2009年末,管理处事业编制人员31人。电站全民所有制职工416人,其中,在岗职工203人,内部退养55人,离休职工1人,退休职工159人;集体职工135人,其中,在职职工37人,退休职工98人。管理处(电站)各类专业技术人员118人,其中高级职称7人,中级职称39人,初级职称72人。

2009年3月初,下达《防汛抗旱工作计划》。至4月底,完成大坝年度详查,防汛抗旱设备检查维护、物资配备、人员训练等一系列工作。编制施工期间《跨河交通桥施工临时道路以及下部结构施工防洪预案》、《老泄洪洞出口、竖井施工防洪预案》、《新建泄洪洞防洪预案》、《新建溢洪道防洪预案》5个特别防汛预案,保证年度防汛安全。汛期严格执行防汛值班制度,处领导实行A、B制带班,处防办24小时值班,各部门双休日值班。全年14次向灌区补水,有效地缓解灌区旱情,保证灌区农业丰收。全年与佛子岭水库联合向合肥市供水2.6亿m^3,保证了合肥市用水需求。

4月,完成第四轮发电运行值班人员竞争上岗工作,38名运行值班人员上岗。筹集资金100万元,为65名原省电力公司集体企业统筹管理的退养女职工办理社会养老保险,进入社会保障系统,解决了历史遗留问题。维修改造运行小楼,改善职工住房条件。为水库除险加固工程建设施工单位腾出4栋楼房,解决其办公和住宿问题,全力支持配合工程建设。年终,全体职工进行年度考核,36人为优秀等次,其他为合格等次。

加强库区岸线监管、水工程设施安全保卫及治安综合治理工作。对库区采砂实施专项治理,共取缔非法船只16条,确保了水库水质和航运的安全。对金铜矿业有限公司违法向水库倾倒矿渣行为进行检查,督促整改。响洪甸水库除险加固工程两施工单位违规向水库和河道倾倒废弃土石渣以及向河道排放污水,管理处分别下达责令整改通知书,监督其规范施工。

岁修完成大坝检查维护,大

坝观测设施运行维护及资料整编刊印、分析,水情自动测报系统运行维护,泄洪设施维护,完成岁修经费30万元,全年大坝及其附属设施安全运行;电力设备完成常规厂直流系统技改工作,Ⅰ段10.5kV开关室开关更新改造,2号、3号机励磁系统更新改造,0号机调速器更新改造,2号高压空压机更新,75/20T行车大修。

电站发电设备运行正常,主设备完好率100%。截至12月31日,连续安全生产7208天。全年4台机组发电量11903万kWh,其中主营发电量9183万kWh。响源机组发电量846万kWh。至2009年末,4台机组累计发电量45.88亿kWh。

11月15—16日暴雪,响洪甸地区平均积雪厚度35mm。15日18时大雪造成35kV线路避雷线断裂,16日8时工区10kV线路被大雪压断。管理处领导带领职工冒雪全力抢险,10kV线路当日12时恢复供电,35kV线路于16日17时恢复供电。

全年投入150万元对宾馆进行改造,提高接待服务水平。积极开拓发电运行托管、发电设备检修维护等社会化服务市场,承接响洪甸蓄能电站运行维护、长源电站的运行维护工作。

2009年,管理处获得六安市第四届“文明单位”和水利厅“文明单位”荣誉称号。3月,电站工会被省电力工会和县总工会授予“先进工会”称号。团委获得六安市“五四红旗团委”称号。水电运行公司荣获六安市“工人先锋号”称号。羽毛球队代表省水利厅参加第二届全国水利系统羽毛球赛,男、女单打均进入八强。

【水库调度运行】 全年流域降雨1312.7mm,水库来水量8.79亿m^3,出库水量10.49亿m^3。年末库水位119.07m,对应蓄水量9.10亿m^3。

2009年1—4月,流域降雨290mm,来水量2.16亿m^3。5月1日至9月30日,流域平均降水828.5 mm,来水量为6.24亿m^3。8月13日,全年最高水位为124.70m,相应库容为12.09亿m^3。6月29日,单日流域最大平均降雨为139mm。6月30日17时,最大入库流量为2621 m^3/s。11月11日,年最低水位117.94m。夏季台风“莫拉克”未在流域造成较强降水。全年没有发生汛情,水库基本在汛限水位以下运行。

汛前采取机组满发放水以满足灌区以及下游城乡用水需要,提前预泄,预留库容。汛后,根据水库除险加固工程整体进度安排,及时把水位从121.18m降至118.08m,满足施工需要。

【响洪甸水库除险加固】 2008年12月,水利部下发《关于安徽省响洪甸水库除险加固工程初步设计报告的批复》,工程设计施工时间为30个月。按2008年上半年价格水平,核定工程静态总投资为19295万元,其中中央水利建设投资15400万元,省级水利基建投资3895万元。

2009年2月,省治淮重点工程建设管理局成立响洪甸水库除险加固工程建设管理处。7月6日,省水利厅以《关于安徽省响洪甸水库除险加固工程开工的批复》批准响洪甸水库除险加固工程开工建设。主体工程施工单位于4月份进场,年末工程完成情况:老泄洪洞新增事故闸门竖井导洞开挖工程贯通;新建泄洪洞开挖工程全线贯通,由建管处、监理、设计、施工、工程运行管理等单位组成联合小组,对新建泄洪洞开挖工程进行了联合检查验收,评定质量等级为优良;新建溢洪道工程完成土石方开挖173000 m^3,完成率48%;左坝肩处理工程共浇筑混凝土3453 m^3;坝基防渗工程约完成总体工程量的65%;交通桥工程左岸桥台浇筑混凝土565 m^3,2号、3号、4号、5号桥墩灌注桩完成施工,共灌注混凝土140 m^3。

2009年7月,响洪甸水库除险加固工程征地移民工作开始。工程需永久征地4.32hm^2,临时征地1.79 hm^2,搬迁房屋582 m^2。2009年9月1日和2010年1月12日,省治淮重点工程建设管理局与金寨县人民政府先后签订了《安徽省响洪甸水库除险加固工程征地及移民搬迁安置建设任务与投资包干协议》和《安徽省响洪甸水库除险加固工程征地及移民搬迁安置建设任务与投资包干补充协议》。当地政府与22户村民签订永久征地协议6份,临时征地协议20份;与移民村民(3户计11人)签订房屋拆迁协议3份,完成率100%。2010年1月,响洪甸水库除险加固工程征地及移民搬迁安置工作完成。

2009年12月11日,省治淮重点建设工程管理局以《关于申请响洪甸水库除险加固工程占用林地的函》,申请使用林地指标,已通过县林业局初审并上报省林业厅。12月12日,建管处完成建设用地的申报工作。

【响洪甸水库建成发电50周年】 1959年9月15日,响洪甸水电站第一台机组发电。2009年,管理处举行系列活动,庆祝国庆60周年暨响洪甸水库建成发电50周年。编印了《响洪甸水库电站志》、《水电春秋》纪念文集和《国家水利风景区响洪甸水库》画册,并制作《华章半世纪辉煌五十春》专题片。2009年7月,在《中国水利报》发表纪念文章。9月,在安徽水利信息网上刊载响洪甸水库建成发电50周年系列报道。

9月15日，邀请为响洪甸水库建设和发展作出贡献的老同志、老领导参加庆祝座谈会，举行爱国歌曲演唱会等。

（胡晓玲）

安徽省龙河口水库管理处

【概况】 2009年，水库灌溉供水2.24亿m^3，保障了灌区工农业生产和生活用水。两闸弃水6.63亿m^3。汛期溢洪道多次小流量泄洪1.9亿m^3，减免农田受灾面积6000hm^2，减免直接经济损失6.16亿元。

全年安全发电155天，发电量1160万kWh，同比增长420万kWh。金水湾度假村全年累计接待人数5.5万人次，平均入住率39.4%，同比增长3.7%，完成营业收入627万元，比上年同期增长90多万元。龙腾工程公司全年完成对内工程款156万元，对外工程总量400万元。对坝中山自来水厂进行维修养护，保证用水安全，用水户稳中有升，效益有所增长。兴建占地6000m^2的环保旅游停车场、旅游公厕及旅游商品经营场所。修建旅游出航码头。结合坝下滩地改造，回填0.77hm^2土地，种植经济农作物，兴建1.8 hm^2高台田种植经济林，对外承包闲置的0.8 hm^2水塘，开展养殖业，经营收入有所增加。

对水工建筑物和副坝进行了水政巡查，对各违章建筑单位下达《责令停止水事违法行为通知书》4份。对闸前养鱼网箱进行了全面清理，有效排除了工程安全运行隐患。妥善处理多次水事案件和周边少数群众的无理取闹。制定有针对性的安全生产实施细则，实行安全生产“一票否决”制，签订安全生产责任状，开展消防安全培训，进行实际操作演练，进行安全知识测试，加强水行政法律法规宣传力度，强化职工安全意识；防患于未然。全年安全生产无事故，维护了单位和社会的稳定。

全年举办电工等8期职工业务技术培训班，培训人员100多人次，鼓励职工参加各类学历教育和专业技术资格及执业资格考试，并对毕业取得学历的人员给予奖励。成立大坝管理所，在全处公开选拔大坝管理所所长。从省水电学院挑选3名应届优秀毕业生，充实到有关岗位。

8月，省财政厅组织对龙河口水库东大坝帷幕灌浆工程进行财政投资评审，9月份下达省水利基建投资计划297.5万元，计划灌浆163孔，工程于10月20日正式开工。完成溢洪道闸、梅岭闸启闭机房的更新改造。梅岭闸除险加固工程投资545万元。

省水利厅再次确认龙河口水库管理处为2007—2008年度安徽省水利厅文明单位。截至年底，该处在职职工148人，离退休人员56人。

【防洪保安】 2009年6月28—29日，舒城地区发生强降雨，该处管理区内24小时降水量达到215.2mm，创历史单日降水最高记录。管理区内严重内涝，多处职工房屋被淹，道路冲毁，垂钓中心和另外两座鱼塘及河滩水杉林浸泡在洪水中。灾情发生后，处领导率有关科室负责人，开展巡查，了解灾情，安排排涝救灾工作，对冲毁的路段及时拟定方案，及时恢复，保证防汛公路的通畅。在11月中旬的暴雪中，组织抢修受损线路。

全年水库流域降雨量1704mm，相比多年平均值增加255mm；来水10.66亿m^3，相比多年平均值多1.526亿m^3，年初库水位65.51m，年末库水位64.35m，年最高水位68.04m，年最低水位63.00m。

（詹少成　汪畅）

安徽省水利水电职业技术学院

【概况】 2009年，安徽省水利水电职业技术学院（以下简称学院）占地面积80.8667万m^2，校舍建筑面积28.4921万m^2，图书馆纸质藏书51.03万册，电子图书30000GB。学院教职工486人，专任教师387人，其中教授、副教授和其他系列同等职别的教师共92人，讲师152人。学院拥有10个教学系部，39个专业，129个实验实训场，216个校外实习基地；各类在读学生10000多人，其中普通高职学生9480人。

1. 学生管理。继续深化“以宿舍为基础，以班级为单位”的管理模式改革，组织开展“说文明话，做文明事，当文明大学生”的专项活动以及“两室”（教室、寝室）卫生与文化创建评比活动，促进校园文明建设。开展2008级学生安全和心理健康教育；为全体一年级新生（约3000人）进行心理普测，建立心理健康动态档案；举办第三届大学生心理健康宣传周及心理班委培训活动。积极开展“第二课堂”活动，拟定学院《学生综合素质教育规划》，推动学院人文素质教育常态化、程序化、制度化。组织开设军事理论课、管理心理学、书法欣赏与书法文化、应用文写作、唐诗欣赏等28门公共选修课程，2500余人次参加选修；组织第二届应用文写作大赛；成功组织召开院第八届田径运动会和第九届学生足球赛。为庆祝新中国诞辰60周年，开展“我爱我的祖国”8项专题大型系列活动。5月10日,吴晓龙同学参加全国大学生英语竞赛,获D类特等奖,汤亮同学获一等奖。5月31日,李朝栋和叶程玲同学在安徽省第二届“自立自强,励志成才,报效祖国”大学生演讲比赛中均获一等奖,学院获优秀组织奖。5月,188名同学报名参加“专升本”考试,140名同学分别被安徽工程科技学院、安徽建筑工业学院等大学录取。建立学生资助体系,2009年度发放国家奖学金、国家励志奖学金、国家助学金452.4万元。为178名家庭经济特别困难的学生发放了特困资助金25.3万元;为学生办理生源地贷款,金额合计约226万元。

2. 成人教育和职工培训。完成640人的成人招生计划,其中河海本科函授生314人、专科函授生326人。截至年底,学院成人学历教育在校生数达1840人,其中,河海本科函授823人,学院成人专科1020人。根据省水利厅《关于加强县级水利职工队伍能力建设的意见》,全年举办县市水利局长培训班等8个培训班,培训职工1000人次。

3. 新校区建设。1月10日,学院与撮镇镇政府签订学院校园内部南片约13.4hm² 土地征用协议,调整新校区校园规划方案。年内在建工程5项:运动场,占地3万m²,总造价300多万元,于9月份投入使用;轻钢实训厂房,建筑面积4420m²,总造价约200万元,于8月份开工,2010年元月竣工;实训楼,建筑面积14800 m²,总造价约1500万元,于11月20日开工,预计2010年9月投入使用;教师公寓,建筑面积27200 m²,共6栋,总造价约3000万元,于12月中旬正式开工,预计2010年底投入使用;后勤服务用房,建筑面积4450 m²,总造价约470万元,于12月中旬正式开工,预计2010年9月投入使用。4月26日学院与三联学院签订老校区(合肥经济开发区合派路23号)资产转让协议,转让价格为1.78亿元。

4. 实训基地建设。完善“国家高技能人才培养示范基地”建设,4月25日,接受教育部、财政部委派的专家组对中央财政支持的职业教育建筑技术实训基地进行全面的检查。加强省级电工电子示范实训基地建设,新建单片机实训室、PLC编程实验室、机电一体化综合职业技能实训中心、电子设计检测中心、计算机专业技术实训中心。以校企合作、共建共享为原则,10月,与上海洪铺钢结构工程有限公司、合肥荣兴汽车配件厂共建“引入式生产型”校内实训基地;12月,与金德电力设备制造有限公司共建“融入式共享型”校外实习基地。不断完善“双师素质”培训基地、创新能力测评和创业能力测试点等项目的建设。11月23日,申报农村劳动力转移培训基地。编写《农村经济实用技术系列》《农村水利员培训》《农村基层干部防汛抢险培训》等教材10本,培训非学历教育专业教师6名,聘请技术人员(能工巧匠)3名,为农村劳动力转移、进城务工劳动力提供实用技术培训520人次。

5. 职业技能鉴定。组织实施对2009、2010届毕业生职业技能鉴定工作,完成了1500多人次的鉴定,取证人数1425人次,通过率为95%。开展职业技能竞赛,4月12—13日,学院在安徽省第三届职业院校学生技能大赛中获1个二等奖、3个三等奖和2个团体三等奖;9月18—20日,在教育部高等学校工程图学教学指导委员会与中国工程图学学会制图技术专业委员会联合举办的第二届“高教杯”全国大学生先进图形技能创新大赛中,6位学生参赛,获5个单项一等奖、1个单项二等奖,团体三等奖;11月7日,在由中国水利教育协会主办的第三届全国水利高等职业院校“楚天杯”技能大赛中,学院取得1个一等奖,1个二等奖,8个三等奖,团体总分位列全国水利院校第6名,比赛成绩较上一届有了很大的提高。

6. 社会化服务。完善社会服务平台(基地、站、点、室、所)建设,建立国家工信部计算机辅助设计(AUTOCAD应用工程师)认证项目考试站,组织进行了近400人次的CAD工程师培训和认证工作。6月2—3日承接全国证券系统从业人员资格考试(网络),参加考试人员2000多人。11月3—20日学院和安徽华兴公司合作,成功进行了CAD和PRE课程培训及考证等工作。

【创建全国示范性高职院校】

2009年是学院创建全国示范性高职院校的关键一年。学院积极建立保障机制,完善《示范性院校建设方案》,全面组织实施建设项目。切实抓好中央财政支持的城镇建设、给水排水工程技术、水利水电建筑工程、机电一体化技术和非中央财政支持的城市水利、数控技术、应用电子技术、物流管理等8个重点专业建设,并以其带动全院教育教学改革。引入职业资格标准,改革课程体系和教学内容,开发《城镇规划》等67门突出职业能力培养的课程标准,建设《给排水工程施工》等50门优质核心课程和核心课程网站,建成校级精品课程《城镇工程监理》等22门,出版国家“十一五”规划教材《建筑材料》等15部、省“十一五”规划教材《工程测量》等13部和特色教材《给排水工程监理》等52部。

完成实训室建设规划,新建水情信息技术等校内实训室9个,扩建工程测量等校内实训室12个。新建校外实训基地23个,校外基地达到216个。实训室已可满足各个专业学生校内实训实习需要,实训开出率100%。网络建设采用2条中国电信100M线路和教育网VPN接入,布置信息点3000个左右。采购专业数字化校园信息平台软件和网络教学管理平台,对教师进行网络课程培训,已经创建总容量达到100GB的网络课程100余门。

制订专业教学团队建设规划,创新专业教学团队组织管理模式,建立"双师素质"教师持续培养机制,形成培养人才、引进人才、开发人才、稳定人才的工作机制。培养和引进12名专业带头人、43名骨干教师,培养76名"双师素质"教师,安排中青年专业教师到企业参加生产实践达134人次。聘请来自行业企业一线的专业技术人才、能工巧匠达到216人。选派260人次参加教育部、教育厅等组织的各类培训。2009年5月,举办基础课教师培训班,50多位教师参加培训。8月,通过招聘录用7位教师。9月3日1人获得省级优秀教师称号,7日1人获得全省模范教师称号。10月12日2位教师获省级教学名师称号,30日宋天武等6位教师被省教育厅批准为2009年安徽省高职高专专业带头人。12月,3人晋升教授,4人晋升副教授。

【教学与科研】 2009年2月19日,学院新增经营管理、建筑钢结构技术、艺术设计、工业分析与检验4个新专业。3月11日,确定电子系"计算机应用技术"、管理系"物业管理"、机电系"电气自动化"、建工系"建筑工程管理"等4个专业为校级特色专业;《水工混凝土结构施工》等15门课程被确定为校级精品课程。10月12日《建筑材料》《给排水工程施工》《沟通与演讲》《数字电子产品的分析与制作》《水工混凝土结构施工》等5门课程被确定为省级精品课程。

年内有3项省职成教学会研究项目结题并分别获得奖励,其中丁亚明老师的"基于模糊聚类的水文分区研究与实践"项目获得优秀成果一等奖。3月11日,"单片机虚拟仿真实训系统开发"等15个校级教科研项目立项。9月28日,学院8篇论文参加2009"中国·安徽职教论坛"的论文评比,赵向军、李兴旺的《对高职教育集团校际合作基本问题的思考》获得一等奖,其余4篇获二等奖,3篇获三等奖。9月,孙敬华、李宗尧参加研究的"高职高专教育水利类专业人才培养规模和课程体系改革与建设"课题获得2009年第六届高等教育国家级教学成果二等奖。12月4日,"建筑工程技术专业工学结合人才培养模式创新实验区"项目获省级科研项目立项,学院另有4个项目获得高等学校省级优秀青年人才基金项目立项。全年教职工公开发行教材近40部,公开发表论文50篇。

【招生与就业】 2009年,学院招生计划为4200人,实际录取4107人,录取率达97.78%;新生实际报到人数为3658人,报到率为89.06%。应届毕业生就业率达97.8%,截至年底,2010届毕业生已有1564名学生离校顶岗实习。9月7日,在全省普通高校毕业生就业工作评选活动中,学院再次荣获"2009年安徽省普通高等学校毕业生就业工作标兵单位"称号;水利工程系傅必友荣获"2009年安徽省普通高校就业工作先进个人"称号。

【第七届校园科技文化艺术节】 2009年,学院举办第七届校园科技文化艺术节,结合实际加大科技项目的比重,强调对学生创新能力和职业能力的培养。共设书法、摄影绘画、演讲朗诵、文学创作、歌曲演唱、舞蹈、健美操、大合唱、曲艺、CAD技能、电控技能、小发明及手工艺、电脑创意等14个项目,直接参加人数达3000多人次,在全校范围内营造了浓厚的艺术氛围,陶冶了广大学生的精神情操,促进了校园的安全稳定和精神文明建设。

(王凌)

安徽省·水利部淮委水利科学研究院

【概况】 2009年,安徽省·水利部淮河水利委员会水利科学研究院(以下简称水科院)全年组织实施各类试验研究项目22项,其中,水利部科技项目8项:重大公益性科研专项"淮河流域排涝综合控制标准与治理措施研究"、"安徽淮北平原地下水安全开采量及可持续利用研究",水利部技术创新项目"淮河中游河床演变与整治研究"、"淮河干流河相关系与整治方向研究",水利部948重大设备引进项目"五道沟水文水资源实验站地中蒸渗仪设备引进",水利部重点推广项目"平原区大沟蓄水与农田水资源调控技术推广转化",水利部协作项目"主要作物节水高效灌溉制度协作研究"、"安徽省现状农业灌溉水利用率跟踪测算分析";省重点科研项目4项:省科技厅巢湖、淮河流域治理重大科研专项"农村饮用水安全保障技术与示范"、"淮北地区采煤沉陷区水生态修复和综合利用研究与示范",省"十一五"科技攻关项目"大型灌区节水高效可持续关键技术研究",国际科技合作计划项目"淮北市水环境承载力及污染控制的研究”。

《淮北平原“四水”转化水文实验研究》获2009年度水利部大禹科学技术二等奖。《淮河流域涝灾成因与治理技术措施研究》获2009年度省科学技术三等奖。水利部重点推广项目“平原区大沟蓄水与农田水资源调控技术推广转化”通过水利部国科司组织的专家验收,获得A级。出版专著《地下水文学初步与地下水资源评价》,发表科技论文52篇。组织申报专利7项,其中,发明专利4项,实用新型专利3项。

组织召开省水利水资源重点实验室学术委员会2009年度工作会议;茆智院士出席会议,并做“构建节水防污型农田水利系统,开展相应科学研究”学术报告。组织承办2009年度全国水利计量认证工作研讨会、全省水利科技推广工作会议。组织参加第四届中国水博览会暨“辉煌历程—中国水利60年”成就展、华东地区水利科技协作会、2009年度国际水利先进技术推介会。与河海大学文天学院、江西省水科院、天津勘测设计院科研所、珠江水科院开展科技交流。

围绕全省水利工作重点,开展水利科技服务工作,为治淮与全省水利事业的发展提供技术支撑。全年完成规划设计、咨询评价、自动化技术服务项目89项,工程检测项目879项,工程监理项目58项,招标代理项目75项目。水科院(淮河流域水利工程质量检测中心)获得水利工程质量检测5个专业类别甲级资质。水科院作为“节水灌溉与农村饮水安全”项目创新团队设立单位,院总工程师、省首批学术与技术带头人王友贞被聘为该创新团队带头人。

【机构、人员】 安徽省·水利部淮河水利委员会水利科学研究院(以下简称水科院)是水利综合试验研究单位。主要职能承担大江大河治理、河床演变、水文水资源评价与开发利用、农业节水灌溉、排涝除渍综合治理及水工程、民用建筑、公路桥梁、地基处理、建筑结构、建筑材料等课题的科学试验研究以及检测、监理、勘探、设计、咨询等技术服务。

内设结构:合肥分院、土工研究所、结构材料研究所、水工河工研究所、农田水利与水土保持研究所、水文水资源研究所、勘察设计研究所、自动化研究所、办公室、人事教育处、离退休办公室、财务处、科研管理处、科技信息中心、检测质量处、科技开发处、行政服务中心。

依托机构:安徽省水利水资源重点实验室、安徽省灌溉试验中心站、水利部科技推广中心安徽省推广工作站、安徽省水利工程病害防治工程技术研究中心

检测机构:淮河流域水工程质量检测中心、安徽省水利工程质量检测中心站、安徽省建筑工程质量监督检测站、安徽省闸坝安全检测中心

院属企业:安徽省大禹工程建设监理咨询有限公司、安徽科源工程建设招标代理有限责任公司、安徽恒丰智能自动化有限公司

职工情况:至2009年12月31日,在职职工204人,其中正高级工程师10人,高级工程师46人,工程师49人。面向社会公开招聘1名博士研究、8名研究生、6名本科生充实到科研与职能管理部门。1人被选拔为“安徽省首批学术和技术带头人”。“节水灌溉与农村饮水安全创新团队”入选安徽省“115”产业创新团队。

(郝胜男)

安徽省水利水电勘测设计院

【概况】 2009年,安徽省水利水电勘测设计院(以下简称设计院)获得省部级成果奖3项;申报的6项优秀质量管理小组,获国优1项、部优2项和省优2项;2项技术被国家知识产权局正式授予实用新型专利权,有2项发明专利通过初审。全年完成可行性研究报告编报投资152亿,完成初步设计报告编报投资70亿,完成规划设计任务232项、设计底图约1.2万张、出版设计报告4.3万册;完成勘测任务181项,钻探总进尺约6.5万标准米,测量面积约2000km²。9月,设计院整体搬迁至合肥高新技术产业开发区。

1. 治淮新三项前期工作。香浮段行洪区调整与改造工程可研经过水利部规划总院复审,董峰湖行洪区调整与改造工程可研经过总院评审,正阳关至峡山口行洪区及寿西湖行洪区调整与改造工程可研完成;重点平原洼地治理外资项目可研和初步设计分别经国家发改委评估和淮河水利委员会审查,西淝河等洼地治理应急工程可研修订本通过总院复审;淮干一般堤防加固可研上报待审。

2. 重要水利工程前期论证。驷马山分洪道扩大工程可研通过总院审查和国家发改委评估,新汴河治理工程可研经过淮委审查,洪泽湖抬高蓄水位影响处理工程初步设计经过总院审查并完成修订,月潭水库项目建议书通过国家发改委评估,兆河治理工程可研经过省水利厅审查,2009年引江济巢调水试验报告已完成,全省水资源综合规划报告编制完成,长江、淮河流域综合规划

按计划推进。援建松潘工作总体进展顺利，并得到省援建办和地方政府高度肯定。

3. 大型灌排站更新改造。完成全省大型灌溉排水泵站更新改造工程规划，驷马山等4处泵站更新改造工程的初步设计正式批复，总投资2.83亿元。众兴泵站工程初步设计、炉桥等3处泵站工程可研以及撮镇等6处泵站工程安全复核已完成。编报了第二批大型灌溉泵站工程设计。

4. 中西部重点地区水量分配方案。安徽中西部重点地区水量分配方案是项开创性工作，在全国都具有很强的示范意义。在省水利厅直接调度下，设计院与省水文局、淠史杭灌区管理总局、龙河口水库管理处和合肥工业大学等单位密切配合，克服时间紧、任务重、协调难等困难，已基本编制完成水量分配方案(送审稿)。

5. 重点中小河流治理规划设计。按照水利部、省水利厅、流域机构的要求，完成全省重点地区中小河流近期治理建设规划，完成绩溪扬之河等16个河段的中小河流近期治理工程初步设计。

6. 重点水利工程开工和建设。全年承担29座在建和新开工的水库除险加固工程的招标和施工图设计，其中大型水库3座、中型水库9座。响洪甸水库、去年第四季度开工的大型排涝泵站和第四批新增投资的大型灌溉泵站更新改造工程的施工图满足进度要求。

7. 拓展城市水环境综合治理、航道船闸、管道供水、水土保持、防洪影响论证等涉水业务，其收入比重明显攀升。拓展国外水电设计市场，先后参加2个国外水电工程的设计投标，均已入围前3名。修订设计院2000版质量管理体系，重新发布质量手册、程序文件17个、作业文件15个、质量记录50个，127人参加培训和考试，并于7月10日正式发布运行。

8. 组织职工参加“省直机关迎国庆健身跑”和“省水利厅全民健身集体跳绳比赛”，获第三名；参加“省水利厅迎国庆60周年演唱会”，获三等奖。设计院荣获“全国水利系统先进集体”，白莲崖水库工程设计代表组获2008年度省直机关“青年文明号”称号，第六团支部荣获2008年度省直机关“五四红旗团支部”称号。

(高祥吉)

安徽省水利综合经营总站

【乡镇供水】 2009年，下达乡镇供水经费200万元，其中肥西县山南供水130万元、黄山汤口供水3期扩建工程70万元，资金均由当地财政部门拨付。

山南磨墩水厂由肥西县水务局负责建设，总投资近1000万元，供水规模5000t/d。至年底已完成三池浇注、三池之间的管道连接、消毒加药间、仓库、配水泵房主体工程，以及至山南集镇的PEΦ315管道安装工程。

汤口供水3期扩建工程由水厂负责扩建，总投资331.87万元，增加供水规模3000t/日。主要建设一座库容8.8万m^3的水库、取水水池、净水设备、输水管道等，该工程已建成并投入使用。

【乡镇供水与农村饮水结合改革试点】 2009年，经营总站在肥西、肥东控股4座水厂，开展与农饮工程相结合的试点。山南磨墩水厂以政府为主导，整合各类资金，统一规划、创新建设模式。该工程建设由肥西县水务局负责，建成后交金汇公司管理，根据2008年8月签署的《山南磨墩水厂投资协议书》有关条款规定：金汇公司股权55%、肥西县水务局股权35%、山南镇人民政府股权10%。经营总站拟安排乡镇供水资金300多万元，2009年到位130万元。花岗水厂依托原有乡镇中心水厂进行管网延伸，2009年利用大官塘水库除险加固工程经费40万元，建成5000t/d新取水口并投入使用；农饮资金投入近1000万元，建成覆盖花岗镇行政区主要区域的主管网。

至2009年11月，结合乡镇供水农饮资金投入3405多万元，受益人口20.6万多人。

【实体经济】 2009年，金晨公司累计完成招标任务金额4亿多元，实现年初既定的的目标。安徽省金源水利水电咨询公司业绩有了较大幅度的增长，《芜申运河青弋江段水土保持方案报告书》、《合裕航道巢湖复线船闸工程水土保持方案报告书》、《泗许高速淮北段工程水土保持方案报告书》等通过专家的评审，继续与芜湖海螺集团签订了其所属所有子公司已建、在建生产线水土保持方案的编制工作。包河农业节水示范园在受区域规划限制的条件下，着力抓好园区自身的维护和管理，9月份引进安徽省水利招标投标服务中心项目，在原有设施条件基础上，克服时间短，资金短缺的困难，历时50天顺利交付使用，并对餐饮等配套设施进行整改，做好后勤保障。

(陆柳)

安徽省水利厅机关服务中心

【概况】 2009年,制定《水利厅机关宿舍区综合管理规定》、《办公区和宿舍区车辆管理办法》、《监控管理制度》,规范工作程序,保证后勤服务工作正常开展。加强职工队伍建设,开展业务知识和服务技能培训,不断提高服务水平。开展勤俭节约、艰苦奋斗传统教育,打造节约型机关。严格控制公务招待费、办公费用,规范公用车辆管理。成立经济工作领导小组和集中采购工作领导小组,建立约束机制,节约经费开支。

加大绿化管理力度,选择一批长绿、生命力强、造型美观的品种,对机关大院主干道、办公区和宿舍区内的部分苗木和草坪进行更新。省水利厅机关的绿化覆盖率超过35%,绿化率达到100%,新种植的花草树木配合大院内原有大型乔木广玉兰、白玉兰、香樟、红叶李、水杉、桂花、重阳木等树种,形成了自然靓丽的园林景观,为广大干部职工营造了舒适的工作和生活环境。在省直机关后勤工作6项竞赛活动中,省水利厅机关再次被评为省直机关"花园式单位"。

在传统节日和防汛期间,实行水电维修值班,及时、热情处理职工遇到的困难。11月,安排人员对供暖机房和设备进行检修,对损坏的管道保暖隔层进行维修更换,确保在冷空气到来时(11月16日)及时供暖。组织力量对未安装供暖设施的厅机关6户职工,突击安装了供暖设施。

强化保安的教育工作,联系派出所等部门,及时了解社会治安发展的情况,采取有针对性的措施,宿舍区采取固定岗和流动岗相结合,实行24小时巡逻制度,利用视频监控,有效地防止各种违法犯罪情况的发生。做好防汛期间的安全保卫工作,完成10多次省、部级高规格防汛会议安保工作,会议人数最多时达到上百人,停放、疏导车辆100多台次。

安排有关人员多次参加省直、社区、街道组织的计划生育学习班,系统学习有关政策和知识,提高计划生育工作水平。密切配合街道和社区,对省水利厅机关和驻合肥有关单位定时进行检查,加强社区内的流动人口、暂住人口、挂户人口的计划生育检查。定时和不定时检查育龄妇女,为育龄妇女做好基础性的工作,建立完善的台帐、档案,提供计生方面的全程服务,掌握各种信息的变化。

2009年,是省级一类幼儿园"示范园"评比和复审年。在幼儿园放暑假期间,共投入20多万元对校舍、厨房等硬件设施进行维修改造,更新了一批教学设施和大型玩具。幼儿园的聘用教师全体办理了5项社会保险。根据教学需求,安排部分优秀教师参加各种培训、进修活动,提高教师队伍的执教水平。选派优秀教师参加水利系统、市(区)教委举办的各种演讲比赛。制定应急预案,全面动员,做好"手足口病"和"甲型H1N1流感"预防工作,全年没有发生一起疫情。加强食品原材料采购、加工制作等各个环节的安全检查,多次接受省行管局、省卫生厅、包河区卫生监督局、芜湖路街道、卫生防疫保健和卫生监督部门等对食品的抽样检测,检测结果全部合格。

【物业公司挂牌运行】 2009年,筹备物业公司的运行工作,并安排相关人员就有关物业管理运行情况走访了省委、省政府以及省农委、林业厅、公安厅、气象局等10多家单位,吸取管理经验,结合省水利厅机关的实际,制定《安徽省水利厅机关宿舍区管理规定》等一系列的规章制度,改造整修物业公司的办公场所,添置配备必要的办公设备,为物业公司的运行奠定基础。10月25日,物业公司正式挂牌运行。

(唐峰)

市级水利

SHIJI SHUILI

合肥市

【概况】 2009年,合肥市水务局围绕建设合肥现代化滨湖大城市,坚持城乡统筹,坚持改革创新,坚持依法治水,倾力打造民生水利、生态水利、资源水利、工程水利,推进由传统水利向现代水利转变。

1. 民生水利。病险水库除险加固工程始于2007年,截至2009年底,列入国家计划的2007年8座、2008年12座病险中、小型水库除险加固工程全部完工,其中5座中型水库、11座小型水库通过竣工验收;列入省级2008年以前计划的85座水库全部完工,其中50座通过竣工验收。列入2009年国家计划的3座中型水库、11座重点小型水库和列入省级计划的26座小型水库于9月底前开工,100%完成了年度目标任务,总体形象进度为50%。全市病险水库除险加固工程累计完成投资28240万元,其中,国家12625万元,省11328万元,市3010万元,县(区)自筹1277万元。农村饮水安全工程年内兴建管网延伸工程19处、地表水源式水厂1处、辐射井式小型集中供水工程3处,完成投资8436万元,解决了农村17万人饮水安全问题。认真贯彻落实大中型水库后期移民扶持政策,移民直补资金及时、全额发放到位,移民扶持项目按计划组织实施,库区和移民安置区保持稳定。

2. 生态水利。巢湖沿岸生态环境综合治理工程按计划进行,963米湖崩试验段治理主体工程已全部完工;于2008年7月开工的亚行贷款项目,正进行防浪平台填筑、湖崩治理、堤岸加固和桥梁、涵闸等交叉建筑物施工,累计完成投资11423万元。西南部生态补水工程建设任务基本完成,已经具备生态补水功能,11月上旬成功进行生态补水试运行。王嘴水库除险加固及水体扩容工程已完成土方21万 m^3。董铺水库溢洪道扩建及南淝河生态补水工程已经开工。派河河道治理一期应急工程已完成12.7km河道疏浚任务,实现了500t级船舶通航的阶段性目标。派河河道治理一期先行实施工程于10月底开工,主要建设任务是堤防加固1处、退建2处及河道清淤。巢湖湖区航道派河口—施口段初步设计于9月获批,批准总投资7610.92万元,已完成规划选址、环境影响评价和建设资金计划落实等各项准备工作。完成了全市中小河流整治规划,并通过省水利厅审查。

3. 农田水利基本建设。全市农田水利基本建设修复水毁工程48处,新增防渗渠道264km,加固堤防39km,疏浚河道44.8km,清淤渠道652km,新建或改建小型水源工程865处,治理水土流失面积6km^2,完成土石方1410万 m^3。肥西县获得全省农田水利基本建设第十四届"江淮杯"评比二等奖。实施大型灌区续建配套与节水改造工程,完成滁河干渠滑坡治理、大蜀山分干渠(肥西段、蜀山区段)除险加固、小蜀山分干渠五处滑坡治理等工程;滁河干渠金大郢等6处滑坡治理、滁河干渠姚庙滑坡治理、大蜀山分干渠蜀山区段续建配套与节水改造等项目已经下达投资计划;滁河干渠宋小郢等渠下涵除险加固项目的前期工作正有效推进。

4. 防汛抗旱。3月上旬开始,各地按照市防指统一要求,开展汛前检查,查排一般隐患32处。按照分级管理、分级负责的原则,明确了546座大中小型水库防汛行政责任人和技术负责人,并在媒体上公布。修订完善了防汛抗旱预案、大中型水库控制运用计划、瓦埠湖蓄洪区防汛预案,编制了沿巢圩区5000亩以上圩口防汛抢险预案。按照分级负责的原则,组建防汛抢险队伍,储备防汛物资。丰乐河堤防出现险情后,迅速有效开展险情处理工作,柳湾圩邓小湾段除险完成土方开挖1074m^3、干砌石护坡950m^3、碎石铺垫1187m^3,挖除白蚁3处,填塘固基压实土方1.5万 m^3;三河桥庵段滑坡治理完成抛石固脚2490m^3,平台填筑以及填塘固基土方2.52万 m^3。董铺水库泄洪涵洞除险加固工程在确保防汛安全和供水安全的前提下,加强调度,严格管理,顺利完成泄洪涵洞洞身浇筑、启闭设备安装、土方填筑等主体工程。南淝河泄水闸下游河道整治工程完成宋小郢段抛石固脚和部分护砌土方整修。

5. 城乡供水。认真贯彻执行《合肥市城市饮用水水源保护条例》,加大城市饮用水水源保护区环境整治力度,持续改善董铺、大房郢水库库区周边环境,董铺、大房郢水库水质长期保持Ⅱ类标准。春节后,全市各地积极开展抗旱保苗工作,按期完成抗旱浇灌任务。克服工程建设影响,先后分4次实施向董铺、大房郢水库补水,共计补水2.08亿 m^3。完成城市供水1.92亿 m^3,其中南淝河生态补水1500万 m^3。自5月中旬起,全市水务部门、水管单位积极行动,坚持引、提、蓄、节"四水"并举,广辟水源,全力保障农业灌溉用水需求。全市引淠史杭水1.7亿 m^3,提外水0.25亿 m^3,动用蓄水4.1亿 m^3,累计为农业灌溉提供用水6.05亿 m^3。

6. 节水型社会建设。合肥市是水利部确定的全国节水型社会建设试点城市,市水务局编制了《合肥市节水型社会建设规划》,提出了节水型社会建设组织机构、相关部门职责及任务分解方案。2009年12月26日,举行了合肥市节水型社会建设试点启动仪式。

【市水务局机构】 1. 内设机构。合肥市水务局设7个职能处室,分别是:办公室、水政水资源处、规划计划处、建设管理处、城乡水利处、组织人事处、财务审计处。防汛抗旱指挥部办公室(城市防洪办公室)为副县级,挂靠市水务局。按有关规定设有直属党委和纪检(监察)室。

2. 直属机构。合肥市水务局局直单位有:合肥董铺·大房郢水库管理处、滁河干渠管理分局、合肥市水利工程质量监督站、合肥市水利排灌管理站、合肥市水政监察支队。

【市水务局领导人员】
局长、党组书记:徐春雷
副局长、党组成员:周洪先
副局长、党组成员:陈敏

【县区水务局主要领导】
长丰县水务局局长、党组书记:李如海
肥西县水务局局长:夏义胜
肥西县水务局党委书记:武克定
肥东县水务局局长:丁必会
肥东县水务局党委书记:缪江桥
包河区水务局局长、党委书记:王政

(合肥市水务局)

淮北市

【概况】 淮北市位于安徽省北部,地处华东地区腹地,苏、鲁、豫、皖四省之交,北接萧县,南临蒙城,东与宿州毗邻,西连涡阳和河南永城。南北长约108km,东西宽近60km,总面积2741km^2,耕地面积13.2977万hm^2,人口210.5万,其中农业人口127.46万。

2009年,淮北市水务局进一步加大水利规划等前期工作力度,并取得新的进展。一是《淮北市中小河流治理规划》已编制完成,并通过省水利厅技术审查,已经市政府批准;二是编制完成了《淮北市节水灌区改造工程可行性研究报告》,并通过专家审查;三是编制完成了《安徽省淮北市蔡里片水土保持综合治理实施方案》,并通过了专家审查;四是编制完成了《农田水利规划》,并通过了专家审查和市政府批准;五是《淮北市抗旱规划》已编制完成;六是组织编制了《安徽省淮水北调工程可行性研究报告》;七是完成了塔山、田窝、小李庄3座小水库的安全评价和安全鉴定工作。

重点工程建设取得新突破。一是淮北市华家湖除险加固工程提前完工,5月30日进行了完工验收,12月12日进行了竣工验收。华家湖水库除险加固工程批复总投资2280万元,于2008年5月开工建设。二是稳步实施危桥维修加固工程,对2008年批复的任圩桥、尚河桥、张庄桥、徐暨桥及财源桥维修加固工程进行了验收;在县(区)水务(农水)局勘查上报的基础上,对2009年度生产危桥维修加固工程项目进行汇总,并本着"突出重点,先急后缓,分年实施"的原则对危桥维修加固工程初步设计项目进行了初审和批复,已完成年度建设任务。三是完成新火车站铁路排洪沟改建工程建设。新火车站铁路排洪沟改建工程全长760m,工程投资约500万元。四是博庄片排水应急处理工程全面完工。工程投资约200万元,建设内容主要有针织厂高岳边沟、沉淀池1座、高岳路箱涵、方安路工程及博庄东西沟工程,以及对原针织厂148m暗涵进行清淤。五是西流河治理工程开工建设,预算投入200万元,治理内容包括1km河道疏浚、景观堤防建设及部分建筑物配套。六是水网工程一期工程于12月25日开工建设,批复工程投资3458.45万元,工程内容包括建设陈路口节制闸、疏浚老溪河沟、拆除重建花园闸、口子涵、侯王沟涵及武店桥等。

水利工程管理工作得到新深化。进一步深化水利工程管理体制改革,着力落实"两费"。严格执行水工程管理法规,强化河道管理,规范涉河建设项目。全面落实《淮北市河道及水工程管理办法》,以防汛排涝、抗旱和水工程维修养护管理为主线,以建章立制和精细化管理为抓手,通过明确职能、完善机制、夯实基础,提高素质,加大管理与考核力度,创新管理手段,不断提高全市水工程管理工作水平。制定并实施了《2009年市直管水工程维修加固实施方案》。在汛期前完成了临涣闸启闭机防护板安装、引闸入华引水闸及引水明渠工程维修、北山闸等6处水位观测牌埋设、龙湖排涝站办公楼雨棚拆除重建及防护墙砌筑、淮纺闸维修养护、浍楼闸维修、北山闸绿化、临涣闸管理所绿化、龙湖排涝站绿化、城区排涝干沟设施维修、老濉河下游河道清障、跃进河下游河道清淤、淮纺闸配电房改造及闸上游河道水草清除、长山路沟人民路以南115m清淤等14项工程,完成投资305万元,确保市直管水工程及附属设施正常运行。

水资源管理工作得到新加强。一是严格按照水法要求,对取用水单位进行总量控制与定额管理,制定了2009年度用水计划,与市发改委联合发文下达到取水单位。二是按照水法宣传计划,认真做好水法规宣传工作。三是制定了"五五"普法年度实施计划。四是完成了2008年度水务管理年报以及水资源管理年报的填写上报。五是根据省水利厅办公室《关于开展全省城市污水回用现状调查的通知》要求,依据水利部《城市污水处理回用调查工作大纲》,开展淮北市主城区及濉溪县城污水处理回用现状调查工作,编写了《淮北市城市污水处理回用现状调查报告》,并将汇总后的市级调查表及调查报告上报省水利厅。六是开展两次水资源监测工作,发布二期水资源公报。七是完成淮北市水资源动态监测二期项目,积极配合南京地调中心开展水资源调查评价工作。八是全年共查处水事违法案件50起,其中查封违规自备井32口、堤身取土及违规耕种18起,有效地维护了正常的水事秩序。

节水型社会建设试点工作取得新进展。一是2009年元月5日,对淮北市节水型社会建设工作领导小组进行了调整。二是完成节水型社会建设试点2008年度专题《淮北市临涣海孜采煤沉陷区水资源综合利用研究》,顺利通过水利部的验收。三是根据水利部水资源管理中心《关于做好全国节水型社会建设试点专题工作的通知》要求,编制完成了淮北市2009年试点专题《淮北市水资源管理信息系统建设方案》工作大纲以及2010年拟开展的试点专题。四是根据水利部水资源管理中心《关于开展全国节水型社会建设试点2008年度工作检查和专题审查验收的通知》和全国节约用水办公室《关于开展节水型社会建设试点中期评估工作的通知》要求,进行自评估,编制《淮北市节水型社会建设试点中期评估报告》以及其他相关资料,顺利通过水利部的中期评估(综合得分92分),并获得"良好"等次。五是着手选择前期工作相对充分、节水潜力突出的企业实施节水示范技改。

2009年,全市累计完成水利兴修土(石)方415万m^3,占计划任务的138%,修复水毁工程46处,加高加固堤防1.8km,开挖疏浚大中小沟460km,新增恢复有效灌溉面积4.4万亩,改善除涝面积3.5万亩,新增节水灌溉面积4.5万亩,治理水土流失面积$10km^2$,新建28处农村饮水工程,解决了10.3万人的农村饮水安全问题。累计完成投资7697万元,其中,人饮工程5000万元,农建工程2697万元,全面超额完成了水利兴修各项目标任务。

防汛抗洪工作呈现新局面。防汛工作抓得早、抓得实,从3月起,各地就全面开展汛前检查,全市共查出险工险段92处,对查出的问题,落实安全责任制度,安排责任到人,限期整改解决。市级投入应急除险加固资金组织闸涵维修、机电设备维修及水工程除险加固工程,并在5月底组织工程验收,达到良好的运行条件,为防洪、防汛安全打下坚实基础。为消除隐患,整治沉陷堤防,各县区按照"谁破坏,谁治理"的原则,对采煤沉陷堤防进行修复。完成了南沱河前程段、萧濉新河古饶段、岱河土楼段、龙岱河烈山段等十多处复堤除险加固工程。对于险工险段、隐患处没有建设、加固到位的,采取切实可行的应急措施,制定应急度汛方案,筹措抢险物资,就地落实抢险队伍,加强巡查监测力度,发生险情,及时处理,确保了各类堤防、水工程的度汛安全。

【重点工程】 1. 水网工程。淮北市是煤电能源基地,又是一个水资源严重短缺的地区,随着经济社会的快速发展,水资源的供需矛盾日益突出。依托过境河流的水源条件,利用采煤沉陷区数量众多的优势,提升区域水资源和水环境的承载力,是破解水资源对淮北经济社会发展瓶颈制约的重要途径。2009年5月,淮北市组织编制了《淮北市采煤沉陷区水资源利用与湿地修复规划》。规划总投资4.81亿元,其中,沉陷区连通工程2.20亿元,环境改善工程2.61亿元。该规划通过疏浚、开挖、新建三条引水沟渠,建设两座河道节制闸和1座抽水站,将市区周边"五河"(闸河、龙岱河、萧濉新河、王引河、南沱河)与"五湖"(华家湖、东湖、中湖、南湖、西湖)连通,有效利用矿井疏干排水,适时引用外河雨洪资源,近期可增加有效供水量2450万m^3,远期可达4350万m^3。一期工程已于2009年12月开工建设,2010年5月将完成将设任务,二期和三期工程在2010年汛后开工建设。

2. 农建工程。2009年,市委、市政府批准实施了《淮北市农田水利建设规划》,决定利用3~5年的时间彻底改变淮北市农田水利基础设施薄弱的局面,基本解决全市200万亩耕地的灌排问题。规划的基本思路是:全面规划,综合治理,突出重点,分步实施。规划的重点是小型农田水利基础设施,主要是机井、小型灌溉站、大沟蓄水控制涵闸及大中小沟开挖疏浚、桥梁配套等灌排工程,工程总投资19675.97万元。规划实施后,可新增有效灌溉面积93.9万亩,改善灌溉面积20万亩,新增改善除涝面积40万亩,使全市旱涝保收面积达到180万亩,占实有耕地面积的90%。2009年,全市农田水利基本建设实现新增旱涝保收农田18万亩,完成各级财政投资3765万元。

【抗旱保苗】 淮北市自2008年10月份至2009年2月降水量为32.7mm,为多年平均降水量的32.9%。据墒情测报数据显示,全市绝大部分土壤含水率均低于土壤适宜含水率下限。由于降水量总体偏少，严重影响小麦正常生长。全市185.2万亩小麦出现不同程度的旱情，中度干旱110.2万亩，重旱面积74.5万亩，特旱5000亩。面对严重灾情，全市上下积极开展抗旱行动，全市累计投入抗旱机井2.02万眼，泵站47处，机动抗旱设备1.45万台套14.43万kW，抗旱用电971.84万kWh，抗旱用油3443.8t，投入抗旱人数66.79万人次，抗旱浇灌面积达200万亩，占全市种植小麦面积的95%以上，有些地方浇灌二到三次。经过全市人民同心协力，奋力拼搏，取得了抗旱保苗工作的重大胜利，为午季粮食丰收奠定了坚实的基础。

【市水务局职能、机构】 淮北市水务局于2002年8月在市政府部门机构改革中成立。其职能主要包括拟定全市水资源保护规划，组织水功能区划，监测河流、湖泊、水库(含塌陷区)及地下水的水质；拟定全市节约用水政策，编制节约用水规划，制定有关标准，组织、指导、监督全市节约用水工作；负责全市涉水事务行政管理工作。同时，又新增了原市地质矿产局承担的地下水资源(含矿泉水、地热水)勘查、动态监测和储量审批及地下水资源的合理开发利用监督管理工作，以及原市建设委员会承担的城市防洪排涝职能、城市规划区地下水资源的管理保护职能。2009年，有8个职能科室、6个直属事业单位，干部职工149人。

【市水务局领导人员】

局长、党组书记：汪绪武

纪检组长、党组副书记：王亚杰

副局长、党组成员：李庆海

副局长、党组成员：金星

总工程师、党组成员：刘红军

【县区水利部门主要领导】

濉溪县水务局党委书记、局长：李金军

杜集区农水局局长：王振

相山区农水局局长：张建设

烈山区农水局局长：王志祥

(王成)

亳州市

【概况】 2009年，亳州市涡河近期治理工程全面完成建设任务，12月17日顺利通过淮委竣工验收，工程累计完成总投资12.83亿元。涡河治理后防洪标准达到20年一遇，亳州城区段防洪标准基本达到50年一遇。茨淮新河阚疃泵站更新改造工程及朱集闸除险加固工程在年底前通过竣工验收。阚疃泵站更新改造工程完成投资2800万元，改造后提高了灌溉和排涝效益，能有效解决利辛县茨淮新河西南部70万亩农田灌溉和273.3km^2洼地排涝问题。利辛县朱集闸除险加固工程累计完成投资1700万元。

继续做好项目储备工作，在中小河流治理、洼地治理、水闸除险加固、水源工程建设、小型农田水利重点建设县、农村饮水安全工程建设等方面编制项目规划。年内编制了《亳州市中小河流治理规划》、《亳州市低洼地治理规划》、《亳州市大中型水闸除险加固专项规划》、《亳州市县、区农田水利基本建设规划》、《亳州市2010—2013年农村饮水安全工程建设规划》、《涡阳、蒙城城市防洪规划》，涉及投资30多亿元。其中10条中小河流、18座中型水闸、2个低洼地治理项目纳入省近期治理规划。

2009年初，亳州市春旱接冬旱，连续百余天无有效降雨，遭受50年不遇特大干旱，降雨量较常年同期平均偏少85%。全市在地作物全部受旱，小麦受旱面积达631.5万亩，其中重旱425万亩，点片死亡面积45.3万亩，成为干旱重灾区。全市人民奋力抗旱，至2月15日，全市631.5万亩受旱冬小麦全部灌溉1~2遍，实现了"浇一遍水、施十斤肥"的目标，夺取了抗旱保苗工作的重大胜利。

2009年春，农田水利基本建设全市累计投入劳动工日180万个，新建村塘122面，新打机井4350眼，实施跨乡镇大沟9条，疏浚大中沟河道63条，小沟11276条，配套桥涵3500座，修复水毁工程1939处。投入各类农田水利建设资金2.25亿元，完成了各项工程建设与配套任务，新增和改善有效灌溉面积31.56万亩，新增和改善除涝面积30.79万亩，建设旱涝保收农田10.2万亩，改造中低产田7.7万亩，全市农业抗御自然灾害能力得到进一步加强。由于水利兴修工作突出，利辛县获2009年全省农田水利基本建设第十四届"江淮杯"竞赛评比银杯奖；利辛、涡阳、蒙城分别获得全省小型农田水利建设重点县和专项县项目支持，共争取项目资金1800万元。

努力实现农村饮水安全工程现代化，亳州市实施农村饮水安全工程以来，工程规模逐渐扩大，单处工程设计规模和供水范围由以前的几百人或一千多人扩大到五六千人甚至上万人，工程自动化水平也不断提高。年内建设自动化水厂9处，采用自动化远程控制，其中，大型水厂采用变频供水，中型水厂采用变频加气压罐供水模式，小型水厂采用气压罐供水模式，节约了能耗，降低了运行成本。在探测、监测水质水量过程中，采用物探等科技措施，提高了监测数据的准确性及科学性。全年农村饮水安全工程投资

13895万元,建成供水工程54处,铺设管网3052km,入户6.02万户,入户率达95%,解决了28万人的饮水安全问题,在2009年度全省民生工程单项评比中,亳州市农村饮水安全工程再获全省第一殊荣。

深入宣传水法规,加强依法行政力度。全年查处水事违法案件358件。在全市集中开展了河道非法采砂专项整治活动,共查处非法采砂船335只,强制拆除柴油机144部,卷扬机63台,挂浆机48台,割除岸上吸砂管5500余m,清理沙堆59万m^3,有效遏制了非法采砂活动。出台《亳州市河道管理办法》,为全市河道管理提供了依据。

【涡河近期治理工程全面竣工】 2009年,围绕涡河近期治理工程实现总体竣工验收的目标,狠抓涡河亳州城区段建设、工程扫尾和竣工验收准备工作,结合涡河城区防洪,高标准打造亳州沿涡景观带。各项工程扫尾和竣工验收准备扎实推进:10月21日,完成水土保持设施专项验收;11月11日,完成移民专项验收;12月5日,完成工程档案专项验收;12月10日,完成工程决算和审计,完成工程技术预验收,工程扫尾全面结束,达到了竣工验收的各项条件;12月中旬,完成环保设施专项验收。12月27日,涡河近期治理工程(安徽实施段)顺利通过水利部淮委和省水利厅组织的竣工验收。

涡河近期治理工程被列为亳州市的"一号工程",工程建设始终得到水利部、安徽省委、省政府、淮委等各级领导机关的关心和支持。通过近5年的持续治理,累计完成工程投资12.83亿元,河道清淤2435.19万m^3;土方开挖和回填1787.08万m^3;完成永久征地6575.57亩,临时占地16951.29亩,拆迁各类房屋面积49.05万m^2,搬迁人口5146户19814人;建成沟口涵闸25座;涡河大寺、涡阳、蒙城三大枢纽加固的节制闸和新建的深孔闸泄洪能力均增加800m^3/s以上,防洪标准达到20年一遇,亳州城区段防洪标准基本达到50年一遇,全面完成了工程建设任务。

【水资源综合规划编制工作启动】 亳州市水资源十分短缺,为加强水资源的开源节流保护和优化配置,亳州市委托水利部淮委水利科学研究院编制《亳州市水资源综合规划》。2009年6月,《亳州市水资源综合规划》编制工作启动。《亳州市水资源综合规划》分为1个总体规划及5个子规划,分别从水资源及开发利用调查评价、供水水源规划、水资源保护规划、城乡饮用水水源地安全保障规划、水资源配置和承载力评价等5个部分对全市水资源合理配置进行近期、中期、远期规划。总体规划按节水、水资源保护和增加供水三个体系制定实施方案,其中"引淮济亳"调水工程将在规划中予以论证,以期解决城市规划区范围内用水缺口。

【亳州市河道管理办法出台】 亳州市境内有涡河、惠济河、西淝河、茨淮新河、北淝河等19条河流,总长983.1km,总流域面积8562.1km^2。为加强河道管理,规范采砂行为,确保河势稳定,保障防洪安全,充分发挥河道的综合效益,促进经济社会可持续发展,根据有关法律法规,经2009年8月3日市政府第29次常务会议审议通过,《亳州市河道管理办法》正式出台,2009年8月21日起施行。

《亳州市河道管理办法》共分9章43条,对行政区域内的河道(包括湖泊、人工水道、沟渠等)的管理与保护、防汛与清障、河道管理范围内项目审批、河道采砂管理权责做了明确的规定;对沿河建房、私搭乱建、河道清障、河道采砂管理等问题,均做了详细的规定。

【非法采砂专项治理】 2009年3月开始,亳州市集中开展河道非法采砂专项整治活动。3月25日,市政府下达全市境内骨干排水河道全面禁止采砂通知,坚决严厉打击非法采砂活动。各县区人民政府成立了以分管领导为首要负责人的整治河道非法采砂工作领导小组,下发禁采通告,从水务、海事、公安、监察、国土、宣传等部门抽调多人,成立联合执法组,加强河道日常巡查,同时充分利用水管单位及乡镇具备水行政执法资格人员,对所辖区域,分片包干,任务到人,责任到人,建立起了办案及时、行动统一的县乡联动的执法网络,确保非法采砂者无机可乘,制止各类水事违法案件的发生。

市政府组织水务、海事、国土、交通、公安、纪检等部门,采取听汇报、乘车船沿途巡查、走访群众等方式进行全面督查。市水务局充分发挥监督检查作用,先后下发了《关于进一步加强涡河河道采砂监管的紧急通知》、《关于进一步加强小洪河等涡河支流河道采砂管理的紧急通知》、《关于加强春节期间河道采砂管理工作的通知》等文件,并多次组织会同市治淮纪检组、市政府督办室、市长热线办、电视台等单位对各县(区)河道采砂管理工作进行督查,并适时通报督查结果。

此次非法采砂严打行动充分发挥了网络、报刊、电视等媒体的宣传作用。在"市民论坛"上开辟"非法采砂专项治理"专题论坛,与网友互动,发动广大网友提供非法采砂线索,每日将禁采行动执法情况通过文字与图片形式进行综合报道,主题帖成为当月点击率最高贴,赢得了广大网友的一致好评;《亳州晚报》连续一个月刊载严打非法采砂专题,通报当日禁采情况;亳州电视台在“药都时空”栏目每日播放打击非法采砂的成果。

在此次非法采砂专项治理活动中,共组织200多次联合执法,全市共查处非法采砂船335只,除船主自愿拆除的采砂设备外,对177只采砂船进行登记喷号,执法队强制拆除柴油机144部,卷扬机63台,挂浆机48台,割除岸上吸砂管5500余m,清理沙堆59万m^3,有效遏制了非法采砂活动

【市水务局领导人员】

党组书记、局长:宋峰(2009年8月调入)

党组成员、副局长:张俊奇(2009年9月调入)

党组成员、副局长:赵德建

总工程师:刘元(2009年10月调入)

【县区水务局主要领导】

谯城区水务局党组书记、局长:张大勇

涡阳县水务局党组书记、局长:张本连

蒙城县水务局党组书记、局长:韩健

利辛县水务局党组书记、局长:常涛

(张慰问)

宿州市

【概况】 宿州市辖砀山县、萧县、灵璧县、泗县和埇桥区,总面积9787 km^2,地貌以平原为主,占总面积的91%,濉河以北分布有部分丘陵、台地。气候属暖温带半湿润季风区,年均降雨量908.5mm,5—9月平均降雨量占全年的70%左右,常以大雨、暴雨、特大暴雨的形式出现,10月至翌年4月降雨量偏少,常出现秋、冬、春连季干旱。2009年底,全市70条河道堤防总长2693.2km,保护人口383.9万人,保护耕地36.29万hm^2;有排涝大沟354条、中小沟2.6万条,配套桥涵2.7万座;各类水闸1185座,其中大型7座、中型80座;水库83座,总库容7172.3万m^3;固定机电排灌站782处、机电井5.6万眼。全市有效灌溉面积达到36.67万hm^2,节水灌溉面积达到11.33万hm^2,3年一遇以上除涝面积达到35.73万hm^2,旱涝保收面积达到22.2万hm^2。

2009年,全市投入水利建设资金6.6亿元。11月,完成宿县闸除险加固工程并通过验收。12月,岳庄坝中型水库除险加固工程竣工并投入使用。年底,开工建设新汴河灌区续建配套项目团结闸翻水站改造工程,总投资2280万元。灵璧县和萧县列入全国农水重点补助县,埇桥区和泗县列入全国农水专项工程补助县,年底相关工程开工建设。

水利项目前期工作取得重大进展,多方筹措经费380万元,编制了怀洪新河洼地唐河、沱河、石梁河、北沱河、浍河、澥河6条河道治理项目可研报告,宿州市投资规模为7.6亿元。编制完成县级农田水利建设规划、市及五县区抗旱规划。14条重点中小河流近期治理规划通过省水利厅审查,投资总规模约20.8亿元,其中大沙河、龙岱河、民利河、洪碱河列入国家近期中小河流治理规划,总投资1.08亿元。编制完成新汴河灌区2010年工程年度可研报告,并通过省发改委和省水利厅组织的专家审查,投资规模0.8亿元。

坚持开展农田水利基本建设,全市投入各类资金4.69亿元,治理易涝农田7.2万hm^2,完成土方4857.7万m^3,占计划任务的161.3%;新建桥涵68521座,恢复桥涵8045座;完成大沟72条、中沟603条、小沟9227条、田间沟和地头沟32508条,新打、恢复机井4427眼。

自2008年10月23日至2009年2月8日,全市平均降雨量仅20mm,不足常年的20%,发生严重的冬春连旱,受旱面积35.05万hm^2,其中重旱17.6万hm^2,点片死苗面积0.75万hm^2。1月20日和2月5日,市防汛抗旱指挥部先后启动抗旱预案Ⅱ级和Ⅰ级响应。市水利局组织技术人员深入基层指导抗旱保苗,科学调度水利工程,帮助群众新打、修复机井,保证抗旱用水。至2月中旬,全市投入抗旱资金9296万元、劳力65.2万人、机械8.05万台套,受旱小麦全部浇灌一遍,最大限度地降低了旱灾损失。

超前做好防汛准备工作,自2月份开始,组织4个检查组开展汛前检查,筹集经费300多万元,维修加固防汛工程;修订完善了《宿州市防汛应急预案》、《宿州市抗旱预案》、《新汴河调度预案》和《老汪湖蓄滞洪区运用预案》,制订了在建工程应急度汛方案;开展了小水库专项检查,在媒体公布水库行政责任人和技术负责人,落实病险水库度汛方案和抢险队伍;初步完成防汛抗旱视频会议公网改造和涵闸监控系统建设,提高防汛抗旱信息化水平。汛期,全市未发生较大的集中强降雨,汛情平稳。

在“世界水日”,围绕“落实科学发展观,节约保护水资源”主题,开展水法规集中宣传教育活动。完成水资源综合规划大纲和水功能区划大纲并经省水利厅批

准。开展了城区自备水源井普查,对全市46处入河排污口逐一进行GPS定位复查并建立档案。清理涉企收费项目,将原有6项缩减为5项,切实减轻企业负担。全市查处水事违法案件68起,调处水事纠纷61起,挽回直接经济损失104.6万元。

继续深化水利工程管理体制改革,配齐管理人员,健全管理制度,着力落实"两费",人员经费100%到位,维修养护经费到位80%。严格执行水利工程管理法律法规和规章,完成全市37座大中型水闸安全鉴定,加强工程日常管理维护,保障河道行洪安全。

规范水利工程建设管理,严格执行"四制",全面推行水利基建工程代理招标和质量管理,落实资金使用管理责任制和责任追究制。层层签订安全生产目标责任书,建立健全安全生产规章制度和重大安全事故追究制度,开展以预防坍塌和规范施工人员劳动保护为重点的水利工程建设安全专项整治。

9月,市委、市政府出台了《关于进一步加强水利建设和改革的实施意见》,明确了今后一个时期水利建设和改革的指导思想、目标任务和重点。10月22日,市水利学会与市科协联合承办了2009年安徽省科协年会暨宿州市"人·水·自然"论坛,共交流论文58篇。

【农村饮水安全工程】 2009年度新建工程138处,完成投资14391万元,其中中央投资11314万元、省级配套887万元、市级配套186.18万元、县级配套及受益群众自筹2003.82万元,解决29万人饮水不安全问题。编制完成2010年35万人饮水安全工程实施方案。开展了2010—2013年农村饮水安全工程规划人口调查复核工作,2008年底情况为:全市农村总人口545.18万人,饮水安全或基本安全人口269.95万人,饮水不安全人口275.23万人,占全市农村总人口的50.48%,其中饮水含氟量超标172.45万人、饮水水源污染29.8万人、含盐量超标(苦咸水)超标33.28万人、水量不达标36.62万人、用水方便程度不达标3.08万人。

【病险小水库除险加固】2009年,20座病险小水库除险加固工程开工建设。其中,2008年省计划内小(二)型水库9座,批复投资987.06万元,到位资金829.71万元(省级补助450万元、市级配套53.71万元、县区配套326万元),至年底全部完成主体工程;2009年度省计划内小(二)型水库10座,批复投资1039.02万元(省级补助500万元、县区配套539.02万元),于3月10日完成安全评估工作,5月底编制完成初步设计,9月下旬开工建设,至年底有3座完成主体工程;重点小型水库灵璧县九顶水库批复投资420.31万元,3月开工建设,年底完成主体工程。编制了2010—2013年小水库除险加固规划报告,已完成水库大坝安全评估工作。

【新汴河治理工程可研报告通过审查】 新汴河流域跨豫、皖、苏三省,是大型人工河流,兼有防洪、排涝、灌溉、供水、航运等综合效益,1966年10月开工兴建,1970年竣工,本干自宿州市城区西北七岭子截引沱河开始,流经宿州市埇桥区、灵璧县、泗县、江苏省泗洪县入洪泽湖溧河洼,全长127.1 km(其中宿州境内112km),流域面积6562km^2(其中宿州境内3334 km^2)。干流上有宿县闸、灵西闸、团结闸3座大型枢纽建筑物和新北沱河、唐河、石梁河3座大型地下涵,沿途有承担抢排或引水的穿堤涵闸23座。

经过40年运行,新汴河老化失修较为严重,河道普遍淤高0.2~0.4m,实际泄洪能力较原设计衰减25%,有21.7km堤段存在不同程度渗漏,新北沱河、唐河、石梁河3座大型地下涵和23座穿堤涵闸普遍存在闸门碳化、启闭设备失效、闸址漏水翻冒等问题,灌溉面积由原设计的3.92万hm^{2}萎缩至2.11万hm^2。

为充分发挥新汴河的综合效益,宿州市政府成立了新汴河治理工程前期工作领导小组,委托安徽省水利水电勘测设计院编制新汴河治理工程可研报告。2009年元月16日,可研报告编制完成;2月16—18日,淮委组织专家对可研报告进行了审查;5月20日,安徽省水利水电勘测设计院完成对可研报告的修改;6月2日,淮委对可研报告修订本进行了评审,审查意见于6月18日淮委主任会议研究通过,9月14日上报水利部。

12月18—21日,受水利部委托,淮委审查通过新汴河治理工程可研报告。工程主要建设内容包括河道疏浚103.8km,堤防加培38.44km,堤防截渗21.7km,堤顶防汛道路43.32km;重建灵西闸和新北沱河、唐河、石梁河3座地下涵,重建小于节制闸及其他7座穿堤涵闸,加固15座穿堤涵闸,重建宿县闸、灵西闸、团结闸翻水站等。工程总投资9.995亿元。

该工程环境影响评价报告和水土保持方案报告于11月上报水利部。工程移民安置规划于12月15日通过省发改委水库移民管理局组织的专家审查。

【"一事一议"筹集农田水利建设资金】 宿州市抓住"一事一议"财政奖补试点的政策机遇,广泛宣传,深入发动,充分发挥农民建设农田水利工程的投资主体作用。全市有1252个行政村(自然村)开展了“一事一议”财政奖补试点工作,受益群众502.8万人,受益群众筹集资金39976.8万元,其中用于农田水利建设的资金16746.6万元,占41.9%,有效缓解了农田水利建设资金投入的困难。

【市水利局机构、人员】 宿州市水利局内设办公室、人事科、财务科、计划基建科、水政科、水利管理科、农村水利(水土保持)科、科技科8个科室,下辖14个企事业单位。2009年底,全局在职职工452人,其中硕士学历1人、本科学历47人、专科学历125人、中专学历56人、中专以下学历223人;高级职称21人、中级职称89人、初级职称85人。

【市水利局领导人员】
党组书记、局长:方鸿义(2009年4月离任)
党组书记、局长:李玉宏(2009年4月任职)
党组成员、副局长:苏亚
党组成员、副局长:赵少军
党组成员、副局长:张金海
党组成员、纪检组长:陈旭

【县区水利部门主要领导】
砀山县水务局局长:蒋克美
萧县水利局局长:朱广民
埇桥区水利局局长:王西臣
灵璧县水利局局长:李德林
泗县水利局局长:周瑞玲

(徐立洲)

蚌埠市

【概况】 蚌埠市位于淮河中游下段,安徽省东北部,淮北平原南部,北与濉溪县、宿州市、灵璧县、泗县接壤,南与淮南市、凤阳县相连,东与明光市和江苏省泗洪县毗邻,西与蒙城县、凤台县搭界。辖怀远、五河、固镇三县及龙子湖、蚌山、禹会、淮上四区,总面积5952km²。东起五河县浮山峡山口,西迄怀远县万福镇关圩村颜庄,长约135km,北起固镇县大韩家西北的沱河中心线,南迄怀远县常坟镇新桥村新庄,宽约86.5km。多年平均(1956—2000年)降水量为872mm。汛期(6—9月)多年平均降水量为564mm,占全年降水量的61.9%。

2009年,水利工程建设投入创历史新高。全市共完成各类水利工程建设投资6.32亿元,比2008年增长0.16亿元,占年度目标任务111%。方邱湖、临北段、香浮段行洪堤除险加固,席家沟、茨河、黑泥沟、三汊河洼地治理,汤渔湖、临北段、香浮段行洪区安全建设,孙庄、计圩、兰桥湾灌区续建配套与节水改造,北淝河、上桥、荆山湖排涝站技术改造工程全面完成。城市防洪曹山闸拆除重建、新船塘段堤防加固,八里沟西堤和八里沟排涝站主体工程全面完成;世行贷款龙子湖排涝站工程加快实施。淮干蚌埠至浮山段河道整治全面完成,淮北大堤除险加固工程基本完成,荆山湖行洪堤退建加固工程进展顺利。

认真实施三大民生水利工程。一是农村安全饮水工程,建成13处自来水厂,水源水质和入户水质均达到饮用水标准,解决了15.66万农村人口饮水安全问题。二是病险水库除险加固工程,完成了樵子涧水库除险加固主体工程和8座小型水库除险加固任务。三是认真做好大中型水库移民后期扶持工作,及时、足额地将直补资金发放到移民手中,截至2009年底共向2826人发放直补资金171万元,并争取54万元资金用于樵子涧水库库区移民村道路改造和桥梁建设;移民村基础设施配套齐全,村容村貌整洁有序,人民群众安居乐业。2009年,市水利局荣获全市民生工程优秀组织奖。

水利项目前期工作取得重要成果。在中央扩大内需拉动经济增长的方针出台后,市水利局抢抓机遇,立足本地实际,准确把握国家经济社会发展趋势,超前谋划项目。项目规划总投资约100亿元,主要项目有:城市饮用水水源地安全保障建设和淮干一般堤防加固达标工程,可行性研究报告已上报水利部待批;中小湖泊治理工程,建设方案已报水利部,争取立项;行蓄洪区调整工程,可行性研究报告已通过水利部审查,待国家发改委审批;洼地治理和淮水北调工程,正在编制可行性研究报告;怀洪新河灌区项目正在编制规划。

抗旱保苗和防御台风工作。一是成功战胜了严重的秋冬旱。2008年10月下旬至2009年2月中旬,蚌埠市发生了自1961年以来最为严重的秋冬旱。市水利局精心组织、周密部署、科学调度,先后为怀洪新河香涧湖地区、北淝河下游地区调水5600多万m³,有效地缓解了灌溉水源紧张的问题。同时,开启372处泵站,架设192台套机动抽水设施,新打机井927眼、小口井和土井1890眼,浇灌农田30多万亩,圆满地完成了市委、市政府提出的抗旱保苗任务,实现了大旱之年农作物丰产丰收的目标。二是成功防御了主汛期发生的三次强降雨和台风“莫拉克”引发的局部洪涝灾害,保护了人民生命财产安全和正常生产生活秩序。

农村水利工作。一是县、区农田水利基本建设规划全部编制完成。二是农田水利基本建设成效显著,超额完成了年度效益增长指标。全市共完成桥、涵、闸、站、井、堤、库、塘等各类水利工程

5893处,改善防洪面积10万亩,改善有效灌溉面积15万亩,改善除涝面积10万亩,建设旱涝保收田5.5万亩,建设节水灌溉面积2.5万亩,新打或恢复机井2000眼,新增有效灌溉面积10万亩。三是国家小型农田水利重点建设县工程取得新进展。2009年安徽省确定19个国家小农水建设重点县,经市水利局积极争取,三县全部被列入;每个县将连续3年获国家补助资金,其中,怀远县每年获国家补助资金980万元,固镇县和五河县每年获国家补助资金880万元。

水政水资源和水利工程管理工作。在广泛深入开展水法规宣传的基础上,加强水资源管理,实行水资源论证、取水许可审批、入河排污口审查和取水计量管理等制度,完成66件涉水项目审查、审批工作。加强水资源保护,完成蚌埠市水功能区规划编制。加强水规费征收,超额完成年度征收目标任务。加强水行政执法,依法查处190起水事违法案件,维护了水事秩序。认真实施《蚌埠市淮河滩地卸砂堆砂管理暂行办法》,开展了淮河河道采砂专项整治活动,驱除非法采砂船只456艘,取缔非法采砂船只260艘,拆除采砂设施210台套,责令180艘运输船到指定的砂场卸砂,有效地遏制了河道非法采砂行为,维护了河势稳定,保障了行洪畅通。

2009年,市水利局被省委选派工作领导小组评为"全省第三批选派工作先进单位",被水利部淮委评为"淮河流域治淮宣传信息工作先进集体",被省水利厅评为"全省水利政务信息工作先进集体";在市政府年度目标考核中,荣获"优秀"等次;在市政府政(行)风评议中,被评为"满意"等次,排名比上一年提高5个位次;先后有10多名个人被上级有关部门通报表彰。

【《关于进一步加快水利建设和改革的实施意见》施行】 2009年3月15日,中共蚌埠市委、蚌埠市人民政府印发《关于贯彻落实进一步加快水利建设和改革的实施意见》。该《意见》共4个部分10项内容,分别从城市防洪、城乡供水、农田水利、防汛抗旱、工程建设、资金扶持、水利改革等方面,作了详细的规定。

【淮河干流蚌埠至浮山段治理工程征地移民安置】 淮河干流蚌埠至浮山段治理工程建设项目涉及龙子湖区、淮上区和五河县。工程永久性占地4661亩,临时占地5602亩。工程征地及移民安置费总额为1亿多元。2009年12月2日,淮河干流蚌埠至浮山段治理工程征地移民安置工作通过验收。

【蚌埠水系】 蚌埠市境内河流、湖泊众多,分属淮河干流水系和怀洪新河水系。淮河干流水系境内流域面积为2120km²,河流主要有:淮河及左岸汇入的泥黑河、茨淮新河、茨河、涡河、北淝河下游等支流,右岸汇入的独山河、天河湖(天河)、八里沟、席家沟和龙子湖(龙子河)等支流。主要湖泊有茨河洼、天河洼、龙子湖等。怀洪新河水系境内流域面积为3832km²,约占总流域面积的30%。河流主要有:怀洪新河及北淝河上段、澥河、包浍河、沱河等。主要蓄水洼地及湖泊有:四方湖、澥河洼、香涧湖、沱湖、天井湖(石梁河)等。境内共有水库44座,其中中型水库1座,即五河县的樵子涧水库。

【市水利局机构】

1. 内设机构:办公室、水政水资源和水利管理科、规划计划科(科技科)、基本建设科、城乡水利科(水土保持科)、财务科、组织人事科(离退休工作科)、防汛抗旱办公室、机关党委 、工会

2. 直属机构:蚌埠市水资源管理办公室、蚌埠市淮河河道管理局(蚌埠市城市淮河河道管理局)、蚌埠市水利局水利工程质量监督站、蚌埠市机电排灌管理站、蚌埠市水利局直属机电排灌站、蚌埠市水利局直属水利站、蚌埠市水利勘测设计院、蚌埠市江河水利工程建设有限责任公司。

【市水利局领导人员】

党委书记、局长:朱琳(2009年5月任职)

党委副书记、纪委书记:陈冠军

副局长:吴平

党委委员、副局长:杨金玉

党委委员、副局长:杨林海(2009年10月由总工改任副局长)

党委委员、总工程师:冉凡荣(2009年10月任总工程师)

党委委员、副调研员:王绪斌(2009年10月任党委委员)

【县区水利局主要领导】

怀远县水利局局长:张国强

五河县水利局局长:徐建

固镇县水利局局长:孟磊

淮上区水利局局长:孟新

龙子湖区水利局局长:周友生

蚌山区水利局局长:梁纯芝

禹会区水利局副局长:汤国新

(丁敬专)

阜阳市

【概况】 2009年,阜阳市水务局紧紧抓住国家加大水利基础设施建设投入的机遇,认真分析研究全市水利建设现状与问题,采取有效措施,围绕项目抓发展,千方百计抓紧、抓实水利项目前期工作,取得明显成效。一是积极配合淮委、省水利厅做好淮河

流域综合规划修编工作。二是《阜阳市中小河流治理规划报告》通过省水利厅专家审查,已呈送市政府审批。三是《安徽省淮河流域谷润河等洼地治理工程可研报告》基本完成。四是《阜阳市水功能区划》正在抓紧编制,计划2010年完成。五是配合完成洼地治理外资项目可研审查和初设预审,该项目已获批准。六是配合省水利厅开展西淝河等应急洼地治理工程前期工作,项目可研报告已通过水利部专家审查,境内工程用地预审已经完成。七是颍上县城市防洪工程初步设计已批准,贷款手续正在办理,部分项目已开工建设。八是积极开展"十二五"水利规划和有关专题报告准备工作。

2009年是全面完成治淮骨干工程的决战之年。一年来全局上下凝心聚力,扎实苦干,全力推进各项治淮工程建设,圆满完成了上级下达的治淮建设任务。一是沙颍河近期治理主体工程已完成,12月下旬通过了竣工验收。二是行蓄洪区安全建设2007年度以前项目已超额完成,并进行了竣工验收。三是按时完成了濛洼中岗大桥工程。四是华桥沟泵站已完成,并通过验收投入使用。五是积极推进治淮新三项工程。六是2007年灾后重建工程颍上南润段、邱家湖堵口复堤和润左、润赵、古城三座保庄圩已全面完成,完成投资14689万元;插花闸加固工程主体工程基本完成;汾泉河13座建筑物加固已全部完成。在工程建设中,严格按"四制"加强管理。各个工程都按规定组建了项目法人。各项目法人各负其责,进一步量化分解年度目标任务,制订措施,强化责任;施工、监理等单位全部通过公开招标选定,严格资质把关,严格招标程序,做到了"公开、公平、公正和诚实守信"招标;全面推行工程建设监理制,认真执行回避制度,杜绝"同体监理";严格合同管理,与参建各方均签定了合同书,有效地控制了工程分包、转包等现象的发生,对工程的工期、投资、质量等起到了明显的控制作用。同时,加强安全生产工作,确保了无质量和安全事故。

2009年全市降雨与常年基本持平,但降雨时空分布不均。年初出现了历史罕见的冬春连旱,秋季出现较为严重的秋旱,7月份全市遭遇较强降雨,部分县市区出现不同程度的涝灾。市务局积极谋划,提早部署,精心组织,科学防控,最大限度地减少了洪涝旱损失,尤其是在年初的抗旱保苗工作中,面对异常严峻的抗旱形势,及时启动了抗旱应急预案,科学调度水源,强化抗旱服务,实现了受旱小麦适时普浇一遍水的目标,为全市的小麦丰收奠定了基础。

围绕社会主义新农村建设,以保障农民群众饮水安全,维护人的生命健康为第一要务,以提高农业综合生产能力和改善农村生态环境为主要目标,坚持不懈地抓好农村水利工作。全市共完成土方1228万m^3,完成劳动工207万个,出动机械15.9万台班,投入各类资金13918万元,其中群众自筹2398万元。疏竣沟渠1511km,加高加固堤防141km,新增除涝面积2万亩,新增有效灌溉面积5万亩,发展节水灌溉面积2万亩,建设旱涝保收农田2万亩。完成了省下达的年度建设任务。

加大依法治水管水工作力度,制定下发了《2009年依法治理工作要点》,明确依法管水治水工作指导思想、原则和工作重点,采取得力措施,切实抓好各项水管理工作。积极推进水行政执法责任制和规范行政处罚自由裁量权工作,建立健全各项制度,编印了《阜阳市水务局推行行政执法责任制暨规范行政处罚自由裁量权工作制度汇编》,规范水行政执法行为,提高执法水平。加大水行政执法力度,依法严厉查处水事违法案件,2009年全市共查处水事违法案件40多起,有力地维护了正常的水事秩序。加强水利工程管理规范化、法制化、现代化建设,认真做好工程管理工作,不断提高管理水平。继续深入贯彻国务院460号令和省政府212号令,加大水资源管理和保护力度,逐步完善地下水动态监测工作,强化取水计量管理,严格取水许可审批。扎实开展自备井封闭工作。

2009年,市水务局被评为全省民族工作先进单位和省级卫生单位,被市政府授予"2009年全市民生工程组织实施工作贡献奖",市防办被省水利厅评为先进防办。

【典型雨水情】 2009年7月5日到7日,全市普降中到大雨,其中临泉县西部降暴雨、大暴雨,黄岭216mm、姜寨154mm、迎仙144mm、鲖城104mm。7月21日至7月23日,又遭受强降雨,局部地区大暴雨,其中,阜阳城区203.6mm,颍上县谢桥246mm、江口234mm、五十铺240mm,由于降雨时间集中,强度大,局部地区出现涝灾,阜阳城区、颍上和阜南等县城出现短时积水。8月下旬,受淮河上游强降雨影响,王家坝水位于8月31日22时12分达到26.70m,超过设防水位0.70m。

【旱情及灾情】 1.冬春旱。2008年10月24日到2009年2月8日,阜阳市100多天累计降雨9mm,仅占常年均值84mm的10.7%。加之整个冬季温度偏高,土壤失墒严重,旱情持续扩展,苗情不断恶化,抗旱形势极其严峻。全市小麦最大受旱面积665.82万亩,占播种面积的92.5%,其中重旱面积323.88万亩。小麦受旱程度之深、面积之广,历年罕见。

2. 秋旱。2009年9月25日至10月30日,全市基本没有发生有效降雨,气温偏高,土壤墒情持续下降,据墒情测报站测报,0~10cm土壤平均含水量为10%~12%,0~20cm土壤平均含水量不足16%。截至10月30日,全市作物受旱309.7万亩,其中轻旱283.6万亩、重旱26.1万亩。

【重点工程】1. 沙颍河近期治理工程竣工验收。沙颍河是淮河最大支流,跨河南、安徽两省,总流域面积36651km^2。沙颍河安徽省境内河段全部在阜阳市,全长207km,流经界首、太和、颍泉、颍州、颍东、颍上6个县市区,阜阳市境内流域面积4112km^2,耕地424万亩,人口455万人。截至2009年底,阜阳市沙颍河治理工程累计完成投资110515万元。12月24—25日,淮河水利委员会会同安徽省水利厅、阜阳市人民政府在阜阳市召开沙颍河近期治理工程(安徽实施部分)竣工验收会议,工程顺利通过验收。

2. 行蓄洪区安全建设工程竣工验收。工程内容有:阜南蒙洼15座庄台加固;颍上邱家湖撤退道路1条(腰孔路,路面宽4.5m)长3.5km,庄台加固5座;颍上唐垛湖撤退道路2条全长8.5km(新金路全长4km,路面宽6m;金管路4.5km,路面宽6m)。截至2009年,行蓄洪区安全建设2007年度以前项目已超额完成,并进行了竣工验收。

3. 濛洼中岗大桥工程完成。工程投资3177.80万元,其中,中央投资2808万元,地方配套369.80万元。建设规模:防1954年型洪水。建设内容:桥梁主体工程建设。工程于2008年12月26日开工,2009年6月完工,6月30日通车。

【农村饮水安全工程】 2009年省发改委、水利厅、财政厅分三批下达阜阳市农村饮水安全工程建设投资计划17866万元(包括2008年第四季度新增中央投资项目),其中,中央投资13458万元,地方配套4408万元,计划建集中供水工程90处,解决36万农村人口的饮水安全问题。截至10月底,工程建设投资已全部完成。同时,完成了2005—2008年度农村饮水安全工程市级验收工作。

【自备井封闭工作】 市政府成立阜阳城区自备井封闭指挥部,办公室设在市水务局,具体负责封井日常工作。8月21日,阜阳市区自备井封闭工作会议召开。会后,市封井指挥部各成员单位,按照市政府的统一部署和要求,迅速行动,及时启动自备井封闭工作。已封闭自备井275眼,其中,中深层自备井19眼,浅层自备井256眼,封井工作取得了阶段性成效。

【市水务局领导人员】
党组书记、局长:张义民
党组成员、副局长:单庆颍
党组成员、副局长:杨洪顺
党组成员、副局长:徐生德
党组成员、总工程师:范保平
党组成员、纪检组长:陈为民

【县市区水务局主要领导】
颍州区水务局局长:李春友
颍州区水务局书记:董安平
颍泉区水务局局长:周伟兴
太和县水务局局长:李悦其
颍东区水务局局长:程金学
临泉县水务局局长:孙传德
颍上县水务局局长:胡　波
界首市水务局局长:褚德全
阜南县水务局局长:许和贵

(徐高升)

淮南市

【概况】 2009年,淮南市水利局顺利完成了各项省水利发展目标任务,在治淮工程建设、民生水利工程建设、泵站管理、水资源管理等方面成绩突出,连续4年荣获全省水利发展目标考核优秀等次。同时获得全市文明单位标兵、全市安全生产工作先进集体,全市目标管理考核优秀单位等荣誉称号。

1. 水利项目投资创历史新高。2009年,淮南市争取和实施了石姚段、洛河洼行洪区退建加固项目,禹王大型泵站更新改造项目,朱集灌区节水改造项目等8个大、中型水利项目,总投资12亿元,是前5年水利建设投资总和的2倍,为有史以来水利建设投入最高的一年。

2. 治淮工程建设。行洪区灾后堵口复堤、行洪堤灾后应急加固、行蓄洪区安全建设撤退道路工程等7项2007年灾后重建项目全部完成,完成投资5936万元。石姚段、洛河洼行洪堤退建加固工程全面开工建设,主体工程已基本完成。西淝河、高塘湖重点洼地治理应急项目及架河、港河、焦岗湖重点平原洼地治理外资项目,可研已通过水利部审查,报国家发改委待批。董峰湖行洪区调整项目的可研报告已通过水利部水规总院审查。

3. 防汛抗旱。2009年春节前后,全市约有146万亩在地作物受旱,重旱面积约55万亩。市水利局积极为市委、市政府科学抗旱当好参谋,一方面为各主要电灌站争取安排了抽水电费,另一方面在全省首次开展了定期墒情测报。实现了受旱作物浇一遍水的目标,为夏粮丰收奠定了坚实基础。2009年,淮河没有发生大的洪水,但全市的防汛准备工作丝毫没有减少,处理了26处险工隐患,确保了2009年安全度汛。

4. 民生水利工程。2009年国庆节前全部完成农村安全饮水和病险水库除险加固两项民生水利工程的年度建设任务。全市共新建饮水工程53处,新增供水能力9462t/d,完成投资5456万元,完成土石方64万m^3,铺设管道774km,解决了11万农村人口饮水安全问题;完成了丁山、毛洼、松林等5座小水库的除险加固任务。列入2010年计划的黄山水库除险加固工程已开工建设。

5. 农田水利基本建设。全面完成了2008年冬与2009年春水利兴修任务,全市完成土石方730万m^3,占计划任务的122%,31项市级重点工程全部完工。2009年冬与2010年春农田水利基本建设,确立了6大重点和36项市级重点工程。截至2009年底,全市已累计完成土石方450万m^3,新增防渗干支渠道9.6km,加高加固堤防15km,疏浚清淤渠道55km,建设农村饮水安全工程53处,开工除险加固病险水库1座。

6. 水资源基础工作。开展了"3·22"世界水日宣传活动,编制发布了《淮南市2008年水资源公报》,完成了凤台、毛集片地下水资源调查评价工作和采煤塌陷区水资源调查工作,市水功能区划完成评审。同时,积极推动引大别山优质水源解决山南新区城市用水工作,和六安市签订了框架协议。2009年底,水资源管理信息化系统建设完成并通过竣工验收。工程总投资223万元,共建设30台取水流量计、11个取水户水资源遥测站、3个饮用水源地视频监控站,完成了资源中心站安装调试以及水资源信息管理系统软件开发。实现了取水计量现代化、水资源管理网络化和重要水源地和取水口监控的实时化。

7. 采砂管理。2009年,淮南市非法采砂联合执法队共出动200余次,处罚非法采砂船只近200艘,有效地遏制了非法采砂的迅猛势头,确保了防洪和通航安全。

8. 泵站建设与管理。2009年,淮南市禹王泵站、朱集泵站更新改造项目列入了水利部大型泵站更新改造计划。禹王泵站更新改造项目工程总投资9214万元,共涉及7座泵站,总装机32台套8229kW,跨西淝河、焦岗湖两个流域,排涝面积160km^2,灌溉面积36万亩。该项目主要是解决淮南市西淝河右堤以西广大地区的灌溉和排涝问题。该工程于12月4日全面开工,截至年底,已完成投资2700万元。5月15日,市水利局分别与潘集区政府、凤台县政府签订上划协议,泥河站、禹王站正式整体上划,如期完成在主汛期前实现移交的目标。

【抗旱保苗工作】 2009年初,淮南市降水比常年同期偏少近7成,入冬以后冷空气活动频繁,冻旱叠加,全市约有146万亩在地作物受旱,其中重旱面积约55万亩。元月23日,市防指就下发了《关于做好当前抗旱保苗工作的通知》,对春节期间抗旱值班和抗旱信息报送等工作进行了安排部署。根据旱情发展,市防指于2月6日18启动《淮南市抗旱预案》Ⅰ级响应,科学指导抗旱工作。市水利局积极和阜阳水文局联系,拿出专项资金开展墒情测试,委托阜阳水文局开展墒情测量工作,将全市分为茨淮新河岗地片、淮茨区间片、沿淮片、行洪区片、江淮分水岭片、毛集区片6个片,从2月7日起每两天进行一次测报,切实加强旱情分析和预测,为领导科学决策分类指导提供依据。同时市防指紧急下拨了省下达的抗旱经费200万元,用于各县区灌溉电费和油费等补助。各县区也都积极筹措资金,加大投入,保障各泵站正常开机。全市共投入各类抗旱资金1523.6万元;共有458处泵站投入抗旱,投入机动抗旱设备2.79万台套,灌溉总装机容量9.3万kW;抗旱浇灌面积146.8万亩,至2月14日实现了受旱作物浇一遍水的目标,夺取了抗旱保苗的全面胜利。

【石姚段、洛河洼行洪区退建改造工程】 石姚段、洛河洼行洪区堤防退建加固工程是淮河干流上中游河道整治及堤防加固工程补充项目中的两个单项工程,2009年3月国家水利部正式批复实施,批复退建堤防16.5km,最大退距1000m,退出面积10.3km^2归还河道,退堤后保留的面积约30km^2;筑新堤15.9km,加固老堤6.5km;总投资9.33亿元。工程由省治淮重点工程建设管理局负责组织实施,淮南市负责工程征地拆迁及移民安置工作。工程于4月开工,到年底,洛河洼6个标段和石姚段8个标段已开工堤长19 km,完成各类土方400万m^3,累计完成投资8.3亿元。

【出台加快水利建设和改革的实施意见】 2009年11月24日,市委、市政府文件正式颁布实施了《关于进一步加快水利建设和改革的实施意见》。内容包括指导思想和目标任务、大力推进水利重点工程建设、落实水利建设扶持政策、深化水利改革、切实加强领导5大部分,共计16条。《意见》明确了今后工作目标和任务,即:到2020年,基本建成与小康社会相适应的水利基础设施,建立与社会主义市场经济体制相适应的水利管理体制,构建防洪抗旱减灾体系、水资源配置利用体系、水生态环境保护体系,初步实现水利现代化。同时,从工程建设、政策扶持、体制改造和组织领导方面提出了明确措施。

【两项事迹入选“感动淮南十佳事迹”】 2009年11月23日,“感动淮南十佳事迹”(2006—2009年度)颁奖典礼在淮南市广电局演播大厅举行。历时4个月,经过广大淮南市民的投票和评委评定,市水利系统“众志成城、抗击洪水——淮南抗击2007年淮河特大洪水”和“茨淮河畔扬‘军魂’——凤台县八一林牧场”入选民生置业杯“感动淮南十佳事迹”。

【市水利局领导人员】

局党组书记、局长:王寅生

局党组成员、副局长:朱秀岭

局党组成员、副局长:段述成

局党组成员、副局长:朱志福

【县区水利部门主要领导】

凤台县水利局局长:宋效良

凤台县水利局党委书记:童涛

潘集区水利局局长:聂敬宇

潘集区水利局党支部书记:张杰

大通区区长助理、农林水利局局长:虞吉新

田家庵区农林水利局局长:张宁

田家庵区农林水利局党支部书记:范维标

谢家集区农林水利局局长:曹桂友

谢家集区农林水利局党支部书记:杨好维

八公山区农林水利局局长:徐国富

八公山区农林水利局党支部书记:陈再青

毛集实验区水务局局长:岳岩

(韩笑贤)

滁州市

【概况】 滁州市位于安徽省东部,辖来安、全椒、定远、凤阳四县,天长、明光两市,南谯、琅琊两区,人口445.2万人,总面积13398km²,分属长江、淮河两大流域。已建成水库1059座,其中,大型2座,中型46座,小型水库1011座;建成水闸155座,整修塘坝12.11万处,蓄水总容量24.12亿m³,其中兴利容量21.79亿立方米;建成固定机电排灌站1005处,装机2669台20.1万kW,全市提引外水能力达到250m³/s,有效灌溉面积达514万亩;修建加固堤防总长968.86km,其中建成标准段的河湖圩堤310km,防洪标准普遍达20年一遇,占需要防洪面积的90%;建成万亩以上大圩26处,千亩以上的圩口112处,改造中低产田140多万亩。

2009年,滁州市水利局紧紧抓住中央扩大内需、加快水利基础设施建设的大好机遇,千方百计争取上级项目投入,全面推进水利各项工作,全市水利事业得到了加速发展。全年完成水利基本建设投资11.91亿元,占全省四分之一;一年完成的投资量超过了前10年的总和。市水利局荣获2009年度省水利发展目标考核优秀等次,同时还荣获全省水利工程管理体制改革先进集体。市防办荣获全省先进市级防办,市水利勘测设计院荣获全省水库除险加固工程建设先进集体,市白蚁防治研究所荣获全国白蚁防治科技创新先进单位。

1. 防汛抗旱工作。强化责任制落实、预案体系建设和应急保障能力,精心调度、科学防控,有效防御了局地暴雨,积极防御“莫拉克”台风,确保了各类水库安全,确保了重点堤坝和重要圩口无一溃破。汛前滁城城市防洪撇洪沟工程建设通过各方共同努力,10.68km长的撇洪沟在汛前畅通过流;市政府决策的1.98km长分洪道按期建成,在汛期具备大洪水分洪过京沪铁路的使用条件,在京沪铁路涵洞扩建阶段起到了施工导流作用。撇洪沟下穿京沪铁路涵洞扩孔工程正在抓紧建设,撇洪沟京沪铁路以东2km长原排水大沟清淤固堤工程即将全面开工建设。汛前顺利完成了李郢闸抢险施工任务。

坚持防汛抗旱两手抓,妥善处理防洪、抗旱、防污的关系,加强蓄水保水,科学调配水源,积极组织城市供水,保证工农业生产、城乡居民生活、生态供水安全。在年初的抗旱工作中,根据旱情发展,及时启动抗旱预案Ⅲ级响应;全市累计投入抗旱劳力16.15万人,机械3.57万台套,投入抗旱资金2529万元;全市共提放水1.1亿m³,共浇灌受旱面积209.1万亩。7月18—20日,经市防指请求,省防指命令窑河闸开闸引水倒灌高塘湖,累计向高塘湖调水2000万m³,为炉桥灌区农业灌溉和工业生产用水提供充足洁净的水源。年内,根据“大滁城”建设的需要,市水利局安排先后4次从沙河集水库调水进城西水库,累计调水3500多万m³,有效保证了滁城供水安全。

2. 水利建设项目前期工作。《滁河防洪治理近期工程可行性研究报告》通过了水利部审查并报国家发改委,该项目正在完善有关专项报告,等待国家发改委正式批准立项。淮河入江水道高邮湖大堤加固工程可研报告已通过水利部审查并报国家发改委待批。完成了女山湖灌区、驷马山灌区可研报告、定远县炉桥泵站更新改造可研报告、天长市白塔河泵站更新改造初步设计、南水北调洪泽湖抬高蓄水位影响处理工程初步设计等。全部上报在案的前期工作项目估算总投资45亿元。此外,还完成福建盼盼食品集团用地范围内菱溪二站拆迁、城东工业园沙河集水库东干渠水系改造规划工作,完成《滁州市城东城北区基础设施规划》中防洪排涝规划大纲编制工作。

3. 农田水利基本建设。完善“以奖代补”制度和“民办公助”措施,督促各地抓好小型农田水利工程建设,开展县级农田水利建设规划编制工作。入秋后,通过出台农田水利建设工作意见、组织召开全市农田水利基本建设现场动员会等措施,推动各地迅速掀起农田水利建设热潮。全年完成土石方3242万 m^3,占计划任务的116%,新增节水灌溉2万亩、有效灌溉1万亩、旱涝保收1万亩,治理水土流失15km^2,农田水利基础设施条件得到进一步改善。12月28日,全省农田水利基本建设现场会在滁州市召开,该市水利兴修工作受到了省委、省政府领导和与会代表的肯定与表扬。

4. 水利工程管理。认真开展大中型水库水工水文资料互审评比工作,不断提高资料整编工作水平。组织开展水库观测工、泵站运行工培训,提高基层水管单位职工工作技能。完成了安乐、跃进、大涧口、红丰、三湾、大余、双河、岗王等8座水库和汉河闸、花园湖闸、水口闸、全椒闸、肥全坝闸等5座水闸安全鉴定工作。开展滁河堤防白蚁危害大调查。依法管理涉河项目工程建设,建立涉河建设项目工程审批制度。抓好水管单位达标建设工作,黄栗树水库被省水利厅评定为省二级管理单位。

5. 水政水资源管理。推进依法治水,健全水行政执法机构,强化执法队伍建设,规范执法行为。完善日常监管和突击检查、重点打击工作机制,严格查处涉河、涉库水事案件,全面加强沙河集水库、滁河、清流河禁采工作,保护河势稳定,保障防汛安全。完善建设项目水资源论证制度,强化水资源管理。以水资源综合规划、水功能区管理为抓手,推进水资源保护工作。积极参与城西水库水源水质保护专项整治行动,设立饮用水水源保护区界桩和警示标牌,明确水源保护范围,拆除库区违规圩坝2处。认真做好清流河穿城段防洪治理一期工程、城市防洪系统排涝泵站工程、第三、四水厂水资源论证等前期工作。

6. 在工程建设领域通过制度建设来认真落实党风廉政建设责任制,坚决执行《中华人民共和国招投标法》和《滁州市招标采购监督管理办法(试行)》,结合水利工程实际,制定了《中型水库除险加固工程招投标实施细则》,创新了招标工作反腐蚀、反围标、反挂靠、反非法转包的具体手段和措施,通过在市招标采购交易中心有形市场公开办事,形成了公平竞争、风清气正的环境,收到了良好的社会效果。高度重视水利安全生产工作,全年无安全质量事故。

7. 不断改进机关作风,深入推进机关效能建设,完善制度,细化目标,节点控制,强化考核,努力探索建立效能建设长效机制,机关面貌焕然一新,工作效率加速提高。加强与“两会”代表和委员的联系,听取对水利工作的意见建议,按时办结5件人大建议、10件政协提案。

【农村饮水安全工程建设】

全年完成投资0.92亿元,建成32处供水工程,解决18.45万人饮水安全问题,如期实现既定目标,显著改善了农民的生产和生活条件。市水利局在工程建设中,进一步规范建设管理,开展典型工程调研,创新建设模式,完善建管程序,成效显著,特别是定远县“市场化运作,企业化经营、专业化管理、普惠化受益”的“集中供水”模式受到水利部充分肯定,曾两次到定远县开展工作调研;多家各级新闻媒体,特别是中央电视台在12月24日《新闻联播》头条和《朝闻天下》栏目进行了专篇报道,引发了全国关注。

【病险水库除险加固工程】

市水利局及时组建完善中型水库除险加固工程建设管理局,及时依托各县(市、区)水利局组建各水库加固现场管理处,形成了市、县两级建设管理责任体系。2009年续建中型水库5座,新开工20座,完成投资4.5亿元。在建中型水库25座,其数量占全省近一半。积极推进城西水库、沙河集水库除险加固遗留尾工处理进程。2009年完成了以往实施但一直没有验收的城北、马厂等6座中型水库省级验收工作。小型水库加固中,完成2007年77座验收和2008年72座建设任务,2009年新开工建设70座小水库,完成投资3.61亿元。

【市水利局职能、机构】 滁州市水利局是主管全市水行政管理的市人民政府组成部门,主要职责是拟定全市水利发展战略与规划,统一管理水资源,负责全市水利行业管理及基本建设管理,组织指导水行政执法,协调仲裁部门间及县市区间的水事纠纷,承担防汛抗旱日常工作。

市水利局内设办公室、水政水资源科、工程计划科、水利管理科、农村水利科、财务科、人事科等7个职能科室和一个离退休工作科。直属单位有:市防汛抗旱指挥部办公室、市女山湖引淮灌溉工程管理局、市机电排灌管理站、市水政监察支队、市河道管理局、市防汛抗旱物资储运站、汉河闸管理处、市白蚁防治研究所、市水利建筑安装工程处、城西水库管理处、沙河集水库管理处、市水利勘测设计院、市水利勘测队、市水利工程质量监督站等14个单位。

【市水利局领导人员】
局党组书记、局长:朱金沂
局党组成员、副局长:欧兵
局党组成员、副局长:朱飞龙
局党组成员、副局长:邹军
局党组成员、副局长:沈登乐
局党组成员、纪检组长:李兰生
局党组成员、工会主任:任桂凤
局总工程师:陈宏伟

【县市区水利部门主要领导】
琅琊区农委主任:聂勇
南谯区水利局局长:赵恩林
来安县水利局局长:周绍林
全椒县水利局局长:陈继龙
天长市水利局局长:李永标
定远县水务局局长:范泽斌
凤阳县水务局局长:王从武
明光市水务局局长:李世清

(历作仁)

六安市

【概况】 2009年,六安市水利局把"保增长、保民生、保稳定"作为首要任务,共争取四批国债投资40181万元,占全省水利国债投资12.8%。及时成立了扩大内需水利基础设施建设领导组,负责中央国债项目的实施监督检查工作。按照"分级管理、分级负责"原则,及时组建了项目法人,开展工程招投标,迅速组织实施,并在规定时间内完成了建设任务。

加强项目前期工作。委托中水淮河公司完成了《六安市城市防洪规划》修编,完成了《淠河防洪治理可研报告》编报,项目静态投资23.6亿元。完成了《中小河流治理规划》,丰乐河、汲河、沿岗河列入《全国重点中小河流近期治理规划》(2009—2011年),规划总投资1.055亿元,占全省11.6亿元的9.09%。

加快水利工程建设。全年完成治淮、大型泵站更新改造,病险水库除险加固、安全饮水等项目投资56337万元。其中治淮完成投资11229万元,占全年目标任务的163%。城西湖蓄洪大堤通过淮委组织竣工验收,2006年度、2007年度行蓄洪区安全建设、2007年灾后重建通过了验收。治淮阶段性任务全面完成,建成蓄洪区安全撤退道路90条长661km,沿淮低洼地区移民迁建31917户,保庄圩12座堤长125.84km,使当地23万群众摆脱洪水威胁。沿淮城西湖、临王段、正南洼地三座大型泵站更新改造工程主体工程已完成,进入机电设备调试、试运行阶段。

强化基本建设管理。严格遵守基本建设程序,执行项目法人责任制、招投标制、建设监理制和合同管理制,加强计划管理和统计调度,建立"政府监督、法人负责、监理控制、企业保证"质量保证体系,确保工程质量。加强安全生产管理,落实安全生产责任制,开展了安全执法、治理、宣传教育三项行动,组织实施安全生产大检查和安全生产隐患排查活动,落实各项整改措施,保障国庆60周年等重大活动安全。规范资金及财务管理,保障工程资金安全,审计署南京特派办给予了较高的评价。认真贯彻中央、省、市委、纪委和省水利厅要求,实施工程建设领域专项治理工作,成立了专项治理工作领导小组,制订了实施方案,并把专项治理工作作为今后两年惩治和预防腐败体系建设的重要内容。成立了国债水利项目监督检查组,加大对国债项目检查。

扎实开展农田水利基本建设。出台了全市农田水利基本建设实施意见,编制了市、县区农田水利基本建设规划,探索"一事一议"政策,争取民办公助项目投资2300万元。派出8个督查组,重点对农田水利基本建设、民生工程进行督查,组织新闻单位赴各县区开展水利兴修战地行活动,进一步推动农田水利基本建设开展。全年完成土石方3340万m^3,加高加固堤防208km,新增防渗支渠213km、田间渠道809km,清淤各类灌溉渠道1308km,新建塘坝757处,疏浚河道148km,治理水土流失面积111.29km^2。实现新增旱涝保收面积21.65万亩,新增、改善灌溉面积83.7万亩,新增除涝面积7.6万亩,改造中低产田12.9万亩。金安区荣获省"江淮杯"竞赛铜奖。

继续做好防汛抗旱工作。全面落实防汛抗旱行政首长负责制,在物资、队伍、组织、预案等方面做好"防大汛、抗大旱"的充分准备。汛前派出监督检查组,对各县区准备工作进行全面督查,确保了各项准备工作到位。2009年,六安市先后发生了春旱、"6·5"风灾、强降雨造成的"6·28"和"8·6"山洪灾害、"11·15"低温暴雪灾害。面对各种灾害,市水利局认真贯彻上级的各项部署,全力投入防汛、抗洪抢险、救灾工作。及时启动防汛抗旱、防灾救灾Ⅲ级应急响应2次,发布预警信息。有效组织抗春旱,在全市开展浇一遍水、施十斤肥、增百斤粮抗旱活动,调水23.4亿m^3,确保农村人畜饮水安全和县城以上城市的供水安全,保障了农业生产用水,确保全年粮食丰收。自然灾害损失降到了最低限度,减灾效益达7.8亿元。

加强普法宣传和依法行政。加大取水许可前期工作力度,对于涉及到直接从河道、湖泊或地下取水并需申请取水许可证的新建、改建、扩建的项目,实行建设项目水资源论证制度,编制项目水资源论证报告书。启动六安市水资源综合规划及六安市地表水功能区规划工作。分别与省水科院和市水文局联系,编制《六安市水资源综合规划计划任务书》和《六安市水资源综合规划工作大纲》。加强河道采砂管理,淮河全面禁采,淠河部分河段禁采,有效阻止河道乱采乱挖势头。加大执法力度,对各县水政监察员重新筛选、考试、换证,重新任命424名监察员,保证执法队伍素质,查处水事案件47起,调解纠纷8起。

病险水库除险加固。中型水库安丰塘、老圈行、龙潭、花果、水门塘、大井、蝎子山7座水库计划总投资28510万元,已经下达投资27331万元。安丰塘水库、老圈行水库通过投入使用验收。龙潭水库完成投资3200万元;花果、水门塘、大井、蝎子山4座水库9月份开工,进展顺利,截至12月20日,水门塘完成投资1300万元,大井1281万元,花果1050万元,蝎子山1190万元,全部完成了中央投资。全市小型水库1094座,首批列入国家、省加固计划237座。已经安排164座,主体工程建设已经完成。完成了争取列入水利部第三批除险加固计划的64座病险水库安全鉴定工作。为加强水库建设管理工作,成立了病险水库加固工程专家组、督查组,采取领导分工包干责任制,由市水利局领导负责对所联系的县区的指导、调度、督查,对发现的问题及时组织整改,确保水库除险加固工程实施进度、建设质量符合要求。

农村饮水安全。全市农村饮水不安全人口183.21万人,全部列入计划,已经完成了111万人农村人口饮水安全。2009年,饮水安全工程列入国家扩大内需项目,三批计划投资22825万元,市水利局与发改委、财政局等单位联合审批实施方案,加强检查督促,共新建和续建各类饮水安全工程134处,解决了46万人的饮水安全,超额完成8万人。完成了2008年农村饮水安全工程验收,完成了2010—2013年农村饮水安全工程规划及规划复核。

水土保持治理。完成金安区林场小流域、裕安兴隆、霍山叶家河、但家庙,金寨县河口、茶棚、高湾,舒城南港、阙店共9条小流域,总投资2060万元,治理面积78.98km²。全市治理面积116km²。

【淠河综合治理橡胶坝工程】

作为城市重点工程之一的淠河综合治理橡胶坝工程概算总投资5925万元,2008年9月28日开工。工程时间紧、任务重,市水利局统筹兼顾、科学调度、加班加点,攻克排水、基础处理等多项技术难题,确保了工程在2009年4月中旬完工蓄水。建成后的橡胶坝坝袋净高4.5m,坝长520m,分6个坝段,每坝段长86m,回水长度可达20km,可拦蓄水量4300万m³,形成水面面积1.72万亩。通过橡胶坝等淠河综合治理项目的实施,六安将成为滨水生态城市。

【安丰塘除险加固工程完工】

安丰塘水库除险加固工程批复概算总投资10195万元,主要建设内容为:堤身加培土方、堤身锥孔灌浆进尺、混凝土护坡工程及混凝土防浪墙工程、新(重)建及维修进出水闸4座、重建及维修放水涵闸20座及堤顶新修防汛道路等。2007年12月6日主体工程正式开工,2009年4月16日通过下闸蓄水验收,12月26日通过投入使用验收。

【市水利局领导人员】

局党委书记、局长、治淮指挥部常务副指挥:张国利
局党委委员、副局长:魏普庆
局党委委员、副局长:桑立良
局党委委员、副局长:徐静
局党委委员、纪检委书记:王江亭

【县区水利部门主要领导】

寿县水务局局长:王德宝
霍邱县水务局局长:顾胜祥
舒城县水利局局长:王祥余
霍山县水务局局长:刘和文
金寨县水利局局长:曾宪书
金安区水利局局长:张金中
裕安区水利局局长:王存德
叶集试验区农林水局局长:赵光银

(*方君*)

马鞍山市

【概况】 2009年,马鞍山市以提高城乡防洪、除涝、抗旱、供水能力,进一步改善农业综合生产基础条件和农村水生态环境为主要目标,以堤防加固达标、水库除险加固、大型排涝站更新改造、圩区排涝水系整治、山丘区抗旱水源工程建设、农村饮水工程完善配套等项目建设为重点,克服雨雪天气偏多、外河水位偏高等不利影响,深入发动、精心组织开展农田水利基本建设,共加固堤防16.8km,清淤沟渠45.9km,挖修塘坝179口,修复水毁工程4处、新建防渗渠道4.2km等,完成土石方345.8万m³,占计划任务的157%,累计投入资金1.51亿元。通过水利兴修,改善防洪面积10.08万亩,新增和改善灌溉面积5.49万亩,改造中低产田2.8万亩,新增除涝面积0.1万亩。

汛前,市水利局从3月初就组织开展了一系列防汛准备工作,对全市范围内的堤防、涵闸、

水库、排灌站等进行了全面检查，对历年易发生险情的堤段、新建工程、“开口子”工程、病险工程等进行了重点检查，对33座水库安全状况进行了逐项检查，并逐一明确了防汛行政负责人和技术责任人，通过《马鞍山日报》等媒体向社会予以公布。汛期(5—9月)，马鞍山市区降雨852.5mm，当涂县降雨781.5mm，比常年同期平均降水偏多约2成。全市6月28日入梅，7月16日出梅，梅雨期间降雨238.7mm，与历年梅雨期平均降水持平。全市汛期江河水势总体平稳，长江马鞍山站最高水位出现在8月13日，为8.49m；最低水位出现在5月18日，为5.70m。8月中旬，受“莫拉克”台风影响，水阳江、青弋江上游普降大到暴雨，姑溪河、青山河全线突破警戒水位线，黄池站、大陇站最高水位出现在8月12日，为11.12m和10.26m，分别超警戒水位线1.42m和0.56m，超过警戒水位线的天数为9天。面对严峻的防汛形势，市、县防指紧急部署和动员，派出检查组驻防汛一线指导抗洪工作。当涂县沿河各乡镇组织人员24小时不间断巡堤查险，加强防汛值班，密切关注水情变化，强化各项措施，全力迎战上游洪峰，确保了防汛安全。在做好防汛工作的同时，市水利局主动超前做好防旱抗旱工作，加强水库、塘坝蓄水保水和水源调度管理，检修各类抗旱机电设备和灌溉渠，完善抗旱配套设施和圩区沟系清淤，落实各项抗旱措施，以满足农村人畜用水、工农业生产用水和生态用水需求。

项目前期工作有序实施，初步编制完成全市水利项目库，收入各类水利项目共8大类35项，估算投资58.3亿元。编制完成全市小型农田水利工程规划，完成全市抗旱规划、江心洲洲头保护工程初步设计、采石河口泵站初步设计、开发区南部泵站可研、慈湖河中下游整治可研和城市防洪可研批复，着手开展全市排涝泵站更新改造规划和全市灌区规划的编制工作，推进水阳江出口河段姑溪河青山河整治工程可研等。

继续实施病除水库除险加固，全市有水库33座，其中小(一)型1座，其余均为小(二)型。2003—2005年，市政府先后对20座重点病险水库进行了应急除险加固和建筑物配套，取得了明显成效。2007年以后，市水利局抓住国家和省实施病险水库除险加固的契机，经积极争取，将花山区东方红、分垄岘、大兴塘和当涂县迟村、陀龙、菖蒲塘、石窑头等7座病险水库列入了中央和省水库除险加固计划，其中东方红水库列为国家重点小型水库除险加固计划。2008年实施完成了当涂县迟村水库和陀龙水库的除险加固任务。2009年实施了东方红、分垄岘、大兴塘、菖蒲塘、石窑头等5座水库的除险加固，除花山区东方红水库因资金缺口暂缓实施二期工程外，其余6座水库均已全面完成。至2009年底，全市共完成水库除险加固投资1416万元，其中，省级以上补助资金615万元、市财政补助120万元、地方自筹481万元。全市水库总库容为1096万m^3，其中，兴利库容833万m^3，灌溉受益面积约0.32万hm^2，解决农村饮水人口4.3万人。

积极推进依法行政进程，全面落实建设项目防洪评价制度、取水许可制度、水资源有偿使用制度、水资源论证制度等各项水法律制度，切实依法履行各项管理职能，按照精简审批环节、压缩审批时限、减少申报材料、提高办事效率的目标，实施行政审批流程再造，审批环节平均压缩1/3，办理时限平均压缩58%，申报材料平均减少25%，办事者往返行政服务中心的次数为2次。规范行政审批行为，及时办理了马鞍山发电厂“上大压小”扩建工程建设废除恒兴格堤审查、慈湖河路跨慈湖河桥建设方案审批等8项涉水行政审批。继续加大水事违法案件查处力度，全年共立案查处水事违法案件10起，全部及时办结，没有一起执法行为被申请行政复议或提起行政诉讼。进一步加强长江河道采砂管理，多次联合水上公安、长江海事等单位开展集中打击非法采砂行动，依法查处10余起违反采砂管理规定的违法行为，维护了长江河势稳定，保障防洪和通航安全。加强水资源保护、水功能区监督管理和入河排污口监管工作，对全市境内主要江河湖泊、取水口等主要输水断面的水资源质量状况进行常年监测，每月发布一期水资源质量状况通报。

【慈湖河上游水利综合整治】

慈湖河发源于马鞍山市郊东部丘陵区，河道全长约26km，流域面积124.8km^2。以东环路为界，上游段属丘陵区，汇水面积49.1km^2，河道长13km；下游段为平原圩区，河道全长13km，两岸筑有堤防，是城市防洪堤圈的组成部分。根据《慈湖河流域生态环境综合整治方案》，2009年，上游河段通过治理矿区水土流失、落实生产企业水土保持措施、严格控制开发建设水土流失、清淤疏浚河道等建设，恢复河流原有功能，逐步改善区域生态环境。上游段河道清淤疏浚和水土保持工程于年初开工建设，前期受阴雨天气影响，工程进展缓慢。4月份以后，工程进展较快，到9月底，河道清淤和水土保持土建工程全面完工，11月底完成绿化工程。共计完成河道清淤土方37.2万m^3，占计划任务的123%，治理水土流失面积 25hm^2,完成投资2300万元。

【水利信息化建设全面完成】 为适应经济社会发展和水利事业自身发展的需要,加快水利现代化进程,2008年6月,市水利局出台了《关于加强马鞍山市水利信息化建设工作的决定》,计划用2年时间完成水利信息化主要建设项目,到2009年底,该项目计划安排的水雨情自动测报系统、水利工程远程监控系统、水利地理信息综合应用系统、DLP大屏显示系统、视频会商音响扩声系统、办公自动化系统、全市防汛联网、会商室装修改造等全部建成,共完成投资150万元。水利信息系统的建设,大大提高了信息采集、传输的时效性和自动化水平,为防洪抗旱决策提供了科学依据,为实现水资源优化配置提供了手段,为水利更好地服务经济社会发展创造了条件。

【一五圩排涝站更新改造完工】 一五圩地处当涂县西南部,为芜当联圩的重要组成部分,总面积 381km^2,其中当涂县面积134.2km^2,耕地9.7万亩,人口8.1万人,主要受益区包括太白镇、姑孰镇、年陡乡和县经济开发区。圩内原双摆渡站、三马场站建于20世纪80年代,建筑物混凝土碳化开裂严重、设备老化,排水能力下降,经鉴定均为四类泵站,影响安全运行。根据国家发展和改革委员会《关于核定安徽省农垦寿西湖等10处排涝泵站更新改造工程初步设计概算的通知》,一五圩排涝站更新改造工程主要是移址重建双摆渡站、三马场站,两站装机均为800kW,设计排涝标准10年一遇,相应排涝流量分别为20.8m^3/s、10.0m^3/s,工程概算总投资2170万元。当涂县政府成立了一五圩排涝站更新改造工程建设领导组,组建了以县水利局为主体的当涂县大型排涝泵站更新改造工程建设管理处,作为该项目法人,全面负责工程的实施。工程于2008年12月底开工,2009年汛前完成主体工程,汛后实施了附属设施建设、设备安装和供电线路架设,12月底全面完工。实际完成投资2170万元,其中,中央资金1085万元、省级配套651万元、县自筹434万元。

【慈湖河口排水站工程建成】 慈湖河口排水站位于马鞍山市慈湖河口慈湖闸旁,抽排设计流量 10.0m^3/s,装机容量为465kW。防洪标准为50~100年一遇。该站主要功能是汛期慈湖闸关闸期间,抽排慈湖河洪水,降低内河水位,减轻河堤防守压力。同时在慈湖河综合整治完成后,该站也可以发挥作用,维持慈湖河适当的景观水位,满足造景需要。工程经马鞍山市发改委批准实施,批复概算投资705.48万元。2008年12月开工,2009年10月完工。

【市水利局职能、机构】 马鞍山市水利局首次成立于1983年,1987年并入市农经委,设立水利办公室。2002年2月,市水利局经市编委批准再次设立,为市政府组成部门。2009年,市政府机构改革对市水利局主要职责作了部分调整:取消已由国务院、省、市政府公布取消的行政审批事项;增加全市农村饮水安全工程管理职责;加强水资源节约、保护和合理配置,保障城乡供水安全,促进水资源的可持续利用;加强防汛抗旱工作,减轻水旱灾害损失。

市水利局设办公室(财务科)、水政水资源科(水利管理科)、计划建设科、农村水利科(水土保持科)4个内设机构,核定行政编制16名。2009年在编16人,其中处级干部7人。2009年,市水利局撤销市水利设计室,新设市防汛抗旱指挥部办公室、市水利规划办公室2个事业单位,连同原有的市河道管理处、市水利工程质量监督站、市机电排灌管理站,共5个事业单位,在编35人。

【市水利局领导人员】

党组书记、局长:吴昭旭

党组成员、副局长:黄华荪(2010年2月任职)

党组成员、总工程师:伍先平

党组成员、纪检组长:聂庆武

党组成员、副调研员:朱远照

党组成员、副调研员:邵繁

党组成员、副调研员:唐传圣

(周拥军)

巢湖市

【概况】 巢湖市下辖无为、庐江、和县、含山4县和居巢区,人口458万人,其中农村人口387万人。位于安徽省中东部,怀抱巢湖,东临长江,西靠大别山,北以滁河为界,总面积为9423km^2。境内地势起伏较大,河流众多,长江自安庆市枞阳县灰河口至南京市浦口区驻马河口,流经市境168km;有中小河流33条,其中,跨县区的有裕溪河、西河、牛屯河、得胜河、兆河5条河流,跨市的有滁河、杭埠河2条河流。境内主要湖泊有3个,即巢湖、黄陂湖和竹丝湖。巢湖跨两市5个县区,流域总面积约13486km^2;多年平均湖面水位8.37m时,相应库容20.68亿m^3,湖面780km^2,其中巢湖市管辖的面积为547km^2,约占70%。黄陂湖位于庐江县境内、西河上游,湖泊面积为28km^2;竹丝湖在无为县境内,面积约 18km²。

1. 防汛抗旱工作。4 月初,市防指组织对重点水库、长江大堤、内河堤防、重要涵闸、排灌站、市城防工程等进行了检查,针对发现的 15 处重点问题,及时下发整改通报。5 月上旬,市政府调整市防指领导组成员,明确分工,落实责任。加强防汛抢险应急队伍建设,全市共组建各类防汛抢险、应急救援专业队伍 500 多支,编制队员 6000 多人。不断强化应急训练,从 5 月中旬到 6 月初,全市先后组织各种训练和演练 14 场次,参演人员达 2400 多人。全市各级财政落实资金 750 万元,按照分级负责的原则,对防汛物资器材进行了清点和补充。筹资 200 多万元,筹建全市防汛抗旱决策指挥网络信息系统。6 月底,西河流域遭受突发性暴雨袭击,西河上游、永安河超过保证水位,凤凰颈站及时开机排水,西河流域 5000 亩以上圩口、堤防无一溃破。坚持防汛抗旱两手抓,完善水闸、水库调度运行办法,汛期将巢湖水位控制在 8.5m 以内、内河水位控制在 8.0m 以内,全市水库、塘坝蓄水 4.3 亿 m³,占兴利库容的 70%。配合省水利厅实施“引江济巢”调水试验。从 6 月到 9 月,共进行了三个阶段 4 次调水试验,共引江水 1.56 亿 m³,其中入巢湖 1.42 亿 m³,为“引江济巢”项目的规划论证提供了分析依据。

2. 水利规划与项目前期工作。编制完成《巢湖市十六条中小河流近期治理规划》、《巢湖市抗旱规划报告》以及《巢湖市县级农田水利建设规划》,并通过省水利厅审查。完成对 2010—2013 年农村饮水安全工程规划的调查复核,并上报省水利厅。完成争取列入中央投资项目的 33 座重点小水库安全鉴定和 2009 年度省级投资计划的 24 座小水库除险加固安全评估工作,完成 2009 年度农村人口饮水工程设计文件编报审批工作。编制上报了裕溪闸、兆河闸、梅庄闸、花渡闸等 4 座大中型水闸安全鉴定和除险加固规划。完成全市大型和中小型泵站更新改造规划上报工作。完成滁河、兆河治理项目,驷马山灌区和县绰庙片、含山县鲍庄片、居巢区陈泗湾片节水改造,舒庐干渠庐江段渠道建筑物除险加固,以及无为县、庐江县水土流失防治等项目的前期工作。配合省水利厅做好巢湖流域综合规划修编和“引江济巢”项目的前期工作。

3. 水利重点工程建设。全市在建的水利重点工程基建项目共计投入资金 7.64 亿元(中央投资 3.78 亿元,省级投资 1.16 亿元,市县配套 2.69 亿元),其中,列入国家 2008 年和 2009 年新增水利项目投资 3.70 亿元(中央资金 2.09 亿元,省级资金 5143 万元,市县配套 1.09 亿元)。2008 年第四季度实施的 12 个单项工程,总投资 2.04 亿元,已基本完成投资建设任务;2009 年实施的 11 个单项工程,总投资 1.66 亿元,已完成投资 1.22 亿元,占年度新增投资任务的 73.5%。全市水利基建项目共完成投资 5.93 亿元,占投资计划的 78%。下汤、戎桥 2 座中型水库和七桥、金汤等 14 座重点小(一)型水库均按进度要求,全面完成了加固任务。列入 2009 年度中央投资计划的张院、东山、昭关、和平等 4 座中型水库和姚洼、蒋家冲等 10 座重点小(一)型水库加固工程于 10 月中下旬全面开工建设,到年底,完成了 48% 的投资任务。狠抓已建工程的竣工验收,基本完成上头胡站、临江 4 站、2003 年滁河应急工程等水利基建项目竣工验收工作,完成下汤、戎桥、夹山关 3 座中型水库以及 2007—2008 年中央计划的 14 座重点小水库除险加固项目竣工验收。市城防重点工程——半汤月牙塘排涝站一期工程全面完成建设任务,并完成竣工验收。

4. 农村水利建设。制定下发《2009—2010 年度全市农建工作意见》,全面部署农田水利兴修工作,各县区广泛筹资投劳,大力开展水利冬修。截至 2010 年元月 10 日,全市共筹集各类兴修资金近 4 亿元,开工各类工程 1969 处,完成土石方 3942 万 m³,占兴修任务的 113%。推荐和县参加全省“江淮杯”水利兴修评比,获铜奖。农村饮水工程计划实施 43 处、解决 17.73 万农村人口饮水安全问题,全年共争取投资 8800 万元,已全面完成投资任务。2009 年度省级计划的 24 座小水库加固项目全面开工建设。年内共争取资金 3990.21 万元,用于无为县 2 处水利血防项目,庐江、含山、居巢三县区 19.9km² 水土流失治理和 8 项小农水工程建设,实际完成投资 2354 万元,占总投资的 59%,较好地完成了年度建设任务。

5. 水政水资源管理。在“世界水日”和“中国水周”之际,以“落实科学发展观,节约保护水资源”为主题,采取多种形式,广泛开展水法宣传月活动。加强水政执法机构建设,初步建立起市县乡三级水政执法网络体系,全市 221 名水政执法人员进行了行政执法资格认证。加大水事违法活动查处力度,对市城防岗岭砂场 3 处违章建筑强行拆除,并配合省水利厅对无为县蜀山镇居民在三里河堤防上的违章建筑物进行严厉查处,同时调查处理了部分企业滥采地下水问题。加大长江采砂管理力度,全市共出艇巡江 890 次,打击非法采砂船只 109 条,拆除采砂设备 55 台套,有效地维护长江河道正常的采砂秩序。坚持依法治水,全面实施建设项目水资源论证和入河排污口设置论证,狠抓水功能区划分和保护,强化取水许可和水资源有偿使用管理,对2个建设项目开展水资源论证,对2个取水项目进行取水许可审批和取水计量设施安装。加大对内河涉水项目的管理力度,进一步规范行政审批行为,完成了9个内河涉水项目的审查。及时发布《巢湖市水资源公报》。认真贯彻落实省政府办公厅《关于进一步减轻企业负担若干政策意见的通知》精神,积极开展水规费征收清理工作,坚持依法征收水规费,全面完成市政府和省水利厅赋予的年度征收任务。

6. 水利行业管理。水利工程建设健全项目法人制度,完善招投标程序,规范项目法人招投标行为,加强合同管理、施工人员管理。对新增项目加大督查力度,督促项目法人严格按照国家规定的"四制"要求进行项目管理,确保工程不出质量问题。深化水管体制改革,督促各县区狠抓"人员经费"和"工程维修养护经费"的落实兑现,坚持把"两费"纳入市、县区财政预算,全市共落实人员经费4655万元、工程维修养护经费906万元。强化水利工程管理,加强对堤防、大坝、渠道和水闸等重点水工程管理与监控,全年所有水利工程设施运行正常,安全无事故。坚持开展水利工程目标管理与考核,积极争创省级水管单位,已有省一级水管单位2个、省二级水管单位5个,管理水平不断提高。顺利完成了巢湖闸和裕溪闸两座船闸入股"合巢水运有限公司"改制任务,实现了资产的平稳交接。安全工作常抓不懈,按照省水利厅部署和要求,开展全市水利安全生产隐患排查治理专项督查和大型水利工程隐患排查活动,对排查中发现的安全隐患,均督促有关单位作出相应处理。全市在建的水利项目安全生产情况良好。开展水利项目资金竣工审计工作,对5个项目进行竣工审计,共审减造价187.16万元,占送审额的8.25%,有效地保证项目资金的安全。市水务局认真贯彻落实省水利厅通知要求,加大落实无为大堤配套资金工作力度,在市政府的重视和支持下,市财政在第四季度安排无为大堤配套资金640万元,为无为大堤竣工验收创造必要条件。大力发展水利经济,广泛开展经营创收活动,据统计,全市水利行业年创收收入达6000多万元。扎实推进市水安公司转企改制工作,组建了新体公司,初步完成资产后续审计工作。

7. 推行政务公开,建立了《巢湖水利信息网》,制定市水务局《政府信息公开指南》和《公开目录》。积极做好市人大、政协10项涉水建议、提案的办理工作,提交答复意见,代表和委员的满意率达100%。市水务局在年度目标考评中分获"市先进单位"和"省水利目标考核优秀单位"称号。

【水利简况】 至2009年,全市初步建成了外洪能挡,内洪能泄,遇涝能排,逢旱能抗的水利工程体系。

1. 境内长江大堤长180km,已基本达到了能防御1954年洪水的标准。其中,无为大堤长124.5km,属国家一级江堤,和县江堤长55.5km,属国家二级江堤。

2. 内河圩堤总长2800多km,共有圩口628个面积220万亩。其中,万亩以上大圩60个总面积180万亩,已有一半的万亩以上大圩基本达到了20年一遇的防洪标准和10年一遇的排涝标准;万亩以下的中小圩口大部分防洪标准在10年到20年一遇标准,少数低于10年一遇标准。

3. 全市建成水库308座,其中,中型水库8座,小(一)型50座,小(二)型250座,总库容3.4亿m^3,兴利库容1.8亿m^3;塘坝9.8万个,总塘容4.1亿m^3;大中型水闸18座,其中,巢湖闸和裕溪闸为大型水闸,是巢湖主要控制性工程;中型水闸16座,设计总流量7190m^3/s。

4. 全市共有固定排灌站1280处,总装机25万kW,其中,排涝站187处装机7.16万kW,灌溉站552处装机7.14万kW,排灌两用站541处装机10.7万kW;万亩以上灌区62处,有效灌溉面积198.2万亩。其中,大型泵站凤凰颈排灌站位于无为县襄安镇,始建于1986年,总装机容量为1.48万kW,具有机械排灌和自流排灌四大功能,发挥防洪排涝、抗旱提水的重要作用。

5. 城市防洪工程按照"巢城防洪50年一遇"的规划标准建设,老城区防洪堤22km,已有12km达到标准;半汤新区17km堤防已有2.8km按照50年一遇标准进行了加固。

【市水务局机构、人员】 市水务局于2002年初由原市水利局同建制更名而来。2009年局机关设行政科室6个:办公室、人事保卫科、财务审计科、项目建设科、农村水务科、水政水资源科;内设事业单位5个:市防汛抗旱办公室、市河道管理局、水利工程管理处、水利质量监督站、水费收费办公室。局直属单位10个:市水利规划设计院、市水利勘测院、市水利器材供应站、市城防工程管理处、市巢湖闸管理处、市裕溪闸管理处、市铜城闸管理处、市新桥闸管理处、市金河口闸管理处、市水利水电建设有限公司。全局职工428人,其中,局机关行政人员20人(含局领导职数6人),局机关事业人员27人,局直属单位381人。全局共有专业技术人员104人,其中,高级职称17人,中级职称51人。

【市水务局领导人员】

局长:张劲松

副局长:刘义权

副局长:朱卫国

副局长:林冬生

总工程师:罗仕宏

【县区水务局主要领导】

无为县水务局局长:陈明发

庐江县水务局局长:张登义

和县水务局局长:夏胜堂

含山县水务局局长:赵广安

居巢区水务局局长:周修斌

(张永胜)

芜湖市

【概况】 1. 防汛排涝。汛前,市防指下发了关于抓紧做好防汛准备工作的通知,并多次派出检查组,对各县区防汛准备工作情况,特别是险工险段、水库除险加固和在建水利工程等进行抽查,发现问题及时提出整改意见,并跟踪检查,直至问题得到有效解决。三环路跨青弋江大桥堤防改线工程4月底开工建设,主体工程在主汛期前完工。编制《全市防御特大洪水预案》,修订完善小水库、防山洪泥石流、防台风等应急预案。组建抢险应急预备车队、临时装卸队伍,建立了防汛物资"代储"制度,确保防汛物资能够及时调运。组织了全市大规模的防汛抢险演练。主汛期,市防指对全市每座小水库聘用了一名安全监督员,调整充实了防汛抢险队伍,购置抢险物资器材。6月28日8时至30日20时,芜湖市遭遇集中性强降雨,面雨量超过220mm,最大降雨量近300mm。漳河等内河山洪暴发、水位陡涨,漳河南陵狮子山水文站最高水位接近保证水位,南陵城关漳河段发生历史第七位大洪水;繁昌城关部分地区受涝;三县四区受涝严重,部分堤防出现险情。8月8日8时至10日17时,受第8号台风"莫拉克"影响,青弋江、漳河流域又一次发生大的降水过程,雨量主要集中在青弋江中上游及漳河流域。市委、市政府依据防汛预案,迅速对出险堤段采取措施,控制和排除了险情。夺取了排涝、防汛和防台工作的全面胜利。

2. 兴修水利。年内市财政安排660万元,开展水利兴修和沟渠湖塘清淤竞赛评比。到12月底,全市共投资34972万元,农民投劳4.6万个工日,出动机械2.2万个台班,开工各类工程948处,累计完成土石方805.4万m^3,超额14%完成年度全市水利兴修任务。加固堤防57.9km,疏浚河道10km,清淤渠道121.3km,新修塘坝222处,改善防洪面积35万亩,改善旱涝保收面积8.2万亩,改善灌溉面积7.2万亩,治理水土流失6.9km^2。

3. 农村安全饮水。全市计划解决8.09万人农村安全饮水问题,总投资4844.36万元。工程于6月份全面开工建设,到10月中旬,已实际解决农村饮水安全23940户8.65万人,超额完成了年度目标任务。

4. 病险水库除险加固。全市共有21座水库除险加固开工建设。截至年底,已完工15座(繁昌县6座,南陵县9座),其余6座水库计划2010年汛前完成主体工程建设。市水务局被省水利厅授予"全省水库除险加固工程先进集体"荣誉称号。

5. 大型泵站建设。列入国家计划的3座泵站分别为保大圩泵站、弋江泵站、汪溪坝泵站,截至2009年底,上述泵站主体工程已全部完成。市重点工程龙窝湖综合整治排涝泵站,主体工程于9月正式开工建设。其中,新建排涝泵站安装4台立式轴流泵机组,总装机容量5000kW,设计排涝流量70m^3/s;原泵站改造后安装5台立式轴流泵机组,总装机容量1650kW,设计排涝流量23m^3/s;上江坝补水泵站安装2台潜水泵机组,总装机容量360kW,设计排涝流量5m^3/s。

6. 水利血防工程。芜湖市青弋江、水阳江流域水利血防工程分布在芜湖县、南陵县、弋江区和镜湖区,工程内容包括:堤防加培、硬化护坡、抛石护岸、填筑外平台、设置沉螺池等。工程总投资为10980.8万元。年内,水利血防工程已开工建设。市水务局局委托设计单位编制了《长江芜湖段水利血防工程可行性研究报告》,为长江芜湖段水利血防综合治理工作做好前期准备。

7. 水政水资源管理。以"世界水日"和"中国水周"为契机,通过短信发布宣传信息25万条,在芜湖电视台互动频道连续一周播出专题宣传节目,在交通要道的堤防上制作永久宣传标牌,进一步增强全社会的水法律意识。紧紧围绕"开发利用、用水效率、水功能区限制纳污"水资源管理三条红线,认真执行取水许可与有偿使用两项制度,完成取水计量遥测系统建设,并投入运行。坚持按月对主要江河湖泊与供水水源地水资源质量状况进行监测并向社会公布;按季对市区入河排污口水质及排污量进行监测,并将结果向市政府报告和市环保局通报。编制完成《芜湖市水功能区划》并通过省水利厅审查。

8. 黄砂禁采。认真贯彻执行《安徽省河道采砂管理办法》,建立健全内河禁采长效管理机制,巩固内河禁采成果。始终保持对非法偷采者高压严打态势。2009年共采取集中行动15次,销毁各类非法吸砂泵149条次,保持了芜湖江面的基本稳定。为规范黄砂堆放,确保堤防安全,根据市政府安排,分别在城南、城北建成黄砂交易市场,将所有砂位和泊位公开向社会招租。

【前期工作】 1. 青弋江分洪道项目。2009年初,市水务局委托长江委设计院进行该项目可行性研究报告编制。8月21日,国家发改委批复了青弋江分洪道工程项目建议书。12月底,项目可行性研究报告编制完成并报水利部。

2. 中小型泵站更新改造规划。2009年7月,编制完成了全市中小型泵站更新改造规划,12月完成了规划报告的评审工作。规划用5~10的时间,使中小型泵站逐步形成布局合理、功能完备、运行高效、管理先进的现代排灌体系。

【扁担河排涝疏浚工程】 该工程包括扁担河(永安桥—官斗门段)排涝疏浚、新建拦河坝和两岸新建配套建筑物。2009年先实施扁担河排涝疏浚一期工程,即对东河闸—王拐段长4.2km河道实施疏浚。工程于5月份开工建设,计划2010年主汛期前完成主体工程。

【全市沟渠清淤疏浚】 2009年1月11日开始至2月底,市水务局组织各县区对全市范围内所有的沟渠和1亩水面以上的湖塘基本情况全面进行普查,摸清沟渠湖塘数量、名称、地理坐标、尺寸、淤积状况和水体功能等基本情况。在此基础上,按照"清除淤泥、清除垃圾、建章立制"的要求,以及"清空见底、坡面整洁、岸线顺畅、环境同步"的标准,兼顾村庄建设和环境整治,在3月底前编制了全市沟渠疏浚规划,逐步实施。截至年底,开工700处,实际完工698处,疏通河道30km,清淤渠道188.95km,新增防渗渠道22.3km(干支渠道19.3km,田间渠道3km),改善了群众生活、生产及居住环境。

【市水务局职能、机构】 市水务局是主管全市水行政工作的市人民政府组成部门。主要职责:组织编制全市水利发展规划和年度计划,并监督实施;依法实施全市水政监察和水行政执法。承担市防汛抗旱指挥部的具体工作。指导全市水利工作,主管全市水土保持工作,负责全市水资源保护工作,组织全市重要河流及跨县(区)和市界河流的综合治理和开发;负责跨县(区)的水利工程的规划、设计、审查、批报,按照分级负责的原则组织实施。指导全市水工程建设与管理。负责长江市区段采砂监管工作,指导县区江河采砂监管工作。负责市级水利建设的计划安排及资金使用与管理。负责全市水利工程建设质量监督工作。

机构设置:市水务局设置市防汛抗旱指挥部办公室。内设办公室、水利科、水政科和纪检组(监察室)。直属市河道管理局(市长江河道黄砂管理局)、规划技术室及排灌管理站(防汛抗旱器材站)3个二级机构。职工人数98人。

【市水务局领导人员】

党组书记、局长:刘家林

党组成员、副局长:夏传文

党组成员、副局长:王爱清

党组成员、纪检组长:李道清

总工程师:崔巍巍

党组成员、防办副主任:许开谱(2009年9月调离)

【县区水利部门主要领导】

芜湖县水务局党组书记、局长:朱景木

繁昌县水务局党委书记、局长:张茂才

南陵县水务局党委书记、局长:钱佑庭

鸠江区水利局党支部书记、局长:王世霞

弋江区水利局党支部书记、局长:潘家武(2009年8月离任)

弋江区水利局副局长陶定文(2009年8月任职,主持工作)

三山区水务局局长:徐世津

镜湖区农水局局长:吴永福(2009年5月离任)

镜湖区农水局局长:高鑫(2009年5月任职)

(余述晏)

宣城市

【概况】 2009年,市水务局完成了各项工作任务,获得水利部办公厅"全国农村水电及电气化建设先进集体"、中共宣城市委"2009年全市抗洪抢险先进集体"、市政府"2009年民生工程组织实施工作先进单位"、市人大常委会"代表议案建设承办工作先进单位"、安徽省农田基本建设指挥部"第十四届'江淮杯'竞赛评比先进单位"、省水利厅"全省水利工程管理体制改革先进集体"和"2009年度水利目标考核优秀等次"等多项表彰。

1. 水利前期工作。水阳江下游近期防洪治理工程获得重大进展,《可行性研究报告》于年初通过了水利部部长办公会议并转报国家发改委,《环境影响报告》和《水土保持方案报告》也分别获环保部、水利部批准;国家发改委委托中国国际工程咨询公司于8月17—22日对《可行性研究报告》进行了评估,并形成了专家组评估意见;《建设征地移民安置规划大纲》(安徽部分)9月14日获安徽省水库移民管理局批准;《建设项目用地预审申请报告》12月23日获国土资源部批准;《建设征地移民安置规划》(安徽段)2010年2月4日获安徽省水库移民管理局批准;《建设征地移民安置规划大纲》(江苏段)2010年2月26日获江苏省人民政府批准;《建设征地移民安置规划》(江苏段)正在审批中。至此,该项目前期工作基本做完。江苏省、安徽省也分别组建了项目法人,负责各自境内工程的建设管理。根据水利项目批准立项条件和国家发展和改革委员会的要求,该工程项目已具备批准立项条件。其他重点水利项目前期工作进展顺利,编制完成了《宣城市中小河流治理规划报告》、《宣城市大中型病险水闸除险加固专项规划报告》、《宣城市中小型泵站更新改造规划报告》、《农田水利规划》等6个专项规划报告,将78个项目列入全国、全省中小河流近期治理规划,规划总投资20.58亿元。完成了东门渡等5座中型病险水闸安全鉴定工作。争取了2座水闸列入全省大中型水闸除险加固规划,规划投资7475万元。总投资9300万元的青弋江灌区枢纽工程——溪口大坝除险加固项目挤进了全国大型灌区续建配套与节水改造的盘子。

2. 病险水库除险加固。5座病险中型水库除险加固工程全部实施,其中,卢村水库于12月20日通过省水利厅主持的竣工验收;塘埂头水库完成了单位工程验收、蓄水安全鉴定和投入使用验收;龙须湖、张家湾水库主体工程建设任务全面完成,天子门水库于10月18日开工建设,工程进展顺利。2007、2008年度瓦屋杨、梅红等16座重点小型病险水库除险加固任务基本完成,2009年度独山、龙山等9座重点小型水库除险加固工程全面开工建设。列入省计划的2007年46座、2008年48座小型水库除险加固工程完成了竣工验收,2009年新开工31座小(二)型病险水库。

3. 农村安全饮水工程。2009年省政府下达宣城市解决饮水不安全人口考核指标为17.6万人。3月中旬编制完成了2009年度项目实施方案。在中央资金和省级补助资金到位后,各县市区积极落实配套资金1314.09万元,认真开展了项目建设。2009年9月底,项目建设任务已全部完成,建设工程180处,其中新建规模水厂2处,单村工程116处,水厂改扩建工程5处,管网延伸工程57处,完成投资8733万元,解决规划内饮水不安全人口17.6万人。

4. 水利血防工程。严格按照“五个结合、两个加强”的理念,将水利血防与农村饮水安全、农田水利基本建设、续建配套与节水改造项目、农发项目、重要河流治理等防洪工程建设相结合,不断加强前期工作力度,不断加强工程监管检查工作。年内加大郎溪县东夏联圩庄沿灌区水利血防项目和水阳江干流宣城段水利血防项目的实施监管工作,指导宣州区佟公坝灌区、广德县卢村水库灌区、泾县琴溪河灌区及青弋江干流宣城段等重点水利血防项目的扫尾和自验工作。6个重点水利血防项目和疫区饮水安全工程及面上水利工程,总投资15451.18万元,截至12月底,共完成投资10771.35万元,治理河流长度约8.6km,渠道治理长度256.34km,沟渠衬砌117.46km,修建了涵闸和沉螺池及相应的渠系配套建筑物;解决血吸虫疫区饮水不安全人口1.77万人。

5. 农田水利基本建设。2008年底至2009年春,全市投入各类水利建设资金6亿多元,扎实开展水利兴修工作。完成土石方1000多万m^3,投入劳动工日140万个,出动机械台班15万个。全市新增旱涝保收面积1.22万亩,新增、改善灌溉面积44万亩,新增、改善除涝面积2.5万亩,治理水土流失60km^2,新增和改善农村供水受益人口19万人。全市开展了农田水利基本建设“水阳江杯”竞赛评比活动,宣州区参加省农田水利基本建设“江淮杯”评比并获得银奖,市农建办在省“江淮杯”竞赛评比活动中获优秀组织奖。2009年汛后,超前谋划,及早部署水利兴修工作,计划投入资金6亿元,确定了县(市区)级重点工程135项,截至12月底,全市各地水利兴修工作累计完成投资3.27亿元。

6. 防汛工作。2009年8月抗第8号台风“莫拉克”期间,市防指加强港口湾水库调度,水库拦蓄洪水近1亿m^3;调度南漪湖控制工程双桥闸和马山埠闸,分泄干流洪水1亿多m^3进湖。通过防洪调度,降低了水阳江干流洪峰水位,缩短了洪峰持续时间,新河庄水位没有超过13.0m。充分发挥了港口湾和南漪湖控制闸两大骨干水利工程作用,有效减轻了宁国、宣州防洪压力。同时,对各水利工程严格执行已批准控制运用计划,加强圩堤和险工险段巡查力度,及时处理安全隐患,确保了全市332座大中小型水库和14座万亩圩堤安全度汛,实现了“不破圩、不垮坝、不死人”的目标。市水务局受宣城市委市政府表彰,被评为防洪抢险先进集体。

7. 水政水资源管理。充分利用报纸、电视台、网络等多种媒体,加大水法规宣传力度。清理一批行政审批项目,规范行政许可审批程序。编制完成了《宣城市水功能区划》,为全面实行水资源管理、利用、保护奠定了基础。加大依法治水力度,全年共开展了3次河道采砂专项整治活动,查处非法采砂点68处,取缔非法采砂船只24条,平整恢复河道6km,进一步规范了境内的砂石开采行为。围绕经济建设中心,市水务局积极配合相关单位,做好招商引资、重大基础设施建设项目的水资源论证和防洪评价等,为宣城市重大基础设施建设当好参谋,做好服务。

【重点工程】 1. 殷村水库。该工程是宣城市城市防洪工程的重要组成部分,工程总投资8000万元,其中水利工程投入2000万元。工程于2007年12月中旬开工建设,2008年5月底完成水库大坝及放水底孔施工,10月底完成溢洪道施工。至2008年底水库大坝主体工程基本完成,由于拆迁工作尚未全部完成,工程施工工期有所滞后,2009年汛前,项目单位及时采取有效措施,对东、西两库坝头进行了封闭处理,于6月初下闸蓄水,在汛期发挥了较好的防洪效益。

2. 城东联圩除险加固工程。2006、2007两年度投资1500万元用于城东联圩茅草湾段除险加固,至2009年底,工程全部完成。2008年度投资2000万元,工程于2008年11月份开工建设,已完成全部建设内容,累计完成投资1985万元。2009年度工程概算投资2041万元,于12上旬开工,共分4个标段,施工进展顺利。

【青弋江灌区】 2008年中央新增国债投资项目青弋江灌区合计批复投资8008.34万元。其中,2008年12月下达投资6000万元,2009年分二次下达投资2008.34万元。主要用于青弋江灌区总干渠黄村泄洪闸除险加固工程、黄村交通桥拆除重建工程,总干渠幸福、鲁家冲、林场、幕山等4座地下涵拆除重建工程,总干渠27+350—31+840段、31+840—33+350段渠道防渗加固工程,先锋农用桥拆除重建工程等。2009年3月28日基本完成第一批投资计划,总干渠顺利通水运行;到2009年底,青弋江灌区共完成中央新增项目投资7585.36万元。

【水利简况】 宣城市辖宣州、郎溪、广德、宁国、泾县、绩溪、旌德五县一市一区,面积12340km^2,人口275万人。全市拥有水库332座,其中大型水库2座、中型5座、小型325座。拥有万亩以上灌区10处,其中,50万亩以上大型灌区1处,1~10万亩灌区9处;蓄水灌区7处,引水灌区3处。5千亩以上圩口35处,其中万亩以上圩口14处,堤防总长度1276.6km。全市固定机电排灌站692处,装机容量达4.326万kW。全市拥有水闸640座,其中大型水闸5座、中型水闸6座。

【市水务局职能、机构、人员】 主要职责是贯彻执行国家水利方针政策和法律法规,拟订全市水利工作的政策及水利发展战略;实施全市水资源的管理与监督,拟订全市节约用水政策;依法负责水利行业安全生产管理工作。组织指导全市水利工程设施、水域及其岸线的管理和保护;主管全市水土保持工作;组织协调全市农田水利基本建设,指导农村饮水安全、节水灌溉、水库除险加固等工程建设与管理工作。协调、指导全市防汛抗旱工作;负责全市水利科技和教育工作。市水务局内设科室3个,局直事业单位6个,二级单位4个,共有工作人员191人,其中,本科以上学历21人,占11%;专科以上学历74人,占39%;高级专业技术人员14人,占7%;中级专业技术人员33人,占17%。

【市水务局领导人员】
党组书记、局长:史和平
市政协副主席、副局长:宦朝东
党组成员、副局长:李中明
党组成员、纪检组长、监察室主任:夏建平
党组成员:汪建明
党组成员、总工程师:汪忠华
党组成员、副调研员:张斌

【县市区水务局主要领导】
宣州区水务局局长:朱跃明
郎溪县水务局局长:何冠平
广德县水务局局长:陈兴松
宁国市水务局局长:王伟
泾县水务局局长:李建群
绩溪县水务局局长:汪起辉
旌德县水务局局长:汪光如

(宋琴英)

铜陵市

【概况】 铜陵市是全国85个重要防洪城市之一。国土面积中,低山丘陵区面积占59%,沿江洲圩区面积占41%。境内长江干流长度63km,沿江堤防总长272.6km,其中长江干堤65km。沿江排涝泵站总装机2.95万kW,小型水库47座,中型水闸1座。长江干堤防洪能力达到防御1954型洪水标准,城乡排涝能力达到10年一遇标准,病险水库已得到初步治理。

2009年,市水务局紧紧围绕“科学治水、服务民生、促进发展”主题,扎实推进水利项目前期工作,不断加强水利基础设施建设,坚持防汛抗旱并举,强化水利工程管理与行业文明建设、依法管理同步,全面提升水务服务经济社会发展的综合能力。市水务局荣获全省水利系统水规费征管工作先进集体,在全省农田水利基本建设第十四届“江淮杯”竞赛评比中荣获铜杯奖。

汛期,铜陵市长江最高水位11.81m(8月13日),未达到设防水位(12.50m)。境内5—9月份累计降雨1005.4mm,比常年偏多近3成。6月28日进入梅雨期后,出现了两次集中强降水过程,6月28—30日集中降水330.1mm,7月27—30日集中降雨189mm。强降雨造成境内10多条中小河流、湖泊洪水泛滥,漫破河湖圩口3个;47座水库全部满蓄,有21座溢洪,2座水库、2座尾矿库出现险情;发生5处山体滑坡险情;城区内近10km² 面积积水受淹。8月9—11日受到台风"莫拉克"侵袭。针对汛期这些突发情况,市防指及时做出安排和部署,加强水库调度防守,安排全市排涝泵站开机排涝,保证了防汛安全。10月份以后降雨量少,秋种农作物旱象明显,市防指安排气象、水务等部门于10月31日晚实施人工增雨,改善了土壤墒情,缓解了秋种农作物旱情。

2009年度农田水利基本建设(截至2010年3月底),全市投入工日180万个,累计出动机械台班1.4万次,完成土石方272万m³,占市下达指导性计划任务123.6%。多渠道投资7343万元,其中,市县(区)财政投资6163万元,乡镇及群众自筹资金1180万元。修复水毁工程72处,新建村镇供水10处,新增防渗渠道15km,清淤河道259.7km,加固水库10座,新建塘坝18处,新增蓄水能力101万m³,新增灌溉面积2667hm²,改善除涝面积8000hm²,改善防洪面积5333hm²,解决了6.2万农村人口饮水安全问题。实施九榔河小流域治理项目,治理水土流失面积15km²,超额完成了市下达的指导性计划任务。

年内完成2008年开工的国家重点小(一)型水库1座、省计划小(二)型水库7座。完成总投资1243万元,其中,中央投资225万元,省级投资440万元,自筹578万元。2009年开工的牡丹、丁冲2座小(一)型重点水库,城山涝、大山门、叶山、清泉、羊形山、东陵、荫山脚、郎冲8座省计划小(二)型水库均在铜陵县境内。上述水库集水总面积15.24km²,总库容517.18万m³,灌溉面积2.61万亩。项目总投资2538万元,其中,中央预算内450万元,省级资金580万元,市级配套905万元,县级配套603万元。10座水库已全面开工建设,计划2010年汛前完成建设任务。

铜陵市与省签订农村饮水安全工程建设责任状,2009年任务是解决3.41万人饮水安全问题。项目总投资1692万元,其中,中央国债资金1015万元,省级配套资金447万元,市级配套资金138万元,县、区配套92万元。主要是解决东联、西联乡区域农村供水问题。采取城市供水管网延伸的办法,向东联乡的永丰新河片、华龙片、流潭片和西联乡太平片、加兴片、老观片、和平片、北埂片共8个片区小水厂提供城市净水水源,彻底解决农村饮水的不安全因素。工程于4月28日正式开工建设,9月底全部完工,共完成管道安装41.3km,新建加压泵站一处。通过县、乡的协调,城市主管网与各小水厂成功实现对接,12月正式通水。工程实际受益总人口达6.2万人,其中西联乡受益人口2.2825万人,东联乡2.86万人,顺安镇1.058万人。

加强水行政执法和水资源管理工作。研究制定了行政处罚自由裁量权实施依据和具体标准,进一步促进依法行政,实现了执法工作的法制化和规范化。加大对饮用水源地的监管力度,杜绝饮用水源地的排污行为,严格执行入河排污口设置论证制度。为减轻企业的负担,对河费收缴作了新的调整,按超额累退费率减半征收。广泛地开展水法律法规的宣传教育,提高全民的水法制意识;加强河道管理、执法人员的法律培训,努力提高水务管理人员和执法人员的业务素质和执法水平。强化河道管理范围内建设项目的审批管理,形成了涉河项目自觉接受河道管理部门监督管理的良好氛围。以水法律法规为依据,严肃查处水事违章案件,维护正常的河道管理秩序。联合公安、海事等部门开展江砂禁采联合行动10余次,维护了正常水事秩序。

全市城乡供水能力达到48.75万t/d。其中水务公司供水能力22.5万t/d,全年供水量达3034万吨,水质综合合格率达99%以上。城市供水管网向农村延伸后,使供水覆盖率达到72%。城市污水处理得到长足发展,建成并投入运营的有新民、西湖污水处理厂。其中,新民污水处理厂日处理污水10万t,全年累计处理污水2370万m³,平均日处理量为7.8万m³;西湖污水处理厂日处理污水4万t。城北污水处理厂一期(4万m³/d)工程于7月28日开工。城市污水处理率为71.7%。

市水务局主动做好重点建设项目涉水涉河行政许可审批服务工作,共完成招商引资任务1.17亿元。

【农村河道清淤工程】 市人大常委会《关于对严重影响排灌的河道和主要干沟渠进行清淤治理的决议》和市政府《铜陵市农村河道清淤疏浚工程实施意见》,要求自2008年开始,用5年时间完成全市农村河道清淤500km。2008年度,全市计划农村河道清淤100km,实际完成农村河道清淤133.6km。2009年7月,市委、市政府及市人大为加速城乡一体化建设进程,决定用3年时间提前完成河道清淤工程,即在2008年已完成工程量的基础上,再用2年时间完成全部工程。2009年度全市计划农村河道清淤181.086km,总投资1810.86万元。其中,铜陵县120.086km、郊区55.5km、狮子山区5.5km。

【长江铜陵河段综合治理项目前期工作】 长江铜陵河段综合治理是铜陵人民近半个世纪以来孜孜以求的夙愿。2009年6月《长江铜陵河段南夹江汉道综合治理研究报告》通过专家审查,转入长江铜陵河段综合治理可研报告编制阶段。7月中旬,市人大副主任、市长江铜陵河段综合治理工程指挥部指挥长李兆玉带队,市水务局等相关部门共同派员赴武汉,与长江勘测设计研究有限责任公司洽谈可研阶段工作合同等具体事宜。8月可研阶段工作合同签订,各专业人员踏勘现场。为力促可研报告的科学形成,铜陵市水务局积极与相关单位对接和沟通,提供可研及规划、物理模型试验、环境评价、水土保持、征地移民等5个专题的相关资料。长江铜陵河段综合治理项目被授予"铜陵市2009年度前期重大项目谋划工作奖",预计2010年3月正式提交《长江铜陵河段综合治理工程可行性研究报告》及相关专题报告,为争取立项审批奠定坚实的基础。

【重点工程建设】 1.长江铜陵河段崩岸治理工程。2009年11月国家下达投资计划。长江铜陵段崩岸治理工程护岸总长度11km,总投资1.4亿元。其中,灰河口元宝洲段5km,安平圩中复兴段4km,胥坝圩南江段2km。此次崩岸治理工程采取抛石、护岸等方式对岸坡进行守护,消除崩岸险情,稳定和控制河势。灰河口段已开工建设,其余两段2010年底开工,2011年完成。

2.大型泵站更新改造工程。2009年泵站更新改造工程包括东联圩泵站、西联圩泵站、新民泵站、工商殿泵站。其中,东联圩泵站总装机2120kW,设计排涝流量23.6 m^3/s,总投资1844万元(中央预算内投资920万元,省级投资369万元,地方自筹555万元),于汛前完工;西联圩泵站总装机6580kW,设计流量73 m^3/s,总投资4245万元(中央预算内投资2120万元,省级投资849万元,地方自筹1276万元),建设内容主要包括钟仓站和红旗站的拆除重建,以及犁桥站的机电设备技术改造,工程于10月开工建设,预计2010年汛前完工;新民泵站总装机465kW,设计流量5.8m^3/s,总投资1020.11万元,主体工程已于6月完工;工商殿站总装机1250kW,设计流量12.4 m^3/s,总投资996万元(中央预算内投资498万元,地方配套498万元),于12月开工建设,将在2010年汛前完工。

【市水务局领导人员】

党组书记、局长:查日华

党组成员、副局长:方海

【县区水利部门主要领导】

铜陵县水利局局长:许长森

郊区农林水利局局长:潘百宁

狮子山区农委主任:余维国

(汪春燕)

池州市

【概况】 2009年,全市水利投入资金3.67亿元,其中,农村饮水项目1643万元,列入省计划的小水库除险项目1677.5万元,重点小水库项目12570万元,大板水库1993万元,大同圩泵站技改项目5525万元,童埠圩泵站技改项目660万元,东至七里湖泵站技改项目5145万元,水利血防工程2398万元,小流域治理项目220万元,秋浦河治理工程6000万元。完成水利投资47907万元,其中,白洋河堤顶道路改造工程130万元,农村安全饮水项目1754万元,小水库除险加固项目18010万元,大板水库2344万元,泵站技改项目15458万元,水利血防工程4441万元,水土保持小流域治理项目1270万元,秋浦河治理工程4500万元。

市水务局及时组织开展汛前检查,完成《池州市2009年汛前检查报告》。按照省防指要求,认真落实了407座中小水库及水电站防汛行政责任人、防汛指挥调度权限、汛期调度运用计划和防洪抢险应急预案。审查批复了2座中型水库和11座重要小(一)型水库汛期控制运用计划、在建工程度汛方案。对市防汛抗旱应急服务支队组成人员进行了及时调整。5月中旬至6月初,市、县各级防汛抢险专业队和民工队进行了6次多种形式的培训演练,军分区、武警、消防、国土、水利和当地群众等有关单位人员参加了培训和演练,参与人数达3000多人。市防指及时调整了领导成员,6月5日在《池州日报》上公布市级领导分工及74处重要防洪工程防汛责任人名单。15个万亩圩口、2座中型水库和池州城区、黄湓闸等19个重点防洪工程分别由19个市直单位联系防汛工作。市防办对防汛值班情况进行了5次抽查;编发简报10期,上报相关信息25条。按省防办统一布置,完成池州市防洪排灌资料编制和汇总工作。

以江砂禁采执法为重点开展水行政执法活动,会同海事、公安等部门对所辖江段集中进行清江50多次,拆除小型吸砂设备126台套,有效的打击了非法采砂行为。在"世界水日"、"中国水周"和安徽省水法宣传月期间,紧紧围绕“跨界的水,共享的水,共享的机遇”宣传主题,对“水法宣传月”活动进行了全面部署,通过报纸、电视、交通广播电台等新闻媒体广泛宣传水法规知识,与社区联合举办法律进社区宣传活动,增强了群众的水法规意识。规范水行政审批,为境内太子矶水道整治、宁安铁路、川气东送、西电东送、长江航道整治等重点工程涉水事务的报批及审批工作积极提供服务,重点工程顺利开工建设。认真办理人大建议、政协提案,市人大二届四次会议及市政协二届四次会议期间,市人大代表提出涉及水务事项建议14件(其中主办10件、协办4件),市政协委员提案3件(其中主办2件、协办1件),涉及河道治理3件、防洪安全1件、农村水利6件、水资源管理3件、泵站工程建设3件、排涝水费征收1件。市水务局高度重视,确保办理工作质量,人大建议、政协提案的答复率100%,主办件代表反馈率100%,代表满意率也达到100%。

积极推进水资源管理工作,按时上报水资源年报、水务管理年报,全市共审验取水户1058户,取水量12.7亿 m^3。结合取水许可证的年审,检查了城区取水户计量设施;加大对城区取水户及受委托单位取水许可监管工作,对循环装置、节水设施、管网情况及退水情况进行了认真检查。对大龙湾、映月潭水电站进行水资源论证,协助省河道管理局开展长江干流入河排污口调查工作,完成了水功能区堪界工作。经过多方努力,市政府于年初正式出台《池州市村镇供水管理暂行办法》;4月份市编委批准成立“市村镇供水管理办公室”,8月7日举行了揭牌仪式。市供水办成立后发文要求县区水务局尽快成立相应的村镇供水管理机构,对60多家村镇供水企业进行调查摸底,对东至和青阳8个供水企业的常规水质卫生监测工作进行督导检查,11月26召开了全市村镇供水管理工作专题研讨会。

对在建的石台城市防洪工程、水库除险加固、泵站技改、水利血防、水电站等项目进行了质量和安全生产监督,督促各参建单位建立健全质量保证体系和安全保障体系,规范各参建单位的质量管理行为,促进质量标准强制性条文的落实执行。在全市范围内开展了一次在建水利工程质量专项检查,发现问题及时督促参建单位整改落实到位。按照基建程序开展已完工工程的验收工作,完成了东山水库、12座重点小水库、平垸行洪巩固工程等基建项目的竣工验收工作。

及时筹集与拨付水利建设资金,保证工程建设用款。资金管理做到与工程建设的决策权、执行权和监督权既适度分离、相互制约,又相互协商、互相配合。根据分级管理、分级负责的原则,委托社会中介机构对平垸行洪巩固工程后续项目、清溪河清淤、秋浦河出口清淤等项目进行了竣工决算审计。

【前期工作】 2009年,编制完成《池州市中小河流治理规划》及《池州市抗旱规划》。完成秋浦河石台段水利血防工程、黄湓河东至塔石圩水利血防工程一期、丁莘河灌区水利血防工程的施工图设计和东至尧渡新河水利血防工程初步设计。编制了2009年新增水土保持国债项目实施方案,完成石台大樟河、东至白荡河小流域综合治理工程实施方案的审批工作。编制了《2009—2011年池州市水土保持重点工程总体实施方案》,规划治理项目27个,治理水土流失面积360km^2,工程总投资13667万元。完成《池州市秋浦河双丰枢纽工程水土保持方案报告书》的审查和审批,为工程及时立项提供了依据。完成池州市主城区水环境综合整治水系勾通工程与赵圩堤防加固工程初步设计与施工图设计。完成白沙圩堤防加固工程与九华河九华山风景区河段防洪工程初步设计,以及石台县城防洪工程施工图设计。完成了2007—2020年农田水利规划。

【水利工程建设】 1. 白洋河堤顶道路改造治理工程。于5月底之前完成了市政府下达的堤顶道路建设任务,建设堤顶道路1800m,完成投资130万元。

2. 东至县大板水库工程。该项工程批准投资3444万元,2008年10月开工建设,已完成大坝防渗墙、溢洪道改扩建、隧洞衬砌加固等主体工程建设,完成投资2344万元。

3. 水利血防工程。秋浦河、白茆水库灌区、丁莘河灌区、黄湓河塔石段水利血防工程批复的6895.34万元投资已全部完成,其中,2009年完成投资4441万元。黄湓河塔石段水利血防工程完成堤身清基0.8万 m^3,堤身加培5万 m^3,完成投资2898万元;白茆水库灌区完成溢流堰工程和部分渠道硬化工程及部分涵闸工程,完成投资500万元;秋浦河水利血防工程清淤基本完成,累计完成投资2997万元;丁莘河灌区水利血防工程已全部完成,完成投资500万元。

4. 秋浦河治理工程。批复总投资10519万元,2009年完成投资4500万元。一是开工建设秋浦河石台段治理工程(总投资8660.17万元),已完成投资3000万元;石台县城园艺场片防洪工程全面开工建设,主体工程已完工。二是秋浦河平天湖治理工程(总投资1859万元),已完成投资1500万元,实施了秋浦河出口赵圩、官湖圩、平天湖等工程。

5.农村安全饮水工程。完成投资1754万元,解决了7万人农村饮水安全问题,超额完成计划(省计划原下达10万人,后调整为3.31万人)。

6.小型水库除险加固工程。一是落实9100万元债券资金用于小水库地方配套资金。二是列入2009年水利部计划的19座重点小水库和省计划的31座小水库除险加固工程,汛后已全部开工建设,完成投资7934万元;三是2008年以前12座水利部重点小水库,除东至白茆、东风水库因投资规模大暂未完成外,其余10座水库主体工程已经完工,完成投资3852万元;列入2008年以前省计划的34座小水库年内全部开工,已完工27座,其余7座已经完成80%的工程量,完成投资6224万元。

7.中小流域水土保持治理工程。2009年完成投资1270万元,累计完成投资3441万元。3月底完成了霄坑河、西山河、思源河、青通河、九华河、垄上河等6条小流域治理工程建设,治理水土流失面积45km^2。完成了6条河流小流域综合治理工程验收工作。

【泵站技改工程】 2009年在建的东至县七里湖圩泵站,贵池区大同圩、秋江圩、江口排涝泵站,总批复投资17659万元,2009年完成投资15458万元,累计完成投资17508万元。

一是大同圩泵站更新改造工程完成投资4013万元,累计完成投资5233万元。大同圩泵站更新改造工程拆除重建7座排涝站,已开工建设6座,批复总投资5525万元。其中,江墩站拆除重建工程于2008年10月正式开工,2009年5月13日完成主体工程并试运行成功;双惠站拆除重建工程于2008年10月开工,主体工程已完成,2009年5月9日成功进行了试运行;庆丰站拆除重建工程于2008年10月正式开工,已完成主体工程并于2009年5月26日试运行成功;跃进站技改工程已完工;梅龙站、桐梓山站拆除重建工程已开工建设。

二是秋江圩泵站完成投资6060万元。该项工程批复总投资6329万元,拆除重建5座泵站。2008年12月27日完成了秋江圩泵站更新改造工程招标工作,2009年初实施了新河坝站和幸福站。12月份新河坝站已完成穿堤涵、汇水箱、泵房等主体工程,进行了设备安装调试;普庆站汛前完成站前节制闸及前池施工任务,汛后实施泵房工程,年底前已完成主体工程建设任务。

三是七里湖泵站技改工程完成投资4025万元,累计完成4855万元。该项工程批复总投资4855万元,含香山、七里湖、老虎岗3个泵站。年底前已完成香山、七里湖泵站技改工程主体工程建设任务;老虎岗工程下半年开工,计划2010年汛前完成。

四是江口排涝站工程完成全部投资700万元。该工程列入扩大内需项目,于2008年12月29日开标,2009年元月份开工建设,汛前完成泵房、前池、控制闸工程,汛后实施涵箱工程,已完工。

五是童埠圩排涝站完成投资660万元。该工程为扩大内需项目,于汛后开工建设。

【市水务局机构、人员】 市水务局内设6个职能科室:办公室、水政水资源科(江河采砂管理办公室)、计划基建科、水利管理科(水土保持办公室)、水利经济科、人事教育科。机关人员23名,其中,局长1名,副局长5名(有1名副局长兼市防汛抗旱指挥部办公室主任),总工程师1名,副调研员2名,科级干部及办事人员9名,后勤行政管理服务人员5名。

市水务局直属机构10个:市防汛抗旱指挥部办公室、市长江河道管理处、市质量监督站、市水利勘察设计院、市村镇供水管理办公室、市水政监察支队、市机电排灌管理站、池州城市防洪管理处、黄湓闸管理所、市水电工程公司。共有职工184人(具有中高级职称者为24人),其中市水电工程公司职工153人(中高级职称10人)。

(刘传根)

安庆市

【概况】 2009年,市水利局以学习实践科学发展观活动为契机,着力解决水利发展中的突出问题,圆满完成水利建设、改革、管理各项任务,荣获水利部"2009年全国水利系统先进集体"、"水土保持监督执法专项行动中工作突出单位",市委、市政府"争先创优考核优秀单位",省水利厅"水利发展目标考核先进单位"、"全省水库加固工程建设先进集体"、"全省水利工程管理体制改革先进集体"等荣誉称号,在全省"江淮杯"农田水利基本建设评比中,潜山县获"金奖",宿松县获"进步奖",市农建办获得组织奖。

积极争取水利投入,截至12月底,争取水利各类投资10.96亿元,较2008年增加18.2%,实现了水利投入连续5年稳定增长,其中基建投资8.37亿元、农建投资2.09亿元、小水电投资0.5亿元;完成投资9.37亿元,占市政府年度考核任务5亿元的187.4%,其中完成基建投资67784万元。狠抓重点水利基建,全市新建、续建工程达566处,其中已完工388处,相继完成了水库除险加固、农村安全饮水、花凉亭灌区续建配套与节水改造、排涝泵站新建及更新改造、水利血防等工程建设任务。实施水土保持综治工程，治理水土流失面积 110 km^2。发展山区小水电，全年在建电站 7 处 21750kW，新投产 10 处装机 14 台 7450kW，小水电发电量已达 4 亿 kWh。

扎实开展防汛抗旱工作，组织汛前检查，编修防汛预案，落实物资储备。成功承办了省防指、预备役师防汛演习；完成了《枞阳县长沙洲防汛预案》修编并推范全市。汛期发布防汛预警 5 次，指导各地、各有关单位和群众做好应急防御工作。在抗御 6·28 暴雨和第 8 号台风期间，派出专家组深入桐城柏年河和枞阳官庄小水库溃口，指导堵口抢险工作。汛后，迅速组织、指导各地开展水毁工程修复。8—10 月安庆平均降雨量为 159.67mm，比多年平均值偏少近 5 成，全市农田受旱面积 5.33 万 hm^2，因旱造成粮食减产 5.6 万 t，直接经济损失 1.61 亿多元。全市投入抗旱人数 12.35 万人，机动抗旱设备 2.1 万台套，投入抗旱资金 2427.6 万元，抗旱用电 1616.7 万 kWh。

继续开展前期工作，完成皖河、菜子湖流域规划审批，启动宿松县二郎河、凉亭河，枞阳县白荡湖、陈瑶湖流域综合规划编制工作。编制完成安庆市东部新区水系规划及一、二期可行性报告，下浒山水库可行性研究报告，全市抗旱规划，顺安河初步设计文件。编制完成中小河流治理规划，全市 6 个项目列入《全国重点地区中小河流近期治理规划》，总投资 1.8 亿元。编制完成并组织审查了宿松县城防洪规划、安庆市北部新城防洪规划。编制完成部分花凉亭灌区续建配套与节水改造项目初步设计文件，同时完成部分中型灌区节水配套改造项目可研编制与省级审查工作。启动了临江圩垸治理前期工作。编制完成《安庆市 2010－2013 年农村饮水安全工程规划》并通过省、市调查复核工作。启动并完成部分水闸的安全鉴定工作。

开展世界水日、中国水周和水法宣传月水法宣传活动，加强水利普法工作。全年查处水事案件 195 起，调处水事纠纷 30 件。认真执行“河费”征收新标准，强制执行“河费”案件 2 起，征收水利规费 1311 万元。加强水资源管理，完成年度水资源状况评价和水资源公报工作，完成地表水功能区确界立牌工作，组织编制《安庆市水功能区划》。做好涉水审批服务，完成安庆石化 800 万 t 炼化一体化项目、安徽华泰林浆纸有限公司 30 万 t 漂白硫酸盐制浆项目取水许可和岳西天仙河水电站水资源论证审批。审批、审转宁宜城际铁路、长风港区、宁江造船、沙漠洲港口码头等 40 多个涉及长江河道项目。安庆明鑫公司白柳铜矿、皖域公司牛头山铜矿、望东长江大桥接线、济广高速段等 5 个工程水土保持方案报告书审转省水利厅，并通过审批。

加强水利工程管理，完成安广江堤年度岁修任务；实施工程管理目标考核，完成了河道三分局省二级目标管理单位复核工作；加强长江堤防巡查，及时制止违章设障；加强长江河道堤貌整治，完成了安广江堤桐城段、梅林隔堤部分堤段防汛道路修复任务，营造防护林 400 亩。加强城市防洪景观工程日常维护、维修、保洁管理，接待政要参观团 40 余次，民间参观团 200 多次，城防景观成为宣传安庆和青少年爱国主义教育的重要载体。

【重点基建项目】 1. 水库工程。年度实施除险加固的 9 座大中型水库中，桐城境主庙、太湖方洲水库除险加固工程已通过竣工验收，桐城牯牛背、潜山红旗、宿松钓鱼台水库除险加固工程已全面完成建设任务，潜山长春水库主体工程已经完成，花凉亭水库、枞阳马鞍山水库、怀宁观音洞水库正在加紧实施。年度实施的 180 座小型水库除险加固工程，已完工 167 座，其余 13 座正在加紧实施。

2. 农村安全饮水工程。全面完成年度建设任务，解决了 49.4 万人饮水安全问题。

3. 花凉亭灌区续建配套与节水改造工程。太怀干渠 5.08km、北干渠 4km、总干渠两段 6.7km 4 个标段除险加固工程已全部完成，正在进行验收准备。

4. 排涝泵站新建及更新改造工程。望江漳湖站、合成圩站一期工程已基本完成，广济圩泵站一期工程（宜秀破罡湖老站、迎江窑沟站）、白荡湖南站正在扫尾，广济圩泵站二期工程（迎江区金家闸站）、宿松县南圩站 11 月上旬开工建设。完成了怀宁胜天圩、枞阳后方圩、宿松西湖圩等站的竣工验收及望江漳湖站的机组启动验收工作，望江县雷池排涝站、宿松县复兴西片洲头西排涝站亦通过竣工验收。

5. 水利血防工程。宿松、望江、桐城水利血防工程已全部完成，正在进行验收准备工作；怀宁、潜山水利血防工程已开工建设。

6. 华阳河河湖清淤疏浚（二期）（三期）工程。二期工程批复概算总投资 673 万元，实际下达投资 700 万元，其中国债资金 350 万元、地方配套资金 350 万元，自 2003 年 3 月 20 日开工，2004 年 3 月 18 日完工。三期工程投资 1000 万元，其中中央预算内专项资金 500 万元、地方配套 500 万元，工程自 2003 年 12 月 14 日开工，2007 年 1 月 3 日完工。两工程于2009年6月24—26日通过了安庆市水利局组织的竣工验收。

【6·28暴雨】 6月28日20时—30日20时,全市大部分站点累计降水超过100mm,其中59个站点超过200mm,13个站点超过300mm,最大为怀宁县凉亭415mm。此次降雨皖河流域面雨量达207mm,其中花凉亭库区面雨量达197mm;菜子湖面雨量达212mm。全市334座水库先后溢洪,占水库总数51.6%。水库出险37处,溃破圩口5个,其中桐城市双港镇柏年河堤防溃破,淹没农田13000亩。安庆市区、潜山县、怀宁县3个城区严重积水。损坏堤防557处91km,潜山县五丰河拦河堰右侧冲毁,损坏塘、塥、堰等小型水利工程4083处。水利工程直接经济损失22313万元。据统计,全市死亡3人(太湖县、岳西县、怀宁县各1人),受灾人口214.756万人,紧急转移安置人口12386人(其中桐城市双港镇柏年河堤防溃破转移4612人),农作物受灾面积106336hm^2,倒塌房屋5636间。因灾直接经济损失92064.8万元,其中,农业损失49668.4万元。

【省防指"安庆石塘湖防汛演习"】 6月9日,省防指和安徽预备役师司令部在石塘湖举办抗洪抢险联合演习,省防指副总指挥、省军区副参谋长马新民,省防指副秘书长、水利厅副厅长张效武,以及省水利厅、安徽预备役师、省政府应急办、省财政厅、省地震局、安庆市政府、市防指成员单位、宜秀区等单位160多人观摩了演习。参加演习的共8支队伍,分别是安徽预备役师二团、三团、师直工兵营,省龙河口水库、黄山市黄山区水上抢险队,省淮河、长江河道管理局抢险队、安庆市抢险队。演习分为水上抢险、水下测量、岸上抢险三个部分共计12个科目。其中水上科目由30艘冲锋舟参演,分为水上阅兵式、穿越"S"型航道、水上越障、搜索打捞"落水人员"、解救被困群众、操舟机抢修、编队航行、冲锋舟靠岸;水下科目为水下地形测量;岸上科目为抢筑充水式子堤、抢筑装配式围井、模拟打桩等。参加演习的预备役官兵、抢险队员近200名。

【同马大堤加固工程通过竣工验收】 安徽省同马大堤上游端与湖北省黄广大堤相连接,沿途经宿松县、望江县、皖河农场、怀宁县、大观区,抵广成圩隔堤后沿皖河经石牌而终于怀宁县官坝头,全长173.52km,其中沿长江段堤长138.24km、沿皖河段堤长35.28km,为Ⅱ级堤防。同马大堤保护区内华阳河分蓄洪区与非分蓄洪区之间的东隔堤,起始于同马大堤华阳船闸,终于望江县城关电厂山头,全长8.2km,为Ⅲ级堤防。同马大堤加固工程概算总投资62229万元,主要建设内容包括堤身加固、填塘固基、护坡工程、护岸工程、堤顶公路、穿堤建筑物加固等,于1983年5月开工建设,2003年汛前基本完成。2009年12月26—30日,长江水利委员会主持召开同马大堤加固工程竣工验收会议,同意该工程通过竣工验收。

【水利信息化建设】 完成皖河闸、破罡闸水雨情自动测报系统建设。完善了全市水利地理信息综合应用系统,补充了系统空间、业务数据和更新图层,正式投入应用。岳西县基本完成防御山洪灾害预警系统省试点项目的建设工作。完成了首批建设的安庆城市防洪墙9号码头、安庆城市防洪墙31号闸口、花凉亭水库溢洪道、花凉亭灌区渠首、枞阳闸启闭机房、枞阳闸下游、破罡湖闸上游、破罡湖工作桥8个远程视频监控点验收工作。

【水利简况】 安庆市位于安徽省西南部,皖、鄂、赣三省交界处,长江中下游北岸。东南与池洲市和铜陵市隔江相望,南临江西省九江市,西界湖北省黄岗市,北与六安市相连,东北与巢湖市接壤。辖1市7县3区(桐城市、枞阳县、怀宁县、潜山县、岳西县、太湖县、望江县、宿松县,迎江区、大观区、宜秀区),面积15398km^2,总人口610万人。地跨长江、淮河两大流域,长江自上而下流经安庆宿松县、望江县、怀宁县、大观区、迎江区、宜秀区、桐城市、枞阳县等5县(市)3区,过境总长237km,占安徽省长江干流总长的61%。流域面积在300 km^{2}以上的河流有10条,主要湖泊10个。全市多年平均降水1300~1500mm。

安庆市基本建成了集蓄、调、供于一体的水利工程体系。共修建加固长江堤防307km,长江堤防全线达到能防御1954年洪水的标准;修建加固重点内河湖圩堤2000余km;建成大中小型水库489座(其中大型1座、中型9座),总库容29.5亿m^3;兴建机电排灌站2230座,共装机20万kW;小水电装机25.9万kW。

【市水利局职责、机构】 市水利局是市政府的水行政主管部门,担负着水资源统一监管和开发、利用、保护,水利发展战略、规划及政策研究,水旱灾害防治和水利突发公共事件的应急管理,江河湖库水系治理以及农村饮水安全、水土流失防治、节水灌溉、农村电气化、乡镇供水等工程建设任务。

市水利局内设办公室、人事

科、财务科、水政水资源科、基建计划科、工程技术科、农村水利科等7个职能科室和机关党委、工会和团委3个党群部门。局属事业单位有:市花凉亭水库管理局(正县级),花凉亭灌区管理局(正县级),市长江河道管理局(副县级)及其一分局、二分局、三分局,市水政监察支队、市水利规划设计院、市水利水电基本建设管理处、市水利工程质量监督站、市小水电管理所、市水土保持预防监督站、市水利局机电排灌管理所、市水利局机关生活管理处。

安庆市防汛抗旱指挥部办公室为挂靠市水利局管理的正处级机构,下设3个科室和1个事业单位,即综合科、防汛抗旱调度科、信息中心和市防汛抗旱物资器材储运站。

市水利局系统在职职工1037人,其中,局机关(含防汛办)公务员36人;专业技术人员321人(高级31人、中级132人、初级158人)。

【市水利局领导人员】

党组书记、局长、市防汛抗旱指挥部办公室主任:王建国

调研员、党组副书记、副局长:唐正根

党组成员、副局长:查学年

党组成员、副局长、机关党委书记:吴增龙

党组成员、总工程师:陈晓阳

党组成员、副局长:张礼成(8月份升任安庆市委党史研究室主任)

党组成员、副局长:王高林(11月份从枞阳县常委、副县长调任)

党组成员、纪检组长:李虹

党组成员、市防汛抗旱指挥部办公室专职副主任:周进

【县市区水利局主要领导】

桐城市水利局局长:程既武(9月改任主任科员)

桐城市水利局局长:张文胜(9月从桐城市科技局长调任)

桐城市水利局党组书记:阮子海

枞阳县水利局局长:黄志斌

枞阳县水利局党组书记:胡新民(1月改任主任科员)

枞阳县水利局党组书记:周世久(5月从县人大教科工委主任调任)

怀宁县水利局局长:朱黄杰

怀宁县水利局书记:许喜华(7月从副局长职务升任)

潜山县水利局局长:胡国节

潜山县水利局党组书记:邵竹山

岳西县水利局局长:王英森

太湖县水利局局长:袁敏慧

望江县水利局局长:聂华

望江县水利局党组书记:刘宝元

宿松县水利局局长:沈金明

宜秀区水利局局长:王磊

宜秀区水利局书记:李国生

迎江区水利局局长:汪辉明

大观区水利局局长:龚少平

(*唐正根 王宏志*)

黄山市

【概况】 2009年,市水利局以学习实践科学发展观为契机,按照"抓工程、谋项目、争投资、夯基础"的工作要求,对照全年目标任务,扎实做好各项工作,全年共完成水利投资2亿多元,争取省级以上投资近1亿元,年度目标任务全面完成。

黄山市新安江延伸综合开发项目于2008年12月31日开工建设,其中湖边水利枢纽、花山坝工程是项目的重要组成部分,市水利局作为湖边水利枢纽、花山坝工程建设责任单位,竭力保证工程顺利推进,湖边枢纽钢坝闸第一孔、第二孔土建已完成,第五孔基本完成;花山坝水泵房下部结构、拦河坝放水调节底涵土建已基本完成。2009年工程计划投资8000万元,实际完成投资1.5亿元,超额87%完成年度投资计划。

防汛工作:一是基础工作扎实细化,首次编印了全市防汛抗旱手册,市中心城区预案根据需求做了修订,重点检查突出病险水库、水电站、屋顶当家塘等,尤其是基层防汛隐患点都全部落实了责任人、应急措施和抢险物质。二是舍得投入壮大设备,各地在资金紧张的情况下,还建起了市与区县防汛可视会商系统,徽州区、歙县、黟县、休宁县等还设立了15个洪水位视频监视点。三是服务意识进一步增强,汛前对预警预报等信息化设备进行调试,发布雨水情等信息;汛中通过水利工程调度调控洪水,研究防范对策;汛后向上汇报灾情,争取防汛防台风经费。由于措施落实,有效防御了2月份春汛、6月5日的强对流天气和8月份台风。

农村饮水安全工程进一步规范建设管理,开展调研,及时分析解决问题,加强监督检查,推动工程建设,共投资4258万元,解决了8.58万人农村饮水不安全问题,全市农村饮水安全人口由2006年底的85.6万人提高到112.18万人,农村饮水安全覆盖率达到94.29%。病险水库除险加固工程全面展开,年内对59座水库进行除险加固,其中,列入2008年度计划的29座水库已全部完工并办理完工验收,列入2009年度计划的30座水库已完成所有前期工作并开工建设。水土保持治理工程完成年度治理任务,全年水土流失治理面积共计95km^2,投入资金1350万元,国债和地方配套各占一半。共对17条小流域进行了山、水、田、林、路的综合整治。农田水利基本建设全市共完成土石方472.5万m^3,投入工日280.1万个,特别是机械化施工程度大幅提高,投入大中型机械4.53万台班,累计投入各种资金

达1.96亿元,全市水利兴修工程4401处,新建灌溉机井1000眼,修复水毁工程1835处,新增恢复灌溉面积0.88万亩,改善灌溉面积2.53万亩,新增旱涝保收面积0.58万亩,新增节水灌溉面积0.9万亩,新增供水受益人口9.7万人,治理水土流失面积105km^2。

工程建设管理:一是对中心城区防洪工程开展验收,防洪二期工程黄山学校片、旅游度假区片、洽阳片、新安大桥片、阳湖滩片五大堤段已完成了竣工验收;新安江屯溪河段近期防洪治理工程10个标段进行了单位工程完工验收,该工程已新建、重建防洪堤岸总长9.64km,加高加固防洪堤2.5km,新建占川河分洪道、油汀河分洪道各一条,总长1000多m,建成占川河分洪道公路桥、茅山分洪控制闸、机场大道箱涵各一座,完成黄口大桥扩孔一处;与之前的防洪工程共同构成22.45km的防洪堤,基本形成了5个比较完善的封闭圈,使保护圈内的防洪标准基本达到25年一遇。二是开展重点小型水库除险加固工程验收,全面完成2007—2008年度5座重点小型病险水库除险加固任务,其中休宁岩坑水库竣工验收;休宁郎口水库主体工程验收;祁门流源、黄山区新丰和丰乐二坝年底前主体工程完工验收。列入2009年度的祁门佛子岭水库除险加固工程开工建设。中型水库丰乐水库和东方红水库除险加固工程通过竣工验收。三是安全生产工作常抓不懈,在6月份开展的"全国安全生产月"工作中,重点开展安全生产宣传和检查监督,并结合防汛工作开展各项安全生产活动。

水管单位体制改革进一步深化,4个水管单位的体制改革工作顺利通过省级验收;着力落实"两费",人员经费100%到位,工程维修养护经费到位72%;继续开展内部各项改革,规范工程管理,开展工程管理考核,精简了人员,提高了效率,分流人员得到妥善安置。不断加强河道采砂管理,制定《黄山市河道采砂管理技术规范》、《砂石资源征收使用办法》、《河道采砂作业违规处理办法》等规章制度,全市采砂点由原先300多处下降到120余处,市中心城区一、二水厂周边6户采砂户全部取缔。加强水能资源开发管理,出台《关于加强农村水电建设管理的意见》,进一步明确小水电建设管理职责、范围,规范小水电申报等程序,确保合理、有序地开发利用水能资源,年内小水电发电量达1.2亿kWh。全市"十一五"水电农村电气化建设进展顺利,启动了4个电气化县验收准备工作。

开展纪念"世界水日""中国水周"宣传活动,把水法宣传与水行政执法有机结合,增强宣传教育效果,解决实际涉水问题,营造良好的执法环境。组织在岗的行政执法人员全员参加市法制办组织的行政执法人员培训,较大地提高了行政执法人员的水平和能力。积极配合太湖流域管理局、省水利厅和省水文局开展取水总量调研工作,重点分析水资源现状、水资源开发利用情况以及水资源、水质保护措施,为推进新安江流域生态补偿机制试点工作提供科学依据。

在办理人大建议、政协提案中,主动走访征求意见,及时答复反馈,做到事事有调查结果,件件有回音回复,全年共办理人大建议、政协提案15件,政风行风热线7件,市长热线6件,市民热线6件,民生热线1件,信访件4件。在行政审批上提高服务效率,明确行政审批岗位职责,建立行政审批责任追究制度,政务中心水利窗口设立了首席代表,规范了行政许可审批程序,全年共办理60件审批项目,办结率达到100%。

【前期工作】 一是新安江延伸段湖边至花山段河道防洪治理项目得到了国家和省发改委、水利厅的大力支持,下达中央预算内投资1600万元。二是月潭水库项目取得进展,2月,受国家发改委委托,中国水电工程顾问集团公司专家组对月潭水库工程项目建议书进行现场评估,专家组一致认为:建设月潭水库是可行的。三是横江、练江、丰乐河、阊江、秋浦河5条重点河流的治理项目已完成了初步设计并上报省水利厅;祁门大洪水、歙县扬之水被列入中小河流治理试点,分别下达投资计划2690万元和2350万元。四是7个应急度汛项目取得上级支持,下达中央水利建设基金305万元,涉及雨水情自动测报预警系统建设和各区县河道治理等工程;歙县山洪灾害防治试点建设项目得到上级200万元支持,争取到第8号台风"莫拉克"水毁修复资金100万元。五是协助太湖流域水质监测中心项目落户经济开发区,该项目总投资600万元。

在全力推进项目立项的同时,着手开展规划编制工作,技术支撑主要以市设计院为依托,各区县全力配合,完成了全市抗旱规划、中小河流治理规划、中小型灌区配套规划、县级农田水利规划、河道采砂规划、2010—2013年农村饮水安全规划等。

【水利简况】 黄山市辖3区(屯溪区、黄山区、徽州区)4县(歙县、休宁、祁门、黟县)和黄山风景区,总人口148万,其中农业人口117万。地处皖南山区,年平均气温15℃~16℃,无霜期236天,平均年降水量1670mm。黄山山脉横亘境内,为长江流域和钱塘江流域的分水岭,黄山市总面积 9807km^2,其中,钱塘江流域面积 5614.6km,长江流域面积 4192.4km。钱塘江正源新安江,是全市的主要河流。此外,还有发源于黄山北坡的青弋江,北流入长江;发源于黄山南坡西段的阊江,南流入鄱阳湖。

全市共有在册水库 219 座,其中,中型水库 3 座,小(一)型水库 10 座,小(二)型水库 206 座;大小山塘近 3 万口,总蓄水量约为 3.2 亿 m^3;另有抗旱机井 8300 余眼,其中饮水井 4000 余眼。全市建有堰坝引水灌区 7747 处,提水灌区 1556 处,蓄水、引水、提水工程 3.6 万处,总有效灌溉面积 65.18 万亩,占总耕地面积 75.12 万亩的 86.8%。水利工程年实际供水能力达到 6.4 亿 m^3。全市已建小水电站 139 座,总装机容量 83835kW,年发电量 1.56 亿 kWh。黄山市中心城区防洪工程建成 22.45km 的防洪堤,基本形成了 5 个比较完善的封闭圈,使保护圈内的防洪标准基本达到 25 年一遇。

【市水利局机构、人员】 内设机构:办公室、水政水资源科、规划基建科、水利水保科、水利经济科。

直属机构:市防汛抗旱指挥部办公室、水利建设管理站、小水电建设管理站、水政监察支队、水利水电质量监督站、水电勘测设计院、丰乐水库工程管理处。

实有职工人数及人员结构:市水利局机关 13 名,局直属单位 104 名。其中,管理人员 22 名,专业技术人员 56 名,工勤人员 26 名。

【市水利局领导人员】

局党组书记、局长:汪欣

局党组成员、调研员、副局长:叶伍华

局党组成员、副局长:方国义

局党组成员、副局长:吴惠英

局党组成员、副局长:李胜利

局党组成员、副调研员:嵇南

局党组成员、总工程师:汪智星

【县区水利部门主要领导】

屯溪区水利局局长:江宏

徽州区水利局局长:李德胜

黄山区水利局局长:胡新龙

歙县水利局局长:曹健

祁门县水利局局长:陈新乐

休宁县水务局局长:李辉明

黟县水利局局长:王松林

(程小草)

安庆市花凉亭灌区管理局

【概况】 安庆市花凉亭灌区总控制面积 1195.9km^2,设计灌溉面积 105.83 万亩,国家大(二)型灌区。2009 年,安庆市花凉亭灌区管理局根据气候等因素,5 月 31 日开始供水灌溉,9 月 30 日结束,供水周期 122 天,其中,太湖县供水 122 天,宿松县供水 32 天,望江县供水 51 天,怀宁县供水 4 天。渠首进水闸引水量 6.066 亿 m^3。灌溉供水量 1.8221 亿 m^3,其中,太湖县供水量 1.3 亿 m^3,宿松县供水量 0.1513 亿 m^3,望江县供水量 0.3621 亿 m^3,怀宁县供水量 0.0077 亿 m^3,保证了灌区 71.76 万亩农田适时灌溉,完成年度农业灌溉任务。灌区管理局年度实收水费 259.1675 元(含以前年度应收数额)。

4 月初,灌区管理局召开办公会议,专题研究全年农业灌溉供水及防汛抗旱工作。按照防汛抗旱工作要求,制定各项预案和管理措施,编制了《2009 年度花凉亭灌区防汛预案》、《2009 年度花凉亭灌区抗旱预案》、《2009 年度花凉亭灌区防汛抗旱应急预案》、《花凉亭灌区特大干旱应对方案》及《花凉亭灌区 2009 年度用水计划》。4 月 24 日召开花凉亭灌区管委会主任(扩大)会议,全面部署全年灌溉工作,管理局与太湖、宿松、望江、怀宁四县管理单位签定年度供水合同。灌溉供水期间,灌区管理局机关、各基层单位、各县管理单位严明工作纪律,严格县界计量供水,实行供水会商制,落实防汛抗旱责任制,确保工程安全、供水安全,全力做好灌区用水服务工作。增加"踏步"工程建设,维修人行桥 13 座,拆除重建或新建人行桥、机耕桥 22 座。4 月,因连续降雨,太怀干渠上豹子口石拱桥和转桥石拱桥跨塌,渠道两岸村民交通困难,管理局会同太湖县交通局筹措资金,适时恢复交通,并解决了历史遗留问题。

灌区管理局与渠首、毕岭、集岭、汪元管理所和渠首、双庙湖、集岭水电站等直属单位签订安全生产目标责任书,全年无安全责任事故。集岭管理所房屋、院墙获得维修改造,汪元管理所管理房拆除改建,添置办公、生活等设施。

三座水电站利用灌溉弃水发电,年度发电量 1264.15 万 kWh,其中,渠首水电站 187.8 万 kWh,双庙湖水电站 471.2 万 kWh,集岭水电站 605.15 万 kWh。8 月,管理局下属禹信水利水电建安公司通过 ISO9001:2000 质量管理体系认证,获得相应国际标准认证证书,全年签订合同总额 748.18 万元。

年末正式职工 139 人,比年初少 1 人;离、退休人员 49 人,比年初增 1 人。

【续建配套与节水改造】 花凉亭灌区续建配套与节水改造工程建设管理局年度累计完成国家投资 4669.5 万元,土方 20.5 万

m^3,石方5.37万m^3,砼及钢筋砼40093m^3。省财政厅以财建〔2009〕489号文下达2008年4个新增项目地方配套资金,落实599万元自筹资金。

1月,完成太怀干渠除险加固工程(太怀桩号0+000—5+030)、北干渠除险加固工程(北干桩号0+000—4+000)、总干渠除险加固工程(桩号30+000—34+000)、总干渠除险加固工程(桩号34+000—36+700)等4个新增项目的施工招投标工作。

总干渠桩号9+000—21+000段除险加固工程、总干渠21+000—30+000段除险加固工程、太宿干渠桩号0+000—10+000段除险加固工程、太怀干渠除险加固工程(太怀桩号0+000—5+030)、北干渠除险加固工程(北干桩号0+000—4+000)、总干渠除险加固工程(桩号30+000—34+000)、总干渠除险加固工程(桩号34+000—36+700),年内主体工程完工。

完成2009年第二批续建配套与节水改造项目可行性研究报告上报工作,已通过安徽省发改委组织审查及批复。太怀干渠除险加固工程(桩号5+030—10+800)、太怀干渠除险加固工程(桩号10+800—18+000)、太宿干渠除险加固工程(桩号15+100—20+100)、太宿干渠除险加固工程(桩号20+100—25+700)4个项目初步设计,委托安庆市水利设计院完成并通过市水利局上报给省水利厅,待批准。

根据省水利厅文件要求,上报2010年项目建议计划,内容包括:总干渠除险加固工程(桩号30+000—34+000)、总干渠除险加固工程(桩号34+000—36+700)、太怀干渠除险加固工程(桩号5+030—10+800)、北干渠除险加固工程(桩号4+000—15+500)、太宿干渠除险加固工程(桩号15+100—20+100)、太宿干渠除险加固工程(桩号20+100—25+700段)、花凉亭灌区信息化建设,计划总投资5000万元。

12月,完成总干渠双庙湖渡槽等6座建筑物工程、总干渠直灌涵闸及太平节制闸控制与量水工程、姑塘支渠除险加固工程、太宿干渠(桩号0+000—10+000)除险加固工程、汪园渡槽拆建和泄洪闸加固工程单项竣工验收前期准备工作。

【水政工作】 灌区管理局抓好水政监察队伍建设和自身教育,大力宣传水法规,提高执法水平,保护灌区水工程安全运行,在"世界水日"、"水法宣传月"期间,悬挂宣传条幅,张贴宣传标语和主题画。年度共查处4起水事违法行为,遏制了人为侵害渠道工程的行为,保证了灌区工程灌溉、施工、水利兴修和工程管理等工作顺利开展。按市政府批准的《划定安庆市花凉亭灌区水工程管理范围和保护范围的意见》,计划分年实施,做好确权划界工作,已预制部分界桩,进行了界桩埋设工作。水工程管理范围和保护范围划定后,对灌区管理、执法工作将产生积极作用。

【灌区管理局负责人】

局党组书记、局长:艾应顺
局党组副书记、副局长:陈成林
局党组成员、副局长:徐曹松
局党组成员、副局长:杨胜平
局党组成员、总工程师:曹胜辉

(杨继光)

大事记

DA SHI JI

2009年度安徽水利大事记

1月

11日,省水利厅召开学习实践科学发展观活动整改落实阶段动员大会。厅党组书记、厅长纪冰作动员报告,省委学习实践活动第九指导检查组范晓明等同志到会指导,厅领导方志宏、高玉宝、张效武、金问荣及厅副巡视员陈道敏、董光琳参加会议。

16日,省政府召开抗旱专题会议。省委常委、副省长赵树丛强调,要全力以赴,加大抗旱保苗力度,千方百计夺取小麦丰收。厅党组书记、厅长纪冰参加会议。

20日,省政府召开抗旱保苗督查汇报会,省委常委、副省长赵树丛主持会议。会议听取了省政府4个抗旱保苗工作督查组汇报,就下一阶段抗旱保苗工作进行了部署。厅党组书记、厅长纪冰参加会议。

是日,省防指启动《安徽省抗旱预案》Ⅱ级响应。

21日,省政府召开全省抗旱保苗电视电话会。省委常委、副省长赵树丛强调,要进一步落实抗旱保苗措施,迅速掀起抗旱保苗高潮,全力以赴打好抗旱保苗硬仗,努力夺取午季小麦丰收。厅领导纪冰、张效武参加会议。

是日,省水利厅党组召开2008年度全厅总结表彰大会。厅党组书记、厅长纪冰指出,要进一步统一思想,坚定信心,开拓创新,扎实苦干,为推进跨越发展、加快崛起进程、构建和谐安徽作出新的更大的贡献。厅领导班子全体成员参加会议。

2月

1日,省政府召开抗旱保苗专题会议,省委常委、副省长赵树丛主持会议。会议要求,强化措施,抢抓农时,全力以赴打好抗旱保苗攻坚战。

2日,省政府常务会议专题研究抗旱保苗工作。省长王三运强调,要像防汛抗洪那样,动员一切力量,坚决打好抗旱保苗硬仗,为实现全省粮食稳定增产、农民持续增收奠定基础。

2—4日,国家防办副主任束庆鹏率国家防汛抗旱总指挥部检查组,来安徽省检查指导抗旱工作。检查组先后到利辛县、谯城区等地,实地察看了旱情和抗旱行动情况,听取了安徽省抗旱情况的汇报。厅党组成员、副厅长张效武陪同检查。

3日,省委常委、副省长赵树丛赴固镇县检查指导抗旱保苗工作。他要求,全面深入发动,组织各方力量,迅速掀起抗旱保苗高潮,确保实现粮食稳定增产、农民持续增收的农村工作目标。厅党组书记、厅长纪冰陪同检查。

4日,省水利厅召开合肥以北9市抗旱工作视频会议。分析当前全省旱情、苗情及抗旱工作形势,部署下一步工作。省防指副总指挥、厅党组书记、厅长纪冰作讲话。副厅长蔡建平主持会议并就贯彻落实会议精神作出具体部署。

5日,省防指启动抗旱预案Ⅰ级响应。

5—6日,省委书记王金山深入阜阳、六安两市,就抗旱保苗等工作进行调研。他强调,要全力以赴打好抗大旱、保全苗攻坚战,千方百计保障和促进农业增产、农民增收、农村稳定。省委常委、省委秘书长詹夏来,阜阳市、六安市及省直有关部门负责同志陪同调研。

5—6日,省长王三运到宿州、淮北调研抗旱保苗工作。他强调,要把抗旱保苗作为一项重大任务,全力以赴,抢抓时机,打好攻坚战,力争夏粮丰收。省委常委、副省长赵树丛,厅党组书记、厅长纪冰陪同调研。

6—10日,国家防汛抗旱总指挥部派抗旱专家组深入安徽省蚌埠、淮北和亳州等市受旱地区检查指导抗旱工作。

14日,省委常委、副省长赵树丛主持召开省防指第一次全体成员会议。会议强调,要全力以赴打好抗大旱、促春管、夺丰收的硬仗,力争夏季粮油有个好收成,千方百计促进农民持续增收,为保增长、保民生、保稳定作出应有的贡献。

23日,全省水利工作会议在合肥召开。省委常委、副省长赵树丛到会并讲话。省政府副秘书长程中才、省发改委副巡视员张伦昌、省财政厅副厅长张广寿出席会议并讲话。厅党组书记、厅长纪冰作工作报告。厅领导蔡建平、方志宏、高玉宝、张效武、张肖、金问荣,厅副巡视员陈道敏、董光琳参加会议。会议要求,当前和今后一个时期,各级政府和水利部门要在水利防灾减灾效益上有新提高,在水利防洪保安体系建设上有新跨越,在发展民生水利上有新进展,在水利管理体制和运行机制上有新突破,在推进科学治水管水上有新成果,在水利可持续发展能力上有新提升。

24日,省水利厅召开全厅深入学习实践科学发展观活动总结大会。厅党组书记、厅长纪冰作总结讲话,厅党组成员、副厅长张效武通报了全厅学习实践活动征求意见整改落实进展情况。省委学习实践活动第九指导检查组组长刘庆德等到会指导。厅领导蔡建平、方志宏、金问荣,厅副巡视员陈道敏、董光琳参加会议。

27日,全省防办主任会议在安庆市召开。会议总结了2008年防汛抗旱工作,研究部署2009年防汛抗旱任务,省防指副总指挥、厅党组书记、厅长纪冰作讲话,厅党组成员、副厅长张效武主持会议。

3月

13日,省委书记王金山、省长王三运率省有关部门负责同志到水利部走访,就加快推进安徽省水利发展与改革,促进全省经济社会又好又快发展进行了座谈。厅领导纪冰、蔡建平参加会议。

16日,省水利厅召开全厅干部大会,全国人大代表、厅党组书记、厅长纪冰传达了十一届全国人大二次会议的主要精神,强调要贯彻落实会议精神,确保完成全年水利目标任务,以实际行动迎接新中国成立60周年。厅领导蔡建平、方志宏、高玉宝、张效武、金问荣和厅副巡视员董光琳参加会议。

17日,国家防汛抗旱总指挥部第四期地市级防汛抗旱行政首长培训暨专题研究班在合肥市举行开班式。副省长唐承沛到会致辞。水利部副部长刘宁出席会议并讲话。厅党组书记、厅长纪冰参加开班式。

同日,水利部党组成员、副部长刘宁一行实地考察合肥市巢湖沿岸生态环境综合治理工程,听取了巢湖沿岸生态环境综合治理工程情况汇报,察看了工程建设现场和丙子万年埠试验段工程建设情况。厅党组书记、厅长纪冰陪同考察。

23—24日,省水利厅召开全省水利工程质量监督工作会议暨水利学会质量管理专业委员会年会。厅领导方志宏、金问荣参加会议。

28日,省水利厅党组召开全省水利系统党风廉政建设工作会议,总结2008年全省水利系统党风廉政建设和纪检监察工作,研究部署2009年党风廉政建设各项工作任务。厅党组书记、厅长纪冰参加会议并讲话,厅党组成员、纪检组长高玉宝主持会议并作工作报告和会议总结。

4月

8日,省水利厅厅党组召开中心组理论学习(扩大)会议,动员部署全厅“作风建设教育月”活动。厅党组书记、厅长纪冰主持学习会议并讲话,厅领导蔡建平、高玉宝、张效武、张肖,厅副巡视员陈道敏、董光琳,厅机关处室负责人和在肥厅直单位党政主要负责人参加会议。

10日,淮河防汛总指挥部2009年工作会议在合肥市召开。会议强调,各级防指一定要站在维护大局、关注民生的高度,切实做好防汛抗旱各项工作,为流域经济社会又好又快发展作出新的贡献。

是日,全省防汛抗旱工作会议在合肥召开。省委常委、副省长、省防指总指挥赵树丛出席会议并讲话。省防指副总指挥、厅党组书记、厅长纪冰作工作报告。

15日,省淠史杭总局召开灌区供水水源调度座谈会,分析灌区供水形势,优化配置水资源,保障灌区供水安全。厅党组成员、副厅长张效武出席会议。

18—19日,水利部副部长矫勇率国家血防检查组一行,赴南陵县等地,深入基层、走进农户检查指导血防工作。副省长倪发科主持向国家血防检查汇报与反馈会议。厅领导纪冰、蔡建平陪同检查。

19日,省长王三运到省防指检查指导防汛工作。他强调,抓好安全度汛,就是抓发展、保民生、保稳定。

是日,省防指副总指挥、厅党组书记、厅长纪冰主持召开会议,就贯彻落实省委书记王金山、省长王三运关于当前防汛准备工作的指示精神,进行了部署和安排。

是日,省水利厅召开离退休干部暨关工委工作会议。厅党组书记、厅长纪冰出席会议并讲话,厅党组成员、副厅长张肖主持会议并作总结。

22日,全省水利系统办公室工作会议在省龙河口水库管理处召开。厅党组成员、副厅长张肖出席会议并讲话。

23日,省水利厅召开全省加快汛前准备工作视频会议。厅党组书记、厅长纪冰就加强防汛准备工作作出部署。副厅长蔡建平主持会议。厅党组成员、副厅长张效武参加会议。

是日,省水利厅召开全省农水、水保科长会议。厅党组成员、副厅长张肖出席会议并讲话。

是日,安徽水利职工思想政治工作研究会会员代表大会召开。厅党组书记、厅长纪冰出席会议并讲话,厅党组成员、纪检组长高玉宝作工作报告。

27日,安徽省水利工程招标投标服务中心成立。厅领导纪冰、方志宏为中心揭牌。

28日,省水利厅召开安全生产委员会全体会议。厅党组书记、厅长、厅安委会主任纪冰出席会议并讲话,厅党组成员、副厅长、厅安委会副主任方志宏主持会议。

5月

5日,国家防总召开全国水库安全度汛工作电视电话会议,研究部署水库安全度汛工作。国家防总会议结束后,省防指立即召开全省水库安全度汛电视电话会议,要求各地狠抓各项安全度汛措施,确保水库安全度汛。厅领导蔡建平、金问荣参加会议。

5—7日,财政部副部长丁学东率国家防总淮河流域防汛抗旱检查组,先后深入安徽省淮北大堤、蚌埠闸、临淮岗洪水控制工程、王家坝闸、蒙洼蓄洪区和阜阳市颍泉区坎溜旱情测报站，检查指导防汛抗旱工作。厅领导纪冰、张效武陪同检查。7日，省委常委、副省长赵树丛主持汇报会，淮河防汛抗旱总指挥部、安徽省防汛抗旱指挥部汇报了防汛抗旱准备情况。

6日，省水利厅召开《安徽省水利志》编纂工作会议。厅党组成员、总工程师金问荣主持会议并讲话。

11日，省水利厅召开防汛抗旱综合办公室工作会议。厅党组书记、厅长纪冰出席会议并讲话。他强调，要充分认清形势，切实做好迎战水旱灾害的各项准备工作；统筹安排好防汛抗旱和本职工作；严肃防汛抗旱纪律，做到令行禁止；加强监督，落实责任追究制。厅领导蔡建平、高玉宝、张效武、张肖、金问荣，厅副巡视员陈道敏、董光琳参加会议。

12—14日，省防汛抗旱指挥部在省龙河口水库管理处举办全省县(市)防汛抗旱指挥长培训班。省防指副秘书长、厅党组成员、副厅长张效武出席开班式并授课。

13日，省水利厅召开全厅安全生产工作会议，总结2008年全厅安全生产工作，部署2009年安全生产工作。厅党组成员、副厅长、厅安委会副主任方志宏出席会议并讲话。

13—15日，省长王三运先后到滁州、马鞍山、铜陵三市，重点对长江防汛工程建设和防汛各项准备工作开展检查。王三运强调，要坚持以人为本，以急为先，以防为主，全力保大堤、保洲头、保民生，确保人民群众生命财产安全，为保持经济平稳较快发展提供有力保障。省委常委、副省长赵树丛，厅党组书记、厅长纪冰陪同检查。

16—17日，全国水利系统信访干部业务培训班在合肥举办。水利部党组成员、办公厅主任陈小江出席开班式并讲话。厅党组书记、厅长纪冰到会致辞。厅党组成员、副厅长张肖参加开班式。

19日，省水利厅召开“小金库”专项治理工作会议，传达全省“小金库”专项治理工作电视电话会议精神，部署全厅系统“小金库”专项治理工作。厅领导高玉宝、张效武参加会议。

20—21日，全省水利科技推广工作会议在滁州市召开。水利部科技推广中心武文相主任、许平副主任等到会指导。厅党组成员、总工程师金问荣参加会议并讲话。

20—22日，省政协主席杨多良到六安、阜阳和淮南等地就淮河治理情况进行调研。杨多良指出，要全面规划，标本兼治，进一步把淮河治理好，确保沿淮人民安居乐业。厅党组书记、厅长纪冰陪同调研。

21日，省人大常委会副主任朱先发率省人大农工委、省水利厅、省气象局有关负责同志赴枞阳县，就防汛抗旱准备工作情况进行检查调研。副厅长蔡建平陪同调研。

25日，全省水文工作会议召开。会议传达了全国水文工作会议精神，总结2008年水文工作，研究部署2009年水文工作任务。厅党组成员、副厅长张效武出席会议并讲话。

25—27日，省政协主席杨多良到宿州、淮北和蚌埠等地就淮河治理情况进行调研。杨多良指出，要想水有利，必先利于水，要进一步探索科学治水思路，发挥治淮的综合效益。厅党组书记、厅长纪冰陪同调研。

6月

2—3日，水利部水文局局长邓坚率防汛抗旱检查组，深入蚌埠水文局及吴家渡、阜阳闸、王家坝等基层水文站所，检查指导防汛水文测报工作。淮委副主任汪斌，厅党组成员、副厅长张效武陪同检查。

4—5日，水利部太湖流域管理局副局长吴浩云率检查组，对安徽省太湖流域病险水库除险加固工程进行专项检查。厅副巡视员董光琳陪同检查。

5日，省治淮工作领导小组第八次会议在阜阳市召开。省长王三运主持会议并讲话。他指出，要持之以恒推进治淮建设，毫不松懈抓好淮河防汛，为经济平稳较快发展和人民安居乐业提供有力保障。副省长孙志刚、赵树丛及省政府秘书长方宁，省治淮工作领导小组成员单位、淮河流域有关市政府、淮河水利委员会负责同志及厅领导纪冰、蔡建平、方志宏出席会议。

6日，华阳港储码头开港仪式在望江县举行。厅党组书记、厅长纪冰宣布开港，省政府副秘书长黄晓武及安庆市政府负责同志出席仪式。

16日，副省长黄海嵩赴黄山市检查防汛抗旱工作。他强调，要本着对人民群众高度负责的态度做好防汛工作。厅副巡视员董光琳陪同检查。

19日，沙颍河阜阳船闸工程开工建设。副省长黄海嵩出席开工仪式并宣布工程开工。厅党组书记、厅长纪冰参加开工仪式并讲话。

22—23日，全省水利前期工作暨计划管理工作会议在池州市召开。厅党组书记、厅长纪冰出席会议并讲话。他强调要把水利建设与保增长、扩内需、惠民生更好地结合起来，进一步明确和落实全省水利前期工作和计划管理工作任务，全力推进安徽省水利工作又好又快发展。副厅长蔡建平主持会议。

24日,省水利厅召开作风建设教育月活动总结暨主题教育党课报告会。厅党组书记、厅长纪冰作主题报告。厅领导方志宏、高玉宝、张效武、金问荣,厅副巡视员董光琳参加会议。

29日,省委常委、副省长、省防指总指挥赵树丛主持召开省防汛抗旱指挥部2009年第一次指挥长会议并讲话。赵树丛强调,各有关部门要进一步提高认识,抓好各项防汛措施和责任制的落实,确保安全度汛。省政府副秘书长程中才及厅领导纪冰、蔡建平、高玉宝、金问荣参加会议。

30日,省政府召开防汛专题会议。会议传达了王金山书记关于防汛工作的批示精神,通报了防汛工作情况,分析了天气趋势以及洪涝灾情和救灾工作。省长王三运到会并作讲话,省委常委、副省长赵树丛主持会议并对下一步防汛工作进行了具体部署。省政府秘书长方宁,17个省辖市政府负责同志、省防指有关成员单位负责人,厅领导纪冰、方志宏、张效武参加会议。

是日,副省长倪发科率省直有关部门赴席家沟闸检查蚌埠市防洪工程建设,实地察看防汛物资仓库及防汛物资准备情况,并赴方邱湖行洪区上口门了解淮干蚌埠至浮山段治理情况。倪发科强调,要充分做好防大汛、抗大灾的思想准备,进一步加强领导,明确责任,强化措施。厅领导蔡建平陪同检查。

是日,省委常委、副省长赵树丛赴怀宁县检查指导防汛救灾工作,要求密切关注雨情水情和天气情况,认真落实防汛抢险各项措施。厅党组成员、总工程师金问荣陪同检查。

6月30日—7月1日,南京军区王教成副司令员率工作组勘察安徽省长江防汛工作,省委常委、副省长赵树丛,省长助理邵国荷、省政府副秘书长程中才及厅党组成员、总工程师金问荣等陪同勘察。

7月

1日,淮委党组副书记、副主任肖幼到省茨淮新河工程管理局检查指导工作。厅党组成员、副厅长张肖陪同检查。

1—2日,副省长谢广祥先后到芜湖、马鞍山、滁州市实地察看长江江堤、芜湖市林都圩、马鞍山市一五圩、滁州市大同圩和黄栗树水库,检查指导防汛工作。他强调,要切实抓好防汛工作,确保群众生命安全。厅副巡视员董光琳陪同检查。

2—3日,副省长唐承沛率省直有关部门负责同志到宣城、铜陵、池州检查防汛工作。他要求,要严格落实防汛责任制,切实做好防大汛、救大灾的各项准备,确保安全度汛,确保人民群众生命财产安全。厅党组成员、纪检组长高玉宝陪同检查。

8日,省政协副主席张学平到省水利厅督查提案办理工作,厅党组书记、厅长纪冰,厅党组成员、副厅长张肖分别汇报了全省水利工作情况和省水利厅提案办理情况。

9日,省防指召开沿淮淮北各市防汛视频会议。省委常委、副省长、省防指总指挥赵树丛传达了省委书记王金山、省长王三运的指示精神,并就淮河防汛工作作了具体部署。省政府副秘书长程中才,省防指有关成员单位和沿淮淮北各市政府负责同志及厅领导纪冰、张效武参加会议。

是日,省政府召开淮河防汛专题会议,研究部署防范淮河流域强降雨工作。王三运省长到会并讲话,省委常委、副省长赵树丛主持会议。省政府秘书长方宁、副秘书长程中才、省防指有关成员单位负责同志和厅领导纪冰、张效武、张肖、金问荣参加会议。

15—17日,长江水利委员会建设管理局局长徐勤勤率调研检查组一行,来安徽省检查中央新增水利投资项目建设情况。厅党组成员、副厅长方志宏陪同检查。

20日,省水利厅召开全厅年中水利形势分析会。厅党组书记、厅长纪冰出席会议并讲话,他强调,要进一步统一思想认识,坚定信心,围绕"三保"部署,全力推进各项水利工作,确保完成既定的年度水利目标任务,为全省经济社会发展提供水利保障。厅党组成员、副厅长方志宏主持会议,厅领导高玉宝、张效武、张肖,厅副巡视员董光琳参加会议。

24—25日,全省水利工程管理暨河道采砂管理工作会议在蚌埠市召开。会议总结了近年来全省水利工程管理和河道采砂管理工作,深入分析了形势,总结交流经验,部署进一步加强全省水利工程管理与河道采砂管理工作。厅党组书记、厅长纪冰出席会议并讲话,厅党组成员、副厅长方志宏主持会议。

29日,省水利厅召开淮河进一步治理思路讨论会,厅党组书记、厅长纪冰出席会议并讲话,他强调,要继续坚持"蓄泄兼筹"的方针,按照"全面规划,统筹兼顾、标本兼治、综合治理"的原则,积极开展下一步治淮宏观性研究,为中远期治淮做好前期工作。副厅长蔡建平主持会议,厅领导张肖、金问荣参加会议。

8月

10日,省委常委、副省长、省防指总指挥赵树丛主持召开防御第8号台风会商会。厅党组书记、厅长、省防指副总指挥纪冰通报了雨水情、台风动向及防台风工作开展情况。会议强调,要突出重点,统筹兼顾,强化各项措施,做好防台风工作。

11日,省委常委、副省长、省防汛抗旱指挥部总指挥赵树丛主持召开水阳江流域防汛会商会议,要求各地紧急行动起来,全力以赴投入防洪斗争,确保人民群众生命安全。省政府副秘书长、省防指副总指挥程中才,厅党组书记、厅长、省防指副总指挥纪冰及省防指有关单位负责人参加会议。

是日,省委常委、副省长、省防汛抗旱指挥部总指挥赵树丛赴宣城市,检查指导水阳江防汛抗洪工作,要求沿江地区紧急行动起来,全力以赴,严防死守,坚决战胜水阳江洪水,确保安全度汛。厅党组成员、总工程师金同荣陪同检查。

12日,省委常委、副省长、省防指总指挥赵树丛主持召开省防汛抗旱指挥部指挥长会议。会议强调要认真总结防御第8号台风工作经验,扎实做好防汛救灾及灾后恢复工作。省政府副秘书长、省防指副总指挥程中才,省防指副总指挥、省水利厅厅长纪冰,省防指副秘书长及部分成员单位负责同志参加会议。

17日,《安徽省水利厅主要职责内设机构和人员编制规定》经省机构编制委员会办公室审核、省人民政府批准,省政府办公厅正式印发。

25—27日,省水利厅召开全省重点水利工程建设调度会议。会议通报了各地重点工程建设进展情况,逐项调度治淮、病险水库加固、大型泵站技改、农村饮水安全、灌区配套等重点水利工程建设项目,安排部署汛后的工程建设。厅领导纪冰、蔡建平、方志宏、张肖参加会议。

31日,省纪委省监察厅派驻(出)机构第四协作组工作座谈会在省水利厅召开。厅党组书记、厅长纪冰到会并讲话。厅党组成员、纪检组长高玉宝通报了省水利厅党风廉政建设工作情况。

9月

8日,省劳动保障厅党组成员、纪检组长王国华率省扩大内需促进经济增长政策落实第一检查组,到省水利厅检查指导工作。厅党组成员、纪检组长高玉宝主持汇报会。

13日,在皖全国人大代表第13小组到省水利厅调研水利工作,全国人大代表、厅党组书记、厅长纪冰陪同调研,并向代表们介绍了全省水利工作情况。

14日,省水利厅召开全厅维稳和安全生产工作会议,传达全省维护稳定工作座谈会和2009年省政府安委会第三次全体会议精神,研究部署国庆期间及年底前的全厅维稳与安全生产工作。厅党组书记、厅长纪冰出席会议并讲话。厅领导方志宏、张效武参加会议。

23日,省水利厅党组召开中心组理论学习(扩大)会议,传达学习党的十七届四中全会精神、王金山书记在省委常委扩大会议上讲话精神以及全省培养选拔年轻干部工作座谈会精神。厅党组书记、厅长纪冰同志主持学习会议,厅领导蔡建平、高玉宝、张效武、张肖、金同荣参加会议。

24日,省水利厅召开庆祝新中国成立60周年离休老同志座谈会。厅党组书记、厅长纪冰作《安徽水利60周年回眸与展望》专题报告,共同回顾安徽水利工作的辉煌历程,展望新时期水利事业发展的美好前景。厅领导蔡建平、方志宏、张肖参加会议。

10月

9日,省水利厅召开厅机关机构改革动员大会。厅党组书记、厅长纪冰作动员讲话。副厅长蔡建平宣布了厅机关机构改革实施工作方案。厅党组成员、副厅长方志宏传达了省政府办公厅批准的“三定”规定和机关处室编制情况。厅领导高玉宝、张效武、张肖、金同荣参加会议。

20日,国家部委淮河治理调研组来安徽省调研,并召开座谈会。调研组组长、国家发改委农经司司长高俊才,水利部规划计划司副司长段红东、巡视员吴强等出席座谈会。座谈会由厅党组书记、厅长纪冰主持。水利部淮委副主任刘玉年汇报了淮河治理情况,省水利厅副厅长蔡建平就安徽淮河治理等有关情况进行了汇报。

23日,省政府在蚌埠市召开全省抗旱播种保全苗工作电视电话会议。省委常委、副省长赵树丛出席会议,他强调,要立足抗灾夺丰收,全力开展抗旱播种保全苗工作,努力保持农业农村经济持续稳定发展的良好势头。厅党组书记、厅长纪冰参加会议。

29日,省水利厅工程建设领域突出问题专项治理工作领导小组召开第一次会议。厅党组成员、副厅长方志宏,厅党组成员、纪检组长高玉宝出席会议并讲话。

31日,佛子岭水库通过国家旅游局4A景区创建验收。

11月

4日,省农田水利基本建设指挥部召开电视电话会议,部署全省冬春农田水利基本建设工作。会议要求各地统一思想、抓住机遇、广泛动员,积极行动起来,迅速掀起农田水利基本建设高潮。厅党组书记、厅长纪冰到会并讲话,厅党组成员、副厅长张肖就全省农田水利基本建设工作进行了部署。厅领导张效武、金同荣出席会议。

16—17日,水利部水利审计工作座谈会在合肥市召开。水利部党组成员、中纪委驻水利部纪检组组长董力和水利部党组成员、副部长周英分别发表讲话。淮河水利委员会主任钱敏致辞,水利部直属机关党委副书记、审计室主任徐开濯主持会议。厅党组成员、副厅长张效武到会作交流发言。

30日,省水利厅召开厅机关机构改革总结大会。厅党组书记、厅长纪冰出席会议并讲话,要求全厅上下以机构改革为契机,扎实推进各项工作,不断开创全省水利事业新局面。副厅长蔡建平主持会议。厅党组成员、副厅长方志宏传达了中共中央办公厅《关于进一步从严管理干部的意见》。厅领导张效武、张肖、金问荣参加会议。

是日,全省水利系统党风廉政建设工作座谈会(北片)在宣城市召开。厅党组成员、纪检组长高玉宝出席会议并讲话。合肥等9个市水利(水务)局纪检组长参加会议并就党风廉政建设工作开展情况进行了座谈交流。

12月

15日,全国水利行业政府网站建设与发展座谈会召开,省水利厅门户网站荣获"全国水利行业优秀政府网站"称号。

16日,全国流域水资源管理与保护工作会议在合肥召开。水利部副部长胡四一、副省长唐承沛出席会议并讲话。厅党组书记、厅长纪冰,厅党组成员、总工程师金问荣参加会议。

20—21日,全省水政工作座谈会在合肥召开。会议强调,要突出重点,努力推动全省水政工作再上新台阶。厅党组成员、副厅长张效武出席会议并讲话。

21日,安徽省水利学会第九次会员代表大会在合肥召开。中国水利学会秘书长李赞堂、省科协副主席王海彦等到会祝贺。厅党组书记、厅长纪冰出席会议并讲话。厅领导蔡建平、方志宏、张效武、张肖、金问荣参加会议。

是日,全省水利统计工作会议在铜陵市召开。会议全面总结了新中国成立60年来全省水利统计工作取得的经验,部署今后一个时期的统计工作。副厅长蔡建平到会并讲话,厅副巡视员陈道敏主持会议。

22日,省水利厅召开全省水利系统省人大代表座谈会,征求代表对水利工作的意见和建议,征集全国人代会、省人代会有关水利工作的建议内容。厅党组书记、厅长纪冰主持座谈会并讲话,厅领导蔡建平、张效武出席会议。

26日,省水利水电行业协会第四次会员大会在合肥召开。会议听取了协会第三届理事会工作报告,选举产生第四届理事会,厅党组成员、副厅长方志宏当选为第四届理事会会长。省民政厅民间组织管理局有关负责同志到会指导。

28日,省政府在全椒县召开全省农田水利基本建设现场会,要求各地进一步贯彻落实中央和省有关会议精神,全力推动安徽省农田水利基本建设。省长助理邵国荷及厅领导纪冰、张肖出席会议。

29日,全省农田水利基本建设电视电话会议召开。省长王三运出席会议并讲话,省委副书记王明方主持会议。厅党组书记、厅长纪冰通报了全省农田水利基本建设进展情况。省政府秘书长梁卫国,省长助理邵国荷,省农田水利基本建设指挥部成员单位负责同志参加会议。

(赵梅)

统计资料

TONGJI　ZILIAO

2009 年安徽省灌溉面积统计表

单位:$10^3 hm^2$

分区	合　计	有效灌溉面积	林地灌溉面积	园地灌溉面积	其他灌溉面积	有效实灌面积	旱涝保收面积
全省	3517.81	3484.08	9.31	22.34	2.08	2969.63	2597.47
淮河流域	2168.85	2141.50	4.59	21.36	1.40	1712.50	1479.18
长江流域	1311.71	1305.91	4.55	0.81	0.44	1221.15	1091.87
新安江流域	37.25	36.67	0.17	0.17	0.24	35.98	26.42
合肥市	244.61	244.28	0.23	0.10		236.36	167.80
芜湖市	90.02	86.95	2.94	0.13		86.45	79.41
蚌埠市	202.39	202.39				176.28	172.90
淮南市	104.25	103.60	0.27	0.33	0.05	92.59	86.20
马鞍山市	52.15	52.15				52.15	48.97
淮北市	135.87	129.96	1.74	3.77	0.40	103.15	65.42
铜陵市	25.91	25.91				20.31	19.61
安庆市	256.85	256.47		0.38		234.76	216.05
黄山市	43.97	43.39	0.17	0.17	0.24	41.43	29.41
滁州市	358.43	354.87	3.56			234.44	276.95
阜阳市	366.54	366.54				299.49	229.50
宿州市	383.01	366.68		16.33		212.01	222.12
巢湖市	306.55	306.55				297.22	254.95
六安市	381.46	381.46				343.89	318.22
亳州市	300.79	300.79				287.40	196.70
池州市	83.43	83.43				81.81	76.19
宣城市	147.22	147.10	0.12			139.43	124.02
省直	34.35	31.55	0.28	1.13	1.39	30.46	13.05

2009年安徽省除涝面积统计表(一)

单位:10^3hm^2

分区	易涝耕地面积	累计除涝面积				本年减少除涝面积
		合计	3~5年一遇	5~10年一遇	10年及以上一遇	
全省	2427.88	2251.38	942.69	1219.94	88.76	3.49
淮河流域	1884.29	1716.42	822.71	828.81	64.90	3.03
长江流域	542.60	533.97	119.11	391.01	23.86	0.46
新安江流域	0.99	0.99	0.87	0.12		
合肥市	26.90	19.43	8.97	8.36	2.10	
芜湖市	61.14	61.14	9.79	48.35	3.00	
蚌埠市	262.15	222.13	35.68	173.02	13.43	2.93
淮南市	50.19	41.99	21.04	20.95		
马鞍山市	46.85	46.85	2.00	36.84	8.01	
淮北市	126.43	125.82	123.09	2.73		
铜陵市	13.16	13.16	5.59	7.57		
安庆市	110.09	108.94	35.83	68.87	4.25	0.46
黄山市	1.39	1.39	1.27	0.12		
滁州市	62.67	58.99	16.42	42.00	0.57	
阜阳市	449.42	429.02	152.70	265.22	11.10	
宿州市	432.61	357.34	224.88	132.46		
巢湖市	162.81	159.55	22.41	133.91	3.23	
六安市	87.66	74.38	51.64	22.74		
亳州市	421.51	420.78	203.41	179.45	37.92	0.1
池州市	46.18	44.67	14.01	30.66		
宣城市	35.85	35.73	5.22	30.51		
省直	30.87	30.07	8.74	16.18	5.15	

2009年安徽省除涝面积统计表(二)

单位:10^3hm^2

分区	本年新增除涝面积				当年发生涝灾面积	当年排涝减灾面积	涝灾直接经济损失(万元)
	合计	3~5年一遇	5~10年一遇	10年及以上一遇			
全省	15.54	5.134	10.17	0.94	134.93	86.39	28292
淮河流域	14.29	4.624	9.57	0.8	50.77	33.76	8972
长江流域	1.22	0.48	0.6	0.14	84.16	52.63	19320
新安江流域	0.03	0.03					
合肥市					2.70	2.70	
芜湖市					2.05	2.05	
蚌埠市	8.49	0.41	7.28	0.8	11.56	10.16	3650
淮南市							
马鞍山市	0.13			0.13			
淮北市	0.52	0.52			4.23	4.23	907
铜陵市					0.35	0.35	44
安庆市	0.67	0.33	0.33	0.01	17.40	8.40	550
黄山市	0.03	0.03					
滁州市	0.47		0.47		24.17	19.39	4103
阜阳市	1.34	0.5	0.84		10.27	5.14	590
宿州市	2.04	1.64	0.4		6.70	1.00	1400
巢湖市	0.01	0.01			43.01	20.48	9416
六安市	1.35	1.354	0.7				
亳州市	0.35	0.2	0.15				
池州市	0.14	0.14			0.20	0.20	0
宣城市					3.59	3.59	7200
省直					8.70	8.70	432

2009年安徽省堤防情况统计表 耕地:10^3hm^2;人口:万人;长度:km

分区	全部堤防总长度	全部堤防保护人口	全部堤防保护耕地	上年堤防总长度	累计达标堤防长度	上年度累计达标堤防长度
全省	20377	3282.38	2381.60	20255	6943.20	6697.17
淮河流域	8540	2066.13	1794.02	8437	2868.91	2745.25
长江流域	10493	1190.00	577.37	10484	3987.34	3872.87
新安江流域	1343	26.25	10.20	1333	86.95	79.05
合肥市	518	70.97	21.73	518	107.90	107.20
芜湖市	1295	177.67	60.14	1295	439.00	438.00
蚌埠市	1050	330.19	268.84	1045	315.31	315.31
淮南市	723	208.56	103.22	723	307.67	307.67
马鞍山市	466	97.12	49.84	466	66.65	66.65
淮北市	633	153.10	95.40	633	486.33	485.70
铜陵市	245	39.77	18.71	245	78.93	65.30
安庆市	2465	287.80	154.84	2464	744.00	742.70
黄山市	1111	30.10	11.52	1098	212.35	201.45
滁州市	969	76.58	70.46	969	590.72	541.72
阜阳市	1437	486.90	348.76	1437	513.50	497.00
宿州市	2693	385.91	405.75	2693	328.44	322.44
巢湖市	2896	280.19	102.91	2896	1735.10	1698.10
六安市	844	200.24	205.61	844	114.60	110.84
亳州市	621	294.90	332.71	522	344.73	246.20
池州市	710	75.34	48.70	710	163.70	163.70
宣城市	1282	75.64	53.13	1277	235.10	228.02
省直	419	11.40	29.32	419	159.17	159.17

2009年安徽省机电井情况统计表　装机容量:10^3kW;供水能力:万 m^3

分区	机电井眼数	已配套机电井眼数	已建成配套机电井装机容量	已建成配套机电井年设计供水能力	已建成配套机电井年实际供水能力	本年实际供水能力新增	本年实际供水能力减少
全省	192113	129223	1396	157271	129645	18102	21
淮河流域	188984	127053	1386	155143	127769	17729	15
长江流域	1791	1400	9	1410	1250		6
新安江流域	1338	770	1	718	626	373	
合肥市	3	3	0	27	27		
芜湖市							
蚌埠市	19416	18060	152	24878	17980	2625	
淮南市	473	423	2	499	318	6	
马鞍山市							
淮北市	20708	18855	170	3273	2856	215	
铜陵市	9	9	2				
安庆市	1	1	0				
黄山市	1606	1038	3	1151	959	373	
滁州市	286	209	406	1095	439	19	
阜阳市	32630	19025	157	32057	30644	2167	
宿州市	56193	45392	306	57919	42457	10150	
巢湖市	601	590	2	117	87		6
六安市	296	122	1	2530	1538		
亳州市	57995	24259	180	32529	31144	2427	15
池州市	15	15	0	18	18		
宣城市	702	399	3	728	728		
省直	1179	823	12	450	450	120	

2009年安徽省排灌机械保有量统计表

装机容量:10^3kW

分区	排灌装机容量	灌溉机电井			固定机电排灌站		流动机装机容量	喷滴灌装机容量
		机电井眼数	已配套机电井眼数	配套机电井装机容量	处数	装机容量		
全省	4691.90	190289	127761	971.68	16059	1673.53	1928.07	118.63
淮河流域	3321.11	188442	126347	964.46	8778	746.87	1494.51	115.26
长江流域	1324.30	1036	716	5.79	6890	918.34	396.84	3.34
新安江流域	46.49	811	698	1.43	391	8.31	36.72	0.03
合肥市	267.25	3	3	0.10	927	145.61	121.22	0.33
芜湖市	97.15				466	84.50	12.65	
蚌埠市	303.37	19163	17807	148.31	778	119.56	32.43	3.07
淮南市	150.75	462	412	1.63	1180	112.52	31.67	4.93
马鞍山市	118.91				425	56.25	62.66	
淮北市	281.31	20708	18855	169.35	115	14.64	60.71	36.61
铜陵市	40.36	9	9	0.12	193	24.11	16.13	
安庆市	232.46	1	1	0.02	1176	145.91	86.53	
黄山市	48.01	1079	966	3.33	416	8.52	36.13	0.03
滁州市	249.04	7	7	0.05	1000	201.92	46.72	0.35
阜阳市	638.80	32510	18746	152.06	1904	113.28	343.28	30.18
宿州市	639.36	56193	45392	300.61	782	41.20	276.44	21.10
巢湖市	329.86	38	36	0.79	1535	262.66	63.96	2.45
六安市	198.47	296	122	1.36	628	101.91	93.99	1.21
亳州市	754.71	57924	24183	178.79	2599	64.95	498.65	12.32
池州市	162.82	15		0.08	953	80.49	82.25	
宣城市	105.82	702	399	2.78	695	43.81	59.17	0.06
省直	73.45	1179	823	12.30	287	51.68	3.48	5.99

2009年安徽省节水灌溉面积统计表

单位:10^3hm^2

分区	本年节水灌溉面积	喷灌面积	微灌面积	低压管灌面积	渠道防渗面积	其他工程节水面积
全省	791.537	79.86	7.56	68.09	561.540	171.733
淮河流域	627.21	76.26	6.98	65.42	365.54	113.01
长江流域	156.287	3.54	0.58	2.55	91.374	58.243
新安江流域	5.13	0.06			4.59	0.48
合肥市	47.093	0.14	0.01		6.85	40.093
芜湖市	7.85			0.4	7.45	
蚌埠市	36.45	5.46		2.28	17.24	11.47
淮南市	43.73	1.9		1	27.07	13.76
马鞍山市	5.61				5.61	
淮北市	44.33	17.77	3.85	4.52	16.73	1.46
铜陵市	5.1			0.39	3.88	0.83
安庆市	14.98	0.81		0.1	12.25	1.82
黄山市	7.7	0.06	0.14		6.97	0.53
滁州市	22.56	0.5			18.99	3.07
阜阳市	78.69	15.99	0.26	8.68	14.12	39.64
宿州市	113.55	17.71	2.41	40.29	21.32	31.82
巢湖市	31.164	0.25	0.38	0.33	13.304	16.9
六安市	266.32	0.21			266.11	
亳州市	34.61	9.1	0.12	8.65	6.82	9.92
池州市	3.81	0.05	0.05	1.33	2.09	0.29
宣城市	9.92	0.06			9.73	0.13
省直	15.16	9.85	0.34		4.97	

2009年安徽省农村饮水安全情况统计表

单位:万人

分区	当年末农村饮水安全达标人口	只达到基本安全人口	上年末农村饮水安全达标人口	本年新增饮水安全达标人口	本年减少饮水安全达标人口
全省	4325.37	1759.37	4021.26	311.68	7.57
淮河流域	2685.21	1051.63	2481.35	204.74	0.88
长江流域	1545.13	650.67	1450.88	100.94	6.69
新安江流域	95.03	57.07	89.03	6.00	
合肥市	203.82	30.00	186.82	17.00	
芜湖市	133.21		125.06	8.15	
蚌埠市	236.54	92.92	207.35	29.19	
淮南市	121.59	33.86	108.52	13.07	
马鞍山市	70.53	3.59	70.53		
淮北市	104.98	60.49	95.56	10.30	0.88
铜陵市	30.52	25.23	30.52		
安庆市	382.68	235.31	355.87	33.12	6.32
黄山市	107.57	52.22	99.77	7.80	
滁州市	295.21	263.17	276.76	18.45	
阜阳市	716.83	234.88	680.83	36.00	
宿州市	442.53	69.23	414.34	28.19	
巢湖市	287.61	85.99	269.88	17.73	
六安市	492.66	287.68	446.66	46.00	
亳州市	364.75	113.87	335.20	29.55	
池州市	118.04	68.23	114.93	3.11	
宣城市	208.74	99.05	194.74	14.00	
省直	7.57	3.65	7.92	0.02	0.38

2009年安徽省农村饮水安全工程建设统计表

供水能力、供水量:万 m^3;人口:万人

分区	已建饮水工程年设计供水能力	已建饮水工程年实际供水能力	饮水工程全年供水量	已建饮水工程供水人口	农村自来水供水人口
全省	96148.10	75563.75	51840.44	2374.91	1311.22
淮河流域	44881.74	36106.33	23131.22	974.50	528.15
长江流域	49094.36	37597.42	27280.22	1316.24	719.77
新安江流域	2172.00	1860.00	1429.00	84.17	63.30
合肥市	5292.52	4332.41	2280.96	163.86	61.48
芜湖市	4780.80	3117.15	2696.00	104.18	100.00
蚌埠市	7337.98	4246.23	2392.23	85.17	47.56
淮南市	750.76	750.76	485.24	46.08	9.95
马鞍山市	3636.80	3636.80	2547.80	70.53	70.53
淮北市	1755.20	1138.10	1042.10	32.98	32.98
铜陵市	32.52	18.24			
安庆市	10991.50	8449.00	5483.00	341.02	136.65
黄山市	2482.00	2032.00	1518.00	100.89	80.02
滁州市	5257.00	3722.00	1995.00	188.85	70.43
阜阳市	2979.79	2979.79	1845.05	92.57	87.57
宿州市	8398.59	7526.03	4690.86	165.64	104.73
巢湖市	13070.00	10243.00	6152.00	216.71	157.87
六安市	15970.50	13898.50	11326.58	418.65	138.77
亳州市	3386.92	2825.92	1800.16	81.60	72.02
池州市	1584.80	1184.51	927.66	37.71	29.85
宣城市	8147.94	5201.55	4417.80	190.13	86.75
省直	325.00	280.00	240.00	5.82	5.82

2009年安徽省已建蓄水工程供水能力情况统计表

单位:万 m^3

分区	已建成蓄水工程年设计供水能力					已建成蓄水工程年实际供水能力				
	合计	大型水库	中型水库	小型水库	塘坝	合计	大型水库	中型水库	小型水库	塘坝
全省	1828897	837881	335319	220635	435062	1630839	717109	312213	192892	408624
淮河流域	721709	346500	102049	78547	194613	682585	323700	98508	72123	188254
长江流域	1054405	491381	204390	133818	224816	915155	393409	197653	114604	209489
新安江流域	52783		28880	8269	15634	33099		16052	6165	10882
合肥市	126213	28781	23862	30584	42986	110344	20589	22622	28267	38866
芜湖市	28935			2970	25965	26955			1532	25423
蚌埠市	3829		1150	1000	1679	2858		748	748	1362
淮南市	2591			1995	596	2323			1747	576
马鞍山市	4737			1207	3531	4527			1206	3322
淮北市	32573			2900	29673	30240		1500	1150	27590
铜陵市	4320			1700	2620	4320			1700	2620
安庆市	355507	154780	138802	17695	44230	304611	115600	136795	15804	36412
黄山市	62550		31980	11344	19226	41161		19152	7971	14038
滁州市	210104	19500	83832	44993	61779	198791	13220	80755	41201	63615
阜阳市	8423				8423	8207				8207
宿州市	6479		2100	3651	728	4046		940	2481	625
巢湖市	51695		5660	14937	31098	43862		4842	11624	27396
六安市	583114	393120	30913	44429	114652	560239	370320	30913	44381	114625
亳州市										
池州市	36875		3510	20720	12645	27495		2980	14820	9695
宣城市	310350	241700	13510	20300	34840	260330	197380	10966	18061	33923
省直	602			210	392	530			200	330

2009年安徽省已建蓄水工程情况统计表

单位:万 m^3

分区	已建成蓄水工程座数					已建成蓄水工程总库容				
	合计	大型水库	中型水库	小型水库	塘坝	合计	大型水库	中型水库	小型水库	塘坝
全省	827425	12	105	4691	822617	2368461	1352693	323347	273825	418596
淮河流域	278845	4	60	2025	276756	1012703	573458	180330	103352	155563
长江流域	518071	8	43	2483	515537	1328423	779235	132174	163628	253386
新安江流域	30509		2	183	30324	27335		10843	6845	9647
合肥市	107449	2	18	526	106903	169446	43300	40671	40408	45068
芜湖市	29300			81	29219	16027			3830	12197
蚌埠市	997		1	43	953	5514		2480	1405	1629
淮南市	996			26	970	4620			2655	1965
马鞍山市	14589			33	14556	6449			1085	5364
淮北市	15		1	4	10	1497		1150	191	156
铜陵市	8470			40	8430	4976			1669	3307
安庆市	149878	1	10	517	149350	368799	239805	36128	27746	65120
黄山市	26942		3	221	26718	36964		13843	10264	12857
滁州市	111488	2	46	1008	110432	375923	48430	161420	83399	82674
阜阳市	15768				15768	15209				15209
宿州市	1180		1	82	1097	8385		2815	4058	1512
巢湖市	75804		8	313	75483	67354		11881	23571	31902
六安市	180884	5	9	1093	179777	817463	658258	30860	32646	95699
亳州市										
池州市	21730		3	374	21353	41559		6236	21186	14137
宣城市	81870	2	5	325	81538	427857	362900	15863	19572	29522
省直	65			5	60	418			140	278

2009年安徽省水闸工程统计表

单位:座

分区	总座数	按过流量大小分			按作用分				本年新增水闸数	本年减少水闸数
		大型	中型	小型	分洪闸	节制闸	排水闸	引水闸		
合计	2402	61	350	1991	283	885	1038	196	39	2
淮河流域	1630	46	242	1342	131	620	797	82	32	
长江流域	755	13	105	637	147	254	241	113	5	2
新安江流域	17	2	3	12	5	11		1	2	
合肥市	84		20	64	64	12	1	7		
芜湖市	46		2	44	4	3	38	1		
蚌埠市	180	9	17	154	4	22	143	11	22	
淮南市	85		10	75	8	9	50	18		
马鞍山市	14		3	11		11	2	1		
淮北市	88	1	11	76	29	21	29	9	2	
铜陵市	40		1	39	7	11	22			
安庆市	163	1	12	150	5	77	45	36		
黄山市	23	5	5	13	6	16		1	2	
滁州市	32	5	9	18	5	13	10	4	2	2
阜阳市	433	8	42	383	4	155	272	2	2	
宿州市	278	7	79	192	7	203	62	6		
巢湖市	130	2	17	111	13	19	65	33	3	
六安市	244	3	46	195	42	88	87	27		
亳州市	306	4	33	269	20	129	138	19	6	
池州市	64	1	2	61	17	31	15	1		
宣城市	91	5	6	80	25	9	37	20		
省直	101	10	35	56	23	56	22			

2009年安徽省水土流失治理面积统计表

面积:$10^3 hm^2$

分区	原有水土流失面积	本年新增水土流失面积	本年水土流失治理面积达到		本年新增水土流失治理面积		本年水土流失治理面积减少	本年封育保护面积达到	
			合计	小流域治理面积	合计	新增小流域治理面积		合计	新增本年封育保护面积
全省	3434.54	3.86	2102.32	915.37	44.01	29.51	0.41	124.23	9.24
淮河流域	776.96	0.10	445.96	216.22	10.46	8.91	0.41	2.32	1.10
长江流域	2211.05	3.21	1407.27	629.84	28.27	16.80		79.05	6.66
新安江流域	446.53	0.55	249.09	69.31	5.28	3.80		42.86	1.48
合肥市	57.17	0.10	19.05	0.36	0.51	0.20			
芜湖市	57.60	1.33	43.33	2.73	4.00	2.40		0.50	
蚌埠市	13.60		7.50	1.00					
淮南市	19.08		13.74		0.06				
马鞍山市	10.04	0.03	9.66	9.66	0.03	0.03			
淮北市	22.38		15.11	2.13	1.09		0.41		
铜陵市	26.51		5.03	3.58	0.20				
安庆市	788.95		456.96	131.09	7.07	5.08		18.70	
黄山市	514.01	0.55	298.26	101.28	7.48	4.20		12.12	0.78
滁州市	249.94		200.22	9.50	2.74	2.59			
阜阳市									
宿州市	107.96		44.79	1.89	0.10				
巢湖市	191.63	1.50	182.93	113.89	1.30	0.80		30.78	0.40
六安市	544.23		321.80	228.92	8.10	7.60		2.32	1.10
亳州市									
池州市	394.41		273.15	226.68	4.50	1.00		7.42	
宣城市	437.03	0.35	210.79	82.67	6.83	5.61		52.39	6.96
省直									

2009 年安徽省万亩以上灌区统计表(一)

分区	设计灌溉面积达到万亩处数	有效灌溉面积达到万亩处数				
	合计	合计	50 万亩以上	30 万～50 万亩	5 万～30 万亩	1 万～5 万亩
全省	430	359	9	3	37	310
淮河流域	243	181	4	2	24	151
长江流域	184	175	5	1	12	157
新安江流域	3	3			1	2
合肥市	21	21		1	3	17
芜湖市	7	7			2	5
蚌埠市	66	48				48
淮南市	26	26	1		5	20
马鞍山市	4	4				4
淮北市						
铜陵市	7	5			2	3
安庆市	40	38	1		2	35
黄山市	4	4			1	3
滁州市	71	71	1	1	13	56
阜阳市	21	18			2	16
宿州市	31	7		1		6
巢湖市	62	62			2	60
六安市	4	4			3	1
亳州市	19	2				2
池州市	11	6				6
宣城市	10	10	1		2	7
省直	26	26	5			21

2009年安徽省万亩以上灌区统计表(二)

单位:10^3hm^2

分区	设计灌溉面积合计	有效灌溉面积				
		合计	50万亩以上	30万~50万亩	5万~30万亩	1万~5万亩
全省	2513.77	1862.13	1168.23	67.76	197.01	429.13
淮河流域	1508.67	1174.05	785.97	43.76	125.04	219.28
长江流域	993.10	677.48	382.26	24.00	65.30	205.92
新安江流域	12.00	10.60			6.67	3.93
合肥市	84.52	72.01		24.00	22.33	25.68
芜湖市	17.97	17.75			13.00	4.75
蚌埠市	105.90	65.68				65.68
淮南市	108.35	84.64	36.67		22.09	25.88
马鞍山市	8.06	7.53				7.53
淮北市						
铜陵市	9.40	7.04			4.80	2.24
安庆市	171.68	130.97	58.67		18.86	53.44
黄山市	12.93	11.35			6.67	4.68
滁州市	270.82	188.03	36.07	22.66	61.81	67.49
阜阳市	155.60	54.49			10.40	44.09
宿州市	71.06	26.60		21.10		5.50
巢湖市	109.84	86.33			9.11	77.22
六安市	24.10	19.64			18.74	0.90
亳州市	21.50	1.40				1.40
池州市	14.36	6.88				6.88
宣城市	124.23	69.14	48.52		9.20	11.42
省直	1203.45	1012.65	988.30			24.35

2009年安徽省水利工程年供水能力统计表(一)

单位:万 m^3

分区	已建水利工程年设计供水能力				
	合计	蓄水工程	引水工程	取水泵站	配套机电井
全省	3624128	1828897	455819	1182142	157271
淮河流域	1837120	721709	109992	850276	155143
长江流域	1714524	1054405	333718	324991	1410
新安江流域	72485	52783	12109	6875	718
合肥市	203799	126213	24141	53418	27
芜湖市	80005	28935	30000	21070	
蚌埠市	238939	3829		210232	24878
淮南市	258395	2591	150	255155	499
马鞍山市	56506	4737	42247	9522	
淮北市	103540	32573	2900	64794	3273
铜陵市	4320	4320			
安庆市	473554	355507	49611	68436	
黄山市	91108	62550	18803	8604	1151
滁州市	310562	210104	13805	85558	1095
阜阳市	99180	8423	91	58610	32057
宿州市	149438	6479	15246	69795	57919
巢湖市	197271	51695	51837	93622	117
六安市	725424	583114	86500	53280	2530
亳州市	96124			63595	32529
池州市	45623	36875	4650	4080	18
宣城市	365840	310350	31528	23234	728
省直	124500	602	84310	39138	450

2009年安徽省水利工程年供水能力统计表(二)

单位:万 m^3

分区	已建水利工程年实际供水能力				
	合计	蓄水工程	引水工程	取水泵站	配套机电井
全省	3011948	1630839	362802	888663	129645
淮河流域	1502390	682585	76083	615953	127769
长江流域	1460187	915155	277171	266611	1250
新安江流域	49372	33099	9548	6099	626
合肥市	182025	110344	23566	48088	27
芜湖市	69965	26955	28000	15010	
蚌埠市	135373	2858		114535	17980
淮南市	227962	2323	75	225246	318
马鞍山市	56296	4527	42247	9522	
淮北市	86561	30240	2900	50565	2856
铜陵市	4320	4320			
安庆市	378086	304611	21880	51595	
黄山市	64165	41161	14883	7162	959
滁州市	278372	198791	6320	72822	439
阜阳市	85259	8207	91	46318	30644
宿州市	109783	4046	15193	48087	42457
巢湖市	165167	43862	42755	78463	87
六安市	626911	560239	55224	9910	1538
亳州市	85519			54375	31144
池州市	34605	27495	4212	2880	18
宣城市	304109	260330	27796	15255	728
省直	117470	530	77660	38830	450

2009年安徽省水利工程实际供水量统计表(一)

单位:万 m^3

分区	按工程类型分				
	小计	蓄水工程	引水工程	取水泵站	机电井
全省	1860822	1036988	243446	483350	97039
淮河流域	1020139	550668	59324	314841	95306
长江流域	805539	464039	177091	163206	1204
新安江流域	35144	22281	7031	5303	529
合肥市	93359	60660	18028	14645	26
芜湖市	66840	25460	28000	13380	
蚌埠市	84192	2148		66440	15604
淮南市	135068	2203	75	132525	265
马鞍山市	48567	3920	36310	8337	
淮北市	23890	12616	2400	7600	1274
铜陵市	4060	4060			
安庆市	210960	162439	21830	26691	
黄山市	45796	29699	9776	5442	879
滁州市	107624	86442	360	20578	244
阜阳市	3922391	26814	12318		
宿州市	55099	1085	100	17234	36680
巢湖市	125586	36934	26847	61727	78
六安市	566602	507472	55152	3978	
亳州市	68098			39575	28523
池州市	31360	25210	3474	2665	11
宣城市	114586	76150	23817	13913	706
省直	39912	490	17186	21806	430

2009 年安徽省水利工程实际供水量统计表(二)

单位:万 m^3

分区	合计	灌溉供水	工业生产	城镇生活	乡村生活	生态环境
全省	1860822	1595914	69560	45295	39348	4148
淮河流域	1020139	972631	20796	10393	16056	70
长江流域	805539	595607	48099	33414	21742	4023
新安江流域	35144	27676	665	1488	1550	55
合肥市	93359	72484	13285	2742	2728	1610
芜湖市	66840	53750	7120	2700	2670	600
蚌埠市	84192	80041	2762	949	399	
淮南市	135068	130094	4950	14	10	
马鞍山市	48567	44849	485	1869	1244	120
淮北市	23890	21859	1415	285	186	10
铜陵市	4060	4060				
安庆市	210960	105610	2135	2159	2276	1400
黄山市	45796	33688	1151	2519	3573	55
滁州市	107624	95195	2672	5114	1078	
阜阳市	39223	36345	400	430	2048	
宿州市	55099	46699	2648	1755	3997	
巢湖市	125586	98257	9817	9513	7706	293
六安市	566602	545108	8156	5780	7480	60
亳州市	68098	66658		660	780	
池州市	31360	30577		721	62	
宣城市	114586	91533	12239	7714	3000	
省直	39912	39106	325	371	110	

2009年安徽省水利工程实际供水量统计表(农业灌溉)　单位:万 m^3

分区	小计	蓄水工程	引水工程	取排水泵站	机电井工程
全省	1595913.72	849523.00	211382.00	454669.00	80339.72
淮河流域	972630.90	528315.00	56850.00	308471.20	78994.70
长江流域	595606.82	303793.00	149102.00	141785.80	926.02
新安江流域	27676.00	17415.00	5430.00	4412.00	419.00
合肥市	72484.00	43745.00	14988.00	13725.00	26.00
芜湖市	53750.00	21460.00	19700.00	12590.00	
蚌埠市	80041.00	2088.00		65727.00	12226.00
淮南市	130094.40	2203.00	75.00	127561.10	255.30
马鞍山市	44849.00	3665.00	33018.00	8166.00	
淮北市	21859.10	11641.00	1700.00	7600.00	918.10
铜陵市	4060.00	4060.00			
安庆市	105610.00	59526.00	20730.00	25354.00	
黄山市	33688.00	22037.00	6366.00	4516.00	769.00
滁州市	95195.40	74245.00	360.00	20578.00	12.40
阜阳市	36344.80		91.00	26814.00	9439.80
宿州市	46699.00	1065.00		17174.00	28460.00
巢湖市	98256.82	30550.00	20292.00	47413.80	1.02
六安市	545108.00	487889.00	53554.00	3665.00	
亳州市	66658.20			39295.10	27363.10
池州市	30577.00	24590.00	3311.00	2665.00	11.00
宣城市	91533.00	60319.00	20457.00	10219.00	538.00
省直	39106.00	440.00	16740.00	21606.00	320.00

2009 年安徽省水利工程实际供水量统计表(工业)

单位:万 m^3

分区	小计	蓄水工程	引水工程	取水泵站	机电井
全省	69560.23	36378.80	12792.00	14957.40	5432.03
淮河流域	20796.00	8490.00	1311.00	5674.00	5321.00
长江流域	48099.23	27588.80	11276.00	9133.40	101.03
新安江流域	665.00	300.00	205.00	150.00	10.00
合肥市	13285.00	10945.00	2000.00	340.00	
芜湖市	7120.00	2000.00	5000.00	120.00	
蚌埠市	2762.00	10.00		434.00	2318.00
淮南市	4950.00			4950.00	
马鞍山市	485.00		485.00		
淮北市	1415.00	950.00	410.00		55.00
铜陵市	0.00				
安庆市	2135.00	1390.00	100.00	645.00	
黄山市	1151.00	931.00	60.00	150.00	10.00
滁州市	2672.00	2672.00			
阜阳市	400.00				400.00
宿州市	2648.00		100.00		2548.00
巢湖市	9817.43	2300.00	1863.00	5650.40	4.03
六安市	8156.00	7140.00	746.00	270.00	
亳州市	0.00				
池州市	0.00				
宣城市	12238.80	8020.80	1823.00	2298.00	97.00
省直	325.00	20.00	205.00	100.00	

2009年安徽省水利工程实际供水量统计表(城镇生活) 单位:万 m^3

分区	小计	蓄水工程	机电井工程	取排水泵站	引水工程
全省	45294.83	26135.30	3579.08	7836.78	7743.67
淮河流域	10393.00	5539.00	3488.00	633.00	733.00
长江流域	33413.83	20105.30	11.08	6687.78	6609.67
新安江流域	1488.00	491.00	80.00	516.00	401.00
合肥市	2742.00	2742.00			
芜湖市	2700.00	2000.00		400.00	300.00
蚌埠市	949.00		673.00	276.00	
淮南市	14.00			14.00	
马鞍山市	1869.00			171.00	1698.00
淮北市	285.00	25.00	250.00		10.00
铜陵市	0.00				
安庆市	2158.67	1054.00		162.00	942.67
黄山市	2519.00	1556.00	80.00	551.00	332.00
滁州市	5114.00	5114.00			
阜阳市	430.00		430.00		
宿州市	1755.00		1755.00		
巢湖市	9512.86	1961.00	10.08	5087.78	2454.00
六安市	5780.00	5035.00		43.00	702.00
亳州市	660.00		380.00	280.00	
池州市	721.00	620.00			101.00
宣城市	7714.30	5998.30	1.00	752.00	963.00
省直	371.00	30.00		100.00	241.00

2009年安徽省水利工程实际供水量统计表(乡镇生活) 单位:万 m^3

分区	小计	蓄水工程	引水工程	取水泵站	机电井工程
全省	39347.54	16538.00	10857.33	4278.73	7673.48
淮河流域	16055.87	8246.00	260.00	62.00	7487.87
长江流域	21741.67	7932.00	9607.33	4036.73	165.61
新安江流域	1550.00	360.00	990.00	180.00	20.00
合肥市	2728.00	1688.00	1040.00		
芜湖市	2670.00		2600.00	70.00	
蚌埠市	399.00	10.00		2.00	387.00
淮南市	10.00				10.00
马鞍山市	1244.00	230.00	1014.00		
淮北市	186.34		150.00		36.34
铜陵市	0.00				
安庆市	2276.33	2189.00	57.33	30.00	
黄山市	3573.00	360.00	3013.00	180.00	20.00
滁州市	1077.80	846.00			231.80
阜阳市	2048.33				2048.33
宿州市	3997.00	20.00		60.00	3917.00
巢湖市	7705.84	2033.00	2237.00	3372.73	63.11
六安市	7480.00	7370.00	110.00		
亳州市	779.90				779.90
池州市	62.00		62.00		
宣城市	3000.00	1792.00	574.00	564.00	70.00
省直	110.00				110.00

2009年安徽省水利工程实际供水量统计表(生态环境)

单位:万 m^3

分区	小计	蓄水工程	引水工程	取水泵站	机电井工程
全省	4148	2580	531	1027	10
淮河流域	70	30	30		10
长江流域	4023	2545	496	982	
新安江流域	55	5	5	45	
合肥市	1610	1530		80	
芜湖市	600		400	200	
蚌埠市					
淮南市					
马鞍山市	120	25	95		
淮北市	10				10
铜陵市					
安庆市	1400	900		500	
黄山市	55	5	5	45	
滁州市					
阜阳市					
宿州市					
巢湖市	293	90	1	202	
六安市	60	30	30		
亳州市					
池州市					
宣城市					
省直					

附　录

FU　LU

2009年安徽省水利厅领导人员名单

党组书记、厅长:纪冰
副厅长:蔡建平
党组成员、副厅长:方志宏
党组成员、纪检组长:高玉宝
党组成员、副厅长:张效武
党组成员、副厅长:张肖
党组成员、总工程师:金问荣
副巡视员:陈道敏

2009年安徽省水利厅机关处室负责人员名单

办公室

主任:龙斌(2009年10月任职)
副主任:何平
副主任:夏热轩(2009年11月任职)

政策法规处

处长:周银平(2009年10月任职)
副处长:刘莉(女)(2009年11月任职)

规划计划处

处长:王军(2009年10月任职)
副处长:黄灵敏
副处长:朱友法(2009年11任职)

水资源处

处长:王家先(2009年10月任职)
副处长:王德胜(2009年11月任职)

基本建设处

处长:王荣喜(2009年11月任职)
副处长:赵会香(女)
副处长:余兵

水利管理处

处长:朱雪冰(2009年10月任职)
副处长:肖承宏(2009年12月任职)

农村水利处

处长:韦金保(2009年10月任职)
副处长:丁必然
副处长:王凤云(2009年10任职)

水土保持处

处长:徐鑫龙(2009年10月任职)
副处长:朱庆敏(2009年10月任职)

财务处

处长:黄松旭(2009年10月任职)
副处长:童忠珑
副处长:孙向阳(2009年11月任职)

科技处

处长:刘海声(女)
副处长:丁先(2009年11月任职)

人事处

处长:张正友(2009年10月任职)
副处长:周光明

省防汛抗旱指挥部办公室(省水利信息中心)

常务副主任:徐维国(正处)(2009年10月任职)
副主任:叶成林
副主任:欧岩峰
副主任:蔡正中(2009年11月任职)

离退休工作处

处长:李加胜
副处长:张永法(正处级,2009年12月任职)

机关党委

专职副书记:方再飞(2009年11月免职)
专职副书记:徐文炎(2009年11月任职)

监察室

纪检组副组长、监察室主任:刘同扁

2009年安徽省水利厅直属单位负责人员名单

省水利志编辑室

主任:李建军
副主任:张文培(2009年9月退休)

省水利工程质量监督中心站

主任:郭炜(女)
副主任:钱建辉

省水利规划办公室

主任:许晓彤(女)
副主任:邱玉怀

省水利厅机关服务中心

主任:张永法(2009年12月免职)
副主任:蔡洪
副主任:张鸣

省农村饮水管理总站

主任:倪仁发(2009年10月免职)
主任:孙玉明(2009年11月任职)
副主任:黄金沪
副主任:陈可(女)

省水利水电基本建设管理局

分党组书记、局长:徐业平(副厅)
副局长:王永乐(正处)
副局长:傅云光(正处)
副局长:王荣喜(2009年11月免职)
副局长:贾金权(正处,2009年11月任职)
副局长、总工程师、调研员:石庆尧(正处、2009年11月免总工程师职务,任调研员)

省水文局(省水土保持监测总站)
分党组书记、局长:徐建平(女)(副厅)
副局长:王保旺(正处)
副局长:汪俊飞(正处)
副局长:浦慎远
总工程师:胡余忠

省机电排灌总站
总支书记、主任:王荣雪
副主任:杨永生
副主任:程堂顺
总工程师:朱华明

省水利水电职业技术学院(省水利职工中专、省水利干部学校)
党委书记:张焱(副厅)
党委副书记、院长:李兴旺(副厅)
副院长:孙敬华(正处)
副院长:储成流(正处)
纪委书记:张敏(正处)
干校校长:万会林(正处)
干校副校长:王强

省水利科学研究院(省水利工程质量检测中心)
党委副书记、院长:崔德密
党委书记、副院长:吴太平(2009年11月免党委书记职务)
党委书记、副院长:张建国(2009年11月任职)
副院长:虞邦义
总工程师:王友贞

省淠史杭灌区管理总局
党委书记、局长:周银平(2009年10月免职)
党委副书记、副局长:王成生
党委副书记、纪委书记:张智安(正处)
副局长:姜枝庆(2009年3月免副局长职务,任调研员)
副局长:马奕旺
副局长:王伟
总工程师:瞿大界

省龙河口水库管理处
党委书记:夏雨
主任、副书记:史志刚(2009年11月任职)
副主任:吴寿宝
总工程师:李成斌

省茨淮新河工程管理局
党委书记、局长:姜洪(2009年11月免局长职务)
党委副书记、局长:董爱军(2009年11月任职)
党委副书记、副局长:马印波(2009年4月退休)
副局长:戴成
副局长:陈乃庚
副局长:朱效福

省淮河河道管理局
党委副书记、局长:张峰
党委副书记、纪委书记、副局长:周家奎(2009年8月退休)
副局长、总工程师:魏现玉
副局长:吴永林
副局长:杨健

省怀洪新河河道管理局
党委书记:崔建安
党委副书记、局长:徐文炎(2009年11月免局长职务)
党委副书记、局长:顾乃刚(2009年11月任职)
总工程师:赵胜发

省临淮岗洪水控制工程管理局
党委书记:刘宝光
党委副书记、局长:赵以国(2009年10月免党委副书记、局长职务)
副局长:李君廷
副局长:何双友(2009年11月任职)

省驷马山引江工程管理处
党委副书记、主任:陈继田
党委副书记、副主任:钱拥
副主任:雍家树
副主任、总工程师:何效平

省长江河道管理局(省长江河道采砂管理局)
党委书记、局长:韩修言(2009年12月免局长职务)
党委副书记、副局长:周建春
副局长:倪明(2009年11月任职)
副局长:杨月明
副局长:徐建辉
副局长:谢文靖(2009年11月任职)
总工程师:刘东风

省佛子岭水库管理处(省白莲崖水库管理处)
党委书记、主任:於华平
纪委书记、副主任:解中朗
副主任:汪孟春
副主任:陈丛林
副主任:朱兆成(2009年11月任职)

省梅山水库管理处
党委书记:滕静
党委副书记、主任:刘家海
副主任:陈卫东
总工程师:陈维舟
纪委书记:廖荣军

省响洪甸水库管理处
党委副书记、主任:周正旭
副主任:季松群
副主任:胡剑波(2009年11月任职)

省水利水电勘测设计院
院长:程观富
党委书记、副院长:王力理
党委副书记、纪委书记、副院长:戴永法
副院长:张本静
副院长:朱青
副院长:陈景富
总工程师:江永强

(邓文彦)

表彰奖励

水利部表彰的全国水利技术能手和全国水利行业技能人才培育突出贡献单位

(一)全国水利技术能手

董金建　周伍　金剑　周玉厚

(二)水利行业技能人才培育突出贡献单位

安徽省水文局

(水利部水人事〔2009〕363号)

人力资源和社会保障部、水利部联合表彰的全国水利系统先进集体、劳动模范和先进工作者

(一)先进集体

安徽省水利厅办公室

安徽省安庆市水利局

安徽省水利水电勘测设计院

(二)先进工作者

王军　秦怀良　陈伟刚　葛凯

王政　张功义

(人力资源和社会保障部、水利部人社部发〔2010〕3号)

水利部表彰的全国水利工程管理体制改革工作先进集体和先进个人

(一)先进集体

安徽省水利厅水利管理处

安徽省宣城市广德县水务局

安徽省池州市城市防洪管理处

(二)先进个人

王久方　韩修言　单庆颖

李胜利　夏汇彬　张茂才

(水利部水人事〔2010〕104号)

省水利厅表彰的第三届全省优秀县级水利(水务)局长

王政　合肥包河区水务局长

胡波　阜阳颍上县水务局长

陈兴松　宣城广德县水务局长

胡国节　安庆潜山县水利局长

王存德　六安裕安区水利局长

常涛　亳州利辛县水务局长

夏善堂　巢湖和县水务局长

孟磊　蚌埠固镇县水利局长

王振　淮北杜集区农林水利局长

李世清　滁州明光市水务局长

(省水利厅皖水人〔2009〕293号)

省水利厅表彰的全省水利系统奉献水利工作突出贡献先进个人

苏小岳　合肥市包河区防办

尹良文　长丰县水务局

罗国访　肥东县水务局

孟祥岩　肥西县防汛抗旱指挥部办公室

王雪松　淮北市水务局

吴亚军　淮北市水务局

李君培　濉溪县水务局

张华　淮北市杜集区农水局

郭飞云　亳州市谯城区防办

江建友　利辛县水务局

张晓　涡阳县水务局

王旭光　蒙城县水务局

陈鹏　灵璧县水利局

孙公平　萧县水利局

马兆宇　宿州市埇桥区水利局

陈旭　宿州市水利局

代安启　宿州市水利水电建筑勘测设计院

吴平　蚌埠市水利局

杨荣杰　蚌埠市江河水利工程建设有限责任公司

陈高中　怀远县水利局

王道建　固镇县水利局

牛守连　五河县水利局

柳新社　阜阳市水务局

李松涛　阜阳市颍州区水务局

郭振武　临泉县城防管理所

王岩　界首市水务局

曹传胜　阜阳市水利规划设计院

王涛　阜阳市水建公司

王寅生　淮南市水利局

吴金龙　淮南市排灌总站

黄忠友　凤台县水利局

崔兴放　淮南市潘集区水利局

吴胜智　滁州市水利局

沈登乐　滁州市水利勘测设计院

汤发新　滁州市河道管理局

蒋春风　天长市水利局

唐全胜　定远县水务渔业局

雷燕红(女)　滁州南谯区水利局

伍先平　马鞍山市水利局

丁方荣　马鞍山市防办

何克勤　当涂县防办

罗秀荣　无为县水务局

沈兆虎　含山县水务局

夏立伦　庐江县水务局

姜孝荣　巢湖市居巢区水务局

夏传文　芜湖市水务局

杨建荣　芜湖市河道管理局

朱景木　芜湖县水务局

杨先宏　繁昌县供水公司

李中明　宣城市水务局

王光祥　宣城市宣州区水务局

倪银虎　郎溪县水务局

孙祥贵　广德县水务局

赵春　泾县水务局

丁少英　铜陵市长江河道管理处

王志萍(女)　铜陵市水务局水保办

陶定有　铜陵县水务局

刘汉永　池州市贵池区水务局

朱德义　东至县水务局

曹文华　石台县水务局

左贵友　青阳县水务局

刘忠贵　九华山风景区九华乡水利站

唐学东　安庆市花凉亭水库管理局

金志诚　安庆市重点水利工程建设管理局

沈金明　宿松县水利局

雷东来　怀宁县水利局

张金泉　太湖县水利局

齐龙林　安庆市迎江区水利局

陈源流　安庆市宜秀区水利局

吴明燕(女)　黄山市徽州区水利局

郑小平　黄山市黄山区水利局

高兆献　歙县水利局

徐维国　省防汛抗旱指挥部办公室

蔡正中　省防汛抗旱指挥部办公室

张文培　省水利志编辑室

王维雅　省水利工程质量监督中心站
任和平　省水利引用外资办公室
余百友　省水利规划办公室
高建锦　省水利厅机关服务中心
倪仁发　省水利综合经营总站
王永乐　省水利水电基建局
胡荣庆　省水利水电基建局
丁峰　省水文局
王元峰　芜湖水文水资源局
李克桂　六安水文水资源局
丁启　宿州水文水资源局
陈在成　蚌埠水文水资源局
胡国成　省水利水电勘测设计院
骆克斌　省水利水电勘测设计院
张振江　省水利水电勘测设计院
任晓英(女)　省机电排灌总站
朱志刚　省机电排灌总站机械排灌队
吕同斌　省水利水电职业技术学院
史怀飚　省水利水电职业技术学院
张健　省水利水电职业技术学院
姜枝庆　省淠史杭灌区管理总局
叶兴胜　省淠史杭灌区管理总局
胡成海　省淠史杭总局史河管理局
胡明　省淠史杭总局舒庐管理局
方敏　省淠史杭总局设计院
夏雨　省龙河口水库管理处
范胜利　省龙河口水库管理处
陈继田　省驷马山工程管理处
江家宝　省驷马山工程管理处
刘红兵　省驷马山工程管理处
王俊　省长江河道管理局
李钦荣　省长江河道管理局测绘院
卢李应　怀宁长江河道管理局
左克政　枞阳长江河道管理局
朱庆祥　无为大堤长江河道管理局
江福林　省淮河河道管理局
胡宝藏　颍东淮河河道管理局
王美英(女)　五河淮河河道管理局
鲁明典　东淝闸管理处
王存忠　蚌埠闸工程管理处
吴太平　省水利科学研究院
郑继　省水利科学研究院
倪润霞(女)　省水利科学研究院
单守林　省怀洪新河固镇县河道管理局
刘好田　省怀洪新河局西坝口闸管理处
陈乃庚　省茨淮新河工程管理局
赵家胜　省茨淮新河工程管理局
杨付军　省临淮岗工程管理局
赵以国　省淠史杭灌区管理总局
程习华　省佛子岭水库管理处
李胜　省佛子岭水库管理处
刘家海　省梅山水库管理处
沈星建　省梅山水库管理处
叶林波　省响洪甸水电站
刘德芹(女)　省响洪甸水电站
韦金保　省水利厅
朱雪冰　省水利厅
李友林　省水利厅
胡志专　省水利厅
朱友法　省水利厅
童忠珑　省水利厅
滕晓明　省水利厅
徐鑫龙　省水利厅
刘同扁　省水利厅
方再飞　省水利厅
李加胜　省水利厅
金钊　省水利厅

(省水利厅皖水人〔2009〕335号)

(张百良)

2009年《江淮水利科技》文摘

【关于引江济淮工程规划若干问题的探讨】　根据当前巢湖和淮河水质污染尚未获得根本改善的情况，对以往规划中引江济淮工程方案进行分析，提出引巢济淮水量不经瓦埠湖入淮河，改为利用淠河灌区淠东干渠现有工程送进淠河，然后汇入淮河的措施；并提出以瓦埠湖作为有关城市供水的区域性水源基地，城市与农业用水分别建立独立供水系统的设想。阐述引巢济淮工程以巢湖水灌溉淠河灌区的部分面积，置换来自大别山区4座大型水库的优质水源，将原来用于灌溉的优质水，送进瓦埠湖，作为城市用水的补给水源的可能性。认为在此基础上，加上其他措施协同配合，能基本满足有关城市近期的用水需要。建议引江济淮与巢湖水污染治理同时实施。

(沈洪生　第1期)

【安徽省长江与淮河干流岸线利用规划】　基于2007年水利部启动全国主要河流的岸线利用管理规划工作，安徽省编制长江、淮河岸线利用管理规划的实践，分析安徽省长江、淮河干流河道岸线利用和管理方面目前存在的主要问题，介绍规划的目的、任务以及编制情况，给出安徽省长江、淮河岸线功能区划分的阶段性成果。指出：规划经国务院批准实施后，将规范和指导安徽省长江、淮河岸线资源更加科学、合理、高效开发利用，促进安徽省经济社会又快又好的发展。

(龙斌　第1期)

【淮河中游水文要素变化趋势分析】　采用趋势分析、Mmann－Kendall检验的方法分项分析淮河干流王家坝、鲁台子(正阳关)、蚌埠、小柳巷4水文站水文要素的变化规律。成果表明：降水年际变化情势基本稳定；蒸发(代表站)年际变化呈减少趋势；王家坝站降水径流关系相对稳定，鲁台子、蚌埠站降水径流关系呈现下降趋势，1991年后按照多年平均降水计，鲁台子、蚌埠以上流域分别减少20亿、27亿m^3，减少幅度接近多年平均径流的9.6%、10.5%。泥沙系列整体呈减少趋势，其中蚌埠站呈显著性减少。

(胡余忠　第1期)

【安徽省水资源可持续利用思考与对策】 分析安徽省经济社会发展所面临的水资源问题。提出以人为本,树立科学开发、利用、配置、节约和保护水资源的新理念。指出:水资源优化配置是可持续利用的前提,节水型社会建设是可持续利用的根本性措施,加强水资源保护是可持续利用的重要保障。

(蔡建平　第2期)

【顶管施工技术在穿越淮河大堤管道工程的应用】 介绍淮南矿业(集团)有限责任公司煤矸石综合利用自备电厂取水管道工程简况,以及顶管施工的工艺和特殊情况的处理等。认为采用顶管施工技术,能够高效、优质地完成取水管道工程穿堤施工任务。

(杨毅　第2期)

【淮河防洪治理问题及探讨】 从淮河变迁入手,分析流域洪涝成因。回顾新中国治淮成就,阐述淮河防洪形势依然十分严峻的见解。提出淮河治理对策:降低洪泽湖洪水位,调整河道水面比降;疏浚拓宽河道深槽,增加河道主槽行洪能力;改善沿淮平原洼地排涝条件;实施跨流域调水,提高沿淮淮北的水资源承载能力;推进渐近式移民,改善行蓄洪区民生。

(许晓彤　第3期)

【淮河干流王家坝至正阳关段冲淤分析】 根据1992年和1999年实测河道断面及地形资料,采用断面法计算1992—1999年间淮河中游王家坝至正阳关段冲淤量,并结合有关文献中的计算成果分析1971—1999年王家坝至正阳关段冲淤变化及其成因。结论为:王家坝至润河集段1971—1999年主槽略冲,滩地淤积,但滩地淤积程度逐年减弱,滩槽总体表现为淤积;润河集至正阳关段1971—1999年主槽冲刷,滩地淤积,冲淤相抵,滩槽总体表现为淤积;1971—1999年,王家坝至正阳关段总体淤积,河段刷槽淤滩规律明显。认为淤积原因有:淮河中游来沙主要集中在本河段,本河段滩地较宽,行蓄洪区使用较为频繁,水面比降衔接不合理以及濛河分洪道分流作用等。

(杨兴菊　虞邦义　赵凯　第3期)

【琅琊山抽水蓄能电站及上下库的调度运行】 介绍琅琊山抽水蓄能电站工程概况,阐述抽水蓄能电站、上水库以及城西、沙河集水库的运行方式。建议:为了保证城市及蓄能电站的用水,首先要加强两库联合调度,同时采取节约用水措施,提高工业水量重复利用率;在蓄能电站运行期间,在蓄水条件许可的情况下,优先调度,利用下库汛期弃水、拦蓄雨洪,向上水库抽水,尽可能地多蓄水;尽早将沙河集水库兴利水位抬高至原设计兴利水位,加快驷马山提水灌区续建配套、满足农业灌水要求,并加大引水河道清流河污染治理,保证灌溉水质。

(唐书童　第4期)

【阜阳市2008—2009年冬春抗旱工作的思考】 介绍2008年10月下旬至2009年2月上旬阜阳市旱情,总结抗旱工作的主要经验及存在问题。建议:加强技术指导,采用现代化耕作方式;加大农田水利工程建设投入力度;加强农田水利工程管理,确保工程完好,正常发挥效益;加强农田水利基本建设规划,提高工程抗旱能力;发挥政府职能,加强抗旱服务体系建设。

(曹阳　第5期)

【农村饮水安全工程深井质量控制】 从农村饮水安全工程项目划分出发,阐述深井建筑工程质量控制要点:施工队伍的选择;钻机具、洗井设备的选择及进场验收;井位、泥浆循环池、钻进水源的选定;钻井(孔)垂直度控制;成井过程质量控制程序;成井结构方案的审核;花管(或过滤管)规格与总长度的确认;深井建筑分部工程资料整理与验收工作。

(郑三元　徐劲松　第5期)

【安徽治淮的回顾与思考】 结合实际工作经历,回顾自新中国成立以来,治淮由开始到掀起热潮,新汴河、茨淮新河、怀洪新河三条新河的胜利开挖,以及临淮岗洪水控制工程等战略性骨干工程的建成,治淮所取得的巨大成就。总结"75·8"大水引出的深刻教训,以及1991年淮河大水的警示。指出:不能轻言根治淮河的目标已经实现,而要时刻注意居安思危;今后应把防洪、治涝、抗旱作为根治淮河的"三位一体"目标;沿淮行蓄洪区须进一步谋划长远而根本的妥善解决大计;要强化工程管理。

(王光宇　第6期)

【情系治淮保安澜】 重点回顾年少时亲身经历的治淮工程建设高潮,直接参与的阜阳大堤、颍河大堤复堤等治淮工程建设的壮观情景。介绍平生情系的临淮岗工程兴建历程,以及离休后多次参加关于淮河治理方面的研讨等情况。认为:根治淮河,还有很远的路要走。对于下一步如何治理,我们自己还要从河道发展和经济社会发展的角度出发,研究透,积极向上汇报,上下形成共识。要抓住当前国家扩大内需的有利时机,争取得到中央支持,像上三峡工程一样,大手笔,大项目,推进淮河的进一步治理。

(胡廷洪　第6期)

【淮河中游洪涝灾情及致灾原因分析】 根据历年灾情资料统计以及典型年情况分析,认为安徽省淮河流域洪涝灾情具有多发性和突发性的特点,突出表现在:洪水威胁大,灾害损失重;行蓄洪区运用频繁,社会影响大;多年平均洪涝受灾面积大,涝灾比重大等方面。并认为黄河夺淮导致的淮河中游地理环境的变化和特殊的气象条件是中游地区洪涝灾害严重的主要原因,历史上对沿淮湖泊和低洼地的过度围垦也加重了洪涝灾情。

(徐迎春 第6期)

(张文培摘编)

2009年《安徽水利水电职业技术学院学报》文摘

【钢丝网水泥薄壳闸门耐久性及强度的调查研究】 通过对阜阳(亳州)市7座水闸及淮北市濉溪四铺闸钢丝网水泥薄壳闸门的调查和统计分析,认为:由于钢丝网水泥薄壳闸门是由干硬性水泥砂浆浇筑而成,只要水灰比适当,施工振捣良好,保护层厚度控制好,碳化深度仍可以保持在较低水平,钢丝网虽经长期运行而不会锈蚀;良好施工的钢丝网水泥仍保持有很高的强度,一般都在40MPa以上,运行中没有出现主拉应力方向的裂缝,在原体实验中也表现出很高的安全系数,其安全度是可靠的;钢丝网水泥薄壳闸门仍然存在一些问题,如钢丝网水泥抗拉强度的确定及施工中如何控制保护层仍是一个难题,边构件的耐久性亦制约了闸门的耐久性。指出:钢丝网水泥薄壳闸门是一种造价低廉,易于维护,结构安全,适合于低水头中小型闸门的门型。对于存在的问题,应该研究如何加以改进,而不是简单地加以废止。

(路观平　潘孟良　第1期)

【基于分形理论的喀斯特流域枯水资源影响因素分析】 选取贵州省19个喀斯特流域为研究样区,以1991至1995年水文资料和遥感解译数据为基础,运用灰关联度和关联维分析方法,研究枯水资源的影响因素。认为:在喀斯特流域内下垫面因素中土地利用类型、植被因素、岩石类型、地貌类型等各自然因素对枯水均产生影响,岩性类型对枯水径流量影响最大。

(罗书文　梁虹　杨桃等　第1期)

【功率因数与电网损耗关系的分析】 从理论上分析了提高功率因数对于节约电能,降低损耗,提高输配电设备的供电能力方面的数量关系。提出了提高功率因数的方法,并给出实例。认为:在配电网中合理配置无功功率补偿设备,对提高功率因数,具有重要的意义。

(吴红霞　吴松林　第1期)

【高职院校师资队伍建设存在的问题与对策】 通过对高职院校师资队伍的分析,认为高职院校师资队伍仍存在一些问题。表现为:总量不足,师德师风建设有待加强,教师的教育观念有待更新,结构不尽合理,动手能力不强,兼职教师力量偏弱,教师培养渠道相对较窄。提出了提高认识,加强领导,保证投入;加强师德建设,转变教育观念;积极引进人才;加强双师素质、专业带头人和骨干教师队伍建设等相应对策。指出:建立一支高水平、高素质的高职师资队伍,前提是政府和院校的重视和政策扶持,重点是提高教师的动手能力,核心是改善师资队伍的结构,关键是调动学校、教师和管理部门、教师的积极性,把各项政策和措施落到实处。

(赵向军　吴琦　胡进　第2期)

【HY-6070C板钢管漏磁检测系统软件设计】 文章基于钢管漏磁检测的基本原理,对钢管漏磁检测系统进行了系统设计。针对该系统的特点设计了高速数据采集板,借助Windows系统平台,采用虚拟设备驱动技术实时控制,详细叙述了漏磁信号数据分析方法的过程。并设计了友好的图形界面,与用户直接交流,能够实现检测结果图形化,可以实现全自动化检测。和以前的系统相比,本系统中采用了DAO数据库访问技术,对数据的访问速度更快。

(张春来　第2期)

【淮北平原2009年特旱期浅层地下水分析】 分析了2009年初安徽淮北平原特旱期地下水位的动态变化,及其与多年平均、典型年同期浅层地下水埋深的比较情况,得出浅层地下水是该区域较可靠的抗旱水源的结论,并建议:可将浅层地下水作为农业灌溉的主要水源,要科学规划、合理开发利用,建立动态监测与评价体系,做到开发利用与保护并举。

(余金生　第3期)

【中性点不接地系统单相接地时接地相的判断】 分析了中性点不接地系统发生单相接地时,相电压变化规律,指出了接地相的判断方法。认为:在中性点不接地系统中,发生非金属性接地时,非接地相电压大于相电压而小于线电压的传统结论并不是任何过度电阻值都是适宜的。因此必须对其进行修正和完善。

(陶有抗　第3期)

【ARP欺骗攻击及其防治】 介绍了ARP欺骗攻击的原理与形式,探讨了防治ARP欺骗攻击的方法。认为:随着Internet的广泛运用,网络安全问题日益突出,而随着网络病毒、蠕虫、木马的不断泛滥,还需研究新的方法,保障网络的正常运行与运用。

(王伟　第3期)

【岩体质量等级评价的改进集对分析模型】 探讨了应用模糊联系度概念来改进集对分析差异度系数确定的新方法,建立了岩体质量等级的集对分析模型,并将模型应用于实例分析,评价结果与可拓学方法结果对比,表明应用该法评价岩体质量等级是可行而有效的。

(赵志俊　汪明武　王丽君　第4期)

【安徽省中小河流水文站设站年限分析】 根据收集的一定长度的系列水文资料,对15个水文站进行了设站年限的分析,并提出了应保留、撤销或停测、转变设站目的等建议。指出:为探求暴雨洪水产、汇流参数地理规律为主要任务的小河站,其观测年限一般情况下,在取得15~20年,包括有10次以上具有稳定条件的较大洪水资料,即可分析出参数的单站规律,求得参数的稳定值。但对某一特定站来说,由于各地区暴雨洪水出现的机遇与下垫面特征的不同,需具体分析。

(张永江　吕绍鹏　第4期)

【提高毕业设计质量教学方法探讨】 以给水排水工程专业毕业实践教学为例,分析了现有毕业综合实践教学模式存在的问题,介绍了毕业实践教学模式的改革措施。指出:通过毕业实习和毕业设计的有机结合,实行指导教师负责制等改革,加强了学生工程实践的训练,更好地理论联系实际,对培养市场所需要的具有分析问题、解决问题的综合性人才十分必要。同时,通过教改也大大提升了指导教师的理论知识和专业素养。

(朱曙光　李杨　第4期)

(《安徽水利水电职业技术学院学报》编辑部摘编)

索 引

说 明

1. 本索引采用主题分析法编制,按索引条目第一字汉语拼音顺序排列,同音字按声调排列,声调相同按下一字音序排列。

2. 标引词后的阿拉伯数字表示内容所在页的页码。分3栏编排的,a、b、c分别代表左、中、右栏位置;分2栏编排的,a、b分别代表左、右栏位置;通栏编排的只注页码。

3. 本年鉴的"大事记"、"统计资料"、"附录"未作索引。

A

B

C

D